Romane von gestern – heute gelesen

Band 3 1933–1945

Herausgegeben von
Marcel Reich-Ranicki

S. Fischer

Für diese Zusammenstellung und das Vorwort:

Umschlaggestaltung: Buchholz/Hinsch/Walch
Satz: Fotosatz Otto Gutfreund, Darmstadt
Druck und Einband: Clausen & Bosse, Leck
Printed in Germany 1990
ISBN 3-10-062912-4

Inhalt

Die behandelten Romane sind nach den Erst-Erscheinungsdaten geordnet, bei den postum erschienenen Büchern nach dem Todesjahr des Autors.

Vorwort

Hat 1933 ein neuer Zeitabschnitt auch der Geschichte der deutschen Literatur begonnen? Mit anderen Worten: Gab es tatsächlich nach 1933 eine andere Literatur als in den Jahren der Weimarer Republik? Die Frage ist so abwegig nicht, wie sie zunächst scheinen mag. Denn die Machtübernahme durch die Nationalsozialisten war vor allem eine historische Zäsur.

Aber niemand wird bezweifeln wollen, daß die Ereignisse von 1933 auf die Literatur einen entscheidenden Einfluß ausüben mußten – und schon deshalb, weil sie zur Folge hatten, daß viele Schriftsteller Deutschland und später auch Österreich verließen und meist, um es vorsichtig auszudrükken, Anlaß genug hatten, dies schleunigst zu tun. Unter ihnen waren auch solche, die als die bedeutendsten Vertreter der deutschen Literatur jener Epoche galten. Es genügt, an einige Namen zu erinnern: Thomas Mann, Bertolt Brecht, Alfred Döblin, Joseph Roth, Robert Musil, Heinrich Mann, Franz Werfel, Anna Seghers, Arnold Zweig, Hermann Broch, Lion Feuchtwanger, Else Lasker-Schüler, Stefan Zweig, Sigmund Freud, Elias Canetti, Ernst Weiß, Theodor Plievier, Hans Henny Jahnn, Leonhard Frank, Alfred Kerr, Ödön von Horváth, Carl Zuckmayer, Kurt Tucholsky.

So ist es keineswegs verwunderlich, daß es in einer 1938 veröffentlichten Broschüre Alfred Döblins heißt: »Seit 1933 ist die deutsche Literatur in zwei Stücke zerrissen, in eins, das weiter innerhalb der reichsdeutschen Grenzen existiert und schafft, oder zu schaffen versucht, und in ein anderes Stück außerhalb dieser Grenzen.« Und F. C. Weiskopf, ein heute schon beinahe vergessener Autor, schrieb in seinem 1947 erschienenen Überblick *Unter fremden Himmeln:* »Das deutsche Schrifttum – ein breiter, zuweilen verästelter, aber doch einheitlicher Strom – wurde durch den Massenauszug der von den Nazis Verfemten und Unerwünschten in zwei Arme gespalten, die mit jedem Jahr der Trennung weiter auseinandergerieten.«

Auch heute beruft man sich bisweilen auf die Zweiteilung der deutschen Literatur in der Zeit von 1933 bis 1945. Manches spricht für diese Auffassung, der wir zumindest ein bequemes und übersichtliches Schema verdanken. So wäre es in der Tat absurd, wollten wir die Lebensbedingungen und Arbeitsmöglichkeiten der Schriftsteller, die in Deutschland geblieben sind, mit denen jener Schriftsteller vergleichen, die, wie es bei Brecht heißt, öfter als die Schuhe die Länder wechseln mußten. Und andere Voraussetzungen, andere Erfahrungen und Erlebnisse haben auch zu anderen literarischen Resultaten geführt.

Aber es liegt auf der Hand, daß es nur die dargestellten Vorgänge, die politischen Intentionen und die unmißverständlichen zeitkritischen Motive sind, welche es uns zu erkennen ermöglichen, ob die einzelnen Romane in Deutschland oder im Exil geschrieben wurden. Hingegen ist es undenkbar, den Entstehungsort auf Grund des Stils und der Ausdrucksmittel zu bestimmen. Mehr noch: Trotz der gewaltsamen Spaltung des literarischen Lebens, trotz des Terrors, dem die literarische Öffentlichkeit in Deutschland und ab 1938 auch in Österreich ausgeliefert war, kommt in den Arbeiten der Schriftsteller, die – sei es in ihrer Heimat, sei es in der Verbannung – Bedeutendes oder zumindest Nennenswertes geleistet haben, das Gemeinsame weit stärker zum Vorschein als das Trennende. Schon 1936 hat Thomas Mann vor der handlichen, doch oberflächlichen Zweiteilung gewarnt: »... So ist die Grenze zwischen emigrierter und nicht emigrierter deutscher Literatur nicht leicht zu ziehen; sie fällt, geistig gemeint, nicht schlechthin mit der Reichsgrenze zusammen.«

Hermann Kesten wiederum sprach in einem 1938 in Paris gehaltenen Vortrag zwar von zwei deutschen Literaturen und der notwendig gewordenen »doppelten Buchführung«, fügte aber gleich hinzu: »Dennoch geht der tiefe Graben zwischen den beiden Literaturen nicht, wie man intra und extra muros gesagt hat, zwischen jenem Hürdenschrifttum und der Emigrantenliteratur. Weder das Exil noch die Mitgliedschaft bei der Reichsschrifttumskammer trennt die beiden deutschsprachigen Literaturen. Zusammen mit Genies und Charakteren sind auch Schufte und Dilettanten ins Exil gegangen. Neben Kettenhunden und Speichelleckern sind auch unbeugsame Patrioten und liebenswürdige Talente im Reich geblieben. Die Grenze zwischen der lebendigen ungefesselten deutschen Literatur und der nationalsozialistischen Gräberliteratur geht mitten durch das Reich und mitten durch das Exil...«

Schon damals also hielt man nicht viel von dieser anschaulichen Zweiteilung. Heute sehen wir noch deutlicher, daß trotz aller Besonderheiten und trotz der unterschiedlichen Voraussetzungen die Einheit der deutschen Literatur nach 1933 gewahrt wurde – ganz unabhängig von den Intentionen der einzelnen Autoren. So kam für unsere Sammlung *Romane von gestern – heute gelesen* eine »doppelte Buchführung« überhaupt nicht in Betracht. Und so haben wir nicht gezählt, wie viele der hier behandelten Bücher im »Dritten Reich« geschrieben wurden und wie groß der Anteil der im Exil entstandenen ist; wir haben uns auch nicht darum gekümmert, wie viele der Autoren Deutsche, Österreicher oder Schweizer sind: Die nationale Repräsentanz war uns gleichgültig.

Um die Literatur geht es hier, nicht um die Literaturgeschichte. Nicht auf die Richtungen, Tendenzen oder Strömungen haben wir es abgesehen, sondern auf konkrete künstlerische Gegenstände, auf einzelne Werke. Wo es nötig scheint, ist von ihrer Rolle und ihrer Funktion in jener Zeit die Rede, doch vor allem wird, ebenso wie in den vorangegangenen Bänden, untersucht, was diese Romane für die Leser von heute bedeuten können und bedeuten sollten. Es sind individuelle und oft auch sehr persönliche Antworten, die man hier finden kann.

Was beweisen sie alle zusammen? »In den finsteren Zeiten, wird da auch gesungen werden?« – fragte Brecht. Und er antwortete: »Da wird auch gesungen werden. Von den finsteren Zeiten.« Ganz richtig ist das mit Sicherheit nicht. Denn auch in den finsteren Zeiten haben die deutschen Schriftsteller, wo immer sie lebten und was immer sie erleben mußten, von der Liebe, der Vergänglichkeit und dem Tod erzählt, von der Lächerlichkeit und von der Größe des Menschen, von seinem Elend und seiner Würde. Die hochdramatische, die schrecklichste Zeit der deutschen Geschichte: Sie ist eine Fundgrube der deutschen Literatur.

Frankfurt am Main
im Juli 1990

Marcel Reich-Ranicki

Auf Umwegen zurück zur Heimat

Gert Ueding über Otto Flake:
Hortense oder Die Rückkehr nach Baden-Baden (1933)

»Im Jahre 1845 ereignete sich in einer Familie des badischen Adels, die im mittleren Teil des Großherzogtums, beim Austritt der Rench in die Rheinebene, ansässig war, ein Vorfall, der in der Folge nicht aufgeklärt werden konnte.« In einer Sammlung von Anfangssätzen deutscher Romane gebührte diesem Beispiel ein besonderer Platz. Nicht nur weil die Periode so schön gebaut ist, daß schon ihr Sprachfluß suggestiv wirkt und den Leser einfängt, sie gibt auch, wie jede gute Eingangssequenz, sogleich die wichtigsten Eigenheiten der Romanatmosphäre wieder: die geographischen, historischen, sozialen Umstände, aber auch die menschlichen Angelegenheiten, die auf der Tagesordnung der nun folgenden Geschichte stehen.
Hinzu kommt die dunkle Andeutung jenes Familienvorfalls und des angeblich unaufgeklärten Geheimnisses, das ihn umgibt, und das provoziert eine Spannung, die auch das stoffliche Interesse des Lesers weckt. So könnte ein Kriminalroman beginnen oder eine der Schauergeschichten, die man im frühen 19. Jahrhundert so liebte. Der zweite Satz, dem ersten ebenbürtig, geht dann auf das rätselvolle Geschehen ein, beschreibt es in der denkbar knappsten und zugleich klarsten Form, so daß die Unerklärlichkeit noch größer und die Spannung intensiver wird. »Kurz vor der Trauung mit dem Freiherrn von G., die der Koadjutor, ihr Oheim, vollziehen sollte, ging die achtzehnjährige Hortense von Wierssen im Bahnhof von Oos spurlos verloren.«
Wer jetzt nicht weiterliest, der ist für die Literatur verloren,

für jenes Abenteuer des Lesens jedenfalls, das nicht nach Relevanz oder Aktualität oder anderen vordergründigen Motiven fragt, sondern sich ausschließlich von der literarischen Kunstfertigkeit des Autors inspirieren läßt, von seinem Wagemut, die Grenzen unserer Alltagserfahrung zu überschreiten und der Phantasie neue Möglichkeiten zu öffnen. Dabei ist die Geschichte Hortenses ein Buch der Tatsachen, keine einzige Begebenheit, die unwahrscheinlich oder unglaubwürdig wäre; allein ihre Kombination ist ein artistisches Produkt und läßt Abenteuerlust und Freizügigkeit entstehen, die die wichtigsten Merkmale dieses Buches sind.

Es ist ein kräftiger Untergrund von Kolportage darin, in ästhetischer, bewundernswert modellierter Form. Das Labyrinth von Episoden, Neben- und Haupthandlungszügen, von Kreuz- und Querverweisen, von wahrscheinlichen und von den unwahrscheinlichsten Zufällen zeigt sich bei näherem Zusehen als sorgfältige Konstruktion. Wie sich Hortense am Anfang des Romans gegen ihre Herkunft entscheidet, so wird sie es am Ende noch einmal tun; dem wallonischen Abenteurer, mit dem das Mädchen durchbrennt, entspricht die spätere Affäre mit dem Fürsten Neudeck, den jetzt die lebenserfahrene Frau bald als Hochstapler erkennt; die großen Städte Brüssel, New York, Paris, London, Florenz: Knotenpunkte von Hortenses Lebensabenteuer; und ihnen gegenüber die Ruhestätten, Mon Repos »in der grünwehenden Ebene zwischen Nyon und Genf« oder Breede in der Lübecker Bucht: Orte eines stillen, schnell vorübergehenden Idyllen-Glücks, zugleich Abschlagszahlungen auf ein erträumtes Dasein, jenseits aller Geschichte und ihrer verzehrenden Macht enthoben.

Der Nabel dieser Welt aber ist Baden-Baden. Und wenn in der ersten Hälfte des Romans die Kräfte überwiegen, die von ihm fortreißen, nach Brüssel, wo Hortense Mätresse eines deutschstämmigen Bankiers wird, nach Amerika, wohin es sie nach der Heirat mit einem Engländer aus reichem Hause verschlägt, so werden bald schon Gegenkräfte wirksam, die sie nach vielen Irrfahrten durch Europa, nach erotischen und gesellschaftlichen Abenteuern in ihre Heimatstadt zurückziehen.

Hier spielt der zweite Teil des Romans, und der Leser wird Zeuge des »zärtlichen, geschichtsvergessenen Umgangs mit der Stadt«, den Peter Härtling an dem Autor dieses Buches so bewundert. Er erstreckt sich aber auch auf die Menschen, die hier ihr Leben verbringen, sei es, weil sie seit Generationen dorthin gehören oder weil sie zu den regelmäßigen Saisongästen gehören, wie Herr von Turgeniew und Frau Viardot, wie viele Maler, Musiker, einsame Sonderlinge oder manische Spieler vom Typ Feodor Michailowitsch Dostojewskijs.

Der literarische Widerschein einer Welt, die Maß und Schönheit, Kunst und kultivierte Geselligkeit liebte, weltbürgerlich und von freizügiger Lebensklugheit, aber schon vom Untergang bedroht. Das Bewußtsein der Gefahr erzeugt Melancholie, gibt jedem Gespräch eine eigentümliche Färbung, jeder Veranstaltung etwas vom Pathos des Finales.

Den besonderen Reiz dieser Schilderungen macht es aus, daß sie aus der Perspektive Hortenses geschrieben sind, die von draußen kommt, durch ihre Geschichte unwiderruflich zur Außenseiterin geworden. Sie sei ja zur Hälfte Amerikanerin, heißt es von ihr, und obwohl ihr die vornehmsten Häuser offenstehen, auf Empfängen und Gesellschaftsabenden mit ihrer Anwesenheit gerechnet wird, fühlt sie sich mehr zu dem mittellosen Hauslehrer und Musikschriftsteller Mathy hingezogen. Zum Schluß ist die Alternative abermals unausweichlich: zwei Heiratsanträge, der eine vom Vetter Georg von Wierssen, der andere von Manfred Jörcher, und

ihre Entscheidung richtet sich auch diesmal gegen die standesgemäße Partie und für jenen Bankier, dem sie schon einmal, unter sehr viel abenteuerlicheren, ungesicherteren Umständen nach Brüssel gefolgt war.
»Nach langer Zeit ging sie einmal wieder zu den Viardots. Man fragte nicht, weshalb sie sich ferngehalten habe: sie war zurückgekehrt, ihr Platz am runden Tisch wartete auf sie, wie auf jeden, der einmal daran gesessen hatte.« Die ganz unglaubliche, ganz unbürgerliche Großzügigkeit dieser Gesellschaft bezaubert Hortense immer aufs neue, zieht die Entlaufene zurück, bringt sie dazu, dann doch noch einmal, und sei's vorübergehend, den Platz einzunehmen, der ihr freigehalten wurde. Was aber treibt sie abermals weg, was macht es, daß die Rückkehr nach Baden-Baden nie ganz gelingt, was ist der Grund der nie nachlassenden Rastlosigkeit, die selbst noch ihre Sterbestunde bestimmt? »Sie starb 1908 im einundachtzigsten Jahr; man hatte das Bett ans Fenster gerückt, damit sie das Luftschiff sehen konnte, worin Siegmund saß; er hatte geholfen, die Maschinen zu bauen.«
Nur auf der ersten Ebene präsentiert sich der Roman als die Aufklärung jenes rätselhaften Geschehens auf dem Bahnhof von Oos, das die beiden ersten Sätze erzählen. Wir erfahren zwar, Ereignis für Ereignis, was sich im Leben Hortenses abspielte zwischen dem Augenblick, da sie die ihr vorbestimmte Laufbahn verließ, und dem Moment ihrer Rückkehr, jener Wiedererkennungsszene, in der sich Georg von Wierssens neue Mieterin als die verschollene Cousine entdeckt, aber die Folge dieser Begebenheiten bleibt vieldeutig. Die abenteuerlichen Verwicklungen nach ihrer Flucht, der Aufbau des bürgerlichen Lebens in Amerika, die Enttäuschungen, das Reiseleben in Europa, die Kette von »Amouren, Verlobungen, Ehen, Scheidungen, Dreiecken, Vierecken, Entführungen, Kopulationen, Irrungen, Wirrungen

und Erfüllungen« (Ernst Alker) bestätigt Stück für Stück eigentlich das Rätsel des Anfangs.
Natürlich gibt es Hinweise: zum Beispiel die Episode mit dem angeblichen Fürsten Neudeck, der sich als kleiner Hochstapler entpuppt, »aus der bürgerlichen Bahn« geworfen, und dessen Leben so theatralisch, aber blutig endet wie in einer der Schmierentragödien, in denen er einstmals geglänzt hatte. Aber es sind dann nur Hinweise in die entgegengesetzte Richtung: eben so verhält es sich mit Hortense nicht. Nein, der Vorfall wird auch in der Folge nicht aufgeklärt, jede Schilderung bringt bloß seine Bekräftigung, jedes Ereignis wiederholt ihn auf andere Weise. Das plötzliche Verschwinden und an unvermuteter Stelle Wiederauftauchen ist das geheime Gesetz dieses unsteten Lebenslaufs, aber erklärt ihn nicht.
Damit ist nicht bloß eine Eigentümlichkeit dieses Buches offenkundig geworden, sondern ein wichtiges Kennzeichen von Flakes Romankunst und auch ein Grund, warum er, der 1963 im Alter von dreiundachtzig Jahren starb, in der deutschen Nachkriegsliteratur gar keine Rolle mehr gespielt hat und verschollen war wie just die kapriziöse Hortense. Max Frisch – und der Vergleich ist aufschlußreich – hat später aus einem solchen Sujet einen der erfolgreichsten Nachkriegsromane gemacht, indem er den Stoff aktualisierte und ihm zugleich ein psychologisch-existentialistisches Erklärungsmuster aufpfropfte. Das Ergebnis hieß *Stiller*, sparte nicht mit Erklärungen und hinterließ auch keine Ratlosigkeit, freilich um den Preis einer sehr viel trivialeren Fassung des alten Themas von der Suche nach der verlorenen Identität.
Zum geistigen Profil Otto Flakes gehörte dagegen die unüberwindbare Scheu vor Festlegungen, weil schon die Statik darin jede Wahrheit zum Falschen verdrehte. Auch die essayistische Formkomponente, worin man seine Modernität

sehen wollte, diente immer nur der Auflösung von Gewißheiten, der Verweigerung gängiger Deutungsmuster; Rezepte enthalten diese Partien nicht. Er war ein Schriftsteller, der konstatierte, was der Fall ist, der Sachlichkeit zu seiner ersten ästhetischen Tugend machte, auch wenn er dann die Sachen selber zu kühnen, verschlungenen Handlungsarabesken ordnete. Er vermied jeden Tiefsinn, weil er zur Verflachung der immer unausschöpfbar bleibenden Lebensgeschichten führen muß.
Flake war auch ein politisch wacher Zeitgenosse. Zahllose Artikel und Essays zeugen davon, aber er hat sich nirgendwo angeschlossen, ließ sich nicht einordnen und vertraute nur seinem eigenen Urteil. Seine Romanfiguren halten es meist nicht anders. Doch der Einzelgänger als Bildungsideal, diese Vorstellung hat in den Nachkriegsjahrzehnten bis heute wenig Freunde gefunden; sich abseits halten, das zieht leicht den Verdacht des Verrats nach sich, liefert auch den bequemen Vorwand zur Verdrängung. Man tat ihn ab als Modeautor einer vergangenen Epoche oder verwies gar auf die unselige Hitleradresse, unter der auch sein Name stand, ohne sich natürlich die Mühe zu machen nachzuforschen, wie sie darunter gekommen war.
Hortense oder Die Rückkehr nach Baden-Baden scheint viele solcher Vorurteile zu bestätigen, und wenn das Buch wirklich einmal in die Hände kurzsichtiger Eiferer fiel, dann glaubten sie auch schon über ein Paradebeispiel zu verfügen. 1933 erschienen, wirkt es auf sie wie eins dieser Werke, die vor den Bedrängnissen und Ungeheuerlichkeiten des Tages auswichen in eine unbelastete Vergangenheit.
Bei oberflächlicher Lektüre verspürt man auch nichts von den Erschütterungen, die sich lange vorher angekündigt hatten, da ist keine Rede von Faschismus oder Kommunismus, von den Massenbewegungen und Wirtschaftskrisen, den sozialen Nöten und kulturellen Verderbnissen, den ver-

zweifelten Abwehrversuchen oder den zynischen Anpassungen – von all den Erinnerungen, die das Erscheinungsjahr des Romans heute sofort weckt, enthält die Handlung kaum eine Andeutung. Hortense, so scheint es, geht, wenigstens in diesem Sinne, ganz unberührt durch die Zeit, die doch ihre Geschichte aufnehmen sollte.

Der literarische Ausdruck einer Katastrophe ist freilich nur einem sehr schlichten Verständnis allein als Katastrophenbild denkbar. Boccaccios Gesprächsrunde ist den Verheerungen einer Pestepidemie entkommen, und in Goethes Novellensammlung unterhalten sich die deutschen Auswanderer über ebenso entlegene Dinge, während der Kanonendonner der gefürchteten Revolutionsarmee näher rückt. So ist Kunst aufgetragen auf den Schwarzgrund von Unheil und Leid, ist ihr im eigentlichen Sinne abgewonnen, und es gehören alle Anstrengungen dazu, diesen Gewinn nicht nur zu erhalten, sondern möglichst noch damit zu wuchern.

Bücher haben ihre Schicksale, und dazu gehört auch das vom Autor ungewollt provozierte Mißverständnis, weil er die Grenzen seines Publikums oder der literarischen Kritik vernachlässigte. Denn natürlich ist es Flake nie um die sentimentale Verklärung guter alter Zeiten zu tun gewesen. Das bunte, exotisch wirkende Kostüm, in das er seine Geschichten kleidete, wurde allzu leicht und selbst von seinen eingeschworenen Lesern als ihre eigentliche Substanz genommen, ja die wenigen Publikumserfolge seiner letzten Lebensjahrzehnte (er hatte sie dem Bertelsmann Verlag und seinem damaligen Lektor Rolf Hochhuth zu verdanken) beruhten wohl vor allem auf dieser Verwechslung.

Die Geschichte Hortenses ist eine Ausbruchsgeschichte an der Grenze einer Zeitenwende und spielt in einem historischen Niemands- oder, was dasselbe wäre: Allerweltsland. Sie ist die sachliche Chronik permanenter Grenzüberschreitungen, ein Seiltanz ohne Netz, während die Verankerungen des Trapezes sich bereits lösen, das Zelt fadenscheinig geworden ist und Akteure wie Zuschauer in Ratlosigkeit erstarren oder zu desperaten Aktionen ihre Zuflucht nehmen.

Hier sollen keine zwanghaften Analogien gestiftet werden, und Flake hat sie auch nicht beabsichtigt. Die Welt, die sich vor Hortenses Augen auflöst, und die Welt, die vor Flakes Augen zerfiel, haben nur eine, wenngleich entscheidende Gemeinsamkeit: daß die Meisterung des Lebens zur übermenschlichen Anstrengung geworden ist, die nur wenigen gelingt. »Von hundert, die gleich ihr ... die Brücken hinter sich abgebrochen hatten, verschwanden auf die Dauer hundert in den Niederungen, weil sie das vielleicht zunächst mühelos Erreichte nicht zu halten vermochten. Erst auf tausend kam einer, der sich behauptete.«

Die Chancen standen schlecht für Hortense, als sie sich dem wallonischen Spieler anschloß; eine Standesperson aus saturierter Gesellschaft, aufgewachsen im gebildeten Umgang, mit dem Bewußtsein einer alten Familie und ihrem Stolz, aber nicht eingerichtet für den kruden Lebenskampf. Wenn da nicht ihre Vitalität gewesen wäre, die genügte, »um alle Tore der Welt aufzustoßen«: »Sie sah die Tandbuden am Baden-Badener Kurhaus, die Tischchen davor, die kurze Allee der Kastanien dazwischen: dunkel war ihr Grün, fast war es schwarz. Schwer lagen die Flechten auf dem Nacken des Mädchens, aber sein Gang war, als sei Schreiten ein Dahinwehen, das die Gewänder rückwärts bauschte.« So bewahrt das Erinnerungsbild den frühen zukunftsschwangeren Zustand, den sich Hortense zwar nie wieder ganz zurückzurufen, dessen Versprechen sie aber einzulösen vermochte.

Ja: sie ist schon wollüstig geboren, erlebt die Welt als ein unendliches erotisches Abenteuer, mit einer Sinnenlust und

Sinnenpein von manchmal kaum noch erträglicher Intensität. Darin liegt ihre Verletzbarkeit, und darin liegt ihre Stärke. Einem weiblichen Antaios gleich, gerät sie erst in Gefahr, wenn sie diesen erotischen Kontakt verliert. Dann wird ihr Dasein leblos, Verzweiflung und Hoffnungslosigkeit drohen, es droht der Absturz. Natürlich hat diese besondere Vitalität nichts mit dem Klischee zu tun, nach dem Flakes Romane so häufig beurteilt werden, daß nämlich das Thema der erotischen und sexuellen Emanzipation längst durch die soziale Realität eingeholt und damit viele seiner Bücher obsolet geworden seien (für dieselben Leute erledigen sich die *Wahlverwandtschaften,* erledigt sich *Effie Briest* durch die fortschrittlichen Scheidungsgesetze in unserer Gegenwart)!

Hortense ist eine seinstrunkene Natur, Leben heißt ihr Leben schaffen, heißt der Gottheit lebendiges Kleid weben, in ihr vereinigen sich die beiden archetypischen Bilder des Weiblichen, glitzernde, übermütige Mondgöttin und verläßliche, fruchtbare Erdgöttin, jede Liebesgemeinschaft probt aufs neue die Hochzeit von Himmel und Erde – vergeblich natürlich. Es hat – wie im Märchen – seinen Sinn, daß alle Männer sterben müssen, auf die ihre Wahl fällt, weil sie vor der erotischen Vollendungsphantasie der Frau nicht zu bestehen vermochten. Nur Manfred Jörcher macht eine Ausnahme, und wenn zum Schluß Hortense seinen Antrag annimmt, so muß man darin wohl wieder eine Variation des Hauptthemas sehen.

Die Geschichte Hortenses ist in Wahrheit die Geschichte eines unstillbaren Glücksverlangens, das immer wieder um seine Befriedigung betrogen wird. »Der Umweg, der auf den wohlbekannten Weg mündet, das ist der Sinn«, lautet ein Kernsatz des Buches. Nichts als Umwege macht Hortense, bevor sie dahin zurückkehrt, von wo sie einst ausgegangen war, aber kein Umweg war umsonst. Der Roman enthält ganze Ornamente von Abweichungen, Abschweifungen, Seitenwegen und Kreisläufen, aber sie weisen alle zurück nach Baden-Baden, im wörtlichen wie im übertragenen Sinne: als Glücksort, der zur Heimat nur werden kann, wenn man einmal zur rechten Zeit davongelaufen ist.

Höhere Stimmigkeit

Eckhard Heftrich über Thomas Mann: *Die Geschichten Jaakobs* (1933)

Über die Entstehung seiner Werke befragt, antwortete Thomas Mann 1925, er täusche sich bei der Konzeption stets über den Umfang. *Buddenbrooks* sei als Roman von zweihundertfünfzig Seiten gedacht gewesen, *Der Tod in Venedig* als Simplicissimus-Novellchen, *Der Zauberberg* als kleines Satyrspiel zur venezianischen Novelle. Der zweibändige Roman war soeben erschienen, und der Fünfzigjährige ahnte wohl kaum, daß er, indem er zurückblickte, schon auf die Formel gebracht hatte, was nun als seine längste Erfahrung erst beginnen und sich bis Anfang 1943 hinziehen sollte: »Das Anschwellen der Komposition beruht auf einem doppelten Vorgang, einem Bohrungsprozeß und einem Ankristallisieren und Einbezogenwerden von außen.«

Für diesmal waren es gleich drei kleine Sachen, die er »rasch« dazwischenschieben wollte, ehe er das ältere Hauptgeschäft, als das er hier die unterbrochenen Memoiren des Hochstaplers Krull ansah, wiederaufnähme: »historisierende, kostümliche Dinge, Joseph in Ägypten, Spanisch-Niederländisches, Erasmus-Luther«. Als er dann, Ende 1926, an der ersten dieser drei »Novellen« zu schreiben begann, geriet ihm schon der Anfang zu dem tiefen Abstieg in den Brunnen der Vergangenheit, der dann als *Höllenfahrt*-Vorspiel das Josephs-Werk eröffnete, das schließlich mit seinen vier Teilen das literarische Gegen- und Konkurrenzwerk zu Richard Wagners *Ring*-Tetralogie werden sollte.

Von einer Novelle konnte bereits nach diesem Vorspiel nicht mehr die Rede sein. Aber die produktionsfördernde Selbst-

täuschung über den wahren Umfang des Werkes wurde über Jahre hin gepflegt, sogar noch, als der erste Band, *Die Geschichten Jaakobs*, 1933 in dem schon von Hitler regierten Deutschland erschien. Bereits 1934 folgte, ebenfalls noch bei S. Fischer in Berlin, *Der junge Joseph. Joseph in Ägypten*, 1936, mußte dann bereits in Wien verlegt werden. Drei Jahre unterbrach die Arbeit an der wiederum aus einer Novelle zum Roman sich auswachsenden Goethe-Erzählung den Fortgang. Es war nicht allein das Atemholen für den Schlußband, *Joseph, der Ernährer*, was Thomas Mann so lange bei *Lotte in Weimar* verweilen ließ. In den Tagebüchern taucht ab 1933 immer wieder neben der Goethe-Novelle auch der alte Faust-Plan als Novelle auf, wie ein Magnet, der alles an sich zu ziehen droht, was als Leiden an Deutschland und um Deutschland das Licht des Josephs-Märchens überschattete. Diese Schatten zu bannen, wurde zu einer der Aufgaben des Goethe-Romans, in dem gerade so viel vom *Doktor Faustus* vorweggenommen ist, wie vom deutschen Schicksal und Charakter im klassischen Weimar unterzubringen war. Danach erst konnte, während Hitler seine Kriegstriumphe feierte, das wahre Fest der Erzählung wiederaufgenommen und schließlich bis dorthin geführt werden, wo »die schöne Geschichte und Gotteserfindung von Joseph und seinen Brüdern« endigt.
So lautet der letzte Satz des gewaltigen Werkes. Genau zehn Jahre früher hatte Thomas Mann noch einmal Maß genommen, in der großen Rede, gegen die dann eine gewisse Prominenz der Wagnerstadt München glaubte protestieren zu müssen. Vom *Ring* sagte der mit seinem eigenen *opus magnum* Beschäftigte: Wagners »Bedürfnis, die Vorgeschichte zu sinnlicher Anschauung zu bringen, war übermächtig, und so begann er nach rückwärts zu schreiben...; er ruhte nicht, bis er alles in voller Gegenwart auf die Bühne gebracht hatte«. Schon 1930 hatte Thomas Mann es direk-

ter ausgedrückt: kaum habe er am *Joseph* zu schreiben begonnen, seien auch die »räumlichen Selbständigkeitsansprüche« der Erzählung nicht länger zu verbergen gewesen. »Denn meine epische Pedanterie, der Fanatismus des ab ovo hatte mich genötigt, die Vor- und Vätergeschichte miteinzubeziehen, und namentlich die Figur Jaakobs, des Vaters, gewann eine so vorherrschende Stellung, daß der Titel ›Joseph und seine Brüder‹ ... dem anderen ›Jaakob und seine Söhne‹ wird weichen müssen.«

Der Titel konnte dann doch beibehalten werden, und nicht zuletzt, weil Jaakobs Geschichten und Gesichte, mochten sie auch über des Patriarchen eigene Jugend noch in die Frühe des Abrahams-Geschlechtes, ja ins Früheste der Menschen- und Erdgeschichte zurückreichen, immer wieder mit der Gegenwärtigkeit des Lieblingssohnes Joseph verschränkt wurden. So beginnt die eigentliche Erzählung mit einer der schönsten Szenen des ganzen Werkes: »Am Brunnen« sitzt Joseph, dem Mond und dem Gestirn der Ischtar, also der Venus, hingegeben, im Silberlicht die eigene Nacktheit genießend, bis der besorgt mahnende Vater diese in seinen Augen fast götzendienerische Schwärmerei unterbricht.

Sogleich wird auch verraten, daß der zungenfertige Jüngling keineswegs jener eindimensionale Tugendheld ist, als der er im Lakonismus des biblischen Berichts erscheint. Vielmehr sind schon hier die gefährdenden Eigenschaften unübersehbar. Schließlich ist Josephs in der Unreife denn doch recht zweifelhafter Charakter so gut wie der Neid der Brüder am lebensbedrohlichen Zornesausbruch schuld, der Jaakobs verwöhnten Liebling alsbald in die Grube bringen wird. »Der Angeber« lautet denn auch die Überschrift eines Unterkapitels. So wird gleich am Anfang das Interesse für die Entwicklung des Protagonisten geweckt, obwohl der erste Roman ja in seinem erzählerischen Hauptstrang die Geschichten des Vaters gegenwärtig macht.

Deren dramatische Höhepunkte sind durch die Bibel vertraut: der von der entschlossenen Mutter inszenierte Segensbetrug am Zwillingsbruder Esau, die Fluchtreise zu Laban, dem Erdenkloß, die Begegnung mit Rahel am Brunnen, die Hochzeitsnacht mit der unterschobenen, aber dann so fruchtbaren Rahel-Schwester Lea, die schwere Geburt des »echten Sohnes Joseph« durch die »Echte und Liebste«, die Flucht Jaakobs mit seinen Weibern, Kindern und dem ganzen in der »Unterwelt« bei Laban erworbenen Reichtum, bis hin zu Rahels Tod am Wegrand bei Benjamins Geburt.
Erst vom vierten Hauptstück an wird Jaakobs Leben in linearer Chronologie berichtet. Daher müßte, selbst wenn nicht schon im Vorspiel die unermeßliche Zeilentiefe beschworen würde, die vielfache Überlagerung der Zeitebenen in den ersten Kapiteln den Leser davor bewahren, die danach einsetzende einsträngige Erzählform für eine anachronistische Naivität Thomas Manns zu halten. Dieser große Erbe des neunzehnten Jahrhunderts ist auch da viel moderner, als kurzsichtige Avantgardisten meinen. Indessen wird man auch die Ironie, die selbst die einfacheren Erzählteile durchdringt, nicht mehr als störend empfinden, wenn man sie als jenes Medium begreift, das die Einheit so unterschiedlicher Elemente stiftet, als da sind: erzähltes Geschehen, Reflexion, Erzähler- und, keineswegs damit einfach identischer, Autorkommentar, essayistische und zum Schein ganz ernsthaft vorgetragene »Wissenschaft«. Der Fülle dieser Elemente entspricht die Breite der Ausdrucksmittel. Vom Josephsroman gilt, was im Wagner-Essay als Ehrgeiz Baudelaires behauptet wird: »Mit der Sprache zu musizieren, mit ihr allein es Wagner gleichzutun.«
Souverän spielt Thomas Mann mit der Zwischeninstanz des Erzählers, der hier zu einem wahren Proteus wird: Sobald man glaubt, den in der Tat im zwanzigsten Jahrhundert dubios gewordenen Allwissenden dingfest machen zu kön-

nen, verwandelt er sich zur Marionette. Aber nicht als omnipotenter Herrscher zieht der Autor an den Fäden, sondern als der Beauftragte des Geistes der Erzählung selbst. Das »Wir« des häufigen *pluralis narratoris* meint daher außer dem Erzähler, der manchmal fast alles und dann nur wieder kaum mehr weiß, als was in der Bibel steht, und außer dem pseudogelehrten Kommentator, Repetitor und Kritiker der jahrtausendealten Überlieferung immer auch den Leser, und diesen wiederum in einer doppelten Gestalt des esoterischen Kenners wie des naiven Zuhörers.

Dieses »Wir« ist das Subjekt, um dessentwillen veranstaltet wird, was in bewußter Provokation zu der ironisierten Bayreuther Tempelbude »Tempeltheater« heißt. Das Festspiel wird schon im Vorspiel mit dem Doppelsegen des Helden selbst versehen und als Lustbarkeit der Fleischesseele wie als ein Werk des Geistes angekündigt: »Fest der Erzählung, Du bist des Lebens Geheimnisses Feierkleid, denn Du stellst Zeitlosigkeit her für des Volkes Sinne und beschwörst den Mythus, daß er sich abspiele in genauer Gegenwart!«

Sollte diese Beschwörung gelingen, mußte zweierlei vermieden werden. Zum einen durfte, bei aller für die Herstellung der biblischen Sphäre nötigen Detailgenauigkeit, kein historisierender Kulissen-Naturalismus die Oberhand gewinnen: Zum andern durfte die Einführung ins Mythisch-Archaische nicht zum regressiven Rückfall ins vermeintlich Ursprüngliche führen. Von Anfang an galt es, gegen die Verbindung von völkischem Pseudomythos und brutaler Machtgier eine zukunftsorientierte Humanität zu setzen, in der die wahren, der Vergeistigung fähigen Potenzen des Mythischen den Menschen zum Heil gereichen.

Als Mittel der Humanisierung, der legitimen Aneignung des Mythos im zwanzigsten Jahrhundert, galt Thomas Mann die Psychologie. Durch Freud vor allem fand er bestätigt, was er längst bei Schopenhauer wie Nietzsche gefunden hatte und nun ein weiteres Mal fruchtbar machen konnte. Es galt, den im tragödienträchtigen Mythos vorgegebenen Zwang der Wiederholung mit der Utopie der geistig-moralischen Menschheitsentwicklung zu verbinden und im Figurenensemble des Alten Testamentes zur Anschauung zu bringen. Auf der archaischen Stufe, die als Tiefenschicht des Unbewußten auch noch zu unserer Wirklichkeit gehört, ist die Identität des unentwickelten Individuums »nach hinten« offen: man lebt nur nach dem Schema, geht in Spuren. Aber schon beim Gottesdenker Abraham beginnen Bewußtwerdung und Sublimierung. Jaakob geht mit dem Schema, nach dem auch er lebt, schon sehr klug und zuweilen listig um. Joseph gar spielt nicht nur bewußt die Hauptrolle im Festspiel, sondern wird als Ernährer zu dessen Regisseur.

Thomas Mann hat seinen von anderen übernommenen Formeln für das mythische Denken durch die Inkarnation in Personen zu einer Suggestivkraft verholfen, der sich heute auch die am Mythos abarbeitenden Philosophen und Theologen immer weniger zu entziehen vermögen. Auch wird nach der Lektüre der *Geschichten Jaakobs* niemand die Erzählungen der Genesis wieder ganz so lesen wie zuvor. Jaakob, Esau, Rahel, Lea und deren Kinder leben fortan weiter, wie sie von Thomas Mann noch einmal erschaffen wurden. Und es gilt von den *Geschichten Jaakobs* für jene mit der schwindenden Bibelkenntnis vom allmählichen Vergessen bedrohte Welt, was sich seit Richard Wagner von der mittelalterlichen Literatur und ihrem älteren mythologischen Hintergrund sagen läßt, sei es zur Freude oder zum Ärger der Gelehrten: daß die moderne mytho-poetische Aufarbeitung eben jene Welt zu beschwören vermag, die von der Wissenschaft allein nie wieder zu neuem Leben erweckt worden wäre.

Nur durch solche Renaissancen wird die Überlieferung wieder ein Teil unseres geistigen Lebens. Daß der erste Roman des Werkes, das schon heute etlichen Kennern nicht nur dem Umfang nach für Thomas Manns größtes gilt, ausgerechnet 1933 erschien, ist zwar ein Zufall, aber am Ende doch einer von höherer Stimmigkeit.

Ein Genozid, der offiziell nie stattgefunden hat

Hans Christoph Buch über Franz Werfel: *Die vierzig Tage des Musa Dagh* (1933)

Im Herbst 1979 besuchte ich, als Mitglied einer Delegation des Westberliner Schriftstellerverbands, die armenische Sowjetrepublik. Nach fünfstündigem Flug vom Moskauer Inlandsflughafen Wnukowo, wo Usbeken, Kirgisen und Tataren mit Frauen, Kindern und überquellendem Gepäck eine Art hunnisches Heerlager bildeten, landeten wir – ein evangelischer Pfarrer, eine Berliner Malerin und ich – in Erewan, der Hauptstadt von Sowjetarmenien, die bei uns vor allem durch die Schmunzelwitze von Radio Erewan bekannt geworden ist: »Im Prinzip schon, aber...« An Stelle eines verschlafenen sowjetischen Provinznests trafen wir auf eine 3000 Jahre alte Kulturmetropole, das religiöse Zentrum des armenischen Volkes, das von Assyrern, Griechen, Römern, Arabern, Persern und Türken immer wieder überrollt worden ist – die letzte russische Eroberung nicht zu vergessen – und das trotzdem seine nationale Eigenart bis heute bewahrt hat.

Der Anblick der auf einem Hochplateau des Kaukasus gelegenen Stadt, überragt vom schneebedeckten Gipfel des Berges Ararat, an dem Noah mit seiner Arche gelandet sein soll – das versteinerte Holz der Arche wird im Nationalmuseum von Erewan gezeigt –, hatte etwas Märchenhaftes, Unwirkliches: breite, von Platanen gesäumte Boulevards, auf denen an Stelle der sonst üblichen Wolga- oder Moskvitsch-Limousinen amerikanische Straßenkreuzer lautlos dahinglitten – die meisten Armenier haben Verwandte in den USA, der Dollar ist in Erewan bevorzugtes Zahlungsmittel; in den Schaufenstern, an Stelle der sonst üblichen

Leninbilder, Fotos von Charles Aznavour, der ebenso wie der frühere Außenminister Mikojan, der amerikanische Schriftsteller Saroyan und der sowjetische Komponist Chatschaturian armenischer Abstammung ist. Ringsum die kahle Hochebene mit verstaatlichten Baumwollfeldern, auf denen kaum etwas wächst, das Ganze von roten Basaltfelsen umgrenzt, auf denen halbwilde Schafe und Bergziegen weiden, überwölbt von einem tiefblauen Himmel, der die Konturen des Gebirges zum Greifen nahe rückt. Man hat das Gefühl, auf dem Dach der Welt, an der Wiege der Menschheit zu stehen: von hier aus zogen die ältesten indoeuropäischen Volksstämme, zu denen auch die Armenier gehören, ostwärts, zum Indus-Tal, und westwärts, dem Mittelmeer entgegen. Uralte Klosterkirchen, wie Adlernester an die Felsspitzen geklebt, uneinnehmbare Festungen und Horte der armenischen Sprache, Schrift und Kultur; dazwischen fruchtbare Täler mit Weinbergen und Maulbeerhainen, Dörfer, in deren ummauerten Gärten wunderbar aromatisch schmeckende Aprikosen und Granatäpfel wachsen; Edschmiadsin, das Zentrum der armenischen Christenheit, wo Klosterschüler aus Beirut, Paris und New York mitten in der atheistischen Sowjetunion ihre religiösen Weihen empfangen; und – für mich der unvergeßlichste Eindruck – das versteinerte Manuskript einer armenischen Bibelübersetzung aus dem 5. Jahrhundert – die Armenier waren bereits zum Christentum übergetreten und hatten eine eigene Literatur, als Slawen und Germanen noch auf der Bärenhaut lagen.
Bei der Ankunft auf dem Flughafen begrüßte uns Metaxa, eine vom armenischen Schriftstellerverband zu unserem Empfang delegierte Dichterin, mit den emphatischen Worten: »Wir heißen die Freunde aus dem Lande Franz Werfels herzlich willkommen!« Damit war weder die österreichische Donaumonarchie gemeint noch die heutige Tschechoslowa-

kei, sondern die deutschsprachige Literatur überhaupt, die durch mannigfache Querverbindungen mit der Geschichte Armeniens verknüpft ist: von den ersten Berichten deutscher Missionare und Forschungsreisender aus dem 18. und 19. Jahrhundert über Armin T. Wegners offenen Brief an US-Präsident Wilson, mit dem er die Weltöffentlichkeit auf den von den Türken verübten Genozid an den Armeniern hinwies, bis zu Franz Werfels großem Roman *Die vierzig Tage des Musa Dagh*, der das gleiche Thema behandelt. Ich kannte Werfels Roman damals nur vom Hörensagen und wußte über seinen Autor nicht viel mehr, als was Franz Kafka mit der ihm eigenen Strenge einmal über seinen jüngeren Prager Freund und Kollegen geäußert hat: Werfel sei ein dickwandiges Gefäß mit gärendem Inhalt, das nur töne, wenn es von außen erschüttert werde (Gespräch mit Gustav Janouch, sinngemäß). Nach meiner Rückkehr in die Bundesrepublik beschloß ich, mein Vorurteil über Werfel zu revidieren. Ich kaufte mir den erstmals 1933 in Wien erschienenen Roman, der, nachdem er jahrzehntelang bei uns überhaupt nicht greifbar war, im Herbst 1979 als Taschenbuch neu aufgelegt worden ist, und las das Riesenwerk in einem Atemzug. Werfels Prosa hatte eine körperliche Wirkung auf mich wie schwerer Wein, der alle Poren durchtränkt und noch im nachhinein die Sinne benebelt. Ich konnte wochenlang an nichts anderes denken, mein gesamtes Nervensystem, mein innerer Stoffwechsel wurde durch die Lektüre in Anspruch genommen, und als ich den Roman endlich zuklappte, war das furchtbare Geschick des armenischen Volkes Teil meiner eigenen Geschichte geworden. Dabei ist der Roman zwar äußerst spannend geschrieben – er hat »Bestsellerqualitäten«, würden wir heute sagen –, aber seine Lektüre löst nicht nur interesseloses Wohlgefallen aus – dem steht schon der blutige Ernst des Themas im Wege.

Das Wort Genozid ist heute so überstrapaziert, daß es kaum noch den tausendfältigen Schrecken evoziert, der sich dahinter verbirgt. Die alles nivellierenden Medien haben auch auf diesem Gebiet gründlich gearbeitet: Das Wort ist entwertet und mit ihm die grauenvolle Wirklichkeit, auf die es sich bezieht. Man muß Werfels Roman lesen, um wieder einen Begriff davon zu bekommen, was ein Genozid wirklich ist: ein generalstabsmäßig geplanter und kaltblütig durchgeführter Völkermord an einer rassischen oder religiösen Minderheit: von der systematischen Gettoisierung über die gewaltsame Deportation bis zur physischen Massenvernichtung – das Ganze in jeder einzelnen Phase von unvorstellbaren Greueln und Massakern begleitet. »Erschlagen, erschossen, erhängt, vergiftet, erdolcht, erdrosselt, von Seuchen verzehrt, ertränkt, erfroren, verdurstet, verhungert, verfault, von Schakalen angefressen. Kinder weinten sich in den Tod. Männer zerschmetterten sich an den Felsen, Schwangere stürzten sich, die Hände aneinandergebunden, mit Gesang in den Euphrat.« So schildert Armin T. Wegner das furchtbare Geschehen, das er als deutscher Sanitätsoffizier im Ersten Weltkrieg aus nächster Nähe erlebte. Noch heute streiten sich die Experten darüber, ob es »nur« 1,5 oder gar 2 Millionen Menschen gewesen sind, die der von der türkischen Regierung befohlenen Ausrottung der Armenier zum Opfer fielen. Wie unvorstellbar viel individuelles Leid sich hinter diesen nackten Zahlen verbirgt! Und doch wissen wir mittlerweile, daß das, was damals dem armenischen Volk geschah, nur die Generalprobe für noch scheußlichere Verbrechen gewesen ist und daß die Bilanz der Holocausts im 20. Jahrhundert selbst mit der »Endlösung« der Judenfrage noch keineswegs erschöpft ist.
Franz Werfel schildert den Todesgang des armenischen Volkes nicht in seiner ganzen Breite – das würde die Möglichkeiten eines Romanciers übersteigen. Anders auch als Sol-

schenizyn, der in seinem *Archipel GULAG* typische Einzelschicksale aneinanderreiht, die am Ende so etwas wie ein Panorama des Stalinschen Terrors ergeben, beschränkt er sich auf einen winzigen Ausschnitt aus der Gesamtentwicklung, der nicht einmal besonders exemplarisch ist, da in ihm noch Hoffnung aufblitzt, die Ahnung einer ausgleichenden Gerechtigkeit. Das hat nichts mit Schönfärberei zu tun, sondern eher mit einem ästhetischen Grundsatz, den schon Lessing in seinem *Laokoon* formuliert hat und der so alt ist wie die Literatur selbst: Ein auswegloses Leiden erregt kein Mitleid mehr, sondern nur noch Abscheu; deshalb hat der griechische Bildhauer Laokoon und seine Söhne nicht in dem Augenblick dargestellt, da sie von den Schlangen zerfleischt werden, sondern in jenem, da sie heroisch, wenn auch vergeblich, Widerstand leisten.
Ganz ähnlich ist Franz Werfel verfahren. Sein Roman schildert den Auszug einer Volksgruppe von 5000 Armeniern aus ihren an der syrischen Küste gelegenen Dörfern auf den Musa Dagh (= Mosesberg), wo sie sich in unzugänglichem Gelände verschanzen und, mit dem Mut der Verzweiflung, einer vielfachen Übermacht türkischer Truppen vierzig Tage lang erfolgreich Widerstand leisten. Die Geographie ist auf seiten der Verfolgten: der Berg bildet eine natürliche Festung, die allen Angriffen des Feindes trotzt und den auf ihr eingeschlossenen Menschen Wasser liefert sowie Futter für ihre mitgeführten Herden – wenn auch nur auf begrenzte Zeit. Anders als ihre armenischen Glaubensbrüder aus Ostanatolien, die in die mesopotamische Wüste deportiert wurden, wo sie, fern von aller Zivilisation, elend verreckten, können sich die Belagerten auf dem Musa Dagh an der Küste vorbeifahrenden Schiffen bemerkbar machen und haben so eine, wenn auch minimale, Rettungschance. Das Ganze wird erzählt aus der Perspektive eines allwissenden Erzählers mit einer Fülle von türkischen und armenischen

Titeln, Orts- und Personennamen (»Der Mutessarif von Marasch machte mit Nazareth Tschausch nicht viel Federlesens«) und einer Vielzahl von Haupt- und Nebenfiguren, die man, wie in alten russischen Romanen, oft nur mühsam auseinanderhalten kann: der Oberpriester Ter Haigasun, der protestantische Pastor Aram Tomasian, seine Frau Howsannah und seine Schwester Iskuhi, der Student Awakian, der Arzt Altouni, Krikor, Büchernarr und Apotheker, Sarkis Kilikian, ein russischer Deserteur, und Gonzague Maris, ein staatenloser Grieche – um nur die wichtigsten Namen zu nennen.

Im Mittelpunkt der Handlung steht Gabriel Bagradian, Erbe eines reichen armenischen Handelshauses, der bei Ausbruch des Ersten Weltkriegs zusammen mit seiner französischen Frau Juliette und seinem dreizehnjährigen Sohn Stephan aus dem Pariser Exil in seine Heimat zurückgekehrt ist. Gabriel, der in der türkischen Armee als Offizier gedient und sich an der Balkanfront mehrfach ausgezeichnet hat, faßt den kühnen Plan zum Auszug seines Volkes auf den Musa Dagh, wo er die militärische Verteidigung sowie die ökonomische Verteilung der immer knapper werdenden Vorräte an Lebensmitteln, Waffen und Munition organisiert. Trotz oder gerade wegen seiner von allen anerkannten Autorität aber bleibt er inmitten seines Volkes ein Fremder, dem die ortsansässigen Armenier – zumeist Kleinhändler, Handwerker und Bauern – mit einer Mischung aus Scheu und Mißtrauen begegnen. So kommt es im gefährlichsten Augenblick zu einer privaten Katastrophe, die mit der drohenden militärischen Niederlage zusammenfällt: Gabriels französische Frau, die sich von ihrem Mann vernachlässigt und von ihrer armenischen Umgebung isoliert fühlt, gibt dem Liebeswerben eines jungen Griechen nach, der sie überreden will, den Musa Dagh zu verlassen. Als der peinliche Vorfall publik wird, bricht Gabriels Autorität und mit ihr die mühsam

aufrechterhaltene Disziplin unter den Eingeschlossenen zusammen, die sich in einem sinnlosen Bruderkrieg aufreiben, während die türkischen Truppen zur alles entscheidenden Offensive ausholen. Gabriels Sohn Stephan flieht, unter dem Schock der familiären Katastrophe, zusammen mit einem älteren Freund in die Ebene, um beim amerikanischen Konsul in Aleppo Hilfe zu erbitten. Unterwegs wird er krank und muß umkehren; er findet bei Nomaden Unterschlupf, die ihn gastfreundlich aufnehmen und sicher durch die türkischen Linien schmuggeln. Kurz vor der Rückkehr auf den Musa Dagh, die Rettung schon vor Augen, fällt er einem rassistisch aufgehetzten Mob in die Hände und wird als vermeintlicher armenischer Spion grausam ermordet und verstümmelt. Die Schilderung vom Opfergang des vierzehnjährigen Jungen, der zuerst seine Familie und dann sein Leben verliert, gehört zu den bewegendsten Passagen dieses an emotionalen Erschütterungen keineswegs armen Buches.
In hoffnungsloser Lage – die Hütten sind niedergebrannt, alle Lebensmittelvorräte aufgezehrt, die physische und psychische Widerstandskraft der Belagerten ist endgültig gebrochen – erscheint ein französisches Kriegsschiff als Retter in letzter Not und nimmt die Überlebenden des Musa Dagh an Bord – nur Gabriel bleibt allein auf dem Berg zurück und sucht hier freiwillig den Tod.
Über die Entstehung des Romans ist wenig bekannt, außer daß er auf einer historischen Begebenheit beruht. Auslösend war, wie der Autor selbst mitteilt, ein Schlüsselerlebnis, das er während eines Damaskusaufenthalts im Jahre 1929 hatte: »Das Jammerbild verstümmelter und verhungerter Flüchtlingskinder, die in einer Teppichfabrik arbeiteten, gab den entscheidenden Anstoß, das unfaßbare Schicksal des armenischen Volkes dem Totenreich alles Geschehenen zu entreißen.« Werfel schrieb den umfangreichen Roman in erstaun-

lich kurzer Zeit, zwischen Juli 1932 und März 1933, als habe er gewußt, daß ihm nur noch eine kurze Frist blieb; die Schlußkapitel sind demnach bereits nach der Machtergreifung der Nazis entstanden.

Ich weiß nicht, welche historischen Quellen Werfel benutzt hat. Sicherlich lag ihm das Buch von Johannes Lepsius vor, *Der Todesgang des armenischen Volkes*, das 1930 bereits in vierter Auflage erschienen war, sowie die vom gleichen Autor besorgte Sammlung diplomatischer Dokumente *Deutschland und Armenien* (Potsdam 1919). Lepsius, der als protestantischer Geistlicher in Armenien bereits die von Sultan Abdu Hamid befohlenen blutigen Pogrome von 1896 miterlebt hatte (und der schon damals versuchte, zu retten, was zu retten war), bemühte sich vergeblich, die deutsche Öffentlichkeit für die armenische Sache zu mobilisieren. Der deutschen Reichsregierung waren die traditionell guten Beziehungen zu ihrem türkischen Verbündeten, auf dem Höhepunkt des Ersten Weltkriegs, wichtiger als das Schicksal einer verfolgten Minderheit. In dieser Eigenschaft, als diplomatischer Mittler und christlicher Moralist, der sich rücksichtslos über alle politischen »Sachzwänge« hinwegsetzt, taucht Lepsius auch in Werfels Roman auf. Das Kapitel »Zwischenspiel der Götter«, das eine Audienz des Pfarrers beim türkischen Kriegsminister Enver Pascha beschreibt, gehört zu den Höhepunkten des Buches und macht für sich genommen bereits den Roman lesenswert. Werfel zeigt sich hier im Vollbesitz seiner erzählerischen Mittel. Ich wußte nicht, was ich beim Lesen mehr bewundern sollte: die psychologisch-genaue Charakterisierung (»Wäre dieser Mensch dort nur böse, wünscht er sich, wäre er der Satan. Aber er ist nicht böse und nicht der Satan, er ist kindhaft-sympathisch, dieser große, unerbittliche Massenmörder.«) oder die souveräne Meisterschaft, mit der der Autor realhistorisches Geschehen und erfundene Geschichte zusammenzwingt, ohne die Fakten der Fiktion oder die Fiktion den Fakten zu opfern. Ein heute lebender Schriftsteller wäre wahrscheinlich in die Dokumentarliteratur ausgewichen, mit dem Argument, daß die Realität doch ungeheuerlicher sei als jede dichterische Phantasie. Genau das tut Werfel nicht. Er hat ein naives Urvertrauen in die weltschöpfende Kraft der Fiktion, und auf diese Weise gelingt ihm, was die bloße Dokumentarliteratur nur in den seltensten Fällen schafft: die erfundene Geschichte wirkt authentischer als die historische Realität, weil sie dem Leser erlaubt, sich mit den Opfern zu identifizieren, das grausame Geschehen aus ihrer Sicht mitzuerleben.

Das heißt nicht, daß der Roman in all seinen Partien gleichermaßen gelungen ist – im Gegenteil: er ist streckenweise dermaßen überfrachtet mit expressionistischem Ballast, daß ich versucht war, ihn nach den ersten Seiten ungelesen aus der Hand zu legen. Das brodelt, wabert und glost in allen sprachlichen Hitzegraden, als sei der Autor vom Adjektivfieber befallen – »fiebrisch« ist sein Lieblingsadjektiv –, und wann immer er eine treffende Formulierung gefunden hat, zerstört er deren Wirkung, indem er seine Schreibmaschine auf Dauerfeuer stellt und den Leser mit einem kaum kontrollierten Wortschwall betäubt. Werfel geht somit genau umgekehrt vor wie Kafka, dessen sprachliche Meisterschaft aus der sparsamen Verwendung seiner Mittel resultiert und dessen Prosa schlicht und geradlinig konstruiert ist: Ähnlich wie in einer Bachschen Fuge entsteht bei Kafka der Eindruck von Mehrstimmigkeit durch das ständige Abbrechen und stets neue Variieren eines Grundmotivs. Werfels Prosa dagegen – um im musikalischen Bild zu bleiben – ist voll orchestriert wie eine Wagner-Oper; der Autor zieht alle Register, von den dumpfesten Bässen bis zum schrillsten Diskant, wechselt ständig das Tempo und die Perspektive, und schreckt auch vor melodramatischen Effekten nicht zurück. Das gesamte Arsenal der Literaturgeschichte wird aufgeboten: da gibt es eine geheimnisvolle Mignon-Figur, das Waisenkind Sato, das sich aus Goethes *Wilhelm Meister* an die syrische Küste verirrt zu haben scheint, und ein leibhaftiger Chor antiker Klageweiber tritt auf, der die Handlung des Romans nicht nur wortreich kommentiert, sondern, wie die Hexen im Macbeth, auch noch magisch beeinflußt. Und als sei es damit noch nicht genug, wird der Auszug der Armenier auf den Musa Dagh mit dem Exodus des Volkes Israel aus Ägypten und ihr Anführer Gabriel Bagradian mit Moses gleichgesetzt.

Leider bleiben derartige Klischees nicht allein auf die äußere Handlung und die sprachliche Gestaltung des Romans beschränkt: er ist von ideologischen Gemeinplätzen durchsetzt, die manchmal penetrant an Blut-und-Boden-Klischees erinnern. Da ist ständig vom Rauschen des Blutes und von der Reinheit der Rasse die Rede:

»Diese orientalischen Kinder vergaßen ihre Pläne meist schon vor der Ausführung, sie wurden von ihren kurzatmigen Einfällen, von ihrer dumpfen Triebhaftigkeit herumgewirbelt wie Laub im Wind. Sah man ihnen nach der Schulzeit zu, so glichen sie einem erregten Tierrudel ...«

»Als Französin war ihr eine gewisse Starrheit angeboren. Die Romanen sind bei all ihrer äußeren Geschmeidigkeit innerlich unbeweglich und abgeschlossen. Sie sind formvollendet. Sie haben ihre Form vollendet. Mögen die Nordländer noch immer wie Wolkengebilde voll Spannung und Verwandlung sein, die Franzosen lieben es im allgemeinen, weder aus ihrem Land noch aus ihrer Haut zu fahren. Juliette teilte die Starrheit ihrer Rasse in hohem Maße.«

Bei dieser Art von Völkerpsychologie nimmt es nicht wunder, daß der Bösewicht des Buches, Gonzague Maris, ein staatenloser Grieche und levantinischer Mischling ist. Daß der Vergleich mit der nazistischen Blut-und-Boden-Literatur trotzdem für Werfel eine Beleidigung darstellt, liegt nicht nur an der jüdischen Herkunft des Autors und an der klaren antifaschistischen Tendenz seines Romans, der über jeden Rassismusverdacht erhaben ist. Die Wurzeln reichen tiefer: Werfel vertritt einen aus dem späten 19. Jahrhundert übernommenen Sozialdarwinismus, wie er auch in den naturalistischen Romanen von Zola und in den Dramen von Gerhart Hauptmann anzutreffen ist, angereichert mit Elementen der Freudschen Tiefenpsychologie und eines messianischen Sozialismus – aber er bleibt trotzdem durch Welten getrennt von der Mord-und-Totschlag-Ideologie der Nazis und dem politischen Schindluder, das diese mit Darwin getrieben haben. Angesichts der moralischen Integrität des Autors und angesichts des furchtbaren Ernstes der im Roman geschilderten Ereignisse sind ideologische Besserwisserei und stilkritische Beckmesserei fehl am Platze. Auch wer mit Werfels grellen Erzähleffekten nicht immer einverstanden ist, wird sich der emotionalen Wirkung seines Romans nur schwer entziehen können.

Trotz mancher Ungereimtheiten sind *Die vierzig Tage des Musa Dagh* ein großes und wichtiges Buch, das schon aufgrund seines außergewöhnlichen Umfangs die Gattungsgrenzen des Romans sprengt. Es handelt sich hier, ähnlich wie in den um die gleiche Zeit entstandenen historischen Romanen von Alfred Döblin und Thomas Mann, um erzählerische Entwürfe, die sich durch die Breite und Tiefe der in ihnen dargestellten Welt dem Epos annähern. Werkgeschichtlich gesehen stehen *Die vierzig Tage des Musa Dagh* an der Nahtstelle zwischen Werfels frühen Romanen und Novellen aus der Künstler- und Bürgerwelt (*Verdi. Roman der Oper*, 1924; *Der Abituriententag*, 1928) und seiner späteren Hinwendung zum Katholizismus, die sich schon in *Barbara oder die Frömmigkeit* (1929) ankündigte und in den Romanen *Der veruntreute Himmel* (1939) und *Das*

Lied von Bernadette (1941) gipfelte: Werfels Religiosität, die sich später mehr und mehr von ihren Gegenständen löst, erscheint im *Musa Dagh* noch als Ausdruck realhistorischer Verhältnisse und Verhängnisse, als Stoßseufzer der bedrängten Kreatur inmitten einer gottverlassenen Welt.

Was die Wirkungsgeschichte des Romans angeht, bin ich auf Mutmaßungen angewiesen. Werfel, der 1933 vor den Nazis hatte fliehen müssen, emigrierte 1938 von Österreich nach Frankreich und, 1940, in die USA, wo *Die vierzig Tage des Musa Dagh* bereits auf Englisch erschienen war und seinen Weltruhm als Schriftsteller begründen half. Inzwischen waren die Parallelen zwischen dem Schicksal der Armenier und dem der deutschen Juden unübersehbar geworden: Nach der »Reichskristallnacht« war ihre Deportation bereits voll im Gange, die »Endlösung« der Judenfrage stand bevor. Als ökonomisch und intellektuell aktive Minderheiten, die noch dazu einer fremden Religion angehörten, boten sich beide Volksgruppen – Juden wie Armenier – den »revolutionären« Jungtürken auf der einen, den Nazis auf der anderen Seite, als bequeme Sündenböcke an, um von inneren Schwierigkeiten abzulenken und militärische Niederlagen durch Vernichtung des »inneren Feindes« zu kompensieren. Ähnlich wie im Falle der deutschen Juden haben auch im Ersten Weltkrieg die alliierten Mächte England und Frankreich so gut wie nichts unternommen, um die türkischen Armenier vor der Vernichtung zu bewahren. Im Gegensatz aber zum Holocaust an den Juden ist der Genozid an den Armeniern von türkischer Seite offiziell bis heute nicht anerkannt worden: Die Opfer erhielten keine, nicht einmal eine symbolische, Wiedergutmachung. Das ist vielleicht die tragischste Ironie der Geschichte: daß der Völkermord an 1,5 Millionen Armeniern offiziell nie stattgefunden hat. In türkischen Verlautbarungen ist noch immer von kriegsbedingter Deportation die Rede; dabei sei es hie und da, am Rande, zu

bedauerlichen Übergriffen und Ausschreitungen gekommen.
Auch die Sowjetunion, in der die überlebende Hälfte des armenischen Volkes heute lebt, hat kein Interesse daran, ihre diplomatischen Beziehungen zum türkischen Nachbarn von einer unbequemen nationalen Minderheit stören zu lassen. Franz Werfels Roman wurde zwar gleich nach Erscheinen ins Armenische übersetzt, ist aber seit Jahrzehnten vergriffen und wird in Erewan heute unterm Ladentisch gehandelt. Ein besserer Beweis für die Aktualität dieses Buches läßt sich kaum denken.

P.S.: In den zehn Jahren, die seit meinem Besuch in Erewan und der Lektüre von Franz Werfels Roman vergangen sind, ist Armenien nicht zur Ruhe gekommen. Im Gegenteil: die von großen Hoffnungen begleitete Öffnung der Sowjetunion für Glasnost und Perestroika hat die armenische Frage erneut auf die Tagesordnung der Politik gesetzt. Die Parallelen zu Werfels Roman sind unübersehbar: von den anti-armenischen Ausschreitungen in Baku bis zum tragischen Schicksal der von aserbeidschanischen Nationalisten eingeschlossenen Enklave Berg-Karabach. Die Geschichte scheint sich zu wiederholen: ähnlich wie vor hundert Jahren ist auch heute das armenische Volk in seiner Existenz bedroht.

Der Haifisch schluckt eine Ladenkette

Walter Hinck über Bertolt Brecht: *Dreigroschenroman* (1934)

Auf einem schrägen, zum Hintergrund der Bühne hin ansteigenden Rondell ein chromblitzendes Auto. Die Sitze mit rosaroten Kissen und Decken hergerichtet als Brautbett. Drinnen stehen, nachdem die Hochzeitsgesellschaft der Ganoven das frisch gebackene Paar verlassen hat, Mac und Polly und singen ihr schmalziges, in Kurt Weills schmachtend-parodierender Musik umkippendes Duett »Siehst du den Mond über Soho? – Ich sehe ihn, Lieber. Fühlst du mein Herz schlagen, Geliebter? – Ich fühle es, Geliebte.« Ein Traum des bürgerlich werdenden Gauners von Liebe und Luxus im Neonlicht. Campingplatz- und Jet-set-Romantik.

So taucht Jürgen Flimms Kölner Inszenierung der *Dreigroschenoper* (1983) die »wilde« Hochzeit des Bandenchefs Macheath mit der Tochter des Bettlerkönigs Peachum ironisch in den Glanz unserer Automobil- und Leuchtreklamekultur. Im Text des Stückes, das 1928 seinen Triumphzug über die internationalen Bühnen antrat, muß für diese Hochzeit noch ein leerer Pferdestall genügen. Dennoch hat sich Flimms Regie nicht an Brechts Text vergriffen; sie ist durch die Geschichte des Dreigroschenstoffs gerechtfertigt. In Brechts 1930 entstandenem Filmexposé *Die Beule* spielt das Auto schon eine bedeutende Rolle als Symbol für Macheaths Statusverbesserung: Er wird nicht mehr im Bordell verhaftet, sondern bei einem Autopicknick. Und die Kaution der National Deposit Bank für seine Freilassung wird in einem durch die Polizei geschützten Geleitzug von Automobilen herbeigeschafft.

Wie sich Macheath immer entschiedener vom Räuber, den John Gays *Beggar's Opera* von 1728 vorgezeichnet hat, zum Bürger und Bankchef häutet, zeigt exemplarisch der Wechsel des Schauplatzes für die Hochzeitsfeierlichkeiten. Aus dem Pferdestall »tief im Herzen Sohos« ist im Dreigroschenfilm *Die Beule* schon der Reitstall des Herzogs von Somersetshire geworden. Im 1934 in Amsterdam erschienenen *Dreigroschenroman* dann lädt Macheath seine Gäste aus der Ganoven- und Finanzwelt ins Londoner Stadthaus des Herzogs von Somersetshire.

Was in dem Dreigroschenstoff überhaupt drinsteckte, Brecht hat es herausgepreßt. Nebenprodukte der Oper und des Films sind ja noch die theoretischen *Anmerkungen zur Dreigroschenoper*, die Auseinandersetzung mit Filmindustrie und bürgerlicher Kunst im *Dreigroschenprozeß* und das grundlegende Gespräch über Aktualisierungsmöglichkeiten mit dem italienischen Regisseur Giorgio Strehler im Jahre 1955. Unter den künstlerischen Werken ist der *Dreigroschenroman* die letzte Stufe. Auch die beste? Wein, so weiß man, wird bei wiederholtem Keltern nicht edler.

Aber Kunstwerke stehen nicht unbedingt unter dem Gesetz von Naturprodukten. Oft krönt die letzte künstlerische Fassung eines Stoffs den Arbeitsprozeß. Andererseits leiden Reprisen, auch Wiederaufnahmen in einem neuen künstlerischen Medium, häufig an Aufgeschwemmtheit oder an der Blässe der Auszehrung und des in die Länge und Breite gezogenen Themas. Auf Brechts *Dreigroschenroman* trifft paradoxerweise beides zu.

Was die einen als Erkenntniszuwachs und als höchsten literarischen Gewinn verbuchen: daß Brecht am Aufsteiger Macheath die Geschichte des Kapitalismus von seiner »Pionierzeit« bis zur Kartellbildung demonstriert, das hat für andere nur den Wert des Versuchs, den Dreigroschenstoff unerbittlich über den Leisten der marxistischen Theorie zu schlagen. Ohne Zweifel nimmt der Roman dem Stoff das zweideutig Anarchische, aber damit auch das Ungebärdige, Freche, womit sich die *Dreigroschenoper* das Publikum in aller Welt erobert hat. Der unnachahmliche Schmelz der zwanziger Jahre ist dahin.

In dieser Ausnüchterung des Stoffes hat freilich auch der Gang der Geschichte seine Spuren hinterlassen. Es ist ein Ausgebürgerter, der dem Stoff nun die Sprödigkeit der epischen Form gibt. Brecht schreibt den größten Teil des Romans im dänischen Exil, und seine frühe Warnung vor der Kriegslüsternheit Hitlers wird – wenngleich in uneigentlicher Weise – auch hier vernehmbar: Die Romanhandlung spielt im London der Jahrhundertwende während des Burenkriegs; der Patriotismus verträgt sich aufs beste mit den Geschäften.

Der eigentliche Held, so hat man gesagt, seien die Gesetze der Wirtschaft. Macheath nimmt als Besitzer von Billigläden den Kampf mit seinen Konkurrenten auf und gewinnt ihn: Der Haifisch schluckt eine ganze Ladenkette. Zugleich handelt der einstige Räuber nach dem Motto: »Was ist ein Dietrich gegen eine Aktie? Was ist ein Einbruch in eine Bank gegen die Gründung einer Bank? Was ... die Ermordung eines Mannes gegen die Anstellung eines Mannes?« So herrscht er am Ende über ein Unternehmens- und Bankimperium. Der Makler Coax und nach dessen Ermordung Peachum wickeln in immer neuen Schachzügen und in atemberaubendem Tempo ein horrendes Betrugsmanöver mit verrotteten Transportschiffen ab.

Die Finanz- und Geschäftsmanipulationen jagen einander. Aber angesichts des fortwährenden Schwindels schwindelt es schließlich auch dem Leser; ja, die immer neuen Winkelzüge, die der Romanschreiber seine Helden mit den weißen Westen aus der Trickkiste des Wirtschaftsverbrechens zaubern läßt, beginnen zu ermüden. Und ein etwas fader Nachgeschmack vom sozialen und politisch-historischen Sensations- und Geheimnisroman aus der zweiten Hälfte des vorigen Jahrhunderts stellt sich ein: wie dort scheint die Welt nur noch mit finsteren Verschwörern bevölkert zu sein.

Zum Kriminalroman wird der *Dreigroschenroman* dadurch, daß er seine Spannung ganz aus dem Milieu der Wirtschaftsverbrechen bezieht. Daß aber diese Wirtschaftsverbrechen vom Gesetz nicht erreichbar sind und öffentlich nicht erkannt, geschweige denn geahndet werden, macht ihn zum blinden Zwillingsbruder des Kriminalromans. Nicht zufällig bezeichnet der Polizeichef Brown gerade den unbestechlichen Beamten als den »unzuverlässigsten«: »Wenn der eine Spur wittert, ist er nicht mehr zu halten und vergißt jede Disziplin. Er würde seinen eigenen Skatbruder verhaften.« In dieser Figur überlebt noch der erfolgreiche Kommissar oder Detektiv des gewöhnlichen Kriminalromans, aber nur, um kaltgestellt zu werden. Die Aufklärung des Verbrechens unterbleibt, sie scheitert an dessen unrechtmäßiger Legalität. Die Rolle des Kriminalisten, der das Verbrechen entdeckt und den Täter überführt, wird offengehalten für den Leser – der »blinde« Kriminalroman fordert den sehenden Leser.

Läßt man die gesellschaftskritische Absicht einmal außer acht, so hat Brecht offenkundig vom englischen Kriminalroman gelernt, dem er im Aufsatz »Über die Popularität des Kriminalromans« ebendiese Fähigkeit zur Mobilisierung des Lesers zuschreibt: »Der Leser wird nicht getäuscht, alles Material wird ihm unterbreitet, bevor der Detektiv das Rätsel löst. Er wird instand gesetzt, die Lösung selber in Angriff zu nehmen.« Im übrigen schätzt Brecht den Kriminalroman als Gegentypus zum »introspektiv psychologischen Roman«: »Es werden nicht die Handlungen aus den Charakteren, sondern die Charaktere aus den Handlungen entwickelt.«

Eine ähnliche Vermittlung »verwendbarer Aufschlüsse über menschliche Handlungen im Detail« findet Brecht beim Film, dessen »Vonaußensehen« und »großartig induktive Methode« er in seiner Schrift *Der Dreigroschenprozeß* rühmt. Tatsächlich lassen manche epischen Szenen des *Dreigroschenromans* noch den Durchgang des literarischen Stoffes durch das Filmexposé erkennen; sie könnten als Vorlage für eine Kameraeinstellung dienen. Aber die beim Film in die Form umgesetzte Erkenntnis, daß die Welt »längst nicht mehr im Totalen erlebbar« ist, wird von Brecht im Roman preisgegeben, nämlich durch den Versuch, die gesamte Entwicklungsgeschichte des Kapitalismus in ein paar exemplarischen Fällen und Personen zusammenzuziehen.
Es ist nicht diese Lektion, die uns den *Dreigroschenroman* heute noch interessant macht. Seinen Reiz bewahrt hat das Werk durch ein Swiftsches Element, durch die Satire und eine ironische Sprache, die nicht frontal auf ihren Gegenstand losgeht, sondern von der Flanke her und mit vielerlei Finten. So scheut der Erzähler das Wort Trinkerin für Frau Peachum: Sie kann nur »eine Vorliebe für Spirituosen nicht bezwingen«. So hält er taktvoll die »unübertrefflichen« sprachlichen Vergleiche eines durch abartige Forderungen beleidigten käuflichen Mädchens zurück, obwohl sie dem Buch »durch ihre poetische Kraft eine fast unbegrenzte Dauer verleihen würden«. Und er läßt die Lebenskünstlerin Polly, deren Sinnlichkeit dem Vater Peachum zuwider und doch zugleich für die Geschäfte willkommen ist, ihren Tribut an die Moral so entrichten: »Sie hatte nach dem Sündenfall niemals Gewissensbisse, sondern immer nur vorher.«
In seinem 1940 veröffentlichten Aufsatz »Fünf Schwierigkeiten beim Schreiben der Wahrheit« empfiehlt Brecht das Verfahren des britischen Satirikers Jonathan Swift, eine verhaßte Denkungsart mit so vielem Feuer zu verteidigen, daß ihre Gemeinheit für jedermann erkennbar werde. Schon

im *Dreigroschenroman* läßt er in den vollmundigen Selbstrechtfertigungen der Geschäftshaie ihre Verlogenheit zutage treten. »Denn wer führt die Kriege?« fragt der Verkäufer der seeuntauglichen Schiffe, die später mit den Soldaten versinken. »Der Soldat und der Geschäftsmann! Jeder an seinem Platz!«

So treffen wir schon hier den Ton an, den Brecht später in *Mutter Courage* zur Vollkommenheit entwickelt: das verhüllende Reden, das enthüllt, das Verteidigen einer Position, die gerichtet werden soll. Es ist ja auch das in den Vordergrund drängende Kriegsthema, das den *Dreigroschenroman* mit dem Courage-Stück verbindet. Die Verse aus Mutter Courages Lied: »Der Krieg ist nix als die Geschäfte / Und statt mit Käse ist's mit Blei«, würde als Motto auch für einen Teil der Romanhandlung passen.

Es gibt ein unzweideutiges Indiz dafür, daß die politische Zuspitzung des Dreigroschenstoffes mit dem Aufstieg Hitlers zusammenhängt: Hitler ist im Roman gegenwärtig durch die Führerideologie. Aber es kennzeichnet Brechts Faschismusverständnis, daß er diese Ideologie auf den »Wirtschaftsführer« überträgt. So pocht Macheath als Chef der Ladenkette auf »Schicksalsverbundenheit von Führer und Geführtem« und erwartet als »geborener Führer« in den »schweren Zeiten« des Konkurrenzkampfes (den der Roman schon als eine Art von Krieg vorführt) »Treue um Treue«.

Andererseits ist es die Berufung auf eine humanistische Tradition, die den Widerspruch zwischen hehrem Vokabular und skrupellosem Handeln offenlegt. Ein Bewunderer preist Macs Anschauung »vom Wert des Wettkampfes der Verkäufer« als »geradezu griechisch« und erklärt eine Werbewoche zur »Olympiade«. Spartanische Tugenden werden beschworen. Und Peachum bemüht in einem Augenblick, da er am Rande des Ruins zu stehen glaubt, das Bild des unglücklichen Ödipus. Die Medea-Analogie in Friedrich Dürrenmatts Komödie *Der Besuch der alten Dame,* Dürrenmatts Bloßstellung eines anachronistisch gewordenen, weil entleerten humanistischen Erbes – in Brechts *Dreigroschenroman* haben sie ihre Vorbilder.

Die Gesetze des psychologischen Romans sind nicht verbindlich. In die Reden der Figuren mischt sich der ironische Kommentar des Erzählers. Um solche Doppelbödigkeit des Sprechens auch vom Druckbild her kenntlich zu machen, setzt Brecht Gedanken und Äußerungen der Figuren immer wieder in Kursivschrift. So entstehen Textpassagen, die wie einmontiert wirken und sich teilweise zu verselbständigen scheinen. Gerade in solchen Textabschnitten nähert sich der *Dreigroschenroman* der Prosa der *Flüchtlingsgespräche* und der Geschichten vom Herrn Keuner an: Die Sprache schillert in Paradoxien und in Wendungen listiger und vertrackter Logik. Und zumal diesem den Geist des Lesers beweglich haltenden und zur Entdeckung reizenden Spiel der ironischen Satire verdankt der Roman seine verbliebene Anziehungskraft.

Als Echo auf Hitlers Machtergreifung ist der Roman ein Dokument für Brechts Sicht auf die historisch-wirtschaftliche Situation während seiner frühen Exilzeit. Das zu ausschließlich am Ökonomischen orientierte Faschismusbild wirkt, obwohl nur indirekt erschließbar, heute merkwürdig versteinert. Aber man sollte ohnehin den Roman nicht zu sehr absondern, nicht den lebendigen Zusammenhang mit dem Filmexposé und der Oper zerreißen, sollte also die Dreigroschen-Trilogie als Ganzes nehmen. Tatsächlich werden ja in heutigen Inszenierungen der *Dreigroschenoper* Bestandteile aus dem Film *Die Beule* (wie die Schlußverse: »Denn die einen sind im Dunkeln / Und die andern sind im Licht...«) und Sentenzen und Reflexionen aus dem Roman übernommen. Gerade auf der Bühne freilich zeigt sich –

auch Flimms Kölner Inszenierung bewies es –, welchen Vorteil das Theaterstück in der Aufführung gegenüber dem festgeschriebenen Romantext besitzt: die Möglichkeit der immer erneuten Verjüngung des Dreigroschenstoffs.

Jeder Hoffnung bar

Reinhard Baumgart über Wolfgang Koeppen:
Eine unglückliche Liebe (1934)

Durch den Roman *Tauben im Gras,* Koeppens kraftvoll elegischen Abgesang auf einen Münchner Tag im Jahr 1949, läuft auch ein Schriftsteller, nicht mehr ganz jung, noch nicht alt, und die Porträtähnlichkeit zwischen diesem Philipp und seinem Autor läßt sich schwerlich übersehen. An einer Stelle aber werden die beiden sogar miteinander identisch, wenn es nämlich von Philipp heißt: »... er war schwach, er war auf der Walstatt geblieben, auf der sich die schändlichste Politik und der gemeinste Krieg, Wahnsinn und Verbrechen ausgetobt hatten, und Philipps kleiner Ruf, der erste Versuch, sein erstes Buch war im Lautsprecherbrüllen und im Waffenlärm untergegangen, war von den Schreien der Mörder und der Gemordeten übertönt worden, und Philipp war wie gelähmt ...«

So also blickt »Philipp« Koeppen nach fünfzehn Jahren zurück auf sein Debüt 1934. Wie unzeitgemäß, wie hilflos und andererseits: wie unbedingt, im Jahr nach Hitlers Machtübernahme nichts weiter zu erzählen als eben *Eine unglückliche Liebe.* An diesem Thema haftend wie die Fliege am Leim, hat Koeppen genau wie sein unglücklich liebender Friedrich sozusagen gar keine Zeit für das Zeitgemäße.

Einmal nur fällt ein Blick auf das politische, das braun-rote Berlin Anfang der dreißiger Jahre: »Hier bewegte man sich in Kolonnen und ging, vorläufig noch, gegeneinander vor. ›Man muß sich anschließen, muß teilnehmen, es geht mich an!‹« Doch diese vage Sehnsucht nach Engagement schießt Friedrich nur einen Augenblick lang durch den Kopf. Was ihn einzig und wirklich und unendlich »angeht«, ist nur die

Aussichtslosigkeit seiner Liebe zu Sibylle, die gerade, als der Roman einsetzt, tatenlos in einem russischen Emigrantenkabarett in Zürich tingelt.

Natürlich hieße es den Instinkt der damals zeitgemäßen deutschen Literaturaufseher unterschätzen, wollte man vermuten, sie hätten Koeppens apolitische Liebesgeschichte blindlings für sich gebucht. So gar nichts stramm Nationales oder mindestens doch gemütvoll Inniges war diesem Erstling anzumerken. In ihm herrschten nur Eskapismus, Dekadenz und subjektivistische Narrheit. Kein Zweifel also, mindestens psychologisch war dieser Autor zersetzend, also »links«, ein Sympathisant des artfremden Wesens der Weimarer Zeit. Wozu, so ereiferte sich damals ein Rezensent, hätte man sich Thomas und Heinrich Mann, Döblin und Feuchtwanger vom Leibe geschafft, wenn deren Ungeist nachwuchere. Und er empfahl sogar ein Mittel gegen derart weltfremde Liebesgeschichten: Arbeitslager. Wolfgang Koeppen, da er damals sicher in Holland saß, wagte darüber zu lachen.

Friedrich und Sibylle, der bürgerliche Intellektuelle und die Komödiantin, das ist eine alte Geschichte. In unserem ersten »Bildungsroman«, bei Goethe, wird sie noch sehr heiter unter den Namen Wilhelm und Philine durchgespielt. Bei Wedekind und Heinrich Mann gerät sie dann in grelle Düsternisse, in Grotesken und Satiren. Aber Koeppen und sein Friedrich halten sich weder an die alte komödiantische noch an die schwül katastrophale Jahrhundertwenden-Version. Sie entschließen sich eigentlich zu gar nichts, zu keiner Definition, also Eingrenzung und Abgrenzung dieses Falls von Unglück und Liebe. Die beiden, der Autor und sein Protagonist, starren und starren, redselig und doch letztlich sprachlos, auf diese Geschichte, bis sich deren Kern immer wieder verwandelt in einen blinden Fleck.

»Sie zu lieben ist mein Schicksal, und ich muß es anneh-

men«, gesteht sich Friedrich gleich zu Anfang ein, und ein paar Zeilen weiter: »Der Fall war jeder Hoffnung bar.« Dabei wird es nun einen Roman lang bleiben. Auch die Erinnerung an den Anfang dieser Liebesgeschichte verrät Glück und Entsetzen auf den ersten Blick: »Aus dem Dunkel kommend ein Arm, ein Kleid, ein Körper, Hals und Kopf und Augen und ein Mund (der vor allem war deutlich) und Sibylle stand im Zimmer, kleiner als ich, lieblich und lächelnd.« Doch diese lang ausgesponnene Retrospektive »nützt« dem im Zürcher Hotelzimmer brütenden Friedrich so wenig wie uns. Schicksal, aller Hoffnung bar: mehr läßt sich gar nicht herausbekommen, und genau das treibt den Roman in seine trostlose, bebende Redseligkeit.
Wahrscheinlich ist Friedrichs Sibylle »wirklich« nur ein hübsches Lärvchen, und die Art, wie sie ihn anlockt und doch immer auf Abstand hält, mag abgekartet sein und definierbar als »hysterisch«. Aber Friedrichs Ergebenheit in sein Liebesschicksal wäre kaum zu ernüchtern durch den Hinweis auf irgendeine »Wirklichkeit« hinter seinem Wahn oder gar durch das Neurosenprofil seiner Geliebten, so wenig wie durch die Erklärung, daß er in seiner leeren, öden Berliner Existenz genau die richtige Beute war für die einzig sinnvolle Sinnlosigkeit auf Erden, für eine Passion ohne jede Aussicht auf Erfüllung.
Friedrich ist Sibylle also nachgereist, von Berlin nach Zürich, auch in der halbherzigen Hoffnung, seine Liebe könnte sich beruhigt, Vernunft angenommen haben, vielleicht sogar die Vernunft, sich endlich aufzugeben. Wieder beginnt zwischen beiden das Spiel der Verlockungen und Distanzierungen. Schließlich verspricht die Launische Friedrich sogar eine Reise: nach Italien! Aber sie schickt in den Schlafwagen dann nur eine Stellvertreterin, und die übt mit Friedrich nun die Liebe ohne Liebe. Bis die wunderbar wirre und doch energische Sibylle ihren »vom Glück Geblendeten« dann

doch noch trifft, und zwar in Venedig. Dort leben die beiden noch einmal ihr stummes Drama, getrennt zusammen, gemeinsam getrennt. Wie aus Erschöpfung bricht der kleine Roman dann ab: »Es hatte sich nichts geändert.«

Was nicht ganz wahr ist, denn gerade in den letzten Sätzen haben Friedrich und Sibylle ein Glück-plus-Schmerz-Abkommen miteinander geschlossen, eine Art Nichtangriffspakt: »Die Wand aus dünnstem Glas, durchsichtig wie die Luft«, soll weiter zwischen ihnen bleiben, aber »Sibylle blieb für ihn bestimmt; und Friedrich war der Mensch, der ihr gehörte.« Ein Happy-End, dem nur eines auffällig fehlt: das Glück.

Und spätestens hier darf sich der Leser die Augen reiben: dieses schwärmende und traurige Erzählen von Berlin und Zürich und Italien, diese unendlich um und um gewendete und beteuerte Liebe zwischen einem melancholischen Jüngling und einer Entzugserscheinung namens Sibylle – war das etwa nur ein großartiges Täuschungsmanöver, weil »im Grunde« hier etwas ganz anderes um Sprache ringt als nur die Unglückseligkeit zweier junger Personen, zwischen denen das Wasser wieder einmal viel zu tief ist? Wolfgang Koeppen, vermute ich, hat schon damals von nicht mehr und nicht weniger zu erzählen begonnen als von seiner »unglücklichen Liebe« zur gesamten Welt.

Schon hier rauschen sie immer wieder auf, diese weiten, sonor tönenden Sprachperioden, die wir aus seinen späteren Reiseberichten, Romanen, autobiographischen Fragmenten im Ohr haben, die irgendeinen irdischen Augenblick nicht unfeierlich verewigen möchten, und die immer beides aufleuchten lassen, die Schönheit und die Vergänglichkeit solcher Augenblicke. Daher das undefinierbar gemischte Timbre der Koeppenschen Prosa, ihr glücklich-unglückliches Pathos, liebevoll, ja, genießerisch der Welt zugewandt, doch »aller Hoffnung bar«.

Der 28jährige Debütant ist zwar geprägt von der Prosaschule der zwanziger Jahre, er versucht also, sprachlich schlank zu bleiben, hell und graziös. Aber der Romantiker in ihm läßt sich durch Stil nicht disziplinieren. »Wer die Schönheit angeschaut mit Augen, ist dem Tode schon anheimgegeben« – das tönt da immer durch. Auch Joseph Roth läßt grüßen, zwar am anderen Ende des deutschen Sprachgebiets geboren, aber (man staune) nur zwölf Jahre vor Koeppen: auch dessen Prosa war »mondän im tiefsten Sinne«, wie Enzensberger die Koeppensche genannt hat, glücksbewußt und doch todtraurig.

»Er sah auf der Straße, wie der Abend angezündet wurde, man schien ein Fest vorzubereiten, aus blanken Wagen schauten Frauen, gehüllt in die Thronmäntel der Stuartköniginnen, auf die Promenade, die Portiers schwenkten den Stock vor den Portalen der Theater und den Restaurants mit ihren verhangenen Scheiben. In dieser Gegend, die Friedrich nur passierte, spielte man Glanz und Reichtum der Menschen« – das ist einer dieser Welttheater-Zuschauerblicke des jungen Koeppen, die an den alten Koeppen erinnern, aber eben auch an die lange Tradition verschämter und verspäteter Romantik, von Heine bis Roth. Man hängt sehr an der Eitelkeit der Welt, obwohl (oder weil?) man sie doch kennt, durchschaut und von ihr getrennt bleibt durch eine »Wand aus dünnstem Glas, durchsichtig wie die Luft«.

Nun wundert es nicht mehr, daß die so ausgiebig und hingebungsvoll umworbene und umschriebene Sibylle nicht so recht anwesend wird in dem Roman, daß ihre Figur immer nur kurz und trügerisch aufleuchtet. Weniger diese Frau fasziniert offenbar den Erzähler als Friedrichs unauflösliches, undurchschaubares Verhältnis zu ihr. Sie selbst übrigens weiß ihr launisches Verhalten zu Friedrich ziemlich patent zu erklären: »Sie war es, die ihre Hand hob und seinen Kopf zu sich herabzog, aber sie war es auch, die mit festem Griff und bestimmt diesen ihr zufliegenden Kopf von sich stieß, in der erwachten Furcht, sich zu verlieren.« Sibylle braucht diesen Liebhaber, aber der soll sich auf Abstand halten und seine Passion auf der schönen Höhe des Wahns. Sie möchte – wie Frau Welt – die auf ewig unberührbare Begehrte bleiben.

Schließlich ist nicht nur diese Sibylle, sondern vor allem diese Art unglückliche Liebe eine Imagination ihres Autors, und vernarrt ist er gerade in ihr Unglück. »Es ging ihm auch wie dem Bildhauer mit einer Statue, die er geschaffen hat«, so läßt er seinen Friedrich sinnen: »Er sah sie als gutes Werk an, als die Inkarnation des Begriffes ›ein Körper‹, ein Festes, das man zu greifen wünscht, zu fühlen ... ›Ich bin der Atlas, der dich trägt, und du bist ein Stern für dich, im Raum ohne Berührung ...‹ Das hätte er ihr gern' gesagt.« Wieder einer dieser schwindelerregenden Momente, wo nicht mehr ganz gewiß ist, wer da zu wem redet, nur Friedrich zu seiner Sibylle, oder ein Autor über sein Werk, oder doch Koeppen über alles, was in Sprache Welt und Wirklichkeit scheint und doch nie wirklich ist?

Dieser Anfang und dieser Anfänger, sie hatten es also »in sich«, und sicher hatten sie sich auch, wie das am Anfang üblich ist, mehr vorgenommen als sich erreichen ließ. Das macht die Stärke dieses Romans aus, und darauf beruhen auch seine Schwächen. Aber erstaunlich bleibt auch heute noch, aus welcher Enge Koeppens erstes Buch seine Weite erreicht, wie sicher und genau es immer wieder zugreift, obwohl doch das Ungreifbare und Unbegreifliche sein Thema ist, wie hell und leise und doch ganz unverschämt es sein Pathos entfaltet.

Ein Ritter des Absurden

Rainer Gruenter über Alexander Lernet-Holenia:
Die Standarte (1934)

Das Inkognito, die verschwiegene Herkunft und soziale Stellung, bedeutet uns nichts mehr. Was soll die Institution der Verborgenheit in einer Welt, in der jeder und jedes annonciert werden will? Auch hebt das Inkognito jede Identität auf. Das widerspricht unseren sozialen und moralischen Kontrollgeboten. Das Inkognito, das im Achtzehnten Jahrhundert den großen Herrn ebenso schützte wie den Abenteurer, die erotische Affaire ebenso wie die geheime Unterhandlung, war eine feudale Einrichtung. Sie ist mit dem *ancien régime* verschwunden. Nur noch der Clown und der Terrorist maskieren sich heute.
Carl Zuckmayer nannte Alexander Lernet-Holenia, der 1897 in Wien geboren wurde und in Wien gestorben ist, den »Grandseigneur unter den Dichtern seiner Generation«. Als solcher war ihm das Inkognito eine natürliche Gepflogenheit. Nichts sei interessanter als verwechselt zu werden, sagte er. Hat dieses anachronistische Inkognito nicht dazu geführt, daß der k. und k. Kavallerieoffizier des Habsburger Doppeladlers, der viel und mit leichter Hand schrieb, nur in beschränktem und besonderem Maße Beachtung fand? Half es ihm, das Mißverständnis zu kultivieren, daß er ein Unterhaltungsschriftsteller und Schreiber von Boulevardstücken sei? Dieses Mißverständnis ist ihm, in weitesten Kreisen, immerdar gelungen. Er verbarg hinter der eleganten Lässigkeit der Bemerkung, daß er schreibe, um sein Brot zu verdienen, den Genius seiner Melancholie, der ihn zum Dichter des Finis Austriae machte. Das Inkognito des Unterhaltungsschriftstellers, der, wie der *Schwierige* Hofmanns-

thals, mit dem Unbehagen »indezenter Selbstüberschätzung« kokettierte, verbarg den Dichter der Toten und des Todes, der ihn nie von der Fahne ließ. Der Fahneneid, den er seinem Roman *Die Standarte* vorausstellte, band ihn in einer Welt, der er obsolet geworden war. Lernet-Holenia konnte seine Gesinnung nur noch historisch formulieren: »Edelmann ist nur, wer stets bereit ist, für das Leben, das er führt, mit dem Leben zu zahlen.« In der Tat, ein schwieriger Herr.

So schützte das Inkognito des Unterstellungsschriftstellers nicht nur den Aristokraten in einer Nivellierungsdemokratie, sondern auch den Dichter, der »Dinge, die so schön wie unverkäuflich sind«, geschrieben hat. Das hatte auch eine praktische Seite. Es ernährte ihn materiell. Zugleich hütete es ihn freilich vor »Verständnis, das befleckt«. Allerdings nicht vor dem Druckverbot seiner Werke.

Als der Erste Weltkrieg zu Ende war, war Lernet-Holenia nur zwei Jahre älter als der Fähnrich Herbert Menis, der Held seines Romans *Die Standarte,* der sechzehnjährig, ein Jahr nach Kriegsbeginn, als Junker in das Dragonerregiment »Leide Sizilien« eingetreten war. Lernet-Holenia schrieb Gedichte, die die Fürstin Marie Thurn und Taxis dem Dichter des *Cornets* empfahl. Rilke sorgte dafür, daß der erste Gedichtband Lernet-Holenias *(Kanzonnaire)* im Insel-Verlag erschien. Sein erstes Theaterstück *(Demetrius)* wurde sogleich mit dem renommierten Kleist-Preis ausgezeichnet. Doch das hinderte ihn nicht, Boulevard-Komödien von kesser Banalität zu schreiben, freilich auch brillante Konversationsstücke wie die *Österreichische Komödie* (1927) und das Intrigenspiel *Ollapotrida* (1926). Er hat fast dreißig Romane geschrieben, die, wie auch seine Erzählungen, keine Konzession an wohlfeile Unterhaltsamkeit scheuten, und dennoch sind Bücher darunter, die zur besten Prosa seiner Zeit zählen.

Er war kein schillerndes Talent, sondern er beherrschte die unterschiedlichen Ressorts seines Metiers. Dieser mühelose Wechsel der Tonart, vom Saloppen zum Strengen, vom verspielten Firlefanz zum Unheimlichen, vom Gängigen zum Visionären befremdet heute manchen wie Taschenspielerei. Doch wenn einer alles kann, so heißt das nicht, daß er nichts kann. Zuweilen ist auch Gold, was glänzt. Diese Wahrnehmung fällt seriöser Kritik oft schwer. Sie will nicht, daß der Feuilletonist auch ein Elegiendichter ist. Für sie macht der eine den anderen unglaubwürdig, wenn beide in einer Person auftreten. Das mag dazu beigetragen haben, daß der Autor sich nie eine Leserschaft sichern konnte wie Hofmannsthal, Schnitzler oder Stefan Zweig.

Der Roman *Die Standarte* erschien 1934, zwei Jahre vor der Novelle *Der Baron Bagge,* der in deutscher Literatur dieser Zeit wenig zur Seite zu stellen ist. Beide Werke zählen zur Gattung der Kriegsliteratur, haben aber nicht das geringste gemein mit Büchern wie Ernst Jüngers *In Stahlgewittern* oder Remarques *Im Westen nichts Neues.* Der Erste Weltkrieg hatte, wie der Januskopf, zwei Gesichter, die sich im Westen und Osten unterschieden wie das Gesicht des Stoßtruppleutnants der Materialschlacht vom Gesicht des Kavallerieoffiziers der letzten Reiterattacken in Galizien und auf dem Balkan. Die preußisch geprägte Armee des Westens hatte, auch in der Niederlage, das Gesicht des Kommenden, des »Arbeiters«, wie Ernst Jünger den neuen Typus der »Totalen Mobilmachung« nannte; die k. und k. Armee des Ostens, das österreichisch-ungarische Heer, hatte das Gesicht einer Vergangenheit, die der Völkerzerfall der Donaumonarchie besiegelte, und der geschichtlich abservierte Kavalier der Reiterregimenter glorreicher Namen war der Typus, der in *Standarte* und *Baron Bagge* das Habsburger Reich, Kaiserhaus und Heer, auch wenn er nicht fiel, in den Untergang begleitete.

Zum Typus des Kavaliers gehört die Liebesaffäre. So beginnt die Kriegsgeschichte *Die Standarte* mit einem *coup de foudre*. Der Fähnrich Herbert Menis sieht am Abend seiner Kommandierung zur Truppe, Ende Oktober 1918, in der Belgrader Oper eine junge Dame in der Loge der Erzherzogin Maria Antonia. Ein Kavalier handelt aus einem Guß. Ebenso entschlossen wie plötzlich. Sehen, Handeln, Siegen ist ein unteilbarer Vorgang. Also stürzt er nach dem ersten Akt der Oper (*Figaros Hochzeit* – die heitere Götterdämmerungsmusik am Vorabend der Revolutionen!) in die Loge der Erzherzogin, erzwingt mit der Unverfrorenheit der Leidenschaft, die dennoch das protokollarische Reglement halsbrecherisch zu nutzen versteht, seine Vorstellung, zahlt aber dafür mit seiner sofortigen Kommandierung zum Dragoner-Regiment Maria Isabella noch in der gleichen Nacht.

Eine solche Szene paßte in Stendhals *Chartreuse de Parme*, jedoch in einer Schilderung der letzten Woche vor dem Zusammenbruch der Donaumonarchie wirkt diese Eskapade eines entflammten Fähnrichs wie ein Zitat von Abenteuermustern aus einem anderen Jahrhundert. Dennoch war Krieg als Kavaliersabenteuer nicht nur eine Kasinophrase des maroden K. und K. Offizierskorps, das Lernet-Holenia schonungslos kennzeichnete, sondern eine Art Handlungsprivileg traditionsreicher Kavallerieregimenter, auf das man auch noch 1918 nicht verzichtete. Zu solchen Kavaliersabenteuern gehörten eben Mitternachtsaudienzen im Boudoir der Angebeteten, mit und ohne Chaperonne, bestochene Lakaien, düpierte Wachen, nächtliche Gewaltritte, Burschen und Diener, die, wie in der Komödie, treue Komplizen ihres Allotria treibenden Herrn waren, und Offizierskameraden von gespenstiger Belanglosigkeit. Aber hinter dieser vordergründigen Abenteuerkulisse von Lieben, Reiten und Leben in den Tag und die Nacht hinein, das eine seltsam zweckfreie Intensität, die Passion des Spiels freisetzte, brei-

tete sich das unheimliche Panorama des Geschehens aus, das unabwendbar das Ende herbeiführte. Stadt und Festung Belgrad, die Symbole des größten Sieges Prinz Eugens, die Militärbrücken über die Donau waren die Schauplätze des Geschehens, das aus den Dimensionen des Krieges hinaustrat, als Naturereignis, das keine Fronten mehr kannte. Kavaliere einer obsoleten Gehorsamstradition wurden wie Spreu hinweggefegt von der stummen Naturgewalt der Gehorsamsverweigerung einer Truppe, die ihr »Heimweh« entpflichtet hatte. Das war keine Meuterei, keine Revolte, sondern die Auflösung aller Bande, die das Gefüge des alten Vielvölkerkörpers zusammenhielten.
Unberührt von diesem Prozeß blieb nur der Husarenrittmeister Graf Otto von Bottenlauben und Henneberg von den Großenhainer Husaren, einem Königlich-sächsischen Garderegiment, ein Großer Herr, reichsunmittelbar, verwandt mit Königshäusern, der als Gast des Regiments Maria Isabella eine Schwadron führt. Solche Figuren verkörpern ein Prinzip, dem die anderen Kavaliere nur folgen. Selbst in schwierigsten Situationen stehen sie immer darüber. »Überhaupt hatte er eine Art, Schwierigkeiten so zu behandeln, als seien sie nicht da.« Ebenso wie dieser »mit einem Opossumschako geschmückte Turm« ist der Diener Anton, der den Fähnrich Menis schon »auf den Knien gewiegt« hat, ihn bekrittelte, beschützte und mit absoluter Verläßlichkeit betreute, Mentor in der Dienermaske, eine österreichische Spezialität, der auch Hofmannsthal seine Reverenz erwiesen hat, gleichsam nur Gast der Katastrophe, die nicht die schlichten Verrichtungen seiner Treue stören konnte.
Der Fähnrich verfiel, noch bevor er zum zweiten Mal seinen amourösen nächtlichen Ausflug machte, einem seltsamen Bann, der Magie der Regimentsstandarte: »Es war etwas Sanftes und fast Liebliches in der Art wie sich, im leichten Lufthauch, die Falten des Brokats ein wenig rührten, etwa

wie das Kleid einer Frau.« Auch hier Betroffenheit auf den ersten Blick, ein anderer, aber ähnlicher *coup de foudre* wie der, der ihn zu der schönen Resa Lang getrieben hatte, aber stärker, verbindlicher, besitzergreifender in der mystischen Erotik der Standarte. Die Bindung an die Standarte ist Todeserotik. Die Standarte gehört den Toten, nicht den Lebenden, und die Toten, so sah sie der Fähnrich, der am Ende in Wien von Kaserne zu Kaserne irrte, um die Standarte den Lebenden zurückzugeben, führen den Krieg weiter, den die Lebenden verlassen haben.

Ist dergleichen noch zu lesen? Ist das nicht fatale Duselei eines knäbischen Feldzeichenkultes, den die geschichtlichen Vorgänge, das Massaker des Regiments Maria Isabella durch das Schwesterregiment Allemand Royal auf den Pontonbrücken vor Belgrad, blutig kompromittierten? Und haben wir nicht mit unserer moralischen Unbefangenheit auch die Bereitschaft, ja die Fähigkeit verloren, nach den Exzessen des Fahnenmißbrauchs jede Art von Fahnen-Faszination auch nur historisch würdigen zu können?

Zunächst wird man nicht leugnen können, daß keine soldatische Aktion ohne Legitimationssymbolik auskommt. Fahnen und Feldzeichen sind dramatisierter Ausdruck einer Gehorsamkeitsentschlossenheit, auf den Institutionen mit extremer Belastung nicht verzichten können. Die Fahne hat einen Kompensationsauftrag, der nicht im Sieg, sondern im Opfer, das ohne Sinnbedrohung nur ein Unfall ist, zum Zuge kommt. Hier mögen sich die Geister scheiden, aber man wird niemanden hindern können, daß er den Unbekannten Soldaten, der in einem Akt unüberbietbarer Sinnbedrohung, in klar begriffener Aussichtslosigkeit seines Tuns, die Fahne ergreift, mit Erschütterung begleitet. Auch dort, wo keine Fahne mehr die Sinnvernichtung des Fallenden kompensiert, fällt auf den, dem die Stunde schlägt, der Glanz des Verlorenen Postens.

Der Fähnrich Menis übernimmt die Standarte von seinem gefallenen Vorgänger, dem Fähnrich Graf Heister, als das meuternde Regiment, zusammengeschossen, aufgehört hat zu existieren. Die Standarte hat nur noch ihn, den Fähnrich. Sie wird in dem Augenblick seine Braut, an die ihn sein Fahneneid wie ein Ehegelübde bindet, in dem die im Handstreich gewonnene Resa Lang ihm in der evakuierten Festung Belgrad anbietet, seine Geliebte zu werden. Der Eid, gleichsam *d'outre tombe,* jenseits des Grabes geschworen, hat die Absurdität großer erotischer Passionen, der Passion Rodrigos in Claudels *Seidenem Schuh.* Doch die Fahnen-Erotik neutralisiert alle irdischen Leidenschaften. Die Liebe zu Resa erlischt nicht, aber sie wird fühllos wie ein körperliches Organ, von dem man sagt, es sei »eingeschlafen«. Dieser Vorgang vollzieht sich ohne jedes Pathos, ohne jede sentimentale Rhetorik, die auch nur in einer Wendung an hitlerbübische Fahnenlieder erinnern würde.
Die Liquidierung des Reiterregiments Maria Isabella mit seinen ruthenischen, polnischen und ungarischen Bauernsöhnen ist nur vordergründig eine militärische Aktion, die den Zusammenbruch der Balkan-Front ankündigt. Die dumpfe Stummheit des Widerstands der Schwadronen, der den brutalen Gehorsamsmechanismus des Schießbefehls auslöst, hat die dämonischen Züge eines Vernichtungsmythos, der nichts mit den desaströsen Anordnungen einer zerfallenen Kommandoautorität zu tun hat, die sich in die Fiktion eines Militärgerichts rettet. Es handelt sich nicht um den Zwischenfall einer Massenexekution, sondern um den Dammbruch eines Verhängnisses, das den Untergang eines jahrhundertealten Reiches besiegelt. Der seltsam streunende Baron Hackenberg auf seinem Falben mit schwarzer Mähne, mit seinen beiden namenlosen Hunden, die den Fähnrich Heister anfletschen, dem er den Tod voraussagt, ist der mythische Todesbote, der das Unheil inszeniert, »mit Augen

von so unerhörtem und phantastischen Blau, daß es durchschimmerte, selbst wenn er die Lider schloß«. Mit einer gnomischen Mischung von Zutraulichkeit und altfränkischer Höflichkeit drängt er den Offizieren des Regiments Maria Isabella seine Gesellschaft auf, mit der, wie sich die Überlebenden erinnern, die Wendung zum Schlimmen begann.

Vor diesem Verfluchungszauber muß die Standarte gerettet werden. Als die Vorhut der feindlichen Truppen bereits die Festung zu besetzen beginnt, reißt Menis die Fahne vom Schaft, bindet sie sich unter dem Uniformrock um die Brust und läßt sich von ihr in den Abenteuern der Flucht so wenig trennen wie die Geliebte, der sein Eidesauftrag ihn entzogen hat, ihm folgt. Noch einmal wird die Handlung in den Sog einer visionären Untergangssaga, eines Endzeitmythos gezogen, als die Flüchtenden sich in den unterirdischen Kellern, Gängen, Kanälen, Kerkern verirren und in ein Gewölbe voller Ratten geraten, ein »einziges Gebrodel von Ratten in ganzen Knäueln, Rudeln, Regimentern, Legionen«. Die Unterwelt der Ratten ist die äußerste Erniedrigungsstation der geretteten Fahne, die auf ihrer absurden Wanderung zum Kaiser nur Spuren der Sinnzerstörung hinterlassen kann. Bottenlauben wird in der berüchtigten letzten Minute von der Kugel eines tschechischen Grenzsoldaten tödlich getroffen. Mit Menis ziehen die toten Heere in die Stadt des Kaisers ein, in der die Toten die Lebenden sind, die Lebenden die Toten, geisterhafte Schemen, wie die Hunderte entlassener und entlaufener Offiziere, die in der Wiener Hofburg zusammenstehen, plaudern und nicht wissen, daß sie nicht nach Hause kommen konnten, weil sie aus diesem Krieg nicht zurückkommen konnten, den die Toten noch weiterführen.

Die letzte Szene ist wie aus einem Film von Buñuel: Schloß Schönbrunn, hellerleuchtet, von zigarettenrauchender Soldateska bewacht, Lakaien in Livree, die Enfilade der Säle ohne Menschen, doch aus fernen Räumen Stimmengewirr, Wände aus roter Seide, Weiß und Gold, der Fähnrich in Felduniform, entschlossen, dem Kaiser, der seine Truppen des Treueids entbunden hat, die Standarte des Regiments Maria Isabella im Namen der Toten zurückzugeben. Plötzlich ein Doppelspalier der Höflinge, Garden und Bedienten unter sprühenden Kristallüstern. Dann das Kaiserpaar. Rascher, lautloser Abtritt, kein *maître des adieux*, erloschen die Mystik des Zeremoniells, hinter den Fenstern des Reiches kalte Asche. Den Fähnrich, den Boten der Toten, hält niemand auf. Er geht von Saal zu Saal, bis er in einem Kamin ein großes Feuer brennen sah. Einige Unteroffiziere verbrannten die Fahnen und Feldzeichen, die die Ehre des Reichs gewesen waren. Da warf der Fähnrich auch seine Standarte in die Flammen.

Was ihm bleibt, ist Resa, und das ist für einen Lebenden, der bei den Toten ist, der aus dem Kriege nicht heimkehren kann, wenig, und zu wenig auch für Resa, die mit seiner Abwesenheit, jener unheilbaren Krankheit der Abwesenheit, in der ein Witwer in seiner Erinnerung an die Tote eingeschlossen ist, nicht leben kann, wenn sie nicht ihre Resignation in der Schule der Gleichgültigkeit zur Gewohnheit machen kann. Eine »sogenannte gute Menage«, sagen die Leute dann.

Der Besuch in der Unterwelt, im Totenreich, entläßt den Gast nur auf Widerruf. Er bleibt für die Mitwelt ein schwieriger Herr, mit den Insignien eines hochmütigen Unglücks, das Distanz hält, geschmückt, ein Witwer aus Leidenschaft, ein trauriger Ritter des Absurden, der das Inkognito einer »sogenannten guten Menage« und eines beliebigen bürgerlichen Berufs gewählt hat. Verwechselt zu werden, ist die melancholische Lust seiner unglücklichen Liebe, der Liebe zur imaginären Fahne der Toten, der einzigen, zu der er fähig ist. Nur im Schutze der Mystifikation kann er seinen Erfahrungen nachsinnen wie der Baron Bagge seiner neuntägigen Wanderschaft durch die Traumstadt des Todes oder seinen Aufträgen nachgehen wie der geheimnisvolle Mörder in *Beide Sizilien*.

Das große Abendrot

Werner Ross über Ernst Wiechert:
Die Majorin (1934)

Der erste Satz ist noch ganz manierlich: »Die Majorin hielt auf ihrem Rappen vor dem niedrigen Kieferngehölz und sah zu, wie der Mann über das Moor kam.« Hauptfigur in Großaufnahme, Reiterstandbild, warum nicht? Die Majorin war an die »Grenze« ihrer Felder geritten: »Sie spielte ein bißchen mit diesem Wort, dessen Klang und Bedeutung ihr gefielen, obwohl es sich um keine Landesgrenze handelte, noch um die Grenze irgendwelcher wilder und verborgener Wünsche.« Hier fängt das an, was ich einen Wiechert-Effekt nennen möchte, denn natürlich spielt nicht die Majorin mit dem Wort Grenze, sondern der Autor. Er tut, was seine Lieblingsbeschäftigung ist: Er lädt Wörter mit Bedeutung auf, er befrachtet Sätze mit Tiefsinn.

Außerdem malt er Szenerien aus, mit Munch- und Van-Gogh-Pinselstrichen, und manchmal gelingt ihm ein solches Bild wie hier am Anfang der *Majorin*: »Das Moor lag im Westen, und es war schön, eine Weile in den ungeheuren Himmelsbrand zu blicken, in den die Abendwolken stürzten und vor dem die schmalen Birken zwischen Schilf und Ried in starrer Schwärze standen.« Nicht genug damit, manchmal ertönt von diesem Himmel der Flötenruf eines Brachvogels und berührt ihr, der Majorin, Herz »mit einer bittersüßen Gewalt«. Nach diesem orgelbrausenden Himmel sodann ein Andante auf der Geige: »Und dann war es gut heimzukehren zu den dunklen Parkwipfeln am Horizont, die abgewandten Augen noch erfüllt von dem wilden Abendrot und im Ohr noch die weglose Klage der großen, fremden Vögel, die man niemals sah.« Solche melodiösen

Sätze, Leckerbissen fürs Vorlesen und Rezitieren, bilden den zweiten Wiechert-Effekt.

Der Mann aus dem Moor kommt näher. Wir werden bald erfahren, daß er ein Fremdling ist, der durch viele Höllen gegangen ist, aber doch auch in dieser Moor- und Kiefernheimat verwurzelt, Waldbauernsohn, und wir werden es erleben, wie die Majorin eine verhaltene Liebe erfaßt zu diesem Ruhelosen, den sie als Jäger in ihren Dienst nimmt. Aber ehe er da ist, steigert sich Wiechert noch, nimmt, um es im Geiste des Autors auszudrücken, alle Dichterkraft in seine beiden Hände und schreibt: »Und da seine Gestalt, hoch und schmal und schwarz, aus dem Abendrot aufgebrochen zu sein schien, aus den Flammen des Unterganges sich herausarbeitend, bedrohlich einsam in der Öde des Moores, war es nicht verwunderlich, daß die Hände der Majorin unruhig auf dem Sattelknopf lagen und daß es ihr in den Sinn kam, als halte sie zwischen diesen Händen das Ende einer Brücke, auf der der Fremde von einem brennenden Ufer herüberkomme.« Wenn man will, kann man Bilder wie dieses von der Brücke (die man möglichst nicht wörtlichbildlich nehmen, sondern nur vag-poetisch konsumieren sollte) als den dritten Wiechert-Effekt notieren.

Der Wiechert, der die *Magd des Jürgen Doskocil*, *Die Majorin*, *Das einfache Leben*, *Die Jerominkinder* schrieb, war einmal der Liebling des deutschen Lesepublikums, schon in den dreißiger, noch in den fünfziger Jahren. Man nannte und las, man lobte und liebte ihn beinahe wie später, aus anderen Gründen, Heinrich Böll. Er sorgte als Laienprediger für das Gute im Menschen, als Dichter für die Erhebung der Gefühle und für das beruhigende Bewußtsein, ein »gutes Buch« zu lesen. Er ging leicht ein, seine Figuren und Handlungen waren gradlinig wie Landstraßen, aber er verschaffte zugleich das angenehme Gefühl, man arbeite sich, ihn lesend, an Menschheitsfragen und Welträtseln ab. Nie-

mand wäre auf die Idee gekommen, ihn »trivial« oder »kitschig« zu finden, einen Autor auf Illustrierten-Niveau.
Schauen wir uns das Personal der *Majorin* an, so stoßen wir a) auf die adlige Welt mit treuem Knecht, bravem Kutscher, neugieriger Mamsell und liebem Stubenmädchen, b) auf die bäuerliche Welt, die vor allem der alte Waldbauer vertritt, der seine Frau und seine drei Söhne im Krieg verloren hat und mit den Toten auf vertrautem Fuß steht, so daß er auch den Heimkehrer, den jüngsten Sohn, für einen Toten hält, der bei ihm einkehrt. Nicht fehlen darf der Pastor, der es gut meint, aber doch die Menschen in ihrer Tiefe nicht richtig einschätzt; er hat »keine glückliche Hand für solche, die sich nach innen verbluten«. Wiechert hat lebhafte Beziehungen zum lieben Gott, aber er sucht ihn auf weiter Flur, zwischen Birken und Kiefern.
Böse ist er auf die *Ratio*, die er einem damals aufkommenden Brauche folgend lateinisch benennt, als Fremdkörper im deutschen Organismus sozusagen, und auf die Großstadt. Der ist leider der junge Freiherr, der Sohn der Majorin, zum Opfer gefallen, aufgewachsen »in zuchtloser Zeit, Wankendes und Zerfallendes vor den jungen Augen«. Die Hausmädchen waren vor ihm zu bewahren, wenn er kam, mit einem Grammophon im Koffer und einem Album mit Photographien, »vor dem die klare Stirn errötete«.
Schließlich kommt der Tunichtgut nicht nur mit den Abbildern der Sünde, sondern mit ihrem Original, im roten Sportwagen; aber seines Bleibens ist nicht lange, dafür sorgt der Jäger der Majorin mit seiner Flinte, die vorläufig Gewalt gegen Sachen anwendet, nämlich gegen Einzelteile des roten Wagens, und die Majorin ihrerseits läßt nach dem Abzug der beiden das Bild der blonden Schönen als nackter Danae keineswegs auf der Staffelei stehen, sondern steckt es, nachdem sie sich überzeugt hat, daß es nicht den »Keim eines

Kunstwerks« enthält, ins Kaminfeuer. So sieht sie zu, »wie aus dem Goldregen der Sage ein Scheiterhaufen wird, auf dem die überschlanken Glieder sich krümmen und schwärzen, bis die reine Flamme alles zerstört hat und nur das Element sich in die dunkle Esse erhebt«.

Wiechert war schon Mitte der zwanziger Jahre mit dem *Knecht Gottes Andreas Nyland* und dem *Totenwolf*, auch mit Erzählungen, bekannt geworden, und seit der *Magd des Jürgen Doskocil* (1932) rückte er in die erste Reihe. Was er schrieb, wie er schrieb, paßte perfekt in die Literaturlandschaft, die sich keineswegs, wie mancher nachträglich glaubt, nach »links« und »rechts« oder nach Blut-und-Boden-Parks und Asphaltzonen gliederte. Was so gegensätzliche Geister wie Benn und Barlach, Binding oder Broch, Stefan George oder Hans Grimm, Hauptmann oder Kolbenheyer einte, war der Drang nach Weltanschauung, das Ringende und Strebende, das Brauende und Brodelnde, Ahnung und Verkündigung, irgendein Drittes Reich, das dem Scharfsinn abgeschworen hatte und dem Tiefsinn gehörte.

Das abenteuerliche Herz und *Das Buch von San Michele*, *Der Steppenwolf* und *Der Abschied vom Paradies*, *Mario und die Tiere* und *Der Arzt Gion*, das waren die Titel, die den lesewütigen Sekundaner und Primaner, der ich damals war, umstellten und bedrängten, und es war keineswegs ein Zufall, daß sich auch Romane von draußen dazugesellten, Jean Gionos *Der Hügel* oder Charles Morgans *Das Bildnis*, von den Skandinaviern ganz zu schweigen, die mit *Und ewig singen die Wälder* sogar Ernst Wiecherts ostpreußische Kiefern überholten.

Unser Deutschlehrer, ein frommer und strenger Protestant, hatte die Lesewilligen in der Arbeitsgemeinschaft mit Rilke traktiert, mit Stundenbuchgedichten getränkt. So waren wir eingestimmt für die heranrollenden Wogen der Weltanschauung, für das große Pathos, das Gott, Natur, Historie ständig im Munde führte, an der Wirklichkeit der zwanziger und beginnenden dreißiger Jahre vorbei. Ich erinnere mich, daß die freundliche Dame aus der Stadtbücherei mir auch den *Mann ohne Eigenschaften* und *Berlin Alexanderplatz* besorgte, ein kluges Mädchen offenbar, aber eingekreist war ich wie alle anderen von lauter Edelseelentum. Ich sehe noch die Geschenkbändchen vor mir, die sich damals für Geburtstage empfahlen: Bindings *Opfergang* und *Moselfahrt aus Liebeskummer*, Tucholskys *Schloß Gripsholm* und natürlich Wiecherts *Hirtennovelle*.

Dann ordneten sich die Späne nach mächtigen Magneten. Wie sauber hätte sich Wiechert der Reichsschrifttumskammer eingefügt, zuständig für Ostpreußen wie Agnes Miegel. Statt dessen klagte er in Münchner Universitätsreden Machtwahn und Antisemitismus an. 1937 las er öffentlich aus dem legendarisch verschlüsselten Aufruf zum Widerstand *Der weiße Büffel* (man darf an Bölls *Sakrament des Büffels* denken). Er trat für Pastor Niemöller ein und kam in Buchenwald ins KZ, erhielt nachher Schreibverbot und stand unter Gestapo-Aufsicht.

Wiecherts Widerstand ist einer der vielen Widersprüche, mit denen die Wirklichkeit die Systemdenker und Einteilungsliebhaber verwirrt. Sein Verhalten war tapfer, ganz ohne Frage, und wäre ihn teurer zu stehen gekommen, wenn er nicht gerade bei demjenigen Publikum so beliebt gewesen wäre, das die Partei des Führers wählte. Als der Krieg zu Ende war, predigte er weiter, hoffte vergebens auf die deutsche Jugend, sah, daß niemand sich bekehrte, und ging – nach einem Aufenthalt in Amerika, wo er als echter deutscher Dichter ernst genommen wurde – in die Schweiz.

Er schrieb, es sei ihm gewiß, daß zum Schluß »die Seher übrigbleiben werden, die wahren Gläubigen und die Kinder«. Es half ihm nichts. Schon im Jahr 1947, dem Jahr der berühmten Gruppe, fand Ida Friederika Görres in den *Frankfurter Heften* bei einem Vergleich zwischen Wiecherts *Jerominkindern* und Hemingways *Wem die Stunde schlägt* nur bei Hemingway die volle Wirklichkeit. Tatsächlich hat Wiechert nichts mehr dazugelernt, nicht bei Hemingway und erst recht nicht bei den jungen Autoren, die in den Kahlschlag auch die abendrotdurchglühten Wiechert-Wälder einbezogen. So lautet der vorletzte Satz seines letzten Romans, der *Missa sine nomine* von 1950: »Und der Freiherr Amadeus, während seine Hand über das taufeuchte Haar des knieenden Mädchens glitt, und seine Augen sich immer tiefer mit dem großen Abendrot erfüllten, glaubte dasselbe zu sehen, was der Mann am Rande des Moors vielleicht sah: die Unvergänglichkeit des Lebens.«

Das Exemplar der *Missa,* das ich in Händen halte, ist eine Lizenzausgabe des Bertelsmann-Leseringes von 1952 und verzeichnet das 111. bis 120. Tausend. *Die Majorin* habe ich in der zehnbändigen Werkausgabe wieder gelesen, die 1957 im Langen-Müller-Verlag erschien. Sie enthält keine Auflagenangabe, aber den Vermerk »Printed in Austria 1980«. Offenbar: Wenn auch die Kritiker inzwischen die Ratio höher schätzen – die Leser lieben nach wie vor Wiecherts Abendrot.

Gegen den Hitler in uns selbst

Benno von Wiese über Werner Bergengruen: *Der Großtyrann und das Gericht* (1935)

Werner Bergengruens Roman *Der Großtyrann und das Gericht* erschien 1935 inmitten der immer bösartiger sich ausbreitenden nationalsozialistischen »Bewegung«. Was für eine Geschichte wird hier erzählt? Die Handlung spielt in der Abgeschlossenheit des frei erfundenen italienischen Stadtstaates Cassano in einer unbestimmten, jedoch bereits vergangenen Zeit. Das Historische ist freilich nur Hintergrund und Kulisse, um die zeitlich-überzeitliche Frage aufzurollen nach der Fehl- und Verführbarkeit menschlicher Herzen im geschlossenen Kreis einer uneingeschränkten, durch den Großtyrannen – eine Person ohne Namen – repräsentierten Herrschaft.

Das Erzählte folgt dem Schema des Kriminalromans. Ein Mord an einem gesichtslos bleibenden zwielichthaften Pater ist begangen worden. Es gilt, den Mörder bereits in drei Tagen zu finden und vor Gericht zu stellen. So verlangt es der Befehl des Herrschers an den Leiter seines Geheimdienstes. In Wahrheit verfolgt er damit nur den Zweck, die Gesinnungen und die Fehlbarkeit seiner Untertanen zu prüfen und zu durchschauen.

Dieser Vorgang hat etwas gespenstisch Imaginäres. Denn es ist, so erfahren wir ganz am Schluß, der Großtyrann selbst, der den Mord begangen hat, um sich eines Verräters, den er für politische Zwecke gebraucht hat, zu entledigen. Indem der Großtyrann die Hauptgestalten des Buches in Lügen und Vergehen der verschiedensten Art verstrickt, versündigt er sich selbst und maßt sich den Rang eines gottgleichen Wesens an. Erst das, nicht etwa der begangene Mord, ist seine eigentliche Schuld.

Was im Imaginären, fast in einer Art negativer Märchenwirklichkeit spielt, entbindet tatsächlich eine fortzeugende, die ganze Stadt ansteckende Verlogenheit und Kriminalität im Grenzgebiet zwischen Schein und Sein. Jedes einzelne Buch des auf verschiedene Gestalten verteilten Romans verstärkt unter einem neuen Blickpunkt die Spannung bei der Suche nach dem Täter, schafft damit aber auch erneute, eigentlich sinnlose und leerlaufende, doch qualvoll erlebte Verwicklungen. Erst am Ende stellt das Gericht des Großtyrannen die Ruhe und Ordnung im Staatsganzen wieder her.
Ein zur Unterhaltung bestimmter spannender Kriminalroman? Ein politischer Roman in historischer Verkleidung? Oder der Roman einer theologisierenden religiösen Prosa? Darüber hat man bis heute gestritten. Wie weit ist er ein getarntes Zeitdokument, eines der Beispiele der sogenannten »inneren Emigration«? Das Buch wurde damals von den Nazis nicht verboten. Das geschah erst mit Bergengruens zweitem Roman *Am Himmel wie auf Erden* (1940), wenn auch mit einjähriger Verspätung. Der Autor selbst konvertierte 1936 zur katholischen Kirche und wurde 1937 aus der Reichsschrifttumskammer ausgeschlossen. Ein am 17. Juni 1940 bei der NSDAP eingegangenes geheimes Schreiben bezeichnet ihn als »politisch nicht zuverlässig«. Unter anderem wurde dafür angeführt, er und seine judenfreundliche Familie vermieden den »deutschen Gruß«, »wenn er auch ab und zu die Hand ein wenig erhebt«.
Meine Generation, damals um die dreißig Jahre alt, soweit sie nicht mitmarschierte und sich von Hitler mißbrauchen ließ, hat das Buch durchaus als eine getarnt kritische, für uns jedoch unmißverständliche Auseinandersetzung mit dem herrschenden Regime gelesen. Das erscheint heute einer späteren nicht mehr so selbstverständlich. Wolfgang Emmerich, erst 1941 geboren, sprach dem Roman aufgrund seiner

»katholischen Grundstruktur« und aufgrund einer Handlung, in der tätiger Widerstand kaum Platz habe, jede Bedeutung für die »innere Emigration« ab. In ähnlicher Weise hat Reinhold Grimm, geboren 1931, seine Zweifel an der politischen Bedeutung solcher vieldeutigen Romane ausgesprochen, zu denen etwa auch Reinhold Schneiders *Las Casas vor Karl V.* gehört.

Warum fanden wir hingegen in den Jahren um 1935 Bergengruens Erzählung so brisant, so politisch faszinierend, daß wir sie mit Herzklopfen und Flüsterpropaganda weiterreichten? Zwar läßt es sich nicht leugnen, daß der *Völkische Beobachter* den *Großtyrannen* als einen »Führerroman aus der Renaissancezeit« gewürdigt hat, vielleicht sogar ein gewolltes Mißverständnis, das aber Bergengruen vorübergehend eine Art Alibi verschafft hat und ihm zum Schutz seiner eigenen Person nicht unwillkommen gewesen sein dürfte. Noch brauchte das Regime solche »bürgerlichen« Schriftsteller wie Bergengruen, Carossa, Wiechert zur eigenen Entlastung, wenn auch die Fallen für sie bereits vorbereitet wurden.

Später, 1961, hat Bergengruen sich rückblickend über sein Buch geäußert. Die Gleichsetzung des Großtyrannen mit Hitler lehnte er entschieden ab. Das Buch war kein Schlüsselroman für bestimmte Personen. Ja, der Autor hat eine solche Identifizierung, etwa aufgrund der Baulust und des Junggesellendaseins seines Stadttyrannen, als eine Kränkung seines Helden mit der »schönen und geisterleuchteten Männlichkeit« empfunden. Ein großer Herr wie dieser gehöre nicht zu »den verbrecherischen Narren«, zu dem »schmutzigsten Bodensatz der Menschheit«. »Und wie hätte ich denn auf den Gedanken kommen sollen, ein Hitler könnte eine seelische Umkehr erfahren und erschüttert sich selber vor das Gericht des eigenen Gewissens stellen?«

Dennoch weiß der Dichter genau, wie sehr die Lüge der Zeit

noch zum Gegenstand seines Romans geworden ist. Zwar reichte die Konzeption in die zwanziger Jahre zurück, aber der größte Teil des Buches wurde erst 1933 und 1934 niedergeschrieben. »Plötzlich hatte die geplante Romanhandlung eine unheimliche, eine fürchterliche Aktualität... Allenthalben erwies sich die Leichtverführbarkeit der Unmächtigen und Bedrohten. Alle menschliche Freiheit war aufgehoben, über jedem hing die Drohung, und fast alle Teilnehmer der Macht, bis hinunter zum kleinsten, erlagen der Versuchung des Gottgleichseinwollens. Ich befand mich in einem Zustande der Verzweiflung und Empörung über all das, was sich vor meinen Augen abspielte, und der brennenden Besorgnis über das, was von der nächsten Zukunft erwartet werden mußte. Jetzt verstand es sich von selbst, daß mein Buch nach der Antwort nicht nur auf immer anpochende Menschheitsfragen, sondern auch auf die konkreten Fragen der deutschen Gegenwart zu suchen hatte. Und nun prägten sich manche Züge mit ganz anderer Schärfe aus, als es ursprünglich in meiner Absicht gelegen hatte.«

Das ist nicht eine nachträgliche Stilisierung, die Bergengruen hier vornimmt, sondern er beschreibt den inneren Zwang, den das Zeitalter auf ihn ausgeübt hat, die spannende Handlung des Kriminalromans mit religiöser Fragestellung in »ein Politikum« zu verwandeln, eine Chance, die er nicht ungenutzt vorübergehen lassen durfte. Natürlich konnte das nur auf dem Wege der Tarnung geschehen. Kein Schriftsteller, der damals in Deutschland lebte, vermochte ein Buch des offenen Widerstandes gegen Hitler und seine Herrschaft zu schreiben, es sei denn, es geschah heimlich und der Text blieb innerhalb Deutschlands unbekannt.

Die Vorstellung, deutsche Schriftsteller des Inlands hätten damals offen zum Widerstand auffordern sollen, ist so grenzenlos naiv, daß sich ihre Widerlegung erübrigt. Wer das Unglück gehabt hat, in einem totalitären System leben zu müssen, weiß, was jener physische und »moralische« Druck der sogenannten »Gleichschaltung« bedeutete, der bereits in den ersten Jahren der Herrschaft des Nationalsozialismus das gesamte öffentliche und private Leben vergiftete. Jeder Abweichende, Andersdenkende, der auch nur leise seine Meinung zu äußern versuchte, wurde diffamiert und als unerwünschte Person disqualifiziert, als Kulturbolschewist, Nihilist, judenhörig, vaterlandsloser Geselle und so fort. Die öffentlichen Bücherverbrennungen der »artfremden« Autoren setzten das erste, unübersehbare Zeichen.

Da aber Menschen nicht vollkommene, sondern unvollkommene Wesen sind – das steht schon im Motto des *Großtyrann* zu lesen –, führte das zu jener schizoiden Unterscheidung von öffentlicher und privater Existenz. Manche, die sich privat abkapselten und im »engsten« Kreise das neue System verfluchten, sahen sich im öffentlichen Auftreten zu Kompromissen und Zweideutigkeiten gezwungen, um ihr Leben einigermaßen ungefährdet weiterführen zu können. Wo Bespitzelung, Mißtrauen und versteckte Kontrollen am Werke sind, zugleich aber der herrschende Zustand mit großen pathetischen Worten zur Staatsreligion verklärt wird, da ist Angst und Lüge die Signatur der Zeit. Bergengruen hat das 1946 in seinem Gedichtband *Dies irae* in aller Deutlichkeit ausgesprochen. 1935 konnte er es nur sehr indirekt sagen. Nicht um einen Umsturz des Systems ging es hier – dieser war nach Lage der Dinge damals unmöglich, und Bergengruen war gewiß kein Täter –, sondern um seine Entlarvung mit den Mitteln des Schriftstellers.

Freilich ist es nicht ohne Tragik, daß dieser Wille zur Wahrheit durch die indirekte Art seiner Mitteilung, durch das Spielen mit sechs Bällen, wie es Elisabeth Langgässer einmal genannt hat, selbst ins zwiespältig Widerspruchsvolle geriet.

Was die einen als gegen die Zeit gerichtetes Wahrzeichen gelesen haben, konnte von anderen wiederum im Sinn ihrer »heroischen« Ideale uminterpretiert werden.

Dennoch verstanden die meisten Leser von damals das von Bergengruen beschriebene »Klima«, in dem die vor die Versuchung gestellten Figuren des Romans leben mußten, dieses Klima verruchter und dann doch erreichter »Gleichschaltung«; sie verstanden, wie »Verdacht und Verrat, Lüge und Meineid« die Leiber und Seelen verderben können; sie verstanden das zugleich Heimliche und Öffentliche in dieser heimtückischen Verflechtung; sie verstanden Bergengruens so genau artikulierte Naturmetapher vom schwülen morgenländischen Wind, »dem Beförderer alles Bösen«, zu Beginn des zweiten Buches. Der Appell an das eigene Gewissen blieb für viele der mehr oder weniger Mitverstrickten nicht ohne Wirkung. Die Herrschenden konnte Bergengruen in seinem Roman nicht erreichen. Aber er erreichte die Ohnmächtigen, die Unsicheren, die der Lüge Preisgegebenen; er weckte die Instinkte des *inneren* Widerstandes; er zerstörte Illusionen; er bekämpfte den Hitler in uns selbst, und das bedeutete zu dieser Zeit schon sehr, sehr viel.

Der allzu harmonisierende Abschluß des Romans genügte freilich damals nicht. Wenn das Erzählte in einer Apologie der Vergebung ausklingt, so war das keine Lösung für die ungeheuerlichen Massenverbrechen, die bereits in der nächsten Folgezeit bevorstanden. Allzu harmlos waren die Spürhunde und »Menschenfischer« des politischen Geheimdienstes in diesem Roman, so daß die möglichen Parallelen zu den Schergen des »Dritten Reiches« recht blaß bleiben mußten.

Gleich nach dem Kriege wurde Bergengruen wieder viel, aber anders gelesen. Er drang in die deutschen Schulen und Familien ein. Man überhörte freilich meist die Leidenschaft seiner politischen Empörung; man diskutierte lieber die überzeitlich gemeinte Auseinandersetzung zwischen Macht und Gerechtigkeit. Man glaubte wieder an die mögliche Auflösung der politischen Dissonanzen in einer gottgewollten und vor Gott gestellten Ordnung, zumal die Situation nach dem Zusammenbruch eine ganz andere war. Man hatte seinen Frieden mit einem neuen Zeitalter geschlossen.

Und heute? *Der Großtyrann* ist ein eher altmodischer, dem Erzählerstil des neunzehnten Jahrhunderts verpflichteter, an Conrad Ferdinand Meyer erinnernder Roman, eigentlich eine ausgebaute Novelle – in der Sprache etwas getragen, manchmal feierlich, manchmal aber auch spröde. Ein satirischer Roman ist er durchaus nicht. Es ist die im weitesten Sinne realistische Prosa eines autarken Erzählens, das seiner eigenen Allmächtigkeit vertraut.

Bergengruens eigentliche Begabung lag mehr in der Kleinform der Novelle als in der Großform des Romans. Die modernen Mittel der raffinierten Ironie, des inneren Monologs und der differenzierenden Psychologie oder Psychoanalyse finden sich hier nicht. Den Autor interessiert in erster Linie die Handlung, erst in zweiter die wenigen Figuren, auf die er sie beschränkt. Aber an dramatischer Spannung, die die Erzähler heute oft vermissen lassen, hat das Buch kaum seinesgleichen. Ein »demokratischer« Roman ist er gewiß nicht, und ich werde den Verdacht nicht los, daß Bergengruen bei der von dem Großtyrannen ausgesprochenen Kritik an der Herrschaft der Parteien mehr auf dessen Seite steht als auf der seines jugendlich aufbegehrenden Gegenspielers.

Wie dem auch sei: die klare Absage an die Gottähnlichkeit des großen Herrschers war mehr religiös motiviert und nicht so sehr politisch. Hier liegen in der Tat die Grenzen, die den Blick auf die politische »Wahrheit« von damals wiederum verstellen mußten. Für uns heute ist dieser Roman keine

Herausforderung mehr. Das ästhetische Interesse am kunstvollen Aufbau und an der engagierten Durchführung wird beim Lesen wahrscheinlich überwiegen. Wenigstens ging es mir so.

Dennoch verdient das Buch nach wie vor den Respekt, den wir Bergengruen schulden. Und gerade, weil die Frage nach dem Verhältnis von Macht und Gerechtigkeit, von Verführbarkeit, Schuld und Gewissen auch heute nichts von ihrer Aktualität verloren hat, weil wir nach wie vor auch unter veränderten, weit redlicheren politischen Bedingungen nach einer Antwort darauf suchen müssen, die zugleich eine Antwort auf jede Art von Intoleranz und Terror sein sollte, bleibt zu wünschen, daß die Leser zu diesem Buch eines mutigen und integren Autors und eines begnadeten Erzählers wieder greifen werden.

Der gestiefelte Parzival

Wolfgang Leppmann über Arnold Zweig: *Erziehung vor Verdun* (1935)

Auch heute, quasi als Neuerscheinung gelesen und nicht als literar-historisches Dokument, ist dieses vor über fünfzig Jahren veröffentlichte Buch noch eine überaus spannende Lektüre. Wie *Der Streit um den Sergeanten Grischa* behandelt auch *Erziehung vor Verdun* das Problem der Wiederherstellung des Rechts in einer vor Unrecht schreienden Welt: »Während er sich am Geländer festhielt«, lesen wir über einen Kriegsgerichtsrat, der die Akte Kroysing bearbeitet, »übersann Posnanski mit innerlichem Staunen das unauslöschliche Rechtsbedürfnis im Menschen, der mitten im Kriege ... zäh und hartnäckig, dem großen Unrecht zum Trotz, gegen Vorfälle anrannte, die zwar im Frieden zum Himmel geschrien hätten, jetzt aber doch nur als kleine Unregelmäßigkeiten gelten und wiegen konnten.«

Der Offiziersanwärter Christoph Kroysing, Kriegsfreiwilliger von 1914 mit E. K. II, kann es nicht mitansehen, wie die Unteroffiziere, unter stillschweigender Billigung ihrer Vorgesetzten, die Mannschaften bestehlen und sich aus deren ohnehin karger Verpflegung ihre eigene Küche einrichten. Der Brief, in dem er seinen Onkel, einen hohen Militärbeamten, von diesen Mißständen unterrichtet, wird jedoch von der Feldpostzensur abgefangen; was hat ein bloßer Offiziersanwärter, so mag sich die mißtrauische Behörde gefragt haben, wohl dem Chef der Militär-Eisenbahn-Direktion mitzuteilen? Auf jeden Fall soll Kroysing vor ein Militärgericht zitiert und dort mit Hauptmann Niggl, dem Hauptschuldigen, konfrontiert werden. Niggl, im Zivilberuf Rentamtmann, ist jedoch in der Lage, den Gerichtstermin immer wieder aufzuschieben und Kroysing an einen besonders exponierten Abschnitt der Front zu schicken; es ist der Frühling 1916, und wir befinden uns vor Verdun. Die Hoffnung, daß eine Kugel den unbequemen Untergebenen mitsamt seinem »Fall« liquidieren wird, erfüllt sich denn auch. Der junge Kroysing findet in der vordersten Linie den Tod, nachdem er dem Armierer Bertin, dem einzigen Zeugen dieser Ereignisse, einen Brief übergeben hat mit der Bitte, ihn an den einflußreichen Onkel weiterzuleiten.

Werner Bertin, die Hauptfigur des Romans, gehört als Armierer oder Schipper zu den unbewaffneten Landsturmmännern, die, ohne jemals vom Scheinwerfer des Ruhms beschienen zu werden wie die Flieger oder U-Boot-Fahrer, knapp hinter der Front Eisenbahnschienen legen, Munitionsdepots einrichten und andere schwere und gefährliche Dienste leisten. Im Zivilleben ist Bertin, jung verheiratet, ein Referendar, der in Mußestunden Belletristik verfaßt. Von der schlesischen Abkunft über die Kurzsichtigkeit bis zum teils divergierenden, teils kongruierenden Doppel-Ethos des Preußen und des Juden stellt er nicht gerade das Ebenbild, aber doch eine Art Doppelgänger des Autors dar. Als Akademiker mit Herzensbildung hat er es beim Barras nicht leicht; gleich zu Beginn der Handlung wird er vor versammelter Mannschaft zusammengestaucht, weil er französischen Gefangenen aus seinem eigenen Kochgeschirr zu trinken gegeben hatte.

Bei Kroysings Aufbahrung lernt Bertin den älteren Bruder des Gefallenen kennen. Diesem Eberhard Kroysing, einem Pionierleutnant, der aus der Feder von Ernst Jünger stammen könnte, übergibt er den blutverkrusteten Brief, den ihm der Gefallene anvertraut hatte. Der Bruder übernimmt nun das Geschäft der Rache. Er will die Familienehre, die er durch das aufgeschobene Verfahren als lädiert betrachtet, dadurch wiederherstellen, daß er Christoph Kroysings Un-

schuld erweist und seinen Verfolger, den Hauptmann Niggl, zur Verantwortung zieht wegen Mißbrauchs der Dienstgewalt mit tödlichem Ausgang. Es gelingt ihm tatsächlich, seinen Widersacher aus der Etappe an den gefährlichsten Teil der Verdun-Front, ins Fort Douaumont, verlegen zu lassen.
Denoch bleibt das Unrecht ungesühnt, weil Kroysing selber einem nächtlichen Fliegerangriff zum Opfer fällt und die von ihm angeregte Untersuchung über das Ende seines Bruders damit endgültig zu den Akten gelegt wird. Kurz vor seinem eigenen Ende kann er den gefährdeten Zeugen Bertin, den man bereits in ein Himmelfahrtskommando gesteckt hatte, noch vor dem ihm zugedachten Heldentod retten.
Wir haben es also mit einem Roman zu tun, dessen Geschichte sich durchaus sehen lassen kann neben den Kriegs- oder vielmehr Antikriegsbüchern von Ludwig Renn (*Krieg*), Ernst Glaeser (*Jahrgang 1902*) und Erich Maria Remarque (*Im Westen nichts Neues*). *Erziehung vor Verdun* ist, um es rundheraus zu sagen, aus dem Stoff, aus dem die Film- und Fernsehdramen gefertigt werden (ein solches wurde 1974 in der DDR gedreht), mit Schlachtszenen und juristischen Disputen und Sozialkritik und sogar einer Liebesnacht zwischen der Schwester Kläre mit den schöngeschnittenen Augen und ihrem Pionierleutnant, in einem Lazarett tief in Feindesland.
Darüber hinaus ist der Roman ein detailliertes Zeitdokument. Außer dem Kronprinzen begegnen wir noch anderen historischen Figuren, etwa dem auch aus dem *Streit um den Sergeanten Grischa* bekannten General Schieffenzahn alias Ludendorff und dem Ehemann der Schwester Kläre, einem Oberstleutnant, der in geistiger Umnachtung, »völlig behext von seinem Anteil an der Marneschlacht, abgestorben allem anderen Leben«, irgendwo in der Heimat vor sich hindäm-

mert. Mit ihm dürfte der königlich sächsische Oberstleutnant Richard Hentsch gemeint sein, der am 8. September 1914, auf dem Höhepunkt der Marneschlacht, im Namen der Obersten Heeresleitung den Befehl zum Rückzug gab und in der Sicht einiger Historiker Deutschland damit um den Sieg im Ersten Weltkrieg brachte.

Interessanter als die Evozierung solcher Gestalten aus dem Gruselkabinett der Kriegsgeschichte, interessanter auch als die gelegentliche Verherrlichung der einen oder anderen Waffengattung sind die Perspektiven, die sich beim Rückblick auf 1935 ergeben, auf das – im Vergleich zu anderen literarischen Auseinandersetzungen mit dem Ersten Weltkrieg überraschend späte – Erscheinungsjahr der *Erziehung vor Verdun*.

Wie unsäglich schwer muß zum Beispiel der Abschied von Deutschland gerade Arnold Zweig gefallen sein, der seine Muttersprache ostentativ auch noch in der Emigration pflegte, in Palästina während des Zweiten Weltkriegs, und der in diesem (schon in der Fremde, in Amsterdam gedruckten) Buch einen deutschen Armeegeistlichen sagen läßt: »Man ist immer wieder überrascht, wie gut sich unsere Juden ins Militärische schicken«, worauf Kroysing mit einem »Warum nicht?« reagiert und nachdenklich hinzufügt: »Sie machen mit, was alle machen, und oft viel besser; sie wollen es uns beweisen.«

Noch gespenstischer wirkt ein Passus, der sozusagen durch Arnold Zweig hindurch den Blick auf einen Mann wie Walther Rathenau freigibt, in dessen überaus aufschlußreichem Briefwechsel mit Maximilian Harden dieses Motiv öfters anklingt: »Warum durfte ein Jude nicht zugeben, daß er gewisse andere Juden nicht liebte, das preußische Militär aber sehr: seine Zucht und Ordnung, seine Sauberkeit und seinen Drill, den Kriegerrock und das Kriegertum, die militärische Größe seiner stolzen Traditionen und seine unbesiegbare Schlagkraft?« Die Zeit hat diese Frage so eindeutig beantwortet, daß sie nie wieder gestellt werden kann.

Ein spannender Roman also und ein Zeitdokument von Rang. Dazu kommt das Handwerkliche, die technische Verarbeitung des Materials, der das Buch seinen literarischen Stellenwert verdankt. Anders als in den Spätwerken weist Zweigs sprachliche und stilistische Palette hier neben manchen verblichenen auch einige Farben auf, die in unverminderter Leuchtkraft fortwirken. Mal geht es expressionistisch zu (»tags fieberte die Bläue vom Schnattern der Maschinengewehre«) und ein andermal aphoristisch (»Wenn in ihm, diesem Schopenhauer, Kaufmannssohn aus Danzig, nur nicht ein so keifendes altes Weib gesessen hätte, voll ungezügelten Hasses gegen alles, was er nicht war – welcher Trost hätte von ihm ausgehen können«). Soldaten-Slang aus dem Ersten Weltkrieg (»Der Franz hagelt ihnen in die Suppe«) steht neben längst verstaubten Redensarten (»Da staunt der Laie, und der Fachmann wundert sich«). Rilke-Anklänge (»Schon knistert im Waffenrock überm Herzen der Brief«) wechseln mit Anleihen bei Thomas Mann (»Sagten wir schon, daß...?«) und dem Brecht-Ton (»Als Gott der Herr sein Antlitz von der Erde abgewandt hatte... und die Menschen hatten sich vermehrt wie Ameisen, brachen sie aus den Laufgräben auf, am 21. Februar des Jahres neunzehnhundertsechzehn«).

Wer die fotografische Wiedergabe der Realität schätzt, der kommt ebenso auf seine Kosten wie der Liebhaber biblischer Zitate, dramatischer Metaphern, oder einer tiefenpsychologisch grundierten Charakterzeichnung; denn die Nähe Sigmund Freuds, dem Zweig zwei seiner Bücher gewidmet hat, ist hier überall zu spüren. Einiges ist flüchtig gearbeitet, anderes verfehlt (»in der Tat, es klopfte schüchtern, eintrat Bertin«), aber lesbar ist es alles auch heute noch, und mitunter faszinierend wie die Vergegenwärtigung jener Todesnähe, die in das Bewußtsein einer ganzen europäischen Generation eingebrannt wurde: »Schlägt ein Geschoß auf die Deckung, unterhalb derer du schläfst, so erwachst du – oder auch nicht mehr – vom Krach des Einschlags selbst. Geht es aber in deiner Nähe nieder, fünfzig Meter rechts oder links, so bohrt sich erst noch sein scheußliches Anheulen in deine Seele, und die fünf stockenden Herzschläge, während derer du zu gleicher Zeit noch benommen und schon hellwach das Platzen erwartest – dieser Bruchteil einer Minute frißt deine innerste Lebenskraft an.«

Faszinierend, aber nicht restlos überzeugend. Wenn man *Erziehung vor Verdun* trotz allem mit einem Anflug von Enttäuschung aus der Hand legt, dann hat dies zunächst mit dem rezeptionsgeschichtlichen Vakuum zu tun, das bei seiner Veröffentlichung herrschte. Im Gegensatz zu so vielen anderen Romanen, bei deren wiederholter Lektüre unweigerlich auch ein Stückchen Wirkungsgeschichte hineinspielt (unmöglich, den *Werther* oder die *Effi Briest* oder den *Zauberberg* so zu lesen, als hätte man in – oder seit – der Schule nie von ihnen gehört), ist diesem während des Dritten Reichs im Ausland erschienenen Roman nämlich jegliche zeitgenössische Wirkung versagt geblieben. Unter den wichtigeren Kritikern hatte sich einzig und allein Georg Lukács zu Wort gemeldet, in einem 1939 in Moskau gedruckten und später erweiterten Essay, in dem er Arnold Zweig für den Marxismus reklamierte und sein Engagement für den Zionismus und die Psychoanalyse dabei kurzerhand unter den Tisch fallen ließ; beides paßte ihm nicht ins stalinistische Konzept. Viele »bürgerliche« Interpreten übernahmen Lukács' Ansatz mehr oder minder unbesehen, als dem (in der DDR seit eh und je vielgelesenen) Roman auch im Westen eine gleichwohl verspätete Rezeption zuteil wurde. Zugespitzt gesagt: die Rezeptionsgeschichte fand hier vor der Rezeption statt und verstellt noch heute gelegentlich den Blick auf das Buch.

Noch schwerwiegender, weil im Text selber begründet, wirkt sich ein weiteres Vakuum aus, nämlich das Fehlen einer jeglichen »Botschaft« oder Konsequenz, die aus der Schilderung der Kriegsereignisse gezogen würde. Denn die Erziehung, die Bertin, diesem »Parzival in Schipperstiefeln«, wie ihn der ältere Kroysing wegen seiner Blauäugigkeit einmal nennt, in der Hölle von Verdun verpaßt wird, zeitigt in ihm kein flammendes »Nie wieder Krieg!«, ja nicht einmal ein achselzuckendes »Ohne mich!«, sondern bestenfalls die Einsicht, daß sich das Unrecht in Kriegszeiten sogar im deutschen Heeres- und Verwaltungsapparat breitmachen kann.

Zwar kommt er mit den verschiedensten Männern in Berührung, vom altpreußisch-vornehmen General von Lychow bis zum Abenteurer Kroysing, vom katholischen Feldgeistlichen Lochner bis zum marxistischen Armierer Pahl, von denen jeder auf seine eigene Art auf die Ereignisse reagiert. Aber weder dieses vielfältige dialektische Angebot, noch seine eigenen Erfahrungen als Frontsoldat vermögen Bertin aus der Lethargie aufzuschrecken, die ihn noch im Juni 1919 in den Augen seiner Frau als einen »geliebten, törichten Jungen« erscheinen läßt, »der so tapfer durchgehalten hat und immer noch voller Gläubigkeit auf die Weisheit von Regierungen vertraut«.

Ist es die Ratlosigkeit des Intellektuellen, der vor lauter Erkenntnis nicht handeln kann? Das Dilemma des Juden und preußischen Patrioten, der das Unheil auf sich zukommen sieht? Die Lähmung des Bürgers, der sich in unbürgerlichen Zeitläuften nicht mehr zurechtfindet? Wie auch immer: der geistige Vater des Romans *Erziehung vor Verdun* war kein Michael Kohlhaas, der eine Welt aus den Angeln hebt, und erst recht kein Karl Marx. Eher schon der Major von Tellheim, wenn nicht gar Don Quijote.

Humanist unter Waffen

Helmut Koopmann über Stefan Zweig: *Triumph und Tragik des Erasmus von Rotterdam* (1935)

Historische Romane werden heute begierig gelesen: Kleist, Hölderlin, Mörike, die Günderode, Mozart, selbst Oswald von Wolkenstein und gar Kassandra sind aus ihren tiefen Vergangenheitsgefängnissen wieder an das Leserlicht emporgestiegen, ihr gewesenes Dasein wird, mag es noch so schlecht überliefert sein, bis ins Detail hinein ausgeleuchtet und in mehr oder weniger greller Deutlichkeit vergegenwärtigt.

Das Interesse am Geschichtlichen überflutet unsere Museen; nichts ist so entfernt, daß es nicht doch noch bestaunt oder auch aufdringlich bewundert würde. Ist es die Magie des Alten, die Zehntausende in die Museen treibt, oder ein neuer Alexandrinismus, der die Geschichte für jedermann verfügbar hält? Erkennen wir das ganz andere, oder sehen wir doch nur wieder uns selbst in den überall ausgestellten Altertümern? Die Literatur hat zweifellos teil an dieser Flutwelle, die das Gewesene wieder hochschwemmt.

Wie liest sich ein Roman heute, der zu einer Zeit geschrieben wurde, die sich ähnlich, nur viel intensiver noch, der Geschichte verschrieben hatte? Stefan Zweigs *Erasmus von Rotterdam* erschien vor fünfundfünfzig Jahren in einem winzigen, erst im gleichen Jahre gegründeten Verlag, nachdem Zweig mit dem Insel-Verlag gebrochen hatte.

Historische Romane von heute sind realistische Romane, in denen die Fremdheit des anderen raffiniert überblendet wird. Ein Satz wie »Kleist sieht aus den Augenwinkeln, wie die beiden aufstehn« will uns weismachen: Ja, so war es tatsächlich. Lesen wir bei Stefan Zweig »Erasmus und die

Erasmiker meinten, das Menschliche im Menschen könne nur gesteigert werden vermittels der Bildung und des Buches, denn nur der Ungebildete, nur der Unbelehrte gebe sich unbedenklich seinen Leidenschaften hin«, so bleibt die Realität des Sichtbaren ausgeschlossen. Stefan Zweigs Roman ist unsinnlich bis zur Blässe der Abstraktion. Ein Lebensbild, an dem die Realitäten nicht interessieren; wichtig allein ist die Haltung, die moralische Position.

Und so erscheint Erasmus denn in diesem Roman eigentlich nur in seiner geistigen Signatur: ein Mensch des geistfreundlichen, humanistischen Ideals, Feind jeder Form von »Gesinnungsunduldsamkeit«, ein Kämpfer gegen den Fanatismus, einem übernationalen Kulturideal zugetan, ein Vernunftgläubiger und Aufklärer. Unabhängig und frei will er sein, dieser Geistesanbeter, ein Antibarbarus mit einem radikalen Willen zur Unabhängigkeit; ein Gebildeter, wurzellos, der an die Macht des Buches glaubt; ein Unparteiischer bis zum Selbstverzicht.

Er bringt viele Gegensätze in sich zusammen: »Ein bienenfleißiger Gelehrter und ein freigeistiger Theologe, ein strenger Zeitkritiker und ein milder Pädagoge, ein etwas nüchterner Poet und ein brillanter Briefschreiber, ein grimmiger Satiriker und ein zarter Apostel aller Menschlichkeit« – Erasmus birgt das alles in sich, weil er begabt ist, Gegensätze aufzulösen und das Widerstreitende in sich zu vereinigen. Die Narrenkappe versteht er zu tragen mit seinem »Lob der Torheit«, aber daraus sieht doch das »strenge Auge des großen Zeitkritikers« hervor: der Humanist unter Waffen.

So hat er denn der Vernunft auch noch das Wort geredet, als sie sich zu verfinstern begann, unbestechlich und sehr viel wissend. Und dann steht da der fast unglaubwürdige Satz, »daß die künstlerischen Schöpfungen die kriegerischen und politischen Zeitbauten zu überdauern bestimmt sind«. Haben wir recht gelesen? Ja – Stefan Zweig hat tatsächlich daran geglaubt, mit der unbeirrbaren Überzeugung des Aufklärers, daß die Wirklichkeit nicht und niemals widerlegen könne, was der Geist geschaffen habe. Erasmus ist das Symbol der »still, aber unaufhaltsam wirkenden Vernunft«.

Feinde hat dieser Humanismus nicht, den Krieg verdammt er als etwas Urböses; die geistigen Menschen aller Nationen, so meint er, könnten im Kriege sich nie ihre Freundschaft aufkündigen.

Da bricht Luther in diese erlesene humanistische Bastion, in diesen idealistischen Traum ein, der zerstörerische Tatmensch mit seiner beängstigenden Vitalität und seiner groben Lust an einer groben Sprache – der hartknochige und vollblütige Bauernnachfahre, übergesund im Vergleich mit der fragilen Geistigkeit des zarten Humanisten; und der religiöse Raufbold mit seiner Lust am Dreinschlagen drängt den so ungesicherten Humanismus an die Wand. Um des Erasmus Harmoniebedürfnis ist es geschehen. Mit der Feder will er Humanität und Weltbürgertum verteidigen und der Unparteiische und Unparteiliche bleiben.

Er bewahrt seine ehrliche Haltung, aber er ist abwesend, als Luther sein »Ich kann nicht anders« in Worms spricht. Die Folgen sind fatal; für Unabhängigkeit im erasmischen Sinne ist danach kaum noch Raum in der Welt. Ulrich von Hutten, den jungen Scholaren, stößt er zurück, seine friedfertige Feder unterliegt dem gewaltigen Luther. In Basel wütet schließlich der religiöse Fanatismus, und Erasmus flieht erneut. Freiheit des Denkens und Aufklärung haben keinen festen Ort, Erasmus kann sie nur noch als Nomade verteidigen. Einsam stirbt er auf dem Weg nach Brabant, in seine Heimat, in die der Heimatlose zurück will.

Der Roman einer Tragödie – und zugleich der Roman einer Hoffnung. In unseren realitätssüchtigen Jahren wirkt er

fremd. Stefan Zweig hat sich um die tagtägliche Wirklichkeit des Erasmus kaum bemüht – sie interessierte ihn nicht, da es ihm darum ging, die geistige Haltung hinter jenem Freiheitsverlangen und jener Lust am Wort zu modellieren. Der Roman ist nicht Bericht über eine in sich geschlossene Welt, sondern enthält die unablässige Exegese dessen, was berichtet wird. Zweig nimmt jede Gelegenheit wahr, um die Großartigkeit des erasmischen Denkens zu betonen, freilich auch, um am Ende das Opfer zu zeigen, das der Preis der inneren Selbständigkeit ist.
Ein Roman über ein Stück Geistesgeschichte, überall merkwürdig leer an vordergründiger Wirklichkeit, aber ein unablässiger Appell an den Leser, die Geisteswirklichkeit zu erkennen und die Geistesrevolution, die damals begann und die dann so sehr gefährdet erschien.
Warum den *Erasmus von Rotterdam* heute wieder lesen? »Mit Geschichte will man etwas«, hat Döblin 1937 gesagt. Kein Zweifel, Zweig hat sich mit seinem Roman mehr oder weniger bewußt selbst darstellen wollen – Erasmus ist sein hochstilisiertes, idealisiertes Ebenbild, die Verkörperung all dessen, was er selbst glaubte, was er für wichtig hielt. In seinem Erinnerungsbuch *Die Welt von gestern* schrieb Zweig, sich selbst porträtierend: »Meine natürliche Haltung in allen gefährlichen Situationen ist immer die ausweichende gewesen, und nicht nur bei diesem einen Anlaß mußte ich vielleicht mit Recht den Anwurf der Unentschiedenheit auf mich nehmen, den man meinem verehrten Meister in einem fremden Jahrhundert, Erasmus von Rotterdam, so häufig gemacht.«
Erasmus – das war er selbst, und so ist dieser Roman sein eigenes Lebensbuch. Beschrieben hat er sich so, wie er Erasmus sah: tragisch, weil er den Widersinn der Zeiten erkannte, ohne ihm mit seiner Vernunft begegnen zu können. Zweig hat um diese Wahlverwandtschaft nicht nur gewußt, er hat sich im Bilde des Erasmus selbst verhüllt und

zugleich in größter Deutlichkeit dargestellt. Wer seinen Roman liest, kennt diesen antifanatischsten aller Menschen besser noch als durch seine Autobiographie.
Aber man kann diesen Erasmus-Roman heute auch noch anders lesen. Durch die Lebensgeschichte des Erasmus hindurch, die so deutlich die Signatur Zweigs trägt, wird eine andere Geschichte sichtbar, eine von uns so häufig schon wieder verdrängte oder vergessene. Der Lebensbericht des Erasmus ist auch ein Stück Exilgeschichte, sein Dasein das eines Flüchtlings, der nirgendwo zu Hause ist.
Nirgends Heimstatt: es ist die Geschichte eines lebenslangen Exils, einer immer neuen Verbannung, die hier erzählt wird, der Roman der heimatlosen Intellektuellen. 1933 wurden sie vertrieben, und dieses Buch berichtet unter dem historischen Mantel aufs eindringlichste davon. Gewiß hat Zweig keinen Zeitroman schreiben wollen, da er ja so sehr die Überzeitlichkeit der erasmischen Werte betonte – an realer Zeitgeschichte ist denn auch nur wenig aus dem Roman herauszuholen. Aber können wir Sätze wie »Eine Treibjagd gegen Andersdenkende und Freidenkende hat begonnen, die Diktatur der Einseitigkeit« tatsächlich noch unbefangen lesen, als sei das nun einmal der Zeit des Erasmus bedauerlicherweise zugehörig?
»Entsetzt sieht Erasmus seinen ewigen Feind, den Fanatismus, mit Flamme und Schwert um sein Haus toben« – ja, das ist auch ein blindwütiger Nationalsozialismus, und so entrollt sich uns beim Wiederlesen ein gespenstisches Bild der Jahre um 1933. »Die Studenten, immer die Stoßtruppe des Radikalismus, veranstalten lärmende Demonstrationen gegen Erasmus, sie werfen sein Katheder um (...). Hastig packte der alte Nomade seine Sachen und geht auf die Wanderschaft. ›Ich muß mich in acht nehmen, daß ich von den Deutschen, die jetzt gleich Besessenen sind, nicht zerrissen werde, bevor ich Deutschland verlasse.‹«

Beklemmende Sätze, eine bedrückende Rückkehr jener Zeit des aufkommenden Faschismus in Deutschland. Die Feder ist die einzige Waffe des Erasmus, und sie war es nur zu oft den Emigranten unseres Jahrhunderts. Tumult ist in die Welt des Erasmus gekommen und Massenwahn, aber wir können diesen historischen Roman nicht anders lesen als die Geschichte der Flucht vor dem Fanatismus der Nazis. Erasmus: das ist Ahasver, aber auch Hiob in einem tollwütigen Zeitalter, der immerfort Schiffbrüchige, der David vor Goliath, der ewige Wanderer, Odysseus. Hier ist die innere Geschichte des Exils geschrieben, das Selbstverständnis der Emigranten aufgedeckt.
Die Tragödie der freidenkenden, keiner fremden Bestimmung sich fügenden Intellektuellen in den dreißiger Jahren? Ja, soweit der Roman die Flucht des Humanisten vor Haß und Tollheit, Fanatismus und Brutalität erzählt. Aber er wäre kein echtes Exilwerk, gäbe es nicht, dennoch, die Hoffnung auf den »Triumph der klaren und gerechten Vernunft über die eigensüchtigen und vergänglichen Leidenschaften. (...) Nichts, was klaren Geistes und aus reiner sittlicher Kraft jemals gedacht und gesagt wurde, ist völlig vergeblich.« So ist aus Triumph und Tragik des Erasmus von Rotterdam am Ende des Buches denn die Geschichte von Tragik und Triumph des Geistes geworden. Daß Stefan Zweig mit seinem Selbstmord an diesem endlichen Triumph des Geistes dann doch so sichtbarlich zweifelte, hat die ganze Generation der Emigranten von damals tief verstört; nicht wenige haben hier eine Flucht vor dem Emigrantenschicksal gesehen.
Aber Zweigs Tod hat seinen Erasmus-Roman dennoch nicht widerlegt, weil, erasmisch gesprochen, das Leben den Geist nicht widerlegen kann. Es bleibt ein großer Roman, diese Geschichte von Tragik und Triumph des Intellektuellen, der Aufklärung. Thomas Mann hat das erkannt. Er schrieb

seinerzeit: »Sein literarischer Ruhm reicht bis in den letzten Winkel der Erde (...). Vielleicht ist seit den Tagen des Erasmus (über den er glänzend gearbeitet hat) kein Schriftsteller mehr so berühmt gewesen wie Stefan Zweig.«

Kopflos in die Unterwelt

Siegfried Lenz über Elias Canetti:
Die Blendung (1935)

Wer weiß, wie das Spektrum der deutschen Gegenwartsliteratur aussähe, wenn damals kein einziger Schriftsteller hätte emigrieren müssen. Verfolgt, geächtet, zum Abbruch der Beziehungen verurteilt, büßten jene Autoren, die sich in die Fremde retten mußten, ja nicht allein ihre Sprachheimat ein; sie gerieten auch, da ihre Bücher keinen Leser mehr fanden, in vorübergehende, jedenfalls folgenreiche Vergessenheit.
Weil die Wirkung von Literatur auch auf einem Faktor Zeit beruht, und das heißt: auf Präsenz, Kontinuität, auf der Möglichkeit, sich als Leser permanent abstimmen und versichern zu können, verloren diese Schriftsteller etwas offenbar Uneinholbares: die Gegenwärtigkeit im Bewußtsein der Zurückgebliebenen. Und weil die Wirkung von Literatur weniger in kalkulierbarer Aktivierung als in langwieriger Unterwanderung besteht, nahm man ihnen die Voraussetzung für jede prägende Einflußnahme auf längere Sicht.
Die Bücher dieser Autoren, die uns dann mit Verspätung nach dem Krieg erreichten, fanden uns in veränderter Lage, von Bedürfnissen – auch Lesebedürfnissen – bestimmt, die der Zusammenbruch nahelegte, von Erfahrungen ereilt, die ein neues Sichten und Bewerten forderten. Erzwungene Abwesenheit erschwerte eine spontane Übereinkunft zwischen Autor und Leser, ein allgemeiner Gedächtnisschwund beeinträchtigte die sofortige Wiederaufnahme von Beziehungen. Eine Literatur, der man in der Zeit der Verblendung keine Gelegenheit zur Wirkung gelassen hatte, die dem Leser nicht zum ständigen Begleiter geworden war, mußte in einem Nachholprozeß rezipiert werden – eine komplizierte Aneig-

nung insofern, als dabei unwillkürlich das Gewissen mitzusprechen begann.
Eines der Bücher, denen seinerzeit die Chance genommen wurde, längerfristig zu wirken, war der Roman *Die Blendung* des 1905 in Bulgarien geborenen Autors Elias Canetti. Der Roman erschien zum ersten Mal im Jahre 1935 in Wien; in Deutschland hätte er nicht mehr herauskommen können, da es sich um das Werk eines jüdischen Verfassers handelte.
Bei mancher Einschränkung – Hermann Broch zum Beispiel sprach von einer »abstrakten Seelenlandschaft« – erkannte die Kritik die außerordentliche Bedeutung dieses Buches an, erwähnte fortgesetzt seine gigantische Statur, rühmte die unerhörte Erfindungsgabe des Autors und ließ sich den *Ulysses* und die *Brüder Karamasow* zum Vergleich einfallen. Thomas Mann bilanzierte: »Ich bin aufrichtig angetan von der Fülle dieses Romans, dem Débordierenden seiner Phantasie, der gewissen erbitterten Großartigkeit seines Wurfs, seiner dichterischen Unerschrockenheit, seiner Traurigkeit und seinem Übermut.«
Was dieses Buch mit seinem Leser damals hätte machen, was es ihm an neuer Empfindlichkeit oder Erfahrung hätte vermitteln können – es bleibt nur Erwägung, Mutmaßung, ebenso wie die Frage, welch einen Dauerwert der Leser diesem Roman zuerkannt hätte. Canetti mußte sich zur Emigration entscheiden, das Band riß, das Buch war nicht mehr verfügbar, existierte mehr und mehr nur noch als legendäres Literaturereignis. Erst nach dem Krieg kehrte es auf dem Umweg über England zu uns zurück – um seine Legende vermehrt.
Ohne Zweifel, die Geschichte, die hier erzählt wird, ist alterslos, sie gehört zum archetypischen Bestand unserer Erfahrung. Es ist der Dauerkonflikt zwischen Realität und Phantasie, dem Canetti seinen persönlichen Ausdruck gege-

ben hat, und die Darstellung gerät zu einer Art Kriegsbeschreibung: Küche und Geist, Staubtuch und Intellekt fordern sich auf zugleich sublimste und abgefeimteste Weise heraus, die Schauplätze sind, wie es bei Schlachten dieser Art vorgegeben ist, Wohnung und Kopf.

Die Kämpfenden selbst können verschiedenartiger kaum sein: auf der einen Seite Peter Kien, der »erste Sinologe seiner Zeit«, ein Mann, der völlig beziehungslos lebt, der Unpünktlichkeit nicht weniger haßt als Höflichkeit und der nur noch seiner Bibliothek lebt (25 000 Bände); auf der anderen Seite Therese, seine um sechzehn Jahre ältere Haushälterin, ein geducktes Wesen, das zeitlebens nur gedient hat und das der Autor so charakterisiert: »Sie ist nie über die Stadtgrenzen hinausgekommen. Ausflüge macht sie nicht, weil es schade ums Geld ist. Baden geht sie nicht, weil es unanständig ist. Reisen mag sie nicht, weil man sich nirgends auskennt. Wenn sie nicht einkaufen müßte, würde sie am liebsten immer zu Hause bleiben.« Diese Art von naiver Unschuld und eine grotesk anmutende Pfleglichkeit im Umgang mit Büchern nehmen den Sinologen derart für seine Haushälterin ein, daß er ihr, launisch und herrisch zugleich, einen Heiratsantrag macht. Der Krieg kann beginnen.

Realitätsblind in seiner Bibliomanie, unter dem vermeintlichen Schutz eines Ehekontrakts, entwirft der gebildete Narr für sich ein Leben in dauerhafter Studierseligkeit. Er hält den Entwurf für um so einlösbarer, als Thereses Funktionen unerbittlich festgelegt sind auf: Kochen, Abstauben, den Weltentzug sicherstellen.

Aber Therese, nach achtjähriger Haushälterinschaft zur Ehefrau avanciert, beansprucht plötzlich etwas ebenso Naheliegendes wie Herausforderndes, Liebe nämlich, und zwar »laute und übergroße Liebe«. Die wird, mit wachsender Empörung, zurückgewiesen, Liebe ist im Ehekontrakt nicht vorgesehen, liegende Bereitschaft ist für den kopflastigen

Höhenbewohner ein einziger Grund zum Entsetzen. Verständlich, daß das gesunde hüftenwackelnde Leben sich da gedemütigt und verschmäht vorkommt und, nach vorübergehendem Schluchzen, seinen Rachefeldzug einleitet.
Wie Canetti den ersonnen und inszeniert hat, das ist schon aller Bewunderung wert. Mit kaltem Vergnügen wird hier vorgeführt, wie ein Trampel zu ziselierter Tücke findet, wie Unschuld sich ausgesuchte Spielarten der Bosheit aneignet, wie derbes Leben ohne Nachhilfe auf die wirksamsten Perfidien verfällt, um sich Genugtuung zu verschaffen für empfindlichste Kränkung.
Canetti gelingt es, den inspirierenden Haß deutlich zu machen, den diese typischen Kontrahenten immer dann füreinander empfinden, wenn es gilt, auf besonders geglückte Formen der Demütigung zu reagieren. Mit einer ebenso reichen wie methodisch arbeitenden Phantasie entwirft er Szenen und Situationen, die dem weltabgewandten Geist seine Fragwürdigkeit, wenn nicht Lächerlichkeit beweisen sollen. Gleichzeitig begründet er, warum die Klugheit der Instinkte am Schluß triumphieren darf.
Freilich, ich muß zugeben, daß mir dieser einfallsreiche Kleinkrieg, in dem der hochmütige Mann der Wissenschaft mit Hilfe von Schlüssel-, Möbel-, Küchen- und Sparbuchstrategien mattgesetzt wird, eigentümlich erkaltet erscheint. Gelegentlich drängt sich das Gefühl auf: dies ist erschrieben, ist erfunden. Der Kunstaufwand wird doch mehrmals allzu spürbar; allerdings ändert das nichts an unserer Bereitwilligkeit, die Geschichte als wahr zu empfinden. Wir fühlen uns unentwegt versucht, diesen vorgeführten Kampf als einen Modellkampf anzusehen und ihm – folglich – eine übergreifende Wahrheit zuzugestehen.
Dies gilt in besonderem Maße für den ersten Teil des Romans, der den Titel hat »Ein Kopf ohne Welt« und der auch heute noch ein lebensdeutendes Leseerlebnis bereithält. Ne-

benbei lassen wir uns von sardonischem Witz unterhalten, von hintersinniger Komik erwärmen.
Anders verhält es sich mit dem Teil, der den verstiegenen Sinologen in einer »kopflosen Welt« zeigt, unter Hausierern, Kanalräumern, Huren und Zwergganoven, die offenbar ausersehen sind, ihm die exemplarische Kläglichkeit seines Weltverhältnisses klarzumachen. Nach der Niederlage, die ihm Therese beigebracht hat – er mußte die eigene Wohnung verlassen –, erwarten ihn nun also die düsteren Weihen des sogenannten praktischen Lebens. Und was ungeduldige Vorstellungskraft längst vorweggenommen hat, tritt prompt ein: der Herr wird begaunert, wird nach Strich und Faden ausgenommen, ohne daß er in seiner Arroganz und Ahnungslosigkeit merkt, was mit ihm geschieht. Was er in diesem Panoptikum an halluzinatorischer Fähigkeit gewinnt, büßt er an persönlicher Tragik ein; wir empfinden immer weniger für ihn.
Als Groteske, die mit ausgeglühter Nadel hergestellt ist, kommt mir dieser Aufenthalt Kiens in der Unterwelt vor. Die außerordentliche Phantasie Canettis überbordet tatsächlich, seine Einfälle genügen mitunter nur noch sich selbst, und was die Erzählung sich hier zum Ziel gesetzt hat, nämlich die Darstellung eines Menschen, dem allmählich die Kraft abhanden kommt, Wirklichkeit und Einbildung voneinander zu trennen, wird manchmal außer acht gelassen. Der Reigen der Ganoven jedenfalls, von dem Kien mitgezogen wird, endet damit, daß der weltflüchtige Sinologe in Augenblicken an seinem Verstand zu zweifeln beginnt.
Man möchte ihn schon verloren geben, als gegen Ende Georges herbeieilt, ein ungeliebter Bruder, der in Paris als Irrenarzt tätig ist und der über so viel Mitgefühl und dialektischen Scharfsinn verfügt, daß man bereits den Retter in ihm sieht. »Welt im Kopf« heißt der dritte Teil des Buches, muß so heißen, denn nun erhält die erlebnisgesättigte, die

praktische Intelligenz eine Gelegenheit, ihre Vorzüge zu demonstrieren. Während Kien, der die »heiligen Bücher aller Völker im Kopf hat«, nicht begreift, was um ihn vorgeht, durchschaut der Arzt sehr bald die Umstände, die seinen Bruder zum Opfer haben werden lassen. In Erkenntnis der Lage bemerkt er einmal: »Wenn wir zu einem Menschen verschmelzen könnten, du und ich, so entstünde ein geistig vollkommenes Wesen aus uns.«

Es bereitet schon enormes Vergnügen, die praktische Intelligenz wirken zu sehen; selbstredend erweist sie sich allen Betrügern und Schuften überlegen, wickelt sie ein, überredet sie zur Aufgabe ihrer Ansprüche oder findet sie angemessen ab. Die kopflose Welt merkt nicht einmal, wie sie dirigiert wird. In einem, ich muß es so nennen, grandiosen Ermittlungsverfahren verschafft sich schließlich Georges auch Aufschluß über die wahre Situation seines halluzinierenden Bruders: da Kien sich als unwillig oder unfähig zeigt, über sich selbst zu reden, verwickelt der Arzt ihn in ein Bildungsgespräch von Graden, wissend, daß man auch sich selbst kommentiert, während man über entlegene Weisheiten spricht.

Der Versucht gelingt. Mit Hilfe von Schlußmethoden, die jeden Logiker erfreuen, erfährt er alles über die Entstehungsgeschichte der Zwangslage, in die sein Bruder geraten ist. Doch soviel er auch erfährt, er kann die Katastrophe nicht abwenden, die tödliche Verwirrung eines Geistes, die mit Weltversäumnis begann und mit Selbstzerstörung endet.

Elias Canetti hat den Titel seines Romans, der als beziehungsvolle Metapher für den Antagonismus zwischen Geist und Realität steht, vollauf gerechtfertigt. Der Problemhaushalt seines Buches ist aktuell und wird es bleiben. Als unbedingt zeitgemäß empfindet man seine Ironie und die konsequente Distanz, aus der die Figuren geführt werden. Immer noch gibt *Die Blendung* Anlaß, die Szenenfülle, eine

verläßliche Kombinatorik, die Konzeption und den variationsreichen Stil zu bewundern.
Dennoch ertappte ich mich während der Lektüre bisweilen bei Teilnahmslosigkeit und bei Unerregtheit selbst da, wo unerhörte Geschehnisse mir auch den letzten Rest von Gelassenheit hätten nehmen müssen. Ich hatte dann das Gefühl, wenn nicht auf einen anderen Planeten, so doch in ein phantasievoll eingerichtetes und gespenstisch besetztes Herbarium zu blicken, in dem alles demonstrativen Charakter hat.

Licht aus dem Rachen der Schlange

Horst Krüger über Hans Carossa:
Geheimnisse des reifen Lebens (1936)

Der Zufall hat es gewollt, daß mir dieses Buch meiner Jugend im Original erhalten blieb. Immer noch steht das Exemplar von damals unter meinen Büchern, seit über vierzig Jahren. Im Laufe der Zeit ist es etwas vergilbt und mürbe geworden. Der lindgrüne Leineneinband mit dem goldverschnörkelten Dichterwappen ist deutlich verblaßt. Nicht nur das schmale Seidenbändchen, das vom Rücken her als Lesezeichen eingearbeitet ist, gibt dem Buch etwas von Brevier und feinerem Seelenführer. Der Text ist noch in jenen gotischen Lettern gesetzt, die eine Aura kultivierter Weltfrömmigkeit um sich breiten. »Im Insel-Verlag zu Leipzig« ist auf dem Deckblatt zu lesen. Auf dem Leerblatt davor habe ich in der spitzen Sütterlinschrift meiner Jugend damals in schwarzer Tinte die Worte geschrieben: »Paris, Oktober 1942«.

Ich erinnere mich: Frankreich war damals gefallen, ich war eben zum Militär einberufen worden – da habe ich mir als junger Rekrut dieses Exemplar in Paris gekauft, in einer Wehrmachtsbuchhandlung. Ich war stolz auf den Fund, denn Bücher von so versponnener und unkriegerischer Art waren »im Reich« längst Mangelware. Die Truppe wurde zur Seelenstärkung in eigenen Buchhandlungen, oft auch mit Sonderdrucken, bevorzugt beliefert.

Mein Exemplar, 1941 im 75. Tausend nachgedruckt, gehört zur sechsten Auflage. Hans Carossas Tagebuch-Roman *Geheimnisse des reifen Lebens* war 1936 zum erstenmal erschienen. Bis heute ist das Buch mit etwas über 100000 Exemplaren verbreitet, was angesichts der Größe des Rei-

ches damals und dem Ruhm des Autors einen soliden, aber keineswegs überwältigenden Publikumserfolg darstellt.
Denn eigentlich entsprach dieser (1878 in Bad Tölz halbitalienisch geborene) Poet auf geradezu musterhafte Weise dem Traumbild des deutschen Bürgertums vom Dichter damals. Von Beruf Mediziner, hatte er im Ersten Weltkrieg als Militärarzt gedient. Sein erster Erfolg wurde schon 1924 sein *Rumänisches Tagebuch*, das dann unter dem Titel *Tagebuch im Kriege* 1934 wiederveröffentlicht wurde. Dort steht der klassische Satz, den Carossa dann lebenslänglich variiert hat: »Raube das Licht aus dem Rachen der Schlange!«
Also kein Protest, kein Aufschrei gegen den Krieg, wie ihn Remarque und Renn formuliert hatten, sondern konservative Feier des »Unzerstörbaren« im Chaos. Es gibt ein Reich innerer Werte, das über Not und Tod doch triumphiert – das war seine »Botschaft«. Der Dichter als Seher, der allen Kriegsgreueln noch eine letzte Sinnfülle abzugewinnen versteht: diese Funktion der Literatur als lyrische Hausapotheke für politisch Versehrte war damals ungemein beliebt und populär.
Trotzdem – ein Volksschriftsteller ist Carossa nie gewesen. Es fehlte ihm dazu an Derbheit, auch an epischer Kraft. Es war immer eine Kunstprosa für die gebildeten Stände, die er schrieb. Es waren besinnliche Bildungsromane, die sich in der Tradition Goethes und Stifters verstanden. Wenig Handlung, viel Meditation war ihre Eigenart; das Erfahrene wird immer zu exemplarischen Visionen hochstilisiert, die sich klassisch geben, auch nicht von allen Lesern immer nachvollziehbar sind. Sämtliche Merkmale eines begabten Epigonen sind ihm eigen gewesen: Endzeitgefühl und Bildungsfülle, Melancholie und schöne Sprache, die schon kraftlos ist. Goethes Auge, riesengroß, aber kurz vor dem Erblinden, könnte man sagen.

Zu Ehren Carossas muß allerdings auch vermerkt sein, daß er sich, obwohl von den Nazis heftig hofiert, dann im »Dritten Reich«, alles in allem gesehen, relativ anständig durchschlug. Die ihm 1933 angetragene Mitgliedschaft in der nazistisch gereinigten Preußischen Dichterakademie hat er mannhaft abgelehnt. Wie immer man heute zu dem schillernden Phänomen der »inneren Emigration« stehen mag, Carossa wird man diesen Status wohl zubilligen müssen. Daß er sich dann 1941 widerwillig das (politisch unbedeutende) Amt des Präsidenten des neugegründeten »Europäischen Schriftstellerverbandes« hat aufnötigen lassen, darf man seiner Gebärde hilfloser Weltfremdheit zuschreiben. Er hat es später offengelegt und bereut. Carossa ist jedenfalls nie ein Mann der Nazis gewesen. Dennoch ließ er sich als humanistisches Aushängeschild Nazideutschlands zunehmend mißbrauchen – hierin Richard Strauss nicht ganz unähnlich.

Habe ich das Buch damals wirklich gelesen? Es ist keine Erinnerung in mir mehr lebendig. Es war wohl doch alles etwas zu feinsinnig und gebildet für mich. Auch waren die *Geheimnisse des reifen Lebens,* also Altersprobleme, nicht mein Thema. Immerhin weiß ich: das Buch zählte dann 1943 neben Plato, Hölderlin und Rilke zu meinem Feldgepäck. Carossa gehörte einfach zu den »guten Begleitern« eines deutschen Bürgersohns damals. Er verhieß eine höhere, bessere Welt, die sonst nicht zu haben war. Bei der Schlacht um Monte Cassino im Winter 1943/44 hat es mich begleitet. Ich konnte mir »aus dem Rachen der Schlange« kein Licht retten. Es traf mich statt dessen am Karfreitag 1944 ein amerikanisches Maschinengewehr, zweimal. Dies muß man vielleicht wissen, um zu verstehen, mit wieviel Aufmerksamkeit, ja unverhohlener Neugier ich es jetzt gelesen habe.

Um es vorweg zu sagen: Man kann diese *Aufzeichnungen*

Angermanns, wie das Buch im Untertitel heißt, immer noch lesen. Sie sind in einer Sprache geschrieben, die trotz vieler Leerstellen ihre Geschichte immer noch trägt. Nur liest sich das Buch jetzt wie ein Fundstück aus einer versunkenen Epoche. Es hat nichts mehr mit uns zu tun. Es mutet an wie der versteinerte Abdruck eines Insekts oder einer vorgeschichtlichen Pflanze: ästhetisch sehr reizvoll, oft voll bizarrer Schönheit – lauter Papierblumen, könnte man sagen, die hier zart und gebrechlich aus einer Innerlichkeit blühen, die es außerhalb dieser Poeten-Phantasie wohl nie gegeben hat. Papierblumen welken ja nicht. Man wird ihrer schließlich überdrüssig. Das ist mein Verhältnis zu diesem Buch jetzt: schön, aber uninteressant.

Das Ganze ist ein fingiertes Tagebuch. Carossa erzählt in der Ichform von einem älteren Mann, einem eben pensionierten Beamten, der zusammen mit seiner kränkelnden Frau Cordula in das alte, beschädigte Bauernhaus seiner Eltern einzog. Daß uns eine Dorfidylle erzählt wird, versteht sich in der Literatur der dreißiger Jahre beinah von selbst. Daß dieses Dorf auch noch »Nebelheim« heißt, ist nicht ironisch, sondern ernst gemeint. Daß Nebelheim an einem großen Strom liegt, hinter dem ein fremdes, aber befreundetes Volk lebt, ist unschwer als Zugeständnis an den Zeitgeist zu entziffern. Der Strom, ungenannt, ist natürlich die Donau, das fremd-nahe Bruderland Österreich. Zum Ende hin findet eine freudig-bewegte Wiedervereinigung statt, die sich heute in ihrer flatternden Wimpelfröhlichkeit nicht ohne Peinlichkeit liest. Österreich wurde schließlich erst 1938 ins Reich geholt.

Voreilige Konzessionen von 1936 an großdeutsche Träume? Oder war das schon Carossas oft gepriesene visionäre Kraft? Die Öffnung der Romanhandlung ins Politisch-Gesellschaftliche ist jedenfalls diesem Altmeister intimer Seelenlandschaften gründlich mißlungen. Sie wirkt von der

Handlung her wie aufgepfropftes Nebenwerk. Passau in der Nazizeit, könnte man auch im Klartext sagen. Carossa war hier wohnhaft, zeitweilig.
Doch ist das wirklich nur Neben- und Rahmenwerk? Im Mittelpunkt der Handlung stehen vier Menschen: alle wunderliche, absonderliche Gestalten, die aber dem Leser doch plastisch vor Augen treten – gänzlich unpolitische, doch eigenartige Persönlichkeiten. In der Darstellung subtiler Individualität war Carossa nicht schlecht. Angermann, der alternde Ich-Erzähler, ist ein empfindsam-einsamer Waldgänger Heideggerscher Prägung: schwerblütig und doch hochsensibel. Er verfügt nicht nur über die Kunst der Wünschelrute, er unterhält überhaupt zu den Kräften der Erde einen intimen Kontakt, schreibt auch gelegentlich Aufsätze, über Katzen zum Beispiel. Seine Frau Cordula dämmert offenbar am Rande einer endogenen Depression mit allerlei kunstgewerblichem Schnickschnack und dörflichen Kinderspielen vor sich hin.
In diese etwas sterile Idylle kommt Bewegung, als die junge Frau Barbara, die Besitzerin einer unweit gelegenen Porzellanfabrik, sich für ein Grundstück Angermanns aus geschäftlichen Gründen zu interessieren beginnt. Barbara, die tüchtige Unternehmerin, aktiv und immer auf das Praktische gerichtet, »ganz Gegenwart«, wie uns der versonnene Dichter versichert, lebt ihrerseits mit der ziemlich morbiden Freundin Sibylle zusammen, die, »häuslich verzaubert«, mit der Pflege kranker Tiere sich ein imaginäres »Reich des Erbarmens« geschaffen hat.
Offenbar aber ist diese friedvolle Frauenfreundschaft für die junge Unternehmerin nicht ganz befriedigend. Nicht daß sie heiraten wollte. Sie ist in unserem heutigen Sinn eine emanzipierte Person – nur ein Kind hätte sie gern. Nämlicher Angermann macht ihr es dann, trotz seiner vorgeschrittenen Jahre. Die Erfahrung so späten Glücks, die Ahnung von

kommender Vaterschaft sind es dann, die uns die *Geheimnisse des reifen Lebens* vermitteln: schöne Weltschau am Abend.

Natürlich tut man dem Prosastück unrecht, wenn man es so krude auf sein Handlungsgerüst reduziert. Es wirkt dann trivial, leicht komisch. Tatsächlich ist das Buch in sich stimmig erzählt. Es wabert nicht in jenen Seelentiefen und Weltgründen, die die »Volkhaften« damals dampfend beschworen. Daran gemessen schreibt Carossa eine helle, fast lateinische Prosa, die in ihren besten psychologischen Porträts etwas Graziös-Verspieltes haben kann. »Wunderbar ist Barbaras Vernunft«, lesen wir einmal, »sie besiegt jede Anarchie in ihrem kleinen Staat; soweit ihr Wille reicht, ist alles ganz und gar weltlich, aber auch ganz und gar tüchtig, blank, übersichtlich, greifbar, wohlvereinbar, zuverlässig, unvermeidlich; sie hat keine Launen und kennt keine Ironie. Wie kommt es, daß meine gereifte Natur auf so viel Verständigkeit und Geborgenheit mit purer Unvernunft antwortet? Was versucht mich unaufhörlich, in diesem Hause, wo alle Uhren richtig gehen, heimlich die Zeiger zu verstellen, damit etwas möglichst Verrücktes geschehe?«

Woher kommt trotzdem nach der Lektüre der Eindruck, einer vergangenen, untergegangenen Welt begegnet zu sein? Ich meine, es hängt mit Carossas Streben nach Goethescher Klassizität zusammen. Er kann Situationen, Stimmungen, menschliche Beziehungen sehr subtil beschreiben. Nur stellt er solche Skizzen immer vor den Goldgrund einer metaphysischen Weltharmonie, die heute nicht mehr stimmt. Man kann ihn als einen König Midas der Sprache bezeichnen: was immer er anrührt, ob er nun einen Sonnenuntergang oder eine Porzellanfabrik beschreibt, ob er von einer Staustufe oder einer Katze spricht – wenigstens der Hintergrund dieser Objekte gerät ihm immer, wie von alten Meistern gemalt, sozusagen mit purem Blattgold unterlegt.

»Die Seele ist größer geworden; wir ahnen die goldenen Hintergründe, vor denen unser Handeln und Leiden sich abspielt.« Wo sind diese »goldenen Hintergründe« heute, frage ich mich. An einer anderen Stelle räsoniert der Tagebuchschreiber darüber, warum im Kriege geschlossene Freundschaften so dauerhaft seien. Ich kann diese These nicht bestätigen. Meine Erfahrung ist gegenteiliger Art. Carossas Antwort aber ist viel schlimmer; sie ist hochstilisierter Edelkitsch: »Der Kristall der Seele konnte ungetrübt bleiben, sie horchte auf Rufe der Zukunft, und der Tod war leicht und bekränzt.«

Es gibt für diese durchgängige Vergoldungstendenz eine sehr aufschlußreiche Szene im letzten Drittel des Buchs. Da wird von dem alten Schuster Knott erzählt, der in dem zum Muttertag festlich geschmückten Nebelheim als einziger sein Haus ungeschmückt ließ. Er wird deswegen von zwei Polizisten in Zivil verhaftet und abgeführt. Unschwer ist in dieser Szene eine Anspielung auf die Situation mancher mutiger Antifaschisten zu erkennen, die es damals wagten, ihr Haus nicht zu beflaggen. Carossa scheut sich 1936 auch nicht, die Barbarei solcher SA-Aktionen, wenn auch verschlüsselt, zu tadeln. Aber wie löst er den Konflikt? Der alte Knott wird durch seine zahlreichen glanzvollen Orden, die er noch aus dem deutsch-französischen Krieg 1870 vorweisen kann, rehabilitiert. Mehr noch: er wird zum Helden vaterländischer Gesinnung hochstilisiert.

Und dann? Dann notiert Angermann: »Ich sah hinüber, da fingen gerade ein paar junge Frauen an, Gewinde und Tannendachsen um Tür und Fenster zu legen ... In Grün und Blüten woben sie das Knottsche Haus ein, damit es nicht zum Gespensterhaus werde.« Das ist es: schön und schmuck wird letzthin alles bei unserem Dichter. Das Gold aus Nebelheim hüllt die Wirklichkeit bis zur Unkenntlichkeit ein.

Übertreibe ich? Tue ich Carossa Unrecht? Ich möchte nur

den Zwiespalt offenlegen, den die Lektüre des Buches heute in mir hinterläßt. Trotz mancher Trivialitäten und Verblasenheiten – das Buch ist als Kunstprosa ein Stück Literatur. Sie geht uns nur nichts mehr an. Sie ist tot wie ein Stück Marmor. Man kann seine schönen Strukturen bewundern. Dann legt man es weg.

Das Morsche hinter den Fassaden

Peter von Matt über Friedrich Glauser:
Wachtmeister Studer (1936)

Die Waldau – das ist die große psychiatrische Klinik in Bern. Robert Walser lebte dort, schrieb dort seine letzten Texte. 1933 brachte man ihn in eine Anstalt in der Ostschweiz, wo er seine Bleistifte nie mehr anrührte. Wenige Monate nach Walsers Abreise wird Friedrich Glauser in die Waldau eingeliefert, ein 38jähriger Mann, schwer morphiumabhängig, ein ängstlich-freundlicher Mensch mit einer unwahrscheinlichen Vergangenheit. Er beginnt, kaum ist er in der Anstalt, einen Roman zu schreiben, einen Kriminalroman, der nichts weiter sein will als eben ein guter Kriminalroman und den er so billig wie möglich an den Bahnhofskiosken verkauft sehen möchte.

Das Buch, *Wachtmeister Studer,* gehört heute zu den paar Fixpunkten, von denen aus die literarische Landschaft der Schweiz vermessen wird. Das mag, als Feststellung, manchen überraschen, der an die berühmten Namen denkt, mit denen sich die deutschsprachige Schweiz in der Gegenwartsliteratur ihren Platz geschaffen hat. Zählt man Friedrich Glauser denn dazu?

Tatsächlich haben jene berühmten Namen zweierlei bewirkt. Sie haben den lebenden und nachrückenden Autoren eidgenössischer Herkunft beträchtlichtes Ansehen eingetragen, eine Art Gruppenglanz, einen Vorschuß auch da und dort, der nicht immer eingelöst wurde. Die älteren Schriftsteller aber haben sie in einem gegenläufigen Prozeß aus dem Sichtfeld verschwinden lassen. Literatur aus der Schweiz zählt erst ab 1945 – das war lange Zeit wie abgemacht, auch in der Schweiz selbst. Erst die große Walser-Renaissance, eines der merk- und denkwürdigsten Spektakel auf der literarischen Piazza der siebziger Jahre, hat den Denkzwang gebrochen. Die vierbändige Ausgabe von Glausers Werken im Arche-Verlag, vom Herausgeber Hugo Leber noch als trotziges Einstehen für einen Verkannten aufgefaßt, fiel schließlich in eine unerwartet freundliche Konjunktur.

Glauser ist etwas gelungen, was nur ganz wenigen Autoren glückt und was keiner vorausplanen kann: Er hat eine Figur geschaffen, die sich schon bald aus ihrem Rahmen, unter den Buchdeckeln hervor emanzipierte und ein eigenes Leben begann. Heute ist diese Figur, der Polizeiwachtmeister Studer, weit mehr Leuten unmittelbar vertraut, als je Friedrich Glauser gelesen haben. Das hängt mit einigen Begleitumständen zusammen, mit der wachsenden politischen und kulturellen Isolation der Schweiz in den dreißiger Jahren, mit einer frühen Verfilmung durch den emigrierten Leopold Lindtberg, mit einem populären Schauspieler auch – trotzdem, der Wurf, der allem zugrunde liegt, ist die Leistung Glausers, das Werk eines scheuen, von innen und außen furchtbar geplagten Menschen, der vor seiner Sucht und Verlorenheit in die Anstalten flüchtete und aus dem gleichen zehrenden Hunger immer wieder ausbrach und untertauchte. So verschwand er auch, kaum war *Wachtmeister Studer* fertiggeschrieben, im frühen Morgengrauen aus den Mauern jener Berner Klinik.

Wie aus diesem Leben heraus eine solche Gestalt sich bilden konnte, das beruht auf einer seltsamen, oft beredeten und nie ganz durchschauten Chemie. Die meisten Schriftsteller operieren bei ihren zentralen Erfindungen mit Projektionen der eigenen Person, die sie auf dem soziologischen Feld mehr oder weniger ausgeprägt verschieben, oder aber dann mit Konträrgestalten aus den Arsenalen ihrer Wünsche und Ängste. Mit diesem Entweder-Oder als Arbeitsinstrument, so schlicht es sich ausnimmt, kommt man bei der kritischen

Tätigkeit in der Regel recht weit. Es führt zwar nie zum Wesen der Sache, aber immerhin zu einer angenehmen Transparenz. Ebendieses Entweder-Oder gerät nun im Fall Glauser/Studer sehr kurios durcheinander. Einerseits schafft sich hier der Verstoßene und Gehetzte, der lebenslange Bub mit der wimmernden Verschlagenheit eines herrenlosen Hundes, seine starke und gütige Beschützerfigur, andererseits aber stammt alles, was »den Studer« über das drohende Klischee hinaushebt – alles also, was auf die Dauer überhaupt zählt –, aus einer tief eingelagerten Schwäche dieses Mannes, einer rätselhaft mit Ahnungen getränkten Hilflosigkeit.

Sie erfaßt den Fahndungswachtmeister in plötzlichen, starken Stößen, unerwartet, mitten im entschlossenen Handwerk, oder sie senkt sich als eine dumpfe Last auf ihn nieder und krümmt den robusten Mann langsam zusammen. Hier, in diesen inneren Vorgängen und in der Funktion, die sie im Romanablauf gewinnen, wird die Studer-Gestalt zur literarischen Leistung. Hier setzt sie sich nicht nur vom geläufigen Charaktermodell der bärbeißigen Herzlichkeit ab, sondern stößt auch in Zusammenhänge vor, die weder in den konventionellen noch in den exquisiten Mustern des Kriminalromans zu finden sind.

Zwar ist die zeitweise Schwäche des Detektivs dieser Gattung sehr wohl bekannt. Sie bildet einen Topos spätestens seit Philip Marlowes depressiven Stunden am einsamen Schachbrett. Bei Studer aber, dem »Fahnder« aus Bern, der einen kleinen Mord in einem kleinen, penetrant gewöhnlichen Schweizer Dorf aufklären soll, hat die Schwäche nicht den Charakter einer schmerzhaften Entspannung zwischen den Phasen harter Action und brillanten Scharfsinns, sie hat vielmehr einen merkwürdig meditativen, fremdländisch tranceartigen Einschlag. Der Roman reflektiert das nie, er beschreibt nur; dennoch prägt es ihn entscheidend.

Studer muß die Wahrheit finden. Sie ist nicht nur die Wahrheit über ein einzelnes Verbrechen, sie ist mehr: die Wahrheit, die lautlose, gefährliche, verbotene Wahrheit über eine ganze Gesellschaft, über die solide, bürgerliche Schweiz mit ihren soliden Institutionen. Der Fahnder gehört selbst dahinein, er ist kein Außenseiter, er hat nur, fast als wäre es eine Beschädigung, seine mediale Begabung, die hinter den Fassaden verborgene Wahrheit herauszufinden. Das hat ihn einst die große Karriere gekostet. Er wurde degradiert, weil er eine Bankaffäre aufdeckte, in die helvetische Politiker verwickelt waren, und weil er nicht aufhörte, als man ihm von oben einen Wink gab. Darauf fing er halt ganz unten wieder an, brav und solid.
Aber immer wenn er in den Umkeis des Verbrechens kommt, in den Umkreis der verborgenen Schäden seiner Welt, gerät er in eine Benommenheit wie unter Drogen. Er beginnt zu fiebern, wird tatsächlich krank. In diesem Zustand treibt er dann ganz langsam auf die Wahrheit zu, fast wie ein Stück Holz in einem stehenden Gewässer. Wohl beherrscht und praktiziert er die Techniken der Kriminologie – in Paris und Wien hat er einst bei Kapazitäten gelernt und verkehrt noch immer mit den Kollegen dort –, aber den Ausschlag gibt das nie. Das Entscheidende passiert immer während seiner Anfälle von Traum und Fieber, einer Stimmung fatalistischer Tatenlosigkeit, die in Wirklichkeit, ohne daß Studer das zu wissen scheint, ein anderes Denken darstellt.
Glauser selbst war solchen Verfassungen ausgesetzt bis ins Tödliche. Wo immer man sein Leben anschaut, sieht man ihn an den Grenzen zum ganz andern. Er soll, blutjung, in Zürich studieren; schon nach einem Semester ist er nicht mehr aufzufinden; dann steht er plötzlich im Cabaret Voltaire auf der Bühne, in Dada mittendrin, bevor es berühmt ist, schlägt die Trommel und spielt den Tod in Kokoschkas *Sphinx und Strohmann*. Eine Zeitlang lebt er bei Hugo Ball

auf einer Alp im Tessin; das Morphium bringt ihn an den Rand der Kriminalität; er wird entmündigt, wechselt zwischen Spitälern, Anstalten und Gefängnissen; der eigene Vater hilft ihm – welche Ungeheuerlichkeit! –, in die Fremdenlegion zu gelangen.

Es folgen zwei Jahre Marokko, eine Zeit mit heftigeren Krankheiten, der Begegnungen allerdings auch mit fremden Giften, fremder Trance, fremder Zeiterfahrung – der Roman *Gourrama* wird später davon berichten –; dann in Paris, entlassen wegen Herzleiden, in den Kohlengruben von Charleroi, schließlich wieder in der Schweiz: Morphium, Anstalten, Schreibversuche. Auch Gärtner ist er zeitweise, arbeitet still in abgelegenen Baumschulen, bis ihn die Sucht von neuem kriminalisiert.

Wachtmeister Studer ist die Quintessenz: ein Roman, harmlos auf den ersten Blick und immer hintergründiger bei längerer Betrachtung, ähnlich dem berühmten Foto vom lächelnden Glauser, das ein so entsetzlich ergreifendes Bild ist. 1938 stirbt er, mit 42 Jahren, in Nervi am Meer, am Abend vor der Hochzeit mit einer Frau, die ihn in der Klinik als Pflegerin einmal betreut hat – ein Tod, als hätte ihn Horváth erfunden.

Die unwahrscheinliche Kunst der sprachlichen Reduktion, die bei Horváth jedem einzelnen Wort zu eigener Strahlung verhilft, hat bei Glauser kein Pendant. Gelegentlich wird er wohl auch zu deutlich, um es seinen Lesern etwas leichter zu machen. Schlüsselvorgänge für das Ganze können daneben so verhalten angedeutet werden, daß man mehrmals hinschauen muß. So der Versuch des Gemeindepräsidenten, einem jungen Mädchen zu nahe zu treten, ein winziges Geschehen, nebenbei erwähnt, ein Haarriß bloß in einer weißen Wand, aber mit der Zeit wird deutlich, daß dieser Haarriß in andere Risse überläuft, in ein weitläufiges Netz von Spalten und Schrunden, das die Gesellschaft durchzieht und das man mit sehr viel Verputz überpflastert hat und überpflastert hält.

Hier, in der sozialen Diagnose, liegt die zweite bedeutende Leistung des Romans. Wohl gibt es einen Mord und einen Verbrecher, aber den bösen einzelnen, mit dessen Eliminierung auch das Ganze wieder heil würde, gibt es nicht. Die Wahrheitssuche Studers führt weniger zu schlechten Menschen als zur wirtschaftlichen Misere, zur Krise um 1930 als dem alles bestimmenden Hintergrund, von dem aus die Risse weiterlaufen bis in das bernische Dorf mit seiner penetranten Gewöhnlichkeit. Da zeigt sich der charakteristische Machtaufbau der Schweiz, dicht verhäkelt von unten nach oben, ein zähes Geflecht von Repräsentanten und Einflußreichen, vom Gemeindepräsidenten hinauf zu den Parlamentariern, Bankräten, hohen Offizieren, oft genug in Kumulation der Ämter, mit vielfachen gegenseitigen Kollegialitäten und Verpflichtungen. Man hilft sich ohne große Worte, zuverlässig und unterderhand.

Auf der Strecke bleiben im Konfliktfall die Kleinen; sie müssen herhalten, um die Angesehenen zu decken. Kein Schweizer Autor hat das je so genau, mit einer so leidenschaftlich demokratischen Humanität diagnostiziert wie Glauser – auch Dürrenmatt nicht, der aus Glauser und Studer heraus seinen Kommissär Bärlach entwickelte. Versehen mit dem scharfen Bewußtsein des Intellektuellen der zwanziger und dreißiger Jahre, lebte Glauser mehr als sein halbes Leben unter den kleinen Straffälligen, den in jeder Hinsicht Armen und Ärmsten, verurteilt und hinter Mauern wie sie und doch mit einer ganz anderen Kenntnis der Welt und seiner selbst. Das gab ihm den durchdringenden Blick für die Zusammenhänge von Ökonomie und Moral.

Der Handlungsgrundriß des Romans zeigt das deutlich. Zu Beginn scheint der Fall schon abgeschlossen, der Mörder steht für alle offiziellen Instanzen fest: ein junger Bursche,

der viele Delikte und die entsprechenden Gefängnisstrafen hinter sich hat, der Inbegriff also eines Menschen, dem man »alles zutraut«. Tatsächlich aber hat das Verbrechen der begangen, dem man es am wenigsten zutraut, einer der Einflußreichsten selbst, der Mann mit den vielen Verbindungen zur Hauptstadt. Schon lange, bevor das feststeht, wird auf Studer Druck ausgeübt, er solle die Schuld des ersten Verdächtigen nicht weiter in Zweifel ziehen und den Fall endlich abschließen. Die bloße Vermutung des Fahnders, daß an der ganzen Sache etwas nicht stimme, ruft Gereiztheit bei den Einflußreichen hervor.
Studer sorgt schließlich für Gerechtigkeit, aber auf eine merkwürdige Art: er erhebt keine öffentliche Anklage. Er ermöglicht dem Täter den Suizid und hält nach außen mit seinem Wissen zurück. Es soll niemand unnötig mitbetroffen werde. Auch die Fassaden bleiben intakt. Der Fahnder ist kein Revolutionär. Er ist radikal in seiner Gerechtigkeit, aber pragmatisch in der Anwendung.
Was das Politische angeht, ist er für das Flicken, nicht für das Abreißen. Das ist glanzlos, ohne Pathos, aber human. Im ständigen Flicken zahlt die Demokratie ihren Preis. Sie verzichtet auf die ästhetische Großartigkeit der unbedingten Aktion und handelt mit der Unansehnlichkeit des täglichen Kompromisses das tägliche Überleben ihrer Mitglieder ein. 1936, als der Roman erschien, hatte das seine eigene Aktualität.

Behagen im Unglück

Reinhard Baumgart über Thomas Mann:
Joseph in Ägypten (1936)

Wo überhaupt anfangen und wie? Ich versuche nun den vierten Anlauf, inständig hoffend, daß der mich endlich weiterführen wird und nicht wieder nur, wie Joseph sagen würde, in die Grube, genauer: in den Papierkorb. Denn der Geist dieses Romans, ein Geist der redseligsten Ausschweifung, ergreift unweigerlich jeden, der über ihn reden will. Zum Beispiel hätte ich ja anfangen können mit der naheliegenden Frage: Ist es überhaupt ein Roman? Einerseits vielleicht doch, andererseits ...

Dann doch lieber so: Als ich diesen dritten Teil der Mannschen Josephs-Tetralogie wieder zu lesen begann, sah ich am gleichen Tage vor Münchens Haus der Kunst (das einem ägyptischen Totentempel nicht unähnlich ist) die Menschenschlangen hinter grauen Großstadtschneehaufen geduldig auf Einlaß in die Tut-anch-Amun-Ausstellung warten. Was suchten sie eigentlich da drinnen, vor den sorgfältig in Vitrinen isolierten und ausgeleuchteten Ausstellungsobjekten? Doch nicht ein dreieinhalbtausend Jahre entferntes Ägypten? Denn dort war ja ich, lesend, unterwegs nilaufwärts auf den sanft vergilbten Seiten meiner Stockholmer Ausgabe von 1948.

Zwei Wochen später war ich dann wirklich und leibhaftig dort, in Ägypten. Während mich Thomas Mann genußvoll umständlich belehrte über die insgesamt sieben Gründe für Josephs Keuschheit, konnte ich die Augen heben vom Buch und sah rechts Dattelpalmen, Esel, Lateinersegel, gemächlich auf den Feldern schuftende Fellachen, sah links die bläulich gelben Ausläufer der libyschen Wüste und voraus den dick strömenden Nil. Inzwischen hatte ich längst darüber zu grübeln begonnen, ob dieser Roman mich wirklich in ein fernes Ägypten führte oder nicht eher an den Schweizer Schreibtisch seines Autors.

Als ich schließlich, wieder in München, die letzten der siebenhundert Seiten gelesen hatte, standen im neuen Schnee schon wieder, noch immer die Menschen und warteten auf ihre Begegnung mit den goldenen oder alabasternen Grabschätzen des Kinderkönigs. Was sie da suchten, wußte ich immer noch nicht. Was ich gefunden hatte, auf der ägyptischen Reise und in dem ägyptischen Roman, das und der Widerspruch zwischen beiden Erfahrungen ließe sich schon eher zur Sprache bringen. Dachte ich und blieb in drei Schreibanläufen jedesmal wieder stecken.

Die Bücher haben ihre Schicksale, in der Welt, aber auch in jedem Leser. Damals, vor über dreißig Jahren, als ich die Josephstetralogie zum ersten Mal las, war die riesige, 1943 abgeschlossene Produktion jünger, frischer als heute *Die Blechtrommel* und auf dem deutschen Buchmarkt fast eine Novität. Ich aber las diese gut zweitausend Seiten, um Belege für eine Doktorarbeit zu sammeln, und las doch so unwissenschaftlich entzückt, so neugierig und gierig, gereizt und hingerissen wie von diesem Autor nur noch den *Tonio Kröger* und den *Zauberberg*. So wird ein Buch nur einmal gelesen. Diese Unbefangenheit der ersten Lektüre läßt sich nicht wiederholen.

Meine Befangenheit beim Wiederlesen dieses dritten Josephsromans hat zwei starke Gründe: Ich habe inzwischen dem Autor in seinen Tagebüchern, und zwar gerade während der 1933 bis 1936 laufenden Arbeit an *Joseph in Ägypten,* über die Schulter geschaut, und ich war auf meiner Reise zum ersten Mal auch näher herangekommen an seinen Gegenstand, an Ägypten. Nun wußte ich oder glaubte zu wissen, was sich hinter der schwierigen Heiterkeit seines

Ägyptenromans verbirgt, im Autor und in seinem Gegenstand. Nützt das einer Lektüre? Darauf wäre mit den Worten Josephs, dieses naiven Dialektikers, zunächst am bündigsten zu antworten mit: ja und nein.
Die Bücher haben ihre Schicksale, aber dieses hatte in Deutschland eigentlich gar keins. Zwar durfte *Joseph in Ägypten* im Herbst 1936, also kurz vor seines Autors endgültiger Absage ans Dritte Reich, in diesem noch erscheinen, doch Besprechungen waren schon unerwünscht. So einen offiziell gerade noch geduldeten Samisdat, diese stillschweigende Auslieferung an die Buchhandlungen darf man kaum eine Veröffentlichung nennen. Öffentlich diskutiert, auf deutsch: besprochen wurde das Buch nur noch jenseits des Reichsgebiets, in Prag, in Wien, in Zürich und Paris, und genaugenommen ist bei uns eine öffentliche Rezeption des Romans auch nie mehr nachgeholt worden.
Der Thomas Mann, der nach 1945 für deutsche Leser wiederauftauchte, war der Autor der *Lotte in Weimar* und vor allem des *Doktor Faustus*, während sein weiträumigstes Erzählunternehmen, eben der Josephsroman, sang- und klanglos gleich in die Hände der Germanistik fiel, und die hatte da ja auch unerschöpflich viel zu beißen, zu benagen, wiederzukäuen. Unter sozusagen normalen Lesern läuft das Werk bis heute nur als Geheimtip. Hat es diese Exklusivität verdient? Ja und nein.
Man zögert zweifellos mit gutem Grund, dieses heitere, gelehrte, unendlich verspielte und manierierte Monstrum einen Roman zu nennen. Nur in seiner ersten, naivsten Schicht ist es noch, was es ursprünglich wohl allein sein wollte, eine moderne Nacherzählung der biblischen Josephsgeschichte (eine Novelle erst, dann einen »kleinen«, wenn auch »schwierigen« Roman hatte Thomas Mann damals, 1925/26 geplant – 17 Jahre später war die kleine Arbeit dann fertig). Dabei wird gerade *Joseph in Ägypten* noch

verhältnismäßig entschlossen durcherzählt – verhältnismäßig: 21 Bibelverse verwandeln sich dabei immerhin in 680 Romanseiten.

Denn oberhalb und unterhalb dessen, was sich zur Not Handlung nennen ließe – Josephs Ankunft und Aufstieg in Ägypten bis zur tragikomischen Affäre mit Potiphars Weib –, vollziehen sich ja die eigentlichen Sprach- und Gedankentänze des Buchs. Da wird eine aufwendige, alle vier Bände überspannende religionsgeschichtliche Spekulation durchzelebriert. Da baut sich eine unermüdlich variierte Musterschau Thomas Mannscher Anthropologie auf. Da unternimmt dieser Autor seinen ehrgeizigsten Versuch, eine Art absolutes Erzählen vorzuführen, also nur noch Sprachmelodie, Motivstruktur, Erzählstrecke durchzuhalten, Musik zu machen in Sprache.

Am Anfang aber, auf Josephs karawanenlangsamer Reise im Niltal und auf dem Nil nach Süden, funktioniert der Roman auch schlicht und stoffgierig als Fremdenführer, als ein redseliges und genialisches Reisefeuilleton, aus dem heute noch Touristen erfahren können, was ihnen die erhaltenen Überreste der altägyptischen Todeskultur kaum noch verraten, wie es nämlich stank in den Metropolen Theben und Memphis, wie dort die Volkshaufen einbeinig hüpften beim Anblick der heiligen Stiere, wie die Damen der 18. Dynastie sich salbten, ölten und bemalten, wie Landwirte sich schon damals den Kopf zerbrechen konnten über der Alternative Futter- oder Brotgetreide.

Das alles erfaßt der hebräische Jungsklave Joseph zwar mit dem Blick des Landesfremden, aber er reist durch Ägypten durchaus nicht als Tourist. Sein Interesse ist eher strategisch als ästhetisch. Joseph verfolgt nämlich einen Plan, und zu dem gehört zuallererst, »ja nicht verblödender Bewunderung zu verfallen«, auch nicht vor Sphinx und Pyramiden, diesem »Großgerümpel des Todes«, sondern gerade angesichts der eleganten und todesstarren ägyptischen Hochzivilisation an seiner spröderen, »geistlichen«, jüdischen Herkunft festzuhalten. Nichts ist ihm und seinem Erzähler kostbarer als dieser »Vorbehalt«.

Trotz dieser grundsätzlichen »Keuschheit« plant Joseph, und das erst macht seine Strategie so heikel, so doppeldeutig, dort unter den »Kindern des (Nil)schlamms« Karriere zu machen, um der irgendwann nachrückenden Jakobsverwandtschaft eine Ersatzheimat anbieten zu können. Ägypter will er werden, mit Vorbehalt.

In diesem scheinbar biblischen Roman und Spekulationsgebilde verbirgt sich also ein klassisch französischer Romangrundriß, gutes neunzehntes Jahrhundert, ein Muster, das wir von Stendhal kennen und von Flaubert: Irgendein ehrgeiziger Jüngling aus tiefster Provinz gerät in Dickicht und Dekadenz der Metropole, will dort mitspielen, sich anpassen (mit Vorbehalt), will aufsteigen. Da aber nicht nur Potiphar, sondern auch sein Weib »ein Auge wirft auf Joseph«, geht die politische Handlung unmittelbar über in eine erotische, womit sich das französische Muster erst vollkommen erfüllt. So einfach also ließe sich *Joseph in Ägypten* auch lesen: als ein Gesellschafts-, Karriere-, Verführungsroman, mit einem Keuschen als Helden – dies die Pointe.

Und spätestens jetzt lohnt ein Blick zurück auf den Autor und seinen Küsnachter Schreibtisch. Wenn Thomas Mann von Josephs Keuschheit und Vorbehalt redet, so erzählt er beileibe nicht nur geistreich die Bibel nach, brennt er nicht etwa selbstvergessen ein humoristisches Feuerwerk ab. Mit diesen Themen war er ganz und gar bei sich, sie berührten das schrecklichste, peinlichste, ja vielleicht allein produktive Trauma seines Lebens. Für ihn lag diese ägyptische Affäre eben nicht dreieinhalb Jahrtausende fern. Anders hätte er die scheinbar so abseitige Schreibarbeit in den ersten wirren

Jahren der Schweizer Emigration kaum durchhalten können.

Wer die Tagebücher der mittleren dreißiger Jahre mit und gegen diesen ägyptischen Roman liest, der verfällt immer wieder in ein ungläubiges Staunen. Wie, dieser in den Ritualen seines Alltags fast eingefrorene, in kleinlichen Sorgen und Ängsten dahinkränkelnde, kaum je zu einer heiteren Reflexion seiner selbst fähige Honoratior, er war in dieser Zeit beschäftigt mit seiner freiesten und kühnsten humoristischen Konstruktion? Dieser Zeitgenosse, der sich Tag und Nacht verausgabt in tagespolitischem Ärger (und der Ärger über Hitler war ja um so ärgerlicher, als man sich dafür eigentlich »zu gut« vorkam), er findet doch tagtäglich die Gelassenheit und Geduld, um sich ein paar Sätze weiter hineinzugraben in den labyrinthischen Werkbau, in einen um Jahrtausende entfernten Stoff, in eine zeitenthobene, hochmanierierte Künstlichkeitssprache, zu der er sich immer wieder Mut anlas in Stifters »bewundernswert langweiliger«, »pedantisch kühner« Witiko-Prosa? Und dieser emotional scheinbar kaltgestellte, nur in seiner Eitelkeit noch sensible Mensch, der auch für Josephs und Mut-em-Enets keusche Passionsgeschichte wieder (wie auch für gleich »einschlägige« Schreibaufgaben vorher und nachher) hastig, fiebrig in alten Tagebüchern die Notizen über seine eigenen drei, vier erotischen Lebensabenteuer nachliest, um sie zu »verwerten« –, er war also fähig, sich im letzten Drittel des Romans wieder einmal als einer der wenigen großen erotischen Schriftsteller deutscher Sprache seit Goethe zu beweisen?

Wer in solchen Widersprüchen lebt und arbeitet, muß diese Widersprüche schon bitter nötig haben, um arbeitend zu überleben. In der Freiheit seines Romans konnte Thomas Mann immer wieder alles über den Haufen werfen, was die öde und würdige Fassade seines großbürgerlichen Alltags gerade aufrechterhielt, also seine in den Tagebüchern bezeugte, geradezu sensationelle Humorlosigkeit und pedantische Gefühlskälte, allerdings auch all seine beflissen scheinprogressive Politisiererei. Der Mensch müsse immer wieder ruiniert werden, sagt er mit Goethe, als er auf die »Würdelosigkeit« der ersten Schweizer Emigrationswochen allzu wehleidig reagiert. In seinem irdischen Leben hat er es dazu freilich nicht kommen lassen. Aber erzählen wollte, mußte er davon.

»Heimsuchung«, sagt er plötzlich mitten in der Geschichte zwischen Mut-em-Enet und Joseph, das sei von Anfang an sein Thema gewesen, und er spielt an auf den *Kleinen Herrn Friedemann*, auf den *Tod in Venedig*: immer wieder dieser »Einbruch trunken zerstörender und vernichtender Mächte in ein gefaßtes und mit allen Hoffnungen auf Würde und ein bedingtes Glück der Fassung verschworenes Leben«.

Darauf verstand er sich (fast möchte ich sagen: darauf allein), auf Ordnung nämlich und ihren drohenden Zusammenbruch, dieser Sohn aus dem Lübecker Patriziat mit der ganz und gar unordentlichen, immer wieder bezähmten Neigung zum leider eigenen Geschlecht. Dieser Widerspruch, so meine ich (und möchte übertreibend wieder hinzusetzen: er allein), hat diesen Autor unerschöpflich zum Schreiben gebracht – und fast nirgends wetterleuchtet er so deutlich wie in diesem dritten Josephsroman, trotz aller ägyptischen Verzauberung und Verschleierung.

Ein Vater, dem gegenüber ein Sohn sich in Schuld und schuldig fühlt, eine Kontrollinstanz, der zuliebe man Triebverzicht leisten muß, Jaakob also, eine in dem ganzen Roman abwesende Figur, spielt in ihm doch die mächtigste Rolle. Die »Entblößung«, die Joseph fürchtet, als die »Hexe« Mut ihn mit ihrem in unendlichen Sätzen und Gesten variierten »Schlafe bei mir« berennt, das ist, wie der wendige Joseph und sein allzu heiterer Lübecker Erzähler sehr wohl wissen, die Entblößung des Vaters. Kein Wunder, wenn die Heiterkeit des Romans vor lauter Anstrengung zuweilen fast deliriert. In ihr verbirgt sich, immer nur überspielt, nie überwunden, eine gewaltige Angst, und soweit wir sie teilen, die Angst vor der Schändung des Vaters und all dessen, wofür er steht, sind wir an diesem Spiel auch beteiligt.

Es soll ja, darf ja zur Katastrophe diesmal nicht kommen, weder zu einem Tod in Venedig, noch zum ödipalen Vatermord. Die biblische Vorlage gönnt Thomas Mann ein denkbar herrliches Ende: Joseph, von der Sünde schön gekitzelt, aber nicht ernsthaft verletzt, wird zwar von Potiphar als dem Stellvertreter des Vaters fallengelassen, aber er fällt wunderbar weich. Der kommende Aufstieg aus seiner zweiten Grube, aus dem Gefängnis Pharaos, ist mit dem Ende schon garantiert. Heiter und gerührt, traurig und doch tief zufrieden (so wie alle Höhepunkte des Josephsromans) erzählt Thomas Mann auch dieses Ende. Das ist eine merkwürdige und doch in sich stimmige Gefühlsmischung. Hier, wo die Väter es gut meinen mit den Söhnen und die Söhne mit den Vätern, bleibt letztlich alles beim Alten. Diese Einsicht macht heiter und macht resignativ. Sie garantiert Behagen im Unglück.

Womit es wohl endlich heraus ist: Ja, ich halte dieses Buch, das so lange als die Bibel der vernünftigen, humanistischen Fortschrittsgesinnung seines Autors galt, für das lückenloseste Dokument seines unaufhebbaren, vaterhörigen Konservativismus. Nicht nur ein Patriarchenroman ist das, sondern ein patriarchalischer. Gesorgt wird da immer von oben nach unten, gedient von unten nach oben. Jeder hat seinen Platz in der Hierarchie der Gesellschaft, und dort möge er bleiben. Sogar Aufstieg ist immer schon prädestiniert, das weiß nicht nur der vorbildlich »bescheidene« Hausmeister Mont-Kaw, als er sterbend den Aufsteiger Joseph segnet: »Man segnet immer nur den Gesegneten und beglückwünscht den Glücklichen.«

Natürlich ahnt unser heiter resignativer Erzähler, der seinen Konservativismus so oft mit aufgeklärten Meinungen beflaggt hat, auch sehr genau, was der Zusammenbruch einer alten »schönen Ordnung« außer Unordnung sonst noch heraufbeschwören könnte, nämlich, wie an seiner Statt kurz vor Schluß Potiphar verkündet: »Daß die Reichen arm, die Armen reich und die Tempel verödet seien.« Soweit also läßt es dieses vorsichtige, halb aufgeräumte, halb depressive Märchen nicht kommen. Das Vaterauge, das Patriarchen- und Lübecker Senatorenauge, das Auge des Verzichts, des Gesetzes und der Ordnung wacht darüber, daß Ödipus keusch bleibt, heiter und resigniert, traurig zufrieden.

Die Bücher haben ihre Schicksale, sie verändern sich, mit den Zeiten und mit uns. So daß ich mir schon jetzt vorstellen kann: irgendwann, in zehn oder zwanzig Jahren, werde auch ich diesen Roman wieder ganz anders lesen und sehen, hoffe ich. Auf die bis jetzt unterdrückte Frage aber, ob es denn möglich und erlaubt sei, den dritten Roman einer Tetralogie so für sich zu lesen und zu bereden, möchte ich schnell noch antworten: Nein, eigentlich nicht. Aber es lohnt sich.

Werner Fuld über Heinrich Spoerl: *Der Maulkorb* (1936)

Das Buch erschien 1936 und avancierte rasch zum erfolgreichsten Roman im Dritten Reich: in den neun Jahren bis 1945 konnten 365000 Exemplare verkauft werden. Bereits 1938 verfilmte Erich Engel den Stoff mit dem Charakterkomiker Ralph Arthur Roberts und dem jungen Will Quadflieg; es erschien eine Bearbeitung als Bühnenstück, und es gab sogar ein Hörspiel.

Der *Maulkorb* war der zweite große Erfolg Heinrich Spoerls, aber sein erster eigener Roman, denn die 1933 erschienene *Feuerzangenbowle* war zwar unter seinem Namen veröffentlicht worden, und bis heute gilt allgemein Heinrich Spoerl als der Autor, geschrieben jedoch hatte den zunächst von siebzehn Verlagen abgelehnten Roman fast gänzlich Hans Reimann. Auch das Drehbuch zur ersten Verfilmung mit Heinz Rühmann (*So'n Flegel*, 1933) stammte von diesem sächsischen Vielschreiber und Allround-Routinier, der mit Spoerl zusammen schon 1931 einen Schwank auf die Bühne gebracht hatte. Erst in seinen Memoiren (*Mein blaues Wunder*, 1959) lüftete Reimann das gewiß einträgliche Geheimnis.

Heinrich Spoerl lebte als Rechtsanwalt in Düsseldorf; seine Praxis indes ging so schleppend, daß er sich mit der sachkundigen Hilfe Reimanns und der ihm eigenen peniblen Sorgfalt zum Schriftsteller umschulte. Er war fünfzig Jahre alt, als er dank des durchschlagenden Erfolgs seines Romans *Der Maulkorb* die Kanzlei schließen konnte. Innerhalb weniger Jahre reüssierte Spoerl zum beliebtesten humoristischen Schriftsteller der Deutschen. Aus seinem Erfolg soll

ihm kein Vorwurf gemacht werden, man muß ihn vielmehr erklären können.
Der *Maulkorb* ist zwar eine literarische Lappalie, aber eine intelligente. Die Grundidee hat sich Spoerl von gewichtigen und bewährten Vorbildern geborgt: Eine hochgestellte Persönlichkeit kommt kraft ihres Amtes in die mißliche Lage, sich wegen eines nicht erinnerten Verbrechens selbst zu verfolgen. Wir kennen diese Handlung seit Sophokles' Tragödie, in der König Ödipus den Mörder seines Vorgängers finden will. Obwohl ihm der Seher Teiresias die schreckliche Wahrheit sagt, glaubt ihm Ödipus nicht und beginnt eine unerbittliche Ausforschung, an deren Ende er sich selbst als Täter überführt hat.
Für seine Komödie *Der zerbrochene Krug* übernahm Kleist zwar das Motiv der zerstörerischen Wahrheitsfindung, änderte aber den Charakter. Als der Dorfrichter Adam von dem unerwartet inspizierenden Gerichtsrat Walter dazu gezwungen wird, über sich selbst zu Gericht zu sitzen, versucht er keineswegs die Wahrheit über die nächtlichen Vorgänge in Eves Kammer zu ermitteln, sondern er verdunkelt die Affäre durch immer neue, verwirrende Ausflüchte, bis Walter ihn schließlich zornig seines Amtes enthebt.
Spoerl verbindet geschickt die unbarmherzige Wahrheitssuche der Tragödie mit Kleists Justizmilieu und verlegt die Handlung in eine rheinische Kleinstadt um die Jahrhundertwende, als man noch von einem fürstlichen Landesherrn regiert wurde. Dieser Fürst soll eine Rede gehalten haben, über die am abendlichen Stammtisch von den Honoratioren eifrig debattiert wird; gegen die »ewigen Nörgler« habe er gewettert, sogar das Wort »Stänkerer« sei gefallen. Zwar hat es niemand gehört, aber aus »Möglichkeiten werden Vermutungen, aus Vermutungen Tatsachen«.
Vom Alkohol beflügelt, redet sich die Runde in eine oppositionelle Begeisterung hinein: Man werde sich auch vom

Landesvater noch lange keinen Maulkorb verpassen lassen. Alle sind sich einig, nur Staatsanwalt von Treskow kann als Vertreter der Obrigkeit solch aufmüpfigen Reden nicht zustimmen, auch wenn er dies insgeheim gerne möchte. Dem Spott seiner Zechbrüder entzieht er sich durch die stumme Flucht in den Wein. Mit imposanten fünf Flaschen, jede wuchtiger als die vorige, trinkt er den Staatsanwalt in sich nieder und wankt frühmorgens als Mensch aus dem Lokal, über den Marktplatz mit dem Standbild des Fürsten.

»Auf wildsprengendem Streitroß stemmt sich steil und stolz die eherne Gestalt mit Helm und Harnisch« – mit dieser ironischen Tonlage kam Spoerl sehr nahe an den heroischen Originalschwulst des Nazijargons heran. Auch die Worte von höchster Stelle gegen die ewigen Miesmacher waren dem damaligen Publikum durchaus vertraut. Gleich zu Beginn des Romans ließ Spoerl also keinen Zweifel, daß sein Buch trotz der vagen historischen Einkleidung als Gegenwartsroman gelesen werden konnte und sollte. Daß es nur so und nicht etwa als plüschige Kostümposse aufgenommen wurde, erklärt einen Teil seines Erfolges. Hier bot sich die gänzlich ungefährliche Gelegenheit zur schmunzelnden Opposition, wenn nämlich im Lauf der Handlung eine der am meisten gefürchteten Einrichtungen des Staates, die Anklagebehörde, der Lächerlichkeit überführt wird.

Während Staatsanwalt von Treskow noch seinen Rausch ausschläft, sammelt sich auf dem Marktplatz die staunende Bevölkerung um das Fürstendenkmal, denn Ungeheuerliches ist geschehen: »Vor das eherne Antlitz des Landesherrn ist ein Maulkorb geschnallt.« Unverzüglich wird Treskow mit der Aufklärung des Skandals betraut, und nicht minder rasch weiß der Leser, daß der Staatsanwalt selbst in seiner vorübergehenden Eigenschaft als kritischer Bürger der Urheber dieser nahezu revolutionären Untat war.

Verständlicherweise aber kann sich Treskow an die sträfliche Aktivität seines zweiten Ich überhaupt nicht mehr erinnern, daher übernimmt er diesen Fall mit der erklärten Zuversicht, daß einer baldigen Lösung auch eine Beförderung folgen werde. Den ersten Höhepunkt der Ermittlungen bildet die Suche nach einem fehlenden Maulkorb bei allen »Großhundebesitzern«, zu denen er selbst zählt, weshalb er, reine Formsache, auch in seinem Haus nach dem Maulkorb fahndet. Alle können den Maulkorb ihrer Tiere vorweisen, nur er nicht. Bevor Schlimmeres geschieht, komplimentiert die ahnungsvolle Ehefrau die Beamten mit liebenswürdiger Energie aus dem Haus.

Auch den Täter beschleichen leise Zweifel. Das sichergestellte *corpus delicti* kommt ihm durchaus bekannt vor, doch die Ehefrau beschwichtigt ihn, kauft einen neuen Maulkorb und trimmt ihn auf alt; das beruhigt vorerst. Zur Vorsicht fragt sie den Rest der Familie, und alle sind sich einig: »Weiterhin Maul halten; es wird schon gutgehen.« Bald schon wird der Täter die einzige Person sein, die mit kaum getrübtem Gewissen behaupten kann, von der Tat nichts zu wissen. Alle anderen agieren mit hilfreichem Vertuschen, weil sie fürchten, daß die Aufdeckung unabsehbare Folgen nach sich ziehen könnte. Es ist von allgemeinem Interesse, nichts zu wissen. Das Buch ist eine Durchhaltekomödie, und das macht seinen Erfolg in jener Zeit verständlich.

Aber das ist nicht alles; die Auflösung dieser Geschichte von einer im Vollrausch begangenen und vergessenen Tat fehlt noch. Als die Nation aus ihrem völkischen Rausch erwacht war und sich an diverse Verbrechen schon bald nicht mehr erinnern konnte und wollte, erlebte Spoerls Roman eine ungeahnte Renaissance. In den Aufbaujahren der Bundesrepublik, zwischen 1947 und 1958, stieg die Auflage bis ins 850. Tausend. Die komödiantische Lappalie vom *Maulkorb* war zum deutschen Hausbuch avanciert, und dies nun gewiß nicht mehr, weil man es immer noch als harmloses Oppositionsstückchen gelesen hätte. Das Buch erlebte vielmehr einen verblüffenden Funktionswandel.

Jener Staatsanwalt von Treskow, der pflichtbewußt und erfolglos sein eigenes Verbrechen aufzuklären versucht, ist mit der Gnade des rechtzeitigen Gedächtnisverlustes geschlagen. Seine Umgebung hofft ebenfalls auf ein wohltätiges Vergessen: »Wenn man es geschickt anfaßt, zerrinnt es im Sande.« Aber Treskow war nachts beobachtet worden; es gibt einen Augenzeugen, der freilich aus privaten Gründen am guten Ruf des Staatsanwalts interessiert ist: Er will nämlich dessen Tochter heiraten. Also erfindet er eine naheliegende, dennoch geniale Lösung des Problems. Er sorgt für eine hohe Belohnung, die zwei arme Schlucker veranlaßt, sich der Tat zu bezichtigen.

Fast scheitert sein Plan an der Wiederkehr der Treskowschen Erinnerung, beinahe bricht die geschickt arrangierte Ordnung durch übermäßige Wahrheitsliebe zusammen, da ergreift im entscheidenden Moment Treskows Vorgesetzter das Wort: Es dürfe nicht sein, daß ein Beamter »ohne hinreichenden Anlaß etwas tut, was nicht mehr rückgängig zu machen ist und in der Öffentlichkeit peinlichstes Aufsehen erregen beziehungsweise das Ansehen unserer Behörde auf das schwerste erschüttern könnte«. Eine Behörde habe zwar die Pflicht zu absoluter Sauberkeit, aber: »Wenn das Staatswohl eine gewisse – Korrektur von Dingen verlangt, die sonst Grundsatz sind, so haben alle Bedenken zurückzustehen. Ein Beamter, der das nicht begreift oder ein Beamter, der nicht den Mut zur Verantwortung hat, ist kein Staatsdiener...« Im nächsten Moment betreten die fingierten Täter das Büro, befreien mit ihrem lukrativen Scheingeständnis Treskow von seiner moralischen Anwandlung, und alle sind zufrieden.

Diese Lösung, die durch die Rede des Oberstaatsanwalts

ihren amtlichen Segen hat, mußte dem Nachkriegspublikum aus tiefstem Herzen gesprochen sein. Die flüchtige Säuberung der Mördergruben war noch nie so eingängig, die Sanktionierung des Verdrängens noch nie so verführerisch leicht angeboten worden. Jene begeisterte Zustimmung, die Spoerls Roman nach dem Krieg wieder fand, beruhte auf dieser Alibifunktion. Eben noch war er als augenzwinkernde Distanzierung vom Staatsapparat verstanden worden – nun konnte man, wiederum ganz auf dem Niveau der Zeit, mögliche Skrupel einfach weglächeln, wenn man mit dem »Mut zur Verantwortung« und angeblich zum allgemeinen Wohl einige kleinere Korrekturen an der eigenen Geschichte vornahm. Oder man vergaß gleich den ganzen peinlichen Zwischenfall, wie Herr von Treskow, für den sich diese Leistung natürlich lohnte: Er wurde umgehend befördert.

Im brodelnden Vulkan

Walter Hinck über Hans Fallada: *Wolf unter Wölfen* (1937)

»Es ist Berlin, Georgenkirchstraße, dritter Hinterhof, vier Treppen, Juli 1923, der Dollar steht jetzt – um 6 Uhr morgens – vorläufig noch auf 414 Tausend Mark.« Dieser Satz, mit dem der Erzähler nach kurzem Anlauf unmittelbar in die Situation springt, reißt einen Vorhang weg und gibt den Blick frei auf die zeitgeschichtliche Bühne, auf der die Handlung des Romans *Wolf unter Wölfen,* der Kampf der einzelnen »gegen alle«, abrollen wird. Ein Satz von äußerster sprachlicher Ökonomie, ein Erzähltelegramm an den Leser, ein kleines Wunder an kondensierter Mitteilung. Wir kennen nun die Zeit des Handlungsbeginns und die soziale Lage des jungen Romanhelden Wolfgang Pagel und seiner Freundin Petra Ledig, wir kennen den Siedegrad des wirtschaftlich-politischen Schmelzprozesses, dem die junge und schwache deutsche Republik widerstehen muß.

Der knappen Vorausinformation dient auch Falladas Technik, am Romanbeginn die wichtigsten Personen und Schauplätze kurz anzuleuchten und ihre erzählerische Verknüpfung noch im Dunkel zu lassen. Aus dem Osten des Reichs, von Gut Neulohe, reist der Rittmeister a. D. und Rittergutspächter Joachim von Prackwitz an, um in Berlin eine Schnitterkolonne anzuwerben. Bei einer zweifelhaften Gräfin im bayerischen Viertel Berlins ist Sophie, die Tochter des Neuloher Leutevogts, als Zofe angestellt. Im Zuchthaus Meienburg hat sich der Hochstapler Liebscher zum Kalfaktor emporgeschmeichelt und erhofft sich nun die Abordnung in den Ernteeinsatz und damit die Gelegenheit zur Flucht. In der Umgebung von Gut Neulohe zieht ein undurchsichtiger

»Leutnant« die Männer in verschwörerische Aktivitäten. Und schon laufen in Berlin erste Linien zusammen: Drei ehemalige Regimentskameraden treffen sich, der Rittmeister, ein Oberleutnant von Studmann und eben der Fahnenjunker Pagel, der in den Nachkriegsjahren zum leidenschaftlichen Spieler geworden ist.

Fallada »inszeniert« seinen Roman filmisch. Auch die Rückblende gehört zu seinen Techniken: Ein Ereignis wird beschrieben und dann erst die Entwicklung, deren Ergebnis es ist. Hauptschauplatz im ersten Teil des Romans (»Die Stadt und ihre Ruhelosen«) bleibt Berlin – eine Stadt im Fieber- und Rauschzustand der Inflation, ein wahres Babel im »schillernden Sumpfzauber dieser schlimmen Zeit«.

Fallada, im Jahre 1893 unter dem bürgerlichen Namen Rudolf Ditzen geboren, hat sie nur zu gut gekannt, alle die haltlosen Naturen, die Spieler, die Trinker, die »Fixer«, die kriminell werdenden Süchtigen – er selbst war einer von ihnen. Schon früh geriet er an Morphium (seinen »kleinen Tod«, wie er später sagte) und an den Alkohol, schon früh verschwand er zu Entziehungskuren im Sanatorium. Ein paarmal saß er wegen Unterschlagung im Gefängnis. Trotz einiger Phasen der Beruhigung blieb er, bis zum traurigen Lebensende in einem Pankower Krankenhaus (1947), dem Rauschgift verfallen. Die Hölle des Deliriums beschrieb er im Roman *Der Trinker* (1944 entstanden). Seine enorme Romanproduktion ist der Sucht abgerungen; wo andere schöpferische Pausen brauchen, brauchte er die Pause des Schöpferischen; Schreiben war ihm Kompensation, eine andere Art von Rauschzustand.

Wahrlich, er wußte, wovon er sprach, wenn er das Berlin des Jahres 1923 als einen Laufplatz der Hungernden und der Lebenshungrigen, der Schieber und der Gestrandeten beschrieb. Eine merkwürdige Faszination geht vom morbiden Glanz der Metropole aus, die er uns zeigt. Unleugbar ist ja der literarische Reiz des Verruchten, die Lust an der ästhetischen, also von den realen Folgen nicht bedrohten Teilhabe am Verbotenen – ein Vergnügen ohne Reue. Wir erfahren es auch bei den süffigen Songs im Gauner- und Dirnenmilieu der *Dreigroschenoper* (1928), jenes Bühnenereignisses, in dem die zwanziger Jahre noch einmal Kopf stehen.

Es gibt in Falladas Romanen etwas von dem, wovon er selbst abhängig war; Fallada kann den Leser nach Fallada süchtig machen. Denn was er in *Wolf unter Wölfen* als Köder anbietet, ist Lebensfülle mit allen Leidenschaften und Trieben, mit dem Willen zum Guten und der Schwäche des Allzumenschlichen, ist das Breitwandpanorama einer vielschichtigen Gesellschaft der Privilegierten, der skrupellosen Selbsthelfer und der Glücklosen, ist das politische Spannungsfeld der Zerreißprobe, der die deutsche Nation und die Weimarer Republik nach dem Versailler Vertrag ausgesetzt waren. Wie in keinem anderen Roman werden uns hier aus immer neuer Perspektive Blicke in den brodelnden Vulkan dieser Epoche gewährt.

Als solch ein Beispiel erzählerischer Wiedervergegenwärtigung fesselte mich der Roman, als ich ihn zu Anfang der fünfziger Jahre zum erstenmal las. Die Lektüre war nicht ausschließlich vom literarischen Interesse bestimmt. In der Epoche der Romanhandlung geboren, war ich begierig, ein Stück nichterlebten eigenen Lebens kennenzulernen. Nur auf vage Erinnerungen und auf Erzählungen anderer angewiesen, aber durch die Schule im »Dritten Reich« allzu einseitig informiert, wollte ich die Wahrheit über das Leben der ersten Nachkriegszeit wissen. *Wolf unter Wölfen* schien ihr, soweit ein Roman es vermag und soll, nahezukommen. Ich verstand die Lektüre also auch als eine Möglichkeit des nachgeholten geschichtlichen Anschauungsunterrichts.

Das war nun so selbstverständlich wiederum nicht. Denn der Roman *Wolf unter Wölfen* ist im Jahre 1937 erschienen,

zu einer Zeit, in der der durch *Bauern, Bonzen und Bomben* (1931) und vor allem *Kleiner Mann – was nun?* (1932) berühmt gewordene Romanautor bereits gewisse Zugeständnisse an die Goebbelssche Kulturpolitik zu machen begann (die sich freilich in achtenswerten Grenzen hielten). So versah er die erste Ausgabe von *Wolf unter Wölfen* mit einem Vorwort, das den Roman als Buch einer überwundenen Epoche, als Buch für »in jedem Sinne Erwachsene« ausgab. Die Literaturpolitiker des »Dritten Reichs« trauten dieser Schutzbehauptung nicht, zu Recht – und zu Ehren des Autors. Denn Fallada hatte sich seine epische Objektivität nicht abkaufen lassen. Er setzt Helden der nationalsozialistischen Propaganda, zu Putschisten werdende Freikorpskämpfer, die Schwarze Reichswehr und die Rechtsradikalen, kurz: die Feinde der Weimarer Republik, ins gleiche Zwielicht wie die hemmungslosen Nutznießer der verwilderten Verhältnisse.
Beim Wiederlesen, nach mehr als dreißig Jahren, galt das Interesse natürlicherweise mehr dem literarischen Charakter des Romans als seinem geschichtlichen Hintergrund (obwohl beide ja nicht voneinander zu trennen sind). Trotz veränderter Erwartungen aber war bei der Lektüre der Sog der Erzählung von unverminderter Kraft.
Das hat nicht nur damit zu tun, daß eine Zeit, die aus den Fugen zu gehen droht, immer dankbarere literarische Stoffe bietet als eine konfliktlose, auch nicht nur damit, daß wir uns seit der Hitlerzeit ein waches Organ für alle historischen Fälle von Gefährdung der Republik erhalten haben. Die eigentliche Faszination der Erzählung ergibt sich vielmehr daraus, daß Fallada den zeitgeschichtlichen Stoff in Personen und Handlungen eingeschmolzen hat, die auch von sich aus Folgerichtigkeit besitzen. Die Figuren des Romans »stimmen« nicht nur, weil sie einem sozialpolitischen Grundverhalten der Epoche oder gar ihrer Funktion in

einem bestimmten Geschichtsbild des Autors gerecht werden, sondern sie haben ihre eigene psychologische Glaubwürdigkeit.
Das macht im zweiten Teil des Romans (»Das Land in Brand«) die Welt um das Gut Neulohe so abgerundet und homogen. Ein Lebenskreis von großer, in sich verflochtener Vielfalt ersteht im Erzählen. Dabei bergen die Konstellationen der Figuren Reibungen, die schließlich an den Zündpunkt kommen. Dem Besitzer des Ritterguts, dem alten Geheimrat, hat sich durch einen schändlichen Pachtvertrag der gehaßte Schwiegersohn ausgeliefert, Rittmeister von Prackwitz, dessen Unfähigkeit immer offenkundiger wird, so daß nur die ehemaligen Regimentskameraden von Studmann und Pagel die Gutswirtschaft vor dem Ruin bewahren können. Die fünfzehnjährige Violet von Prackwitz, umgetrieben von sexueller Neugier – »außen hoppheh, aber innen faul«, meint Pagel –, entwickelt sich zu einem kleinen Luder, büßt aber für ihre halb berechnende, halb naive Herausforderung männlicher Aggressivität mit völliger seelischer Zerstörung.
Zum Opfer wird auch der gealterte Förster der Gutswälder: Der Geheimrat schikaniert ihn, die Putschisten erpressen ihn, ein Wilderer und der aus dem Erntekommando entsprungene Sträfling Liebscher üben tödliche Rache an ihm. Der nationalistische Putsch scheitert, weil man das geheime Waffenlager entdeckt; verraten wird es vom ehemaligen Feldinspektor auf Gut Neulohe, einem zynischen Schieber – die Verschwörer und der Denunziant stehen für den Erzähler moralisch auf gleicher Ebene.
Um die Kampfplätze, an denen es um die politische Zukunft, das wirtschaftliche Überleben und die persönliche Existenz geht, lagern die vielen Nebenschauplätze. Dort rivalisieren die eifersüchtigen Köchinnen und Mägde miteinander, dort treibt man Komplizenschaft mit den geflüchte-

ten Strafgefangenen, dort ziehen zum nächtlichen Felddiebstahl die Familien von Landarbeitern, die Millionäre und doch nur Habenichtse sind.
Über das Ende des Romans legt sich noch ein Hauch von Tragik und Melancholie; der Erzähler hält das Unglück der armen Violet und ihrer Familie bewußt. Im übrigen aber färbt sich die Welt ins Märchenhafte um. Als Glücksbote erscheint die neue Rentenmark; auf den faulen Zauber der astronomischen folgt nun der haltbare Zauber der niedrigen Zahlen. Der junge Pagel hat in Berlin eine Familie gegründet und studiert Medizin. »Es ist alles ganz anders geworden«, denkt Petra. Von Anfang an war der Leser angehalten, mit Petra Ledig mitzubangen, von Anfang an war sie der Hoffnungsträger des Romans; nun ist das Tor zu schöner Zukunft weit aufgestoßen.
Der große Kollaps der Hoffnungen liegt jenseits des Romanhorizonts. Es wäre wohl auch unbillig, zu erwarten, daß der Erzähler schon die Beben des zweiten großen Zusammenbruchs der zwanziger Jahre im voraus hört. Aber vom Happy-End her wird doch unser Blick für die Konstruktion des Romans geschärft.
Trotz seiner Wirklichkeitsdichte und trotz der psychologischen Schlüssigkeit seiner Figuren ist nicht zu übersehen, daß die Szenen nach den Regeln einer Effektdramaturgie angeordnet und die Figuren – wie auf einem Schachbrett – in bestimmte Positionen geschoben werden. Die Beschreibung der Berliner Halbwelt und der verschwörerischen Aktivitäten kommt nicht ohne Mittel der Kolportage aus. Zu auffällig werden die Ereignisse auf die »verhängnisvolle Stunde« hin arrangiert, zu deutlich die Menetekel des Schicksalsdramas bemüht. Und gleich zweimal sind Briefe die Hebel für das Spiel von »Kabale und Liebe«.
Die Anspielung auf Schillers Theaterstück mag daran erinnern, daß auch großer Literatur reißerische Elemente nicht

unbedingt fremd sind. Fallada hat seinen Platz nie unter den Göttern der Erzählkunst gesehen, und wir wollen ihn nicht zu ihnen setzen. Aber manch vielgerühmter Roman unseres Jahrhunderts hätte aus seinem Werk eine Blutzufuhr gegen Wirklichkeitsblässe und Langeweile gut vertragen. Wir haben unter den deutschen Erzählern zu wenige Falladas.

Hymnus auf einen Schmerzensreichen

Manfred Bieler über Jochen Klepper: *Der Vater* (1937)

Solange die Geschichtsschreibung und der historische Journalismus den preußischen König Friedrich Wilhelm I. mit den Beiworten grausam, hartherzig, schroff, geistlos oder mit den Brandzeichen Tyrann, Wüterich, Leuteschinder, Unterdrücker versahen, gehörte er ins Theaterfach des Schurken und blieb eine dankbare Rolle für Schauspieler, die nebenher noch den Falstaff gaben.

Seit dem Beginn des Preußen-Booms, der in beiden deutschen Republiken wunderliche Blüten treibt, hat sich die Charge gewandelt: Ein bigotter, fleißiger, sparsamer, Sümpfe entwässernder, friedenstiftender, Wüstungen durch salzburgische Zuzügler kultivierender, manchmal etwas unbeherrschter, wegen seiner Riesengarde und der Tabagie aber leicht kauzig wirkender Biedermann betrat die Bühne, ein Simpel im Kostüm des Père noble, Taillenweite einhundertsechzig.

Daß solche Figurationen der jeweiligen politischen Wetterlage entsprechen und meist nur modische Schutzbehauptungen sind, dämmert inzwischen sogar den Naiven. Man mag einwenden, auch der historische Roman verfälsche die Geschichte, denn was er an archivalisch undokumentierter Reflexion und intimem Dialog präsentiert, sei allemal erfunden. Dem läßt sich entgegnen, daß der historische Roman, soweit er in die Literatur hineinreicht, auch ihre Freiheit genießt, die zugleich die Notwendigkeit seines Autors ist. Anders gesagt: Wir sind geneigt, dem Verfasser zu folgen, sobald wir spüren, daß er die Nase nicht im Wind, sondern den Wind in der Nase hat.

Jochen Kleppers *Der Vater* trug bei seinem Erscheinen im Jahre 1937 den Untertitel *Der Roman des Soldatenkönigs*; die erste Nachkriegsausgabe (1950) hieß und heißt bis heute *Roman eines Königs*. Ich konstatiere diese von den Klepperologen unbemerkte oder diskret tolerierte Änderung des Untertitels ohne Schadenfreude. Ich verweise nur auf den Wechsel des Zeitgeists, der keinen Originalverlag und keine Urheberrechtserben schont, geschweige denn den Leser, nämlich mich.

Gestern – also vor etwa dreißig Jahren – las ich zuerst Kleppers Tagebücher *Unter dem Schatten deiner Flügel* und danach den Roman. Das war ein Fehler, weiß ich heute, und jedem, der Klepper noch nicht kennt, empfehle ich dringend die umgekehrte Reihenfolge. Weshalb? Weil mir außer ihm kein deutscher Schriftsteller einfällt, dessen Selbstzeugnis das eigene Werk dermaßen überlagert, streckenweise sogar übertrifft.

Wer wie ich mit den Tagebüchern beginnt, wird den *Vater* nur »auf den Knien seines Herzens« lesen können – eine über tausend Seiten höchst unbequeme und eher bußfällige als kritische Haltung. Aber ich las ja nicht irgendein Buch, sondern den letzten Willen eines Autors, der mir mit Todesernst sein ungeteiltes Eigentum vermachte. Was Wunder, wenn ich beim Umblättern das »Tedeum« singen und die Glocken der Garnisonskirche läuten hörte.

Kleppers Friedrich Wilhelm I. warb um Untertanen, wie kein preußischer Feldwebel je um »lange Kerls« geworben hatte. Wenn ihn die Liebe zu seiner armseligen Erde gar zu mächtig überkam, nannte er die Streusandbüchse des Heiligen Römischen Reiches »das schöne Land«. Sein Freund, der Alte Dessauer, schätzte den Choral »Ein' feste Burg« als des Herrgotts Dragonermarsch. Kleppers »Vater«, der Gemahl Sophie Dorotheas, die ihm vierzehn Kinder gebar, grübelte tiefer. Er war »durch Gedanken verwundbar«. Er wollte sich das Wissen um den Sinn seines Königsamts im tätigen Gebet, in der frommen Neuordnung Preußens ertrotzen, damit ihm am Ende »die Krone der Gerechtigkeit« beigelegt werde.

»Sola fide«, allein durch den Glauben, wie Sankt Martin aus Wittenberg dekretierte, aber doch auch »coram deo«, im Angesicht Gottes – und das bedeutete Verantwortung, Zucht, Pflicht und Bescheidenheit. Wozu ein Festorchester? Friedrich Wilhelm begnügte sich mit einem Hoftrompeter. Wie mancher Preuße auf dem Thron hatte er dicht am Wasser gebaut, und seiner Tränen wegen galt er der Familie als »König Griesgram«. Vor seiner Strenge bebten die eigenen und die Landeskinder, die Ruderer der »preußischen Galeere«, denen er stets der Menschenquäler blieb. Niemand ahnte, daß der Herr über neunzigtausend Soldaten in seinem politischen Testament »den lieben succeßor« gebeten hatte, »um Gottes willen kein krihg anzufangen und nicht aggressör (zu) sein«.

Eine Inhaltsangabe? Ich verzichte auf den Nachtrag historischer Tatsachen, die im Lexikon stehen. Aus der erinnerten Lektüre will ich nur summarisch anführen: den farbigen Reichtum der Details, das Hymnische wie Bündige der Prosa und den langen epischen Atem, der mir in die eigenen Segel blies.

Ganz anders las das Buch sich heute. Schwung nahm sich jetzt wie Schwulst, barock wie schlecht geschrieben aus. Statt scharfer Bilder sah ich oft Diffuses. Der Überfluß erschien als Mangelkrankheit. Was ich einst für grandiose Fülle, für plausibel, ja für unumgänglich gehalten hatte, wirkte nun wie manierierte Schwärmerei und zwanghafte Idealisierung.

Man muß wohl kein Psychiater sein, um die neurotischen Mechanismen in den folgenden Zitaten zu entdecken. »Im tiefsten Grunde, in der Seele, war es schon um diese Stunde, daß er sein nächstes Kind zeugte. Denn die Seele ist noch stärker als der Trieb, und Kinder werden aus dem Lobgesang der Schöpfung. Auch werden die Väter an Gott und nicht an der Frau.« Und: »Das Gesicht des Mädchens ruhte auf der starken schönen Hand des Herrn. Der ließ ihr diesen Trost und Frieden: so fern war er schon den Träumen des Blutes.«

Diese Sätze lassen die stilistisch wie psychologisch fragwürdige Sublimierung eines Konflikts erkennen, dessen infantile Wurzeln uns darum verborgen bleiben, weil Klepper die Kindheit des Soldatenkönigs in seinem Roman ausspart. Literarische Ökonomie? Daß *Der Vater* bereits mit der Vaterschaft Friedrich Wilhelms I. einsetzt, ist ein Indiz für mehr als den Titel.

Im Gespräch mit Katte meint Friedrich, der künftige »Große«, laut Klepper: »Gott scheint mir eine fatale Ähnlichkeit zu haben mit meines Vaters ›König von Preußen‹«. Hätte der Autor über seinen Vater nicht ähnlich urteilen können?

Der 1903 in Beuthen (Schlesien) als Sohn eines Pastors Herrnhuter Provenienz geborene Klepper notiert am 10. September 1933 in sein Tagebuch: »Im Potsdamer Stadtschloß die von Friedrich Wilhelm I. gemalten Bilder.« Drei Tage später weiß er: »Das ist das neue Buch! Der Vater. (...) Ich dachte, es wäre Beuthen.« Drei Wochen darauf: »Wie hätte ich gedacht, daß meine Familien-Tragödie, fraglos ist sie das, jemals in einem preußischen Königsbuch münden würde«.

Die Familien-Tragödie – der Ansatz zum Roman? Zweifellos war der Pastor-Vater die gefürchtete Kindheitsautorität, der Ursprung schlechten Gewissens, die Quelle einer lebenslang gefühlten Schuld, die durch Kleppers Abschied vom Theologiestudium, besonders aber durch die von den Eltern mißbilligte Heirat mit der dreizehn Jahre älteren, verwitweten Jüdin Johanna Stein (Mutter zweier Töchter) noch verstärkt wurde. Immer wieder beklagt Klepper, sosehr er die Stieftöchter liebt, auch die Kinderlosigkeit seiner eigenen Ehe.

Doch das allein macht kein Buch. So schnell sublimieren die Preußen nicht. Erst Jahre später, anläßlich des Fluchtversuchs des Kronprinzen nach England, heißt es am Ende des zehnten Kapitels: »Auch war ihnen allen jetzt die Rede von der schmerzensreichen Mutter sehr geläufig. Nur das eine Wort ist niemals ausgesprochen worden, obwohl es über aller Erdenzeit steht: Schmerzensreicher Vater!«

Nein, von Beuthen bis hierher war ein langer Weg. Luther wollte »lieber einen todten, denn einen ungezogenen sohn«. Wer sich mit dem Vater nicht identifizieren kann, um ihn zu überwinden (Friedrich, der Kronprinz, schaffte es), dem bieten sich die Schlupflöcher der Verdrängung an: Narzißmus, Konversion zur Gehorsamslust oder der Genuß des Destruktionstriebs. Schon der junge Redakteur des Breslauer Preßverbands wurde vom Phänomen des Selbstmords ergriffen, weil er ihn als Bekenntnis menschlicher Schuld verstand.

Ein »Haupt- und Staatsproblem«? Ich meinte es wörtlich: Kleppers *Vater* erfaßt, wenngleich spiegelbildlich verkehrt, die preußisch-deutsche Misere der ausgebliebenen oder gescheiterten Revolutionen, das Elend der Einheit von Thron und Altar, des Rex als Summus Episcopus, der traumatischen Verklärung des Fürsten zum Vater, des Herrschers zum Herrn. »Könige müssen mehr leiden können als andere Menschen«, steht als Motto über dem Buch und wird bei einer Hinrichtung durch den Zusatz erweitert: »Auch dort, wo sie morden.«

Engländer und Franzosen, die Könige köpften, ohne an ihrem nationalen Ehrgefühl deswegen Schaden zu nehmen, würden solchen Überlegungen kaum folgen. Aber war denn Preußen eine Nation? Brauchte es nicht die harte Hand eines

»Vaters«, um aus Brandenburg mit seinen regionalen Wurmfortsätzen ein abgerundetes Staatswesen zu bilden? Wenn Klepper darauf zu sprechen kommt, begreift man, warum der Ost-Berliner Union-Verlag schon vor zehn Jahren den *Vater* herausbringen durfte: »Der Herr entwirft gleich einen Siebenjahresplan«, so liest man. »Denn das wußte der Herr: es waren neue Menschen zu schaffen.«
Und wenn der »Vater« selber Gott schon so fatal ähnlich ist, was hindert den Autor dann noch, die preußische Armee ein »Göttergeschlecht«, ein »Götterheer«, die Grenadiere »Götterhelden«, »Göttersöhne« und die Trakehner »Götterpferde« zu heißen? Sobald der »blaue Rock« ins Spiel gerät, wird Kleppers Prosa eine Mischung aus Nibelungenlied, Dienstvorschrift und Kohelet. Es dröhnt und rauscht rhapsodisch, die Syntax geht auf Versfüßen oder im Stechschritt, »Achs« und »Ohs« leiten die Hyperbeln ein, kurz: Es entsteht jener rauschhafte Sog, der mich einst mitriß.
Das psychologische und das historische Motiv für den Roman galten unter der stillschweigenden Voraussetzung, daß beide über die Lebensjahre des Autors wie über die geschichtlichen Jahre Preußen-Deutschlands im wesentlichen konstant blieben. Müßte nun nicht auch Kleppers Zeitgenossenschaft während der Niederschrift betrachtet werden, um zu prüfen, was der *Vater*-Schlüssel dort erschließt?
Die Abdankung Wilhelms II. machte viele Deutsche bis ins Proletariat hinein »vaterlos«. Sowenig 1918 eine wahre Revolution stattfand, so wenig war Friedrich Ebert ein Kaiser. Für Klepper (von 1923 bis 1932 SPD-Mitglied) hatte das deutsche Volk den Beweis politischer Reife erbracht, indem es den Generalfeldmarschall von Hindenburg zweimal zum Reichspräsidenten wählte. Hitler wurde dem protestantischen Schriftsteller kein Vater-Ersatz. Gewiß, auch der NS-Staat war ihm gottgewollte Ordnung, doch der »Pöbel«-Führer verhieß weder Liebe noch Erbarmen. Als

die Ufa im Januar 1934 ein Film-Exposé des noch nicht fertigen Romans »mit Parallelen zu heute« wünscht, notiert Klepper in sein Tagebuch: »Lieber Himmel, des ›Vaters‹ Regierung ist Kritik, nicht Verherrlichung des Heutigen.« (Vierzehn Tage später geht das Exposé – 55 Seiten – an die Ufa ab.)
Der Roman erscheint im Februar 1937. Die erste private Buchbestellung erreicht die Deutsche Verlagsanstalt aus Doorn, dem kaiserlichen Exil. Im März wird Klepper aus der Reichsschrifttumskammer ausgeschlossen. Auf der erhalten gebliebenen Kopie des Briefes ist vermerkt: »Ehefrau ist Jüdin.« Im April sind fünftausend Exemplare des Buches verkauft. Die Provinzpresse bringt lobende Rezensionen. Reinhold Schneider feiert das Buch in der *Literatur* und den *Weißen Blättern*, Rudolf Alexander Schröder bespricht es in der *Europäischen Revue*, Jürgen Eggebrecht in der Berliner *DAZ*. Die Zeitschrift *Buchhändler im Dritten Reich* rügt Klepper wegen seiner jüdischen Familie, und *Westermanns Monatshefte* weigern sich »aus nationaler Disziplin«, etwas über den *Vater* zu veröffentlichen.
Der Frontakademikerbund schenkt den Roman Hitler zum Geburtstag, Werner Beumelburg verehrt ihn Göring. Otto von Taube, Harald von Koenigswald, Paul Fechter, Walter von Molo, Hans Friedrich Blunck, der Schauspieler Mathias Wiemann und andere verwenden sich für Klepper, bis die Ausschlußverfügung der Reichsschrifttumskammer »einstweilig ausgesetzt« wird. Nun kann sogar der *Völkische Beobachter* eine »ausgezeichnet geschriebene Kritik« (Tagebuch) abdrucken.
Sicher ist, daß viele Zeitgenossen Kleppers seinen Roman als »Nein« gegen den Nationalsozialismus verstanden, und zwar schon vor dem gemeinsamen Freitod des Verfassers mit seiner Frau und der Tochter Renate im Jahre 1942. Diesen Lesern ist insofern beizustimmen, als Kleppers Preußenkö-

nig, verglichen mit Adolf Hitler, tatsächlich ein »Hüter der heiligen Ordnung« war. Den Roman ein Buch des Widerstands zu nennen, will mir trotzdem nicht gelingen. (Das ist keine billige Denunziation: Meine eigene, wenig heroische Erfahrung im Umgang mit totalitären Regimen hat mich die Grenzen möglicher Résistance gelehrt.)

Woran Klepper scheiterte, lag in der Struktur seiner Persönlichkeit, in seiner traditionellen Obrigkeitshörigkeit und in seiner Art des protestantischen Glaubens begründet. Mit dem *Vater* überwand er weder den eigenen Vater noch den »Vater Staat« altdeutscher Prägung. Aus Furcht vor Selbstzerstörung gab er dem inneren Konflikt die literarische Gestalt des Soldatenkönigs und pries das Leben Friedrich Wilhelms I. als Lob Gottes. Daß er den wirklichen Feind, die feindliche Wirklichkeit und die allmächtige Gewalt des strafenden Gewissens, dabei zum Idol erhob, mag ihn und manchen Leser – wie einst mich – erleichtert haben. Die Rettung ließ sich ein anderer Preuße, Friedrich Adolf von der Marwitz, auf sein Grab schreiben: »Wählte Ungnade, wo Gehorsam nicht Ehre brachte.«

Im Schatten der Katastrophe

Siegfried Lenz über Horst Lange: *Schwarze Weide* (1937)

Als Horst Langes Roman *Schwarze Weide* im Jahre 1937 zum erstenmal erschien – sein Autor war damals gerade 33 Jahre alt –, war die Kritik sich einig: Sie nahm und behandelte dieses Buch als episches Ereignis.
Karl Korn rühmte in der *Neuen Rundschau* seine dichterische Substanz, sprach dem Autor »Witterung für die Abgründe und geheimnisvollen Tiefen« zu. Im Hamburger Fremdenblatt nahm Ernst Sander die *Schwarze Weide* gegen den – ideologisch erwünschten – Bauernroman in Schutz und sprach von einer »außergewöhnlichen Kunst der Darstellung«. Sebastian Haffner fühlte sich bei der Lektüre stellenweise an *Die Brüder Karamasow* erinnert und schloß seine Rezension in *Die Dame*: »... man ist beglückt, wieder einmal einen deutschen Dichter europäischen Ranges entdecken zu dürfen.« Werner Bergengruen zeigte sich in der *Deutschen Rundschau* zutiefst beeindruckt von der »Kraft in der Gegenwärtigmachung von Menschen, Situationen, Landschaften, von Jahres- und Tageszeiten in allen Übergängen und Abschattungen«, und im *Eckart* fand Martin Beheim-Schwarzbach zu dem Fazit: »Ein spannender, erregender, handlungs- und problemreicher – ein wirklicher Roman.« Andere Kritiker bewunderten die Bilderflut und die Schärfe der Beobachtung, die souveräne Meisterung der Stoff-Fülle und die Hellhörigkeit eines Autors, der alle »unheimlichen Laute zwischen Himmel und Erde bei Tag und Nacht« wahrnimmt.
Was war, was ist das für ein Roman, der das außerordentliche Lob der Kritik fand und dennoch nicht nach dem

Geschmack der damaligen Epoche war; der als Meisterwerk gefeiert wurde, ohne der herrschenden kunstrichterlichen Wunschästhetik zu entsprechen; der begeistert gelesen und dennoch von beamteten Kulturwächtern zuerst als zu »düster« und später als »unerwünscht« kategorisiert wurde? Wie kommt uns der Lieblingsroman Gerhart Hauptmanns heute vor? Müssen wir die »bedeutendste epische Aussage der Hitler-Zeit, die mit dieser Zeit selbst nichts zu tun hatte« – so Wolfgang Koeppen –, vor allem historisch verstehen?

Eine abermalige Lektüre bestätigt, daß die äußere Geschichte, die Horst Lange in der *Schwarzen Weide* erzählt, nichts eingebüßt hat von ihrer archetypischen Musterhaftigkeit; es ist eine Geschichte von Schuld und Sühne, von Begierde und Leid – der Autor verdankt sie, wie seine Frau Oda Schäfer erzählte, einer Zeitungsnotiz im *Berliner Tageblatt*.

Dem Ich-Erzähler, einem Gymnasiasten, der seine Ferien bei einem Onkel in der Gärtnerei eines schlesischen Gutes verbringt, geht alles, was er erlebt, ins düster prächtige, ins gleichnishafte Bild auf: Orte, Jahreszeiten, Menschen und schließlich das Verbrechen selbst. Er, der heimgesucht wird vom Zweiten Gesicht, sieht das Verhängnis voraus, den Mord an dem Bauern Starkloff, doch er greift nicht ein, warnt nicht – zu befangen, zu gelähmt und verzaubert findet sich der jugendliche Besucher in einer Welt vor, in der es weniger Gewißheiten als dunkle Ahnungen gibt. Eine vegetative Trägheit herrscht über allem. Die Nähe der Gefahr erschließt sich aus sinnbildhaften Konstellationen der Natur.

Der Erzähler kennt die Mörder – Smorczak, den Gastwirt, und Smeddy, einen Besatzungssoldaten –; er beläßt es bei dieser Kenntnis und greift auch nicht ein, als er erfährt, daß ein Unschuldiger durch einen Meineid ins Zuchthaus gebracht wird. Er kehrt in die Stadt zurück, nach Hause, wo er nach und nach merkt, daß er auch seinerseits verurteilt ist: Er wird – als Mitwisser – zum Gefangenen seiner Vergangenheit. Die Last, die er zu tragen hat, wird noch dadurch vermehrt, daß er zum Universalerben des Ermordeten eingesetzt worden ist. Es erscheint nur folgerichtig, daß er eines Tages an den verhängnisvollen Ort Kaltwasser zurückgeht – etwa gleichzeitig wie der am Mord beteiligte Besatzungssoldat, dem, einem oft berufenen psychologischen Modell entsprechend, sein Gewissen keine Ruhe läßt.

Zehn Jahre später faßt der Erzähler den Entschluß, die Gerechtigkeit wiederherzustellen, ja, Rache zu nehmen, um »den Mörder vor die Augen der Leute zu zwingen«. Durch dramaturgisch arrangierte Zufälle gelangt er in den Besitz des entscheidenden Wissens, doch der empfindliche Zauderer kommt nicht dazu, es auszuspielen: Der Täter richtet sich selbst. Die besondere Sühne erscheint fast als Gesetz in einer gespenstischen Empfindungswelt, in der jede Rationalität heidnisch anmutender Inbrunst, jedes Ordnungsbedürfnis einer dunklen Triebhaftigkeit unterliegen.

Doch dies ist nur die dürftige Skizze der Haupthandlung; mit einem bewundernswerten Sinn für Balance sind mehrere Familien- und Liebesgeschichten in sie hineingeflochten, Geschichten, die aus der unheimlichen, von Hochwasser gefährdeten Landschaft wie natürlich hervorwachsen. Erzählt wird von sehr irdischen und unirdischen Figuren: von einem umwölkten Gutsbesitzer, einem ehemaligen Obristen, der seine Frau verstoßen hat; von der flatterhaften Frau des Gärtners; von der Liebe des Erzählers zur Tochter des Obristen und zu seinem unglücklichen Idol Irene Zglinicki; aber auch von der längst verstorbenen Christiane, deren Geschichte der Erzähler in einer vergrabenen Truhe findet, und von der allzeit liebesbereiten Sofie.

Der enorme Figurenreichtum des Romans wird sicher gelenkt; die Legendengestalt hat die gleiche bedrängende Realität wie die derbste Gegenwartserscheinung; alle Zeiten, alle Sphären durchdringen sich – so sehr, daß man mitunter den Eindruck hat, alles Wirkliche sei nur dazu da, um das Unwirkliche aufzunehmen und zu bestätigen. Die ordentliche Gelassenheit des Erzählers, mit der er alles seinem Verhängnis entgegenwebt, macht erst recht die tiefe Unruhe spürbar, von der die handelnden Personen erfüllt sind.

Ohne Zweifel: Der Schlesier Horst Lange – geistesverwandt mit Silesius, Günther und Hoffmannswaldau und, wie Oda Schäfer sagte, ein Bruder des Lyrikers Heym – hat mit der *Schwarzen Weide* einen Roman geschrieben, der es in mancher Hinsicht durchaus verdient, etwa neben Reymonts *Bauer* genannt zu werden. Die Zeit hat die Bedeutung des Buches nicht verringert.

Freilich, beim Wiedersehen erstaunt man über den schwelgerischen Beschreibungseifer des Autors, den man bei der ersten Lektüre so bereitwillig in Kauf nahm. Da wird nichts ausgespart, verkürzt, offengelassen, um der Phantasie des Lesers Raum fürs eigene Inszenieren zu geben; Deskription triumphiert. Jede Stimmung, jede Erscheinung, jedes Ereignis wird restlos, wird erschöpfend dargestellt, und zwar in einem Stil, der sowohl durch barocke als auch durch expressionistische Merkmale gekennzeichnet ist; kaum etwas ist sich selbst genug, muß in ein Bild gebracht, durch ein Bild gesagt werden.

Was mir heute in einigen Szenen zu groß geraten scheint, das ist, sozusagen, der mächtige, schicksalhafte Faltenwurf. Da waltet eine so pünktliche Dramaturgie der Verhängnisse, daß man sich gelegentlich ein wenig lebensbestätigende Beiläufigkeit wünscht, ungeschürztes Dasein. Manchmal möchte man das Signalalphabet des Schicksals schon übersehen, möchte das schicksalhafte Befragen überhören, das selbst bei dem Liebesangebot eines Mädchens nicht unterbleibt. Nur zum Beispiel: »Ich war im Begriff, ihr nachzugeben; sie hatte mir mit keinem Wort gesagt, daß sie mich lieben wollte, das war es nicht, und man konnte es nicht benennen, weil es genauso selbstverständlich war wie alles, was in den Zeiten vorgeht, wo Tiere und Pflanzen sich befruchten. Sie sah so erdig aus, daß ich eine seltsame Neugierde empfand. Ich fragte mich nämlich, ob ich nachher, wenn ihre schlechten, vertragenen Kleider von ihr abfallen würden, die Fingerabdrücke jener Hände an ihr finden könnte, welche diesen Leib aus Mergel und Staub geformt hatten.«

Langes bekenntnishafter Satz: »Geboren in einer verlorenen Zeit und in einem verlorenen Land«, könnte indes seine Neigung zu einer Weltbetrachtung unter dem Aspekt der Schicksalshaftigkeit verständlich machen. Eine gewisse Schicksalsgläubigkeit hat übrigens seit je das Lebensgefühl der Menschen im Osten bestimmt – der Autor selbst war sich der Einflüsse sehr bewußt, die an seiner schriftstellerischen Arbeit ihren Anteil hatten.

Das Denkmal, das er dem Land seiner Herkunft gesetzt hat, läßt uns auch heute noch sogleich erkennen, warum Horst Lange den damaligen Amtswaltern der Literatur nicht genehm sein konnte. Sein Osten: Das ist nicht der helle, wartende Siedlungsraum, das Aufbruchsland, das Land der Verheißung und der Chancen für den schlicht-arroganten Mythos von Blut und Boden. In Langes versumpfter ostschlesischer Hügellandschaft gibt es keine »Wehrbauern«, keine Bilderbuchpflüger, keine Schollendampfphilosophie. Bei aller Verbundenheit zu ihrem fortwährend bedrohten Boden sind seine Menschen keine heroischen Landnehmer. Sie stellen sich vielmehr dar, wie sie einst waren: grüblerisch und dumpf, geduldig und leidenschaftlich, mit Tücke begabt und von Begierden regiert. Selbstbehauptung, das allein zählt. Nicht große, leuchtende Ziele werden ins Auge gefaßt, sondern es werden Listen erfunden, um den Druck eines miserablen Daseins zu ertragen, eines Daseins, in dem der Aberglaube blüht und die Gewalttat naheliegt. Langes Osten widersprach der anmaßenden Vision der damaligen Machthaber, seine Darstellung korrigierte die offiziellen Parolen so schwerwiegend, daß man sich heute fragen muß, wie das Buch überhaupt hat erscheinen können.

Es fällt auch nicht schwer – und es ist wohl keine Überinterpretation –, in dem Gastwirt Smorczak gewisse Züge und Bereitschaften einer damaligen Führergröße zu erkennen: bei diesem wie bei jenem Sektierertum, Irrationalismus, Bauernfängerei; hier wie da Sendungsbewußtsein und Mord. Eine Warnung des Autors vor einem entsprechenden Typus ist jedenfalls unüberhörbar. Nicht die *Schwarze Weide* wurde verboten, sondern Langes nächstes Buch, *Ulanenpatrouille* – freilich mit Verzögerung, nachdem bereits einige Auflagen verkauft worden waren.

Was an diesem Autor immer wieder unsere Zustimmung findet: wie er, ein Schriftsteller in katastrophaler Zeit, den Schatten der Katastrophe selbst sichtbar und fühlbar macht. Da ist kein demonstratives Szenarium nötig; in der geradezu unheimlichen Beschreibung eines Gewitters, eines Hochwassers, in den scharfen Anschauungsbildern, die er aus Flora und Fauna des Sumpfes bezieht, in der Beschwörung einer Landschaft, die seltsam infiziert zu sein scheint von einer Krankheit der Auflösung, teilt sich eine Art schaudernder Erwartung mit, Katastrophenerwartung. Nicht eine einzige Figur, nicht eine einzige Aktion lassen sich nach der Lektüre erinnern, ohne daß man zugleich der atmosphärischen Bedingungen inne wird, unter denen sie auftreten oder geschehen. Ja, in gewissen Augenblicken vermittelt uns Lange den Eindruck, als könne man diese erdnahe, unheilvolle Welt am zuverlässigsten in ihren Stimmungen erfahren.

Es ist eine entlegene, eine begrenzte Welt; dennoch hat sie nichts von provinzieller Beschränktheit. Die Erfahrungen, die sie zuläßt, sind unbedingt übertragbar. Der Erzähler Horst Lange weitet und öffnet den kleinen schlesischen Ort derart, daß er zu einem allgemeinen Ort wird, der alles birgt, was den Menschen verständlicher macht in seinen Sehnsüchten und in seiner Trauer, in seiner Auflehnung und in seiner Befangenheit.

Auch nach dem Krieg – die *Schwarze Weide* ist im Jahre 1954 zum zweiten Mal erschienen – war die Kritik sich darin einig, daß die Zeit dieses Buch keineswegs entwertet hatte. Eich und Koeppen, Benn und Minder bestätigen es als ein Werk von bleibendem Rang. Und Hans Dieter Schäfer bewertet in dem Sammelband *Die deutsche Literatur im Dritten Reich* die *Schwarze Weide* als den »wohl bedeutendsten Roman der nicht emigrierten Schriftsteller«.

Ein Plädoyer für die Vernunft

Helmuth Nürnberger über Ludwig Winder:
Der Thronfolger (1937)

Nur wenige Ereignisse der Zeitgeschichte sind von deutschsprachigen Autoren des 20. Jahrhunderts so oft behandelt worden wie das Attentat von Sarajewo. Hintergründe und Durchführung wurden – romanhaft ausgeschmückt – wiederholt ausführlich beschrieben. Bestseller fragwürdiger Qualität entstanden so. Bruno Brehms Roman *Apis und Este*, erster Teil einer von großdeutschen Sehnsüchten gespeisten Trilogie, deren Fortsetzungen *Das war das Ende* und *Weder Kaiser noch König* den Zusammenbruch der Donaumonarchie und die vergeblichen Restaurationsversuche König Karls in Ungarn beschreiben, bildet ein Beispiel dafür. Häufiger noch wurde der 28. Juni 1914 für die Vergegenwärtigung der Vorkriegszeit zum Fluchtpunkt der Erzählung. Ein makabres Kapitel in Joseph Roths *Radetzkymarsch* schildert das Sommerfest eines feudalen Dragonerregiments in einer galizischen Grenzgarnison, das nach Bekanntwerden der Unglücksnachricht in alkoholischen Ausbrüchen der ungarischen Offiziere gegen den verhaßten Habsburger endet. Blitzartig wird die Todesverfallenheit des Staates deutlich. Das Gewitter, das Roth zusätzlich in Szene setzt, liefert nur noch die atmosphärische Verstärkung.
Auch in der Literatur der slawischen Nachfolgestaaten Österreich-Ungarns spielt der St.Veits-Tag in Sarajewo eine unübersehbare Rolle – von Ivo Andrićs Erzählung *Das Fräulein* bis hin zu Andrzej Kuśniewiczs Roman *König beider Sizilien*. Perspektive und Intention der Erzähler, die künstlerischen Mittel sind verschieden. Übereinstimmend ist das Gefühl für die Bedeutung des Erzählten. Ein latentes

Grauen ist spürbar, unabhängig von der mehr oder weniger melodramatischen Ausgestaltung der Vorgänge, auf die der kundige Leser verzichten kann.
Aus den Pistolenschüssen, mit denen ein bosnischer Gymnasiast den österreichischen Thronfolger und seine morganatische Gemahlin niederstreckte, ist ein Weltkrieg hervorgegangen und in dessen Folge ein Jahrzehnte währender Prozeß politischer Umwälzungen und neuer Kriege, der noch nicht abgeschlossen ist. Für all das bildete das Attentat den Anlaß, nicht die Ursache. Seinerzeit begriffen die Vertreter der österreichischen Kriegspartei, daß niemals wieder etwas sich ereignen würde, was den erstrebten Waffengang leichter einleiten ließe. Als Krieg und Umsturz ihren Lauf nahmen, wurde den Mitlebenden das Attentat zum Zeichen für die in ihren Dimensionen unauslotbare Katastrophe. Die Schriftsteller brauchten die Epochenmetapher nicht zu erfinden. Die Geschichte hatte sich wieder einmal selbst zum Autor aufgeworfen – und nur mit der Sinndeutung ließ sie, wie immer, auf sich warten. Deutlich wurde allerdings schon bald, daß der große Stoff auch ein gefährlicher Stoff war, der zu fragwürdiger Nutzanwendung und Mythisierung einlud.
Die aus heutiger Sicht wohl am stärksten um Desillusionierung und Klarheit bemühte Darstellung liefert das zuerst 1937 in der Schweiz erschienene, 1984 in der DDR wieder aufgelegte Werk *Der Thronfolger. Ein Franz-Ferdinand-Roman* von Ludwig Winder. Er stellt die »Ballade von Sarajewo... ergreifend sachlich dar«, wie Max Brod in seiner Autobiographie *Streitbares Leben* urteilt. Brod war, wie er an anderer Stelle äußert, davon überzeugt, daß man den Autor des *Thronfolger* »neu entdecken wird – wie den anderen Dichter aus Mähren, Ernst Weiß, der in seinem harten kämpferischen Elan und Stil Winder geistesverwandt ist« (*Der Prager Kreis*).

Einer Wiederentdeckung bedarf es vielleicht nicht mehr, sicherlich aber noch immer der Wiedereinbürgerung. Erzählwerke Winders sind nach dem Zweiten Weltkrieg gelegentlich neu aufgelegt worden. In der Schweiz und in der DDR erschien 1949 der im englischen Exil entstandene Roman *Die Pflicht*, 1983, ebenfalls in der Schweiz, *Die jüdische Orgel.* (Nach Erscheinen dieses Artikels 1987 in der *Frankfurter Allgemeinen Zeitung* folgten in der von Jürgen Serke besorgten Reihe »Bücher der Böhmischen Dörfer« die Romane *Die nachgeholten Freuden* und *Der Kammerdiener*). Dennoch ist Winder in der literarischen Öffentlichkeit der Bundesrepublik weiterhin so gut wie unbekannt. In den gängigen Nachschlagewerken bleibt er unerwähnt.
Ludwig Winder hat ein eher unauffälliges Leben geführt, wie es bei einem Autor, der 16 Romane und Erzählungen, drei Dramen, zwei Bände Gedichte sowie einige tausend Rezensionen, Theaterkritiken, Feuilletons und Glossen veröffentlichte, kaum anders erwartet werden kann. (Auch zur Kenntnis von Winders Biographie hat Jürgen Serke in seinem Buch *Böhmische Dörfer. Wanderungen durch eine verlassene literarische Landschaft*, Wien, Hamburg 1987, inzwischen einiges bisher unbekannte Material beigetragen.) Dieser übereinstimmend als bescheiden und zurückhaltend, freundlich und hilfsbereit beschriebene Mann hat Prag jahrelang selten verlassen, bis er 1939 nach England ins Exil gehen mußte. Er repräsentiert Lebensformen und -zusammenhänge, die inzwischen für immer zerstört worden sind.
Winder wurde 1889 als Kind jüdischer Eltern in dem kleinen Ort Schaffa (Šafov) im südlichen Mähren geboren. Seine Jugend, von der er niemals privat, wohl aber, maskiert, in seinen Dichtungen sprach, war schwer. Dabei handelte es sich nicht zuletzt um einen Konflikt, der ihn vermeintlich nur mittelbar, in Wahrheit aber nur um so nachdrücklicher betraf, das Verhältnis zwischen seinem unerbittlich strengen

Großvater, der als jüdischer Religionslehrer in Kolin wirkte, und seinem Vater Maximilian Winder, der dem Bannkreis orthodoxen jüdischen Lebens vergeblich zu entkommen suchte. Winders frühe Erzählwerke *Die jüdische Orgel* (1922) und *Hugo. Die Tragödie eines Knaben* (1924) legen von diesen Auseinandersetzungen ebenso Zeugnis ab wie sein letzter, im Exil begonnener, unvollendet gebliebener Roman *Die Geschichte meines Vaters*.

Maximilian Winder hatte in Prag studiert. Er verehrte tschechische Dichter, schrieb selbst tschechische Gedichte und hat sogar in einem 1878 verfaßten Bühnenstück gegen die damals noch verbreitete Geringschätzung dieser jungen oder vielmehr neu erwachten slawischen Literatur protestiert. Vermutlich hat er seine Sympathie zum Tschechentum auf den Sohn übertragen, dem sie zeitlebens zur Orientierung diente. Als er jedoch 1895 Oberlehrer an der deutschsprachigen Volksschule in Holleschau bei Kremsier und Kantor der jüdischen Gemeinde wurde, sah er sich gezwungen, in eben jenem Milieu auszuharren, dem bereits seine frühe Abneigung gegolten hatte. Sein Sohn Ludwig setzte den Kampf, den er vergeblich gekämpft hatte, fort: auch er wehrte sich gegen jede starre, als abgestorben erfahrene religiöse Autorität, und er übertrug diese Ablehnung auch auf die Bereiche von Staat und Gesellschaft. Man könnte sagen, er verfuhr dabei ähnlich – nur mit umgekehrter Zielrichtung – wie der fünf Jahre jüngere Joseph Roth, der den fehlenden Vater durch einen Kaiser-Vater zu ersetzen suchte.

Winder besuchte das Gymnasium im nahen Prerau, die Handelsakademie in Olmütz, veröffentlichte mit 16 Jahren – auf Kosten des Vaters – den ersten Gedichtband, begann nach der Matura 1907 als Lokalreporter in Wien, ging nach zwei Jahren in die Provinz zurück, um eine Stelle beim Feuilleton zu finden, arbeitete im heute polnischen Bielitz (Bielsko), im

nordböhmischen Teplitz, kam 1912 nach Pilsen ans *Pilsner Tageblatt* und wurde im Sommer 1914 Feuilletonredakteur und Schauspielreferent der ältesten deutschen Zeitung Prags, der *Bohemia.* Damit hatte der Fünfundzwanzigjährige eine angesehene Position errungen, in der er bis zur Einstellung des Blattes Ende 1938 blieb. Sein literarisches Werk entstand neben der journalistischen Tagesarbeit.
Mit ihm wurde Winder einer der wichtigsten Vertreter der deutschen Literatur in Prag. Nach dem Tode Kafkas trat er an dessen Stelle im »Kreis der vier«, dem außer ihm noch Felix Weltsch, Oskar Baum und Max Brod angehörten. Winders Nachruf auf Kafka, den man vollständig auch in dem zum Museum umgestalteten Sterbezimmer des Dichters im einstigen Sanatorium Kierling bei Klosterneuburg findet, zeigt seine Urteilskraft und Sensibilität.
»Der großen Menge«, heißt es da, »war er ein Unbekannter. Denjenigen aber, die sein Werk gekannt und geliebt haben, erstirbt am Tage der Trauerbotschaft das Wort. Was immer man sagen möchte, es wäre zu schwach angesichts des Verlustes, den man erlitten hat, und zu stark angesichts der unsagbar zarten, demütigen Abwehr dieses Toten. – Solange er lebte, war es schwer mit ihm zu sprechen, denn die Scham vor dem Wort, die aus seinem Wesen hervorging, teilte sich jedem, dem er ins Auge blickte, mit. Nun, da er tot ist, wehrlos gegen jede Art von Bewunderung, die man über die Kammern des Herzens hinausträgt, gebietet er stärker denn je Schweigen. – Er war der wahre Aristokrat unter den Künstlern, er, der die Erniedrigung des Menschen bis ins Phantastisch-Grauenhafte erlebte, erträumte. – In seinen Büchern gibt es keine Phrase, keinen unwahren Satz. Dennoch wußten die meisten Zeitgenossen nichts von ihm. Schuld daran ist, daß man seine Dichtungen niemandem ›erklären‹ konnte, wie man das Leben nicht ›erklären‹ kann. So klar jedes Wort Kafkas ist, so geheimnisvoll ist es.«

Es bedarf keiner Begründung, daß die Arbeit eines Journalisten im zerstrittenen Böhmen, zwischen Monarchie, Republik und Diktatur, zwischen Deutschtum, Tschechentum und Judentum niemals unpolitisch sein konnte. Längst waren Kunst und Kultur einbezogen in die Konflikte der konkurrierenden Ideologien, des politisch-wirtschaftlichen Tageskampfes. Winder wußte, was er, besonders als Jude, am vergleichsweise liberalen Österreich verloren hatte. Aber er bejahte den tschechischen Staatsgedanken, war überzeugter Demokrat, im wesentlichen ein Anhänger der maßvollen Linie des ersten Präsidenten Masaryk. Wenn man in den Nachfolgestaaten der Monarchie damals immer auch im Bewußtsein der Vergangenheit lebte, so nicht nur wegen der fortwirkenden kulturellen Traditionen. Solange eine auch in der Zukunft tragfähige Ordnung Mitteleuropas nicht gesichert war, sah man sich bereits durch die Fortdauer der in der Ära Kaiser Franz Josephs ungelöst gebliebenen Probleme auf die seinerzeit wirksamen politischen Kräfte und Gestaltungsversuche verwiesen.
Bereits in der Vorkriegszeit hatten in solchem Zusammenhang Hoffnungen und Befürchtungen gleicherweise die Handlungen und mutmaßlichen Pläne des Thronfolgers begleitet. Nach seinem Tode verbanden sich mit seinem Namen Gedanken und Phantasien über nicht verwirklichte Möglichkeiten der Geschichte. Nicht umsonst trägt der Ich-Erzähler in Roths Roman *Die Kapuzinergruft* die Vornamen Franz Ferdinand wie ein Programm. »Mein Vater träumte von einem slawischen Königreich unter der Herrschaft der Habsburger. Er träumte von einer Monarchie der Österreicher, Ungarn und Slawen.« Von Franz Ferdinand Habsburg-Este hatte man gehofft, daß er als Kaiser den Trialismus durchsetzen und so das kranke Reich retten werde.
Der einzige politische Leitartikel, den Winder während seiner Tätigkeit bei der *Teplitzer Zeitung* 1911 veröffentlicht

hat, trägt den Titel »Franz Ferdinand«: »Für uns Österreicher ist es unendlich schwer, einer Persönlichkeit gegenüber die richtige Distanz zu gewinnen, die bisher immer nur hinter verschlossenen Türen wirkte«, lautet es über den Erzherzog-Thronfolger. »Das österreichische Antlitz Franz Ferdinands ist undurchdringlich ... Die Psychologie des Thronfolgers ist nun gar ein Kapitel, das darauf wartet, aufgeschlagen zu werden.« Seltsam, wie gesetzt die jungen Leute damals doch waren – der Schreiber dieser Zeilen ist 22 Jahre alt. Schwerlich hatte er ein bewußtes Vorgefühl davon, daß er selbst eines Tages in einem historischen Roman dieses Kapitel aufschlagen würde. Jedoch ließ der Stoff den Journalisten nicht los. Über einen Besuch in Schloß Konopischt – Franz Ferdinands bevorzugtem Wohnsitz in Böhmen – veröffentlichte er 1930 einen Essay in der *Vossischen Zeitung* (»Das Heim eines finsteren Menschen«). *Der Thronfolger* ist während der dreißiger Jahre in einem mehrjährigen Arbeitsprozeß entstanden. Nicht als Werk der Wissenschaft, sondern als Kunstwerk – nach gründlichen Quellenstudien – vermochte Winder den Stoff zu gestalten, den er nun auch mit seiner persönlichen Problematik durchdrang.

Der Thronfolger ist ein psychologischer Roman, zugleich ein Familienroman. Bei aller Konzentration auf die Titelfigur zeigt er diese nicht isoliert, denn sie kann, wie der Autor sie versteht, nur durch ihre Herkunft und durch die Konstellation innerhalb der Familie erklärt werden. Franz Ferdinands Geschichte beginnt mit der Geschichte seines Großvaters und seiner Mutter. »Die Prinzessin Maria Annunciata von Bourbon-Sizilien«, setzt der Roman ein, »war genau zwölf Jahre alt, als sie zum ersten Mal den Spottnamen ihres Vaters hörte: ›Re Bomba‹. Die Benediktinermönche, die ihre Erziehung leiteten, hatten ihr vor sieben Jahren seinen offiziellen Titel beigebracht... Die Prinzessin hatte als Fünfjährige schon mehr gewußt als die meisten Untertanen des Königs. Sie hatte gewußt, daß das Königreich beider Sizilien aus dem südlichsten Festland Italiens, aus der Insel Sizilien und aus mehr als zwanzig kleineren Inseln bestand. In der amtlichen Sprache hießen die beiden Hauptbestandteile der Monarchie Dominio al di qua del Faro und Dominio al di là del Faro. Das hatte die Prinzessin ein Jahr später gelernt...«

Tatsächlich wird sie nie etwas anderes lernen als auf der längst zum Anachronismus gewordenen feudalen Ordnung zu beharren, die ihr Vater, der Bombenkönig, gestützt auf die Macht der Restauration, täppisch-pfiffig repräsentiert. Sie bewundert ihren Vater um der Brutalität willen, mit der er die Herrschaft ausübt, und sie verachtet ihren Bruder, der weniger entschlossen ist als sie, sich zu behaupten. Später – als das Königreich beider Sizilien bereits von der Landkarte verschwunden ist –, als Frau eines österreichischen Erzherzogs, wird ihr Wille auf Söhne gerichtet sein und auf eine bevorzugte Stellung für sie, wie sie sich aus der Erbfolge im Staate ergeben könnte. Achtundzwanzigjährig stirbt sie an einem Lungenleiden. Sie wird ihrem ältesten Sohn die Willenskraft, das Machtbedürfnis, die Neigung zur Grausamkeit und die Unrast vererben.

Dieser Sohn ist in Österreich ungeliebt von Anfang an. Ihm mangelt etwas, das sich schwer benennen läßt, dessen Fehlen gleichwohl alle empfinden. Er ist ohne Großmut und ohne Grazie, ohne Distanz zu sich selbst. Jeder neue Mißerfolg vermehrt die Zwänge, die Fremdheit, die Einsamkeit – und seinen zielgerichteten Willen. Zufälle und Katastrophen kommen seinem Ehrgeiz zu Hilfe. Aus einer vagen, traumhaft erscheinenden Hoffnung erwächst allmählich eine bestimmte Anwartschaft: die Thronfolge. Als eine Tuberkulose den Erzherzog um die Früchte seines zähen Wartens zu bringen droht, überwindet er – anders als die Mutter, die

sich keine Schonung gegönnt hatte – das Leiden. Die Religion, wie man sie ihm erklärt hat, hilft ihm an das eigene Weltbild zu glauben und es zäh zu bewahren: Bigotte Frömmigkeit verbindet sich mit falschem Erwählungsbewußtsein. Ein kaltes Wissen um die Untreue der Menschen, die von dem scheinbar Todgeweihten nichts mehr erhofft und sich von ihm abgewendet hatten, macht ihn hart.
Gegen alle Widerstände heiratet er die nicht standesgemäße Frau, die sein Vertrauen gewonnen hat und seine Selbstsucht weiter anstachelt – sieht sich deswegen aber neuen, gezielten Demütigungen ausgesetzt. Die Jahre, die Jahrzehnte vergehen, der unnahbare, in seiner Würde unantastbare Kaiser, der ihm im Wege ist, will nicht sterben. Die Pläne des Rastlosen bleiben unwirksam, seine Initiativen verfangen sich in der brüchig gewordenen Maschinerie des alten Reiches, dessen beste Wesenszüge dem Geist dieses Prätendenten so fern liegen. So geht Franz Ferdinand seinen Weg nach Sarajewo – am serbischen Nationalfeiertag, dem Tag der historischen Niederlage auf dem Amselfeld, wird er in die erst vor wenigen Jahren annektierte Provinzhauptstadt einziehen! –, dem von ihm herausgeforderten Unheil entgegen.
Winder erzählt das Leben Franz Ferdinands – bis hin zu den fürchterlichen Jagdexzessen, bei denen er eigenhändig Tausende von Tieren erlegte – mit einer an Flaubert erinnernden Strenge, deren Voraussetzung die verschwiegene, untergründig wirksame Identifikation bildet. Er überspitzt die Darstellung nicht zur Satire. Eine gewisse Trockenheit, die man ihm gelegentlich vorgehalten hat, gereicht ihm, wenn sie schon einen Mangel bezeichnet, doch nicht zum Vorwurf. Der Autor des *Thronfolger* überzieht sozusagen sein Konto nicht, er vertraut auf seine Beherrschung des Stoffs und auf die Kraft des zurückgenommenen Ausdrucks. Wie selbstverständlich entsteht in seinem Roman das Bild des alten Österreichs.

Winders Intentionen bei der Niederschrift des Werkes sind unterschiedlich beurteilt worden. Für die marxistische Kritik von Paul Reimann über C. F. Weiskopf bis Kurt Krolop bildet der Roman einen wichtigen Beitrag zur antifaschistischen Literatur, weil er als Warnung vor der von Berlin her drohenden Diktatur und einer neuen Fremdherrschaft über Böhmen sowie als Abrechnung mit dem imperialistischen Vorkriegseuropa gestaltet worden sei. Dagegen interpretiert Margarita Pazi in ihrer Studie *Fünf Autoren des Prager Kreises* den *Thronfolger* als das Seelendrama eines geltungssüchtigen Neurotikers im exakten historischen Rahmen.

Gerade diese Exaktheit ist ungewöhnlich. Der Roman – der in Österreich mit Berufung auf das Traditionsschutz-Gesetz verboten wurde – erscheint in seiner intellektuellen Unbestechlichkeit wie eine Gegenrede gegen die Vielzahl literarischer Äußerungen, die damals den – von Claudio Magris später so genannten – »Habsburgischen Mythos« popularisierten. Ebenfalls 1937 erschien beispielsweise von Franz Werfel als Prolog für die amerikanische Ausgabe seiner Prosasammlung *Aus der Dämmerung einer Welt* (*Twilight of a World*) der »Versuch über das Kaisertum Österreich« (»An Essay upon the Meaning of Imperial Austria«), der ebenso reich an nostalgischen Effekten wie an größeren und kleineren historischen Ungenauigkeiten war. Es genügt, an Werfels Schilderung der Beisetzung Kaiser Franz Josephs zu erinnern: »Schauer der Sintflut« und die »Dämmerungen eines apokalyptischen Novembers« geleiten den toten Cäsar zur Kapuzinergruft, »verschwommen zog der erhabene Spuk durch die Dämmerung des Weltuntergangs an den erstarrten Augen des Volkes vorbei«. Eine kaum weniger affektive Schilderung des Kaiserbegräbnisses hat Joseph Roth entworfen – mit der vorgeblichen Autorität des Augenzeugen. Aber an jenem spätherbstlichen sonnighellen 30. November 1916 regnete es in Wien nicht. Werfel, berühmt als Lyriker, populär als Romancier, Roth, der Starreporter und große Märchenerzähler aus Galizien, übertrafen Winder jederzeit an Geltung in der literarischen Welt. Die von ihnen geschaffenen poetischen Bilder haben ein eigenes Leben entwickelt und sind vielfach an die Stelle der Wirklichkeit getreten. Als 1938 die tschechische Übersetzung von Winders Roman bei Borovy in Prag erschien, war ihr nur noch eine kurze Wirkungszeit beschieden. Wie Ludwig Winders Witwe sich erinnert, hatte man aus Anlaß der Neuerscheinung die Fenster der Buchhandlungen am Wenzelsplatz schwarz-gelb ausgeschlagen.

Es ist für den Rang von Winders Roman nicht maßgebend, ob man den Auffassungen des Autors von Vererbung, der Macht des Milieus und den Bedingungen psychischer Deformation durchgehend zustimmen kann. Ebensowenig geht es letztlich um den »Este«, der eine unsympathische, aber keine unbedeutende Persönlichkeit war, und um Einzelheiten seiner historischen Rolle. Entscheidend sind Winders rationale Haltung und humane Gesinnung, die im skizzierten Kontext besonders bemerkenswert erscheinen. Winder appelliert zunächst an die Einsicht des Lesers und erst in Verbindung damit an sein Gefühl. Er verdeutlicht Geschichte als ein von Menschen gemachtes Geschehen. Unbestimmte Sehnsucht, Passivität und Depression sind seine Sache nicht, sondern – unausgesprochen – das besonnene Handeln.

Greift Max Brod zu hoch, wenn er – mit Bezug auf den Roman *Die Pflicht* – formuliert, Winder habe »auf den kühlen Gipfeln des Gewissens« geschrieben? Vom *Thronfolger* läßt sich sagen, er sei letztlich ein Plädoyer für die Vernunft, verantwortet von einem disziplinierten Künstler.

Winder ist sich in seiner Haltung bis zuletzt treu geblieben. Nach dem Ende des Zweiten Weltkriegs plante er die Rückkehr nach Prag. Die Verpflichtung der deutschen Schriftsteller, dort an der Versöhnung der beiden in Böhmen lebenden Völker mitzuwirken und den Austausch zwischen dem deutschen und dem tschechischen Kulturkreis wiederzubeleben, stand ihm klar vor Augen. Sein Tod im nördlich von London gelegenen Baldock 1946 ersparte ihm die Erfahrung, daß seine Erwartungen ihn trogen und sein Mut vorerst unbelohnt bleiben sollte.

Das Chaos hinter der Fassade

Günter Blöcker über Heimito von Doderer: *Ein Mord den jeder begeht* (1938)

Die vorwiegend aktualitätsorientierte Böll-, Grass- und Walser-Seligkeit unserer schnell vergessenden Gegenwart hat dazu geführt, daß ein Erzähler von dem vergleichsweise überlebensgroßen Format Heimito von Doderers im allgemeinen literarischen Bewußtsein kaum noch vorhanden ist. Bis zu einem gewissen Grad mag es verständlich sein, wenn eine weitgehend auf erzählerische Schonkost gesetzte Leserschaft einige Scheu davor empfindet, sich auf so weitläufige Leseabenteuer einzulassen, wie Doderers Romane *Die Strudlhofstiege* und *Die Dämonen* es sind: wahre Erzählgebirge, ja Erzähllabyrinthe, nicht nur nach Umfang und Seitenzahl, sondern auch in ihrer auf »präsente Universalität« zielenden Konzeption. Jeder Augenblick des in der Erzählung dingfest gemachten Lebens soll, so will es der Autor, ein hochkomplizierter Akkord sein, ein unauflösbarer Differentialbruch, eine »chemische Unio des Disparaten«.

Doderer war ein Virtuose solcher Selbsterklärungen, die einerseits als Verstehenshilfen unschätzbar sind, denen andererseits aber dank ihrer rigorosen Überpointiertheit ein zusätzlicher Abschreckungseffekt innewohnt. Es mag deshalb nicht unwillkommen sein, daran zu erinnern, daß dieser Autor ja nicht nur der Verfasser der *Strudlhofstiege*, der *Dämonen* und der sie begleitenden und umspielenden voluminösen Tagebücher ist, nicht nur der Urheber eines auf vier in sich geschlossene Teile (»Sätze«) angelegten, quasi symphonischen Erzählgebildes, schlicht *Roman No. 7* benannt, das freilich unvollendet blieb, sondern daß dieser Mann des

totalen epischen Zugriffs zugleich auch ein Meister der epigrammatischen »Kurzerledigung« war.
Komplementär zur allumfassenden, enzyklopädischen Erzählgebärde pflegte er die Kunst der aperçuhaften Verknappung, des erzählerischen Florettstoßes, der anekdotischen Schwerpunkte. Ein nicht unwesentlicher Teil seines Gesamtwerks besteht aus ausdrücklich so bezeichneten Divertimenti (zu deutsch: Ergötzlichkeiten), aus Kurz- und Kürzestgeschichten von zuweilen nicht mehr als drei oder vier Druckseiten. Ja, vielleicht erklärt sich gerade von daher das Eigentümliche einer literarischen Existenz, die von der peniblen Ausarbeitung nicht nur des Kleinsten, sondern – mehr noch – des Getrennten, des scheinbar Unzusammengehörigen ausgeht, um dann in einer Art erzählerischer Schraubenbewegung den geheimen Sinnzusammenhang des Disparaten nach und nach aufzudecken. Wir hätten demnach in Doderer weniger den von Haus aus in Großformen denkenden Epiker zu sehen als vielmehr einen ins Monumentale drängenden Miniaturisten, einen zyklopischen Kleinkünstler.
Schraubenbewegung – das Wort fiel bereits. In der Tat steht der erzählerische Prozeß bei Doderer prinzipiell im Zeichen der Kurve. Nichts erscheint diesem Autor unergiebiger als der direkte Weg. Nicht in der geradlinigen, ihre Resultate gleichsam vorwegnehmenden Zielbewegung liegt für ihn das Wesen der Erzählung, sondern in der Bildung und Ausgestaltung erzählerischer Einheiten, die weit auseinander zu liegen scheinen und die sich dennoch wie nach astronomischem Gesetz oder wie in einer chemischen Verbindung zu einem Ausdrucksmuster zusammenschließen. »Die genauen Anatomien vieler verschiedener Menschen«, so heißt es programmatisch in einer Tagebuchnotiz des Autors, »das sind die Moleküle des Romans.«
Auf extrem weiträumig angelegte Romangebilde wie *Die*

Strudlhofstiege und *Die Dämonen* bezogen, könnte es leicht so aussehen, als solle mit solcher Selbstinterpretation aus einer Not eine Tugend gemacht werden. Erst an einem anderen Roman, der – zu Unrecht, wie wir meinen – im Schatten der beiden Monumentalwerke geblieben ist, wird deutlich, wie ernst es Doderer mit seiner Methode war und wie konsequent er sie auch in einem Rahmen praktizierte, der das normale Maß nicht überschritt und der durchaus auch andere Lösungen zugelassen hätte.

Der Roman heißt *Ein Mord den jeder begeht,* wurde 1938, also mehr als zehn Jahre vor der *Strudlhofstiege* und fast zwanzig Jahre vor den *Dämonen,* veröffentlicht und errang kaum mehr als einen Achtungserfolg. Erst zwei Jahrzehnte später, anläßlich einer Neuausgabe im Jahre 1958, wurde er etwas bewußter zur Kenntnis genommen, aber eben doch nur als ein leichtgewichtigeres Nebenprodukt der inzwischen erschienenen Hauptwerke, deren Entstehungsgeschichte ja bis in die frühen dreißiger Jahre zurückreicht. Allein eine Rezension von Wolf Jobst Siedler in den *Neuen Deutschen Heften* erkannte in dem *Mord* den legitimen Auftakt, ja »so etwas wie das Tor« zu den beiden Kolossalromanen.

Doch verweilen wir noch einen Augenblick im Umkreis des Erscheinungsjahres 1938. Auch damals gab es, soweit wir sehen, nur eine bemerkenswerte Besprechung, nämlich die 1940 in der *Neuen Rundschau* erschienene von Willy Kramp. Sie fährt schweres Geschütz auf, beginnt mit Ödipus, Parcival und Faust, endet ahnungsvoll bei Dostojewski und richtet insgesamt ihre Aufmerksamkeit mehr auf die moralischen als auf die künstlerischen Aspekte des Werks. Eine sehr ernsthafte, ein wenig tiefgründelnde Untersuchung, die jedenfalls den Vorzug hat, das Buch nicht, wie manche spätere Rezension, für einen gehobenen Kriminalroman zu halten.

Daß es sich darum in der Tat nicht handeln kann, gibt eigentlich schon der Titel hinreichend zu verstehen. Ein Mord, den jeder begeht, kann schlechterdings kein gewöhnlicher Mord, kein Mord im technisch-kriminalistischen Sinne sein. Genaugenommen handelt es sich überhaupt um keinen Mord, sondern um einen törichten Spaß, einen Dummenjungenstreich, der unglückseligerweise tödlich ausgeht. Eine übermütige Gesellschaft junger Leute hat auf einer Eisenbahnfahrt den abstrusen Einfall, den im Nebenabteil vermuteten Mitreisenden während der Durchfahrt durch einen Tunnel einen tüchtigen Schreck einjagen zu wollen. Das gelingt so nachdrücklich, daß die junge Dame, die allein in dem fraglichen Abteil sitzt, buchstäblich zu Tode erschrickt. Keiner der Übeltäter bemerkt es; und als die Leiche dann noch von einem an der Tat Unbeteiligten bestohlen wird, sieht das Ganze nach einem Raubmord aus, der denn auch unaufgeklärt bleibt.

Es gehört nun zum Raffinement der auf den »indirekten Weg« eingeschworenen Erzählweise Heimito von Doderers, daß dieser Vorfall erst spät und eher beiläufig beschrieben wird, daß der Leser so wenig wie der ahnungslose »Mörder«, will sagen: derjenige, der, angestiftet von seinen Kumpanen, der jungen Dame den tödlichen Schock versetzt hat, Umfang und Schwere des Ereignisses erkennt. Vielmehr erscheint dieses als eine nicht gerade rühmliche, aber auch nicht sonderlich bedeutsame Episode innerhalb der Biographie des jungen Conrad Castiletz, die der Autor nach den Regeln eines traditionellen Entwicklungsromans vor uns ausbreitet oder vielmehr auszubreiten scheint.

Denn in Wahrheit ist dies ein Entwicklungsroman allenfalls bis zu dem Punkt, wo Conrad Castiletz – viele Jahre nach dem Vorfall – von dem rätselhaften Verbrechen an jener Louison Veik erfährt, sich von der Person der Toten eigentümlich angerührt fühlt und wie unter einem Zwang beschließt, den Fall auf eigene Faust aufzuklären. Von da ab wird aus dem scheinbaren Entwicklungs- ein (technisch gesprochen) Enthüllungsroman. Von der Substanz her aber haben wir es von nun an mit der hochkomplizierten und hocherregenden Geschichte einer Selbstfindung zu tun; und zwar einer schlechthin ruinösen, einer tödlichen Selbstfindung.

Je näher Doderers Held der Erkenntnis kommt, daß er selbst der Schuldige war – und sei es schuldig auch nur aus Leichtsinn und Schwäche –, desto gewichtiger und aussagekräftiger werden die Details seiner bisherigen Lebensgeschichte, werden alle die kleinen Verfehlungen und Roheitsakte, über die wir bis dahin mehr oder weniger hinweggelesen hatten. Im Lichte unseres neuen Wissens wird aus dem braven, ein wenig farblosen jungen Mann einer jener fatalen Durchschnittsmenschen, mit denen man letztlich alles anstellen kann. Ein korrekter, umgänglicher Bürger, ordnungsliebend und karrierebewußt – aber hinter der adretten Fassade nistet das Chaos, das Destruktive, das nur darauf wartet, unter irgendeinem bereitwillig als legitim akzeptierten Vorwand loszuschlagen. Man sieht, wie aus einem psychologischen Roman unversehens ein politischer wird oder, zumindest: auch ein politischer.

Auf der Suche nach dem Schuldigen stößt Conrad Castiletz auf sich selbst, er lernt sich kennen, er holt nicht nur die Vergangenheit, er holt auch sich als Person ein. Dieser Terminus »einholen«, den Doderer oft und gerne verwendet, ist eine Kernvokabel des Buches – in technischer wie in substantieller Hinsicht. Sie kennzeichnet unübertrefflich das eigentümliche Bewegungsgesetz dieses Romans. Sein Held hastet hinter etwas längst Entschwundenem, hinter etwas scheinbar Abgetanem her, bis er es eingeholt hat und feststellen muß, daß es das Allergegenwärtigste ist, nämlich das eigene, ihm bisher unbekannt gebliebene Ich, das er nun (so

Doderer) »bis auf den Grund des schwächsten Punktes« durchschaut.
Gegen diesen »schwächsten Punkt« könnte man einwenden, daß er so, wie der Autor ihn darstellt, nicht schwach genug ist. Ein dummer Streich bleibt, wie schlimm er auch ausgehen mag, ein dummer Streich und kein unauslöschlicher Charaktermakel. Reicht jener Vorfall im Zug aus für das, was nun geschieht? Trägt jener Mord, der keiner ist, das dramatische Ende, dessen Zeuge wir jetzt werden? Denn es stellt sich heraus, daß Conrad Castiletz nicht der Mann ist, der es aushält, sich »bis auf den Grund des schwächsten Punktes« zu durchschauen. Oder sagen wir vorsichtiger: Der Autor traut es ihm nicht zu, dieser Mann zu sein.
Selbstfindung gleich Selbstgericht – die Gleichung läßt zwei Lösungen zu: weiterleben im tragischen Bewußtsein der eigenen Fehlbarkeit oder Selbstmord. Doderer verschmäht es, sich zum Anwalt seines Geschöpfes zu machen. Er bleibt distanzierter, skeptisch prüfender Beobachter; und das Ergebnis der Prüfung lautet: Castiletz, genannt »Kokosch«, taugt weder für die eine noch für die andere Lösung. Dennoch – die Konsequenz, die sein Held selber nicht zu ziehen vermag, muß gezogen werden; und so schafft der Erzähler ihn mittels eines sinnreichen Zufalls aus der Welt: Conrad Castiletz kommt durch einen Unfall zu Tode.
Dieser Schluß kennzeichnet Doderers Position. Ihn interessiert nicht primär der Charakter einer Figur, sondern das Schicksalsgeflecht, in das sie gestellt ist. Was man Charakter nennt, ist für ihn nur einer der vielen Fäden, die dieses Geflecht bilden. Auch der fördernde, der schicksalsgerechte Zufall gehört dazu – nicht nur in der Literatur, aber in ihr gewinnt er Ausdrucksgewalt. Castiletz ist seiner »Menschwerdung« (ein Lieblingsbegriff des Autors!) nicht gewachsen, also muß er nach dem Gesetz der Komposition abtreten. Wie, ist schließlich gleichgültig. Je zufälliger die Umstände

des Endes erscheinen, desto konsequenter ist dieses selbst. Der »Fatologe« Doderer kennt da keine Skrupel.

Trotzdem bleibt die Frage, ob das Ende als solches ausreichend motiviert ist. Besteht nicht ein Mißverhältnis zwischen dem, was Doderers Held, ohne es zu wissen und zu wollen, verschuldet hat, und den buchstäblich vernichtenden Schlüssen, die daraus für seine Person gezogen werden? Ist jener Unglücksfall (und um nichts anderes handelt es sich doch) wirklich geeignet, einen Menschen auf den Weg zu bringen, an dessen Ende er weiß, »wer eigentlich man selber sei«, wie es an einer Schlüsselstelle des Buches heißt? Es scheint, daß der Autor da selbst einige Zweifel hatte. Indes, er wäre nicht der Meister des produktiven Umwegs, wenn es ihm nicht auch hier darauf ankäme, ein Stück scheinbar erledigter Vorgeschichte auf vielsagende Weise wieder »einzuholen«.

Womit wir bei der Geschichte Ida Plangls wären, eines einfachen Mädchens, mit dem Castiletz eine Zeitlang befreundet ist, bis er ihm kaltherzig und ohne rechten Grund den Laufpaß gibt, angestiftet wiederum von einem Freund, der ihn weltklug belehrt, »solche Dinge müßten vorübergehend sein«, denn sonst »verlegten sie einem den Weg«. Als das Mädchen bald nach der Trennung stirbt, nimmt er das ungerührt zur Kenntnis. Erst in der letzen Phase der illusionslosen Selbstkonfrontation taucht die Tote in seinen Gedanken wieder auf, »bescheidentlich, im weißen Kleide«, und verschafft ihm ein bis dahin nicht gekanntes schmerzliches Glücksgefühl, das sich – zu seiner eigenen Überraschung – in einem Strom von Tränen löst.

Das sind nur wenige Zeilen, und sie stehen auf einer der letzten Seiten des Buches, aber sie genügen, um uns das Gefühl zu geben, daß damals ein Seelenmord begangen wurde und daß er es ist, der den Tatbestand eines Mordes, den jeder begeht, überhaupt erst erfüllt. Die später zur

Virtuosität entwickelte Kunst des Autors, ein erzählerisches Zentrum im weiteren Verlauf scheinbar achtlos an die Peripherie zu verweisen und es dann, in einem entscheidenden Augenblick, gewissermaßen zurückzukommandieren und es um so nachdrücklicher wieder in die Komposition einzusetzen, sie feiert an dieser Stelle einen ersten Triumph. »Von der Unschuld im Indirekten« hat Doderer einen Aufsatz über den Freund und Mentor Gütersloh betitelt. Hier, an der Figur Ida Plangls und deren thematischer Führung, erfahren wir konkret, was es damit auf sich hat.

Bei aller Weitläufigkeit, ja, bisweilen Plauderhaftigkeit des Vortrags gibt es in diesem Roman kein noch so unbeträchtliches Darstellungselement, das nicht seinen wohlbedachten Ort im großen Plan der Erzählung hätte. Die Komposition duldet keine Lücken und keine blinden Stellen. Am Schluß ist das gesamte, vielfältig verknäulte Erzählmaterial ohne Rest aufgearbeitet, bis hin zu dem elektrischen Funken der Türglocke, der die Gasexplosion auslöst, die zum Tod von Conrad Castiletz führt. Sogar dieser schicksalsträchtige Funke kommt, ohne daß wir freilich gleich seine vorausweisende Qualität erkennen könnten, bereits in einer früheren, zunächst eher überflüssig erscheinenden Episode vor. Erst im nachhinein gibt sie ihre Bedeutung preis, bündig und ohne daß es eines Kommentars bedürfte. Nicht der Autor spricht, sondern der »Lebenstext«, das »fatologische Gewebe«.

Der Künstlertraum der sprechenden Komposition, eines Erzählwerks, das auf jede Aussage verzichten kann, weil es ganz Ausdruck ist, hat Doderer bis zuletzt beschäftigt. Wenige Monate vor seinem Tode, am 15. Oktober 1966, notiert er in seinem Tagebuch: »Das Fatologische wird nirgends ausgesagt. Es resultiert aus den Faktizitäten der Komposition ...« Das war seine Vorstellung vom *roman muet*, der schweigenden, allein durch ihre Leiblichkeit beredten

Erzählung. Es ist erstaunlich, wieviel davon in diesem frühen Roman schon verwirklicht ist.
Allenthalben hört man heute, die Leser wünschten sich Autoren mit einer stärkeren Hinwendung zum puren, unverfälschten Erzählen; es bestehe ein lebhaftes Verlangen nach Erzählern, die sich nicht nur am dünnen Faden ihrer privaten Empfindlichkeiten voranbewegten. Grund genug also, an einen Romancier zu erinnern, der es ablehnte, das »Intim-Sein mit sich selbst« zur Richtschnur oder gar zum Generalthema seines Schaffens zu machen, und der statt dessen seine Bereitschaft zu einem stetigen »Vertrauter-Werden mit der Welt« erklärte, zum uneingeschränkten Offensein für das, was er »das Einströmen der Empirie« nannte. Der Roman *Ein Mord den jeder begeht* ist eine imponierende Einübung in solche Erzählpraxis; die Lektüre (auch die erneute) lohnt sich.

Außer Spesen nichts gewesen?

Adolf Muschg über Meinrad Inglin:
Schweizerspiegel (1938)

»Die Welt wird diese Dichtung zur Kenntnis nehmen und sie den bleibenden Gestaltungen ewigen Menschentums beigesellen«, schrieb Albin Zollinger 1939 in einer Rezension des *Schweizerspiegels* von Meinrad Inglin. Die »Welt« hat nicht einmal die Namen, von denen hier die Rede ist, zur Kenntnis genommen. Es gibt auch in der Schweizer Literatur der Zwischenkriegszeit eine »lost generation«, die mit der von Hitler diktierten historischen Konstellation, gegen die sie anschrieb und gegen deren Enge sie sich wehrte, untergegangen ist. Zu ihrer Tragik gehört nicht zuletzt, daß dieses große Wort auf dem Hintergrund von Krieg und Holocaust so deplaziert klingt – wie eine unschweizerische Übertreibung. Diese Autoren sind als scheinbar Verschonte und Ausgesparte untergegangen, wie ein möglicherweise vernünftiges Votum in Sprechchören untergeht.
Dank Max Frisch, dem damals Jüngeren, der Belagerung Entronnenen, ist die Literaturgeschichte wenigstens von einem Gerücht des Dilemmas gestreift worden, mit dem sich schweizerische Autoren, die keine »Schweizerdichter« sein wollten, damals in ihrer Festung quälten. Was Meinrad Inglin betrifft: seine engere innerschweizerische Heimat beruft sich auf ihn, wenn sie Literaturpreise ausrichtet; es gibt eine ausgezeichnete Inglin-Biographie von Beatrice von Matt; Karl Schmid hat anläßlich des siebzigsten Geburtstags des Dichters die Schweizer aufgefordert, sein Werk endlich in Besitz zu nehmen. Aber: das Hauptwerk Inglins, der *Schweizerspiegel,* war lange vergriffen; nicht nur die Erstausgabe von 1938, auch die im Atlantis-Verlag 1955 er-

schienene zweite Fassung mußte im Antiquariat gesucht werden. (Das war 1980 – seit 1987 ist die Urfassung im Zürcher Ammann-Verlag wieder greifbar.)
Inglin, 1893 geboren, entstammt einem alten Schwyzer Geschlecht. Sein Vater kam auf einer Bergtour um, als der Knabe dreizehn Jahre alt war; wenig später verlor er auch seine Mutter. Sein Bildungsweg endet immer wieder in der Sackgasse: er bricht eine Uhrmacher-, eine Kellnerlehre ab, auch seine Studien an verschiedenen Schweizer Universitäten führen zu keinem Abschluß. Die Militärdienstzeit im Ersten Weltkrieg erlaubt ihm wenigstens den unbürgerlichen Aufstieg zum Leutnant; es ist die Berichtszeit des *Schweizerspiegels*.
Nach dem Krieg entschließt er sich, freier Schriftsteller zu werden; sein erstes gedrucktes Buch, *Die Welt in Ingoldau*, wird zum Skandalerfolg im Flecken Schwyz, wo man einen Schlüsselroman zu lesen glaubt. Mit weiteren Romanen und Erzählungen etabliert er sich; in den dreißiger Jahren erscheinen seine prägnantesten Bücher *Die graue March* und *Schweizerspiegel*, beide bei Staackmann in Leipzig. Weitere Prosawerke befestigen seinen soliden, wenn auch begrenzten Ruhm; seine materielle Existenz bleibt prekär, und mit der veränderten Schweiz findet er sich nicht zurecht. Emil Staiger fördert ihn, seine Ansprüche bleiben nicht ohne Folgen für die späten Romane und die Überarbeitung der früheren – auch des *Schweizerspiegels*. Die letzten Lebensjahre liegen im Schatten einer anderen, jüngeren Literatur – etwa Frischs *Stiller* –, die Inglin in die ungeliebte Position des Traditionalisten rückt. Die Ehrungen zum siebzigsten Geburtstag ändern nichts mehr an seiner stillen Depression; den Tod seiner Frau (1969) überlebt er nur noch um zwei Jahre.
Der *Schweizerspiegel* – ein episches Tableau von über tausend Seiten – ist die Geschichte der Schweiz zwischen dem »Kaiserbesuch« Wilhelms II. 1912 und dem Landesstreik

1918, vorgestellt an der exemplarischen Geschichte einer Familie aus dem Zürcher Großbürgertum. Der Vater Ammann, schweizerischer Parlamentarier und hoher Milizoffizier, ein Liberaler alter Schule, erlebt in den Kriegsjahren seine eigene, gleichsam schleichende Deklassierung. Es ist als Zeichen zu verstehen, wenn Ammann als Bauherr in eigener Sache versagt und seine Sparsamkeit schließlich dazu führt, daß ihm ein Kriegsgewinnler die Aussicht – in jedem Sinn des Wortes – verstellen kann.

Schon diese Buddenbrook/Hagenström-Variation macht deutlich, daß das Muster dieses Romans nicht ohne Vorbilder gewoben ist: Kellers *Martin Salander* ist ein anderes, vor allem aber *Krieg und Frieden*. Freilich sind weniger diese Modelle als ihre schweizerische Verkürzung für den *Schweizerspiegel* charakteristisch. Die Schweiz ist im Krieg, aber sie führt keinen; die Familie steigt ab, aber sie geht nicht unter. Barbara Ammann, die Hausherrin, setzt ihre mütterliche Natur am Ende gegen die Spaltungstendenz der Geschichte durch, von der ihre Kinder – drei Söhne, eine Tochter – unterschiedlich, aber ebenfalls exemplarisch, befallen sind. Fred, der jüngste Sohn, ist in seinem freundlich-gesunden Mittelmaß die heimliche Leitfigur des Romans. Seiner Entwicklung zum zugleich soldatisch gehärteten und zivil gereiften Bürger entnimmt der Leser, nach dem Willen Inglins, das rechte Maß für die Betrachtung der politischen Dinge und die Bürgschaft für eine vernünftige Zukunft. Die einzige Tochter, Gertrud, wendet sich im Krieg dem unbürgerlich-empfindlichen Dichter Albin zu und trennt sich von ihrem Mann, einem Berufsmilitär, und damit – in Grenzen – von den Normen der Ammannschen Welt.

Aber der eigentliche »Held« des Buches ist keine Einzelfigur, sondern – wie im *Mann ohne Eigenschaften* – ein Zustand; der Ausnahme- und Belagerungszustand der Schweiz, das nichtschlüssige, aber aufrüttelnde Abenteuer des bewaffneten Neutralitätsschutzes, im Kern: das stille Drama der Neutralität selbst. Der Roman schildert einen Prozeß, in dem es keinen Richter geben kann außer dem persönlichen Gewissen, einer Instanz, die in einer Zeit, wo alles nach Parteinahme schreit, Zurückhaltung gebietet.

In diesem Prozeß muß eine aufbruchbereite Generation – die der Ammann-Söhne – zur Skepsis erzogen werden; zur menschlichen Vorsicht gegenüber jedem Aufbruch auf Kosten des Nachbars. Die große Freiheit, die 1914 aufleuchtet, erweist sich als blutige Illusion. Sie muß umgebogen werden zu einem geprüften Klein-Mut gegenüber der eigenen Geschichte – weil nur er den eidgenössischen Zusammenhalt verbürgt, und mehr: weil nicht die Idee, aber die Praxis der Zivilisation ohne ihn verloren ist. Gerettet wird sie nur durch den Verzicht auf einige an sich achtbare, aber in der Konsequenz verheerende Grundsätze. Der »Held« des Buches ist also eine paradoxe Größe: die Bereitschaft, sich Heldentaten und Heldentum zu versagen. Sorgfältig führt der *Schweizerspiegel* die Elemente der Weltgeschichte zur Antiklimax seiner eigenen Fabel zusammen. Gegen die Größe ohne Würde steuert er eine Würde ohne Größe an.

In seinem Paradox liegt das Bedeutende dieses Buches. Der »Schwäche« seiner Moral macht es seine künstlerische Kraft dienstbar: sie bewährt sich als scharfe Beleuchtung des notwendigerweise Unscharfen. Die Gewaltmärsche von Freds Regiment an die Nordwestecke des Landes, die Nahtstelle der deutsch-französischen Front: der Einsatz ist gewaltig – und erweist sich als überflüssig. Immer wieder läuft bei Inglin eine große epische Bewegung an – dann läßt er das Knirschen hören, mit dem sie zum Stillstand kommt. Ein Volk ohne größere Mission, als zu überleben? Der *Schweizerspiegel* zeigt die Kehrseite des Verschontseins. Kein *Krieg und Frieden* – bloß die schlechte und rechte Bewältigung des

Unfriedens; Einverständnis mit der Unterdrückung des Heroismus im Namen einer glanzlosen Freiheit; ein Danaergeschenk, das jeden Tag neu verdient werden muß.
In seiner Mühe, die moralische Deckung für sein Romanziel bereitzustellen, ist Inglin an einigen Stellen zum Prediger geworden. Etwa, wo sich der Divisionär Bosshart den »Führer«-Erwartungen, die der deutsch-freundliche Ammann-Sohn Severin auf ihn setzt, mit Gottfried Kellers Ausrufungszeichen entzieht: »Eine anspruchsvolle Situation, der man von Natur aus nicht gewachsen ist! Und ein verletzliches, immer gefährdetes Gebilde, dieser Staat, wie alles hochkultivierte Menschenwerk! Er erträgt keine extremen Lösungen und eignet sich schlecht als Tummelplatz für Unmündige; er ist im Gegenteil auf Maß und Gleichgewicht angewiesen. Die Schweiz ist ein Land für reife Leute.«
Man muß das Erscheinungsdatum und den Erscheinungsort mit dem Roman zusammen lesen: Leipzig 1938. Dann vermag man die Kühnheit dieser scheinbaren Feigheit vor der Geschichte recht zu würdigen. Auch der Staackmann-Verlag – anders als schweizerische Verlage – riskierte dabei nicht wenig. Die Absage an jeden Führermythos, das militante Plädoyer gegen militante »Lösungen« waren eine unverhüllte Provokation des Regimes. 1943, beim Bombardement Leipzigs, ging fast das ganze gedruckte Werk Inglins verloren. War es wenigstens in der Schweiz, wo es nicht verlegt wurde, mit Freude begrüßt worden? Keineswegs.
Die meinungsbildende *Neue Zürcher Zeitung* ließ es durch Carl Helbling höchst reserviert besprechen – Fritz Ernst gab wohl die herrschende Meinung wieder, wenn er das Bild der Schweiz als »grau« empfand und die »Herztöne« vermißte. Der Rang des Werks trat erst in den fünfziger Jahren hervor, als der Generationenwechsel in der Schweizer Literatur schon eingetreten war.
Volkstümlich ist es nie geworden. Die Fernseh-Bearbeitung,

nach der der Stoff ruft, hat es bis heute nicht gegeben – es scheint, die richtigstellende Kraft dieser Verzicht-Epopöe sei noch immer nicht willkommen. Der *Schweizerspiegel* ist ein unverdächtiges Zeugnis dafür, daß der Nazi-Keim auch im Schweizer Bürgertum steckte; es räumt beiläufig auf mit der Legende, die große schweizerisch-deutsche Entfremdung sei erst mit dem Dritten Reich eingetreten. Im *Schweizerspiegel* kann man nachlesen, wie viel früher sie anzusetzen ist: die offizielle Schweiz hat Deutschland nicht vergessen, daß es vom bewunderten und mächtigen Ordnungsstaat über Nacht zum Herd der Unruhe, zum Tummelplatz der Revolution geworden war. Daß die reaktionäre Remedur in der Schweiz dann doch nicht verfing, das freilich mag das Verdienst jener Eigenschaften sein, die der *Schweizerspiegel* in der Vielfalt seiner Figuren ausbreitet. Revision statt Vision, glanzlose Arbeit an der Demokratie – Inglins Roman hat teil daran und ist selbst ein Stück davon.

Der *Schweizerspiegel* kann Nichtschweizern aber auch nahebringen, warum Schweizer Intellektuelle – nicht nur Autoren – mit ihrem Schicksal hadern, obwohl sie dazu scheinbar so wenig Grund haben. Sie leiden darunter, daß Neutralität, sobald sie keine Leistung mehr ist, zum ersparten Aufwand wird, ja, zum guten Geschäft. Ein Käse-Land, in dem sich die Zeit nach der Kuckucksuhr richtet, wenn sie nicht überhaupt stillsteht; ein Staat der Gnomen, der von der Geschichte profitiert, ohne an ihr teilzunehmen – so ist die Schweiz von Knut Hamsun über Orson Welles bis Jean Ziegler gescholten worden, und die Munition dazu hat sie – auch ganz unmetaphorisch – selbst geliefert. Karl Schmid hat das Malaise schweizerischer Autoren als »Unbehagen im Kleinstaat« diagnostiziert. Max Frisch hat ihm in seiner Schillerpreis-Rede 1974 sinngemäß geantwortet, man brauche von keinem Größenwahn besessen zu sein, um die schweizerische Eigenart, Probleme lieber zu leugnen, als zu

lösen, für inadäquat zu halten. Bei Inglin werden sie wenigstens nicht geleugnet.
Aber inadäquat wird man es doch nennen müssen, wenn er Gertrud Ammann den Bruch mit ihrer Gesellschaft erspart, indem er ihren Dichter an der Grippe sterben läßt. Entbehrlicher Kleinmut war es wohl auch, wenn er bei der Überarbeitung 1955 alles zurücknahm, was ihm von ferne verfänglich schien – Politisches und Erotisches. Daß es »derselbe Spiegel«, aber »jetzt von größter Reinheit«, »nichts mehr wolkig überhaupt«, sei, dieses Lob Werner Webers verliert auf dem Hintergrund eidgenössisch-puritanischer Sauberkeitszwänge viel von seiner Eindeutigkeit. Und ein Zufall ist es kaum, daß Inglin den *Schweizerspiegel* nicht – wie etwa von Karl Schmid gewünscht – in den Zweiten Weltkrieg, in die heikle und brennende Gegenwart fortgeschrieben hat. Die Synthese des Romans war nur als historische zu halten.
Der Riß, der solche Vorsicht von der falschen Idylle, der patriotischen Selbstgratulation trennt, ist in Inglins Werk oft fein, nahezu unsichtbar. Aber er geht tief; er reicht bis ins Zentrum dieses Werks. Inglin ist als junger Mensch selbst in Versuchung gewesen, die Zukunft der Demokratie einer Militärdiktatur, das Wohl des Menschen einer Heilslehre auszuliefern. Später hat er mit seinem Lob der Natur, die er als Wanderer und Jäger liebte, öfters den Beifall der falschen Heimat-Schützer herausgefordert. Auch im *Schweizerspiegel* zeigt er Verständnis für Figuren – etwa Oberst Sonderegger oder Korpskommandant Ulrich Wille –, deren Rechtsdrift zur Zeit der Niederschrift schon notorisch war.
Aber als Komposition, als nüchtern-kunstvolles Ganzes hat der Roman mit den partikularen Interessen, die er zur Sprache bringt, gebrochen. Er entfernt sich von der Faszination durch seinen Stoff auf dem Weg einer schon beinahe staatsmännischen Geduld. In der Form, die er dabei ge-

winnt, kann er einem heutigen Leser wieder nahegehen. Es ist eine Form der re-signatio, aber nicht der Hoffnungslosigkeit. Die Zeichen werden so umgestellt, daß sie ihren nationalen Rahmen öffnen zugunsten einer nicht nur europäischen, sondern humanen Perspektive.

Das deutsche Inwendige

Eckhard Heftrich über Kurt Kluge:
Der Herr Kortüm (1938)

Heute einen Roman von gestern zu lesen, heißt in der Regel, daß man mit Neugier und Scheu zugleich sich wieder einem Buch zuwendet, das man vor langer Zeit schon einmal gelesen hat. Neugierig ist man, zu erfahren, ob das Urteil von einst, das als ein Erinnerungsgefühl überlebt hat, sich bestätigen, widerlegen oder zumindest berichtigen wird. Die Scheu hingegen rührt weniger vom Text selbst her als vielmehr von der Wiederbegegnung mit der eigenen Vergangenheit. Auch wer nicht beständig modebedingte Anfälligkeiten zu verdrängen hat, fürchtet die Begegnung mit den Schatten seiner jugendlichen Dämmerung; und diese Schatten tragen oft die Namen der einst gelesenen Bücher.

Kurt Kluges *Der Herr Kortüm* indessen habe ich jetzt zum ersten Mal gelesen. Die Neugier galt vor allem der Frage, wie ein Roman beschaffen sein mochte, dem in Deutschland von 1938 an bis zum Kriegsende ein stetig wachsender Erfolg beschieden war, und der die große Zäsur so unbeschadet überstand, daß zum Beispiel die Auflage von 1949 das Impressum trägt: 170.–184. Tausend.

Diese besondere Art der Neugier macht die Scheu verständlich, sich mit einem solchen Buch zu befassen.

Der Gang in die Bibliothek eines germanistischen Seminars verschärfte die Scheu zum Mißtrauen. Da fanden sich *Blätter zum Gedächtnis des Dichters*, ein schmales Bändchen des »Dankes«. Die Fotografie zeigt einen ordentlichen Zivilisten, mit der Zigarre in der Hand, aufgenommen vor dem Schloß Fontainebleau am 23. Juli 1940, drei Tage vor dem Tod des Sechsundfünfzigjährigen. Wie er dahin kam, erfährt man dann durch Hermann Burte, achtzehn Strophen lang: »Dann fuhren deutsche Dichter in den Westen, / Gewärtig neuer Kunde, neuer Sicht! / Kurt Kluge stand als Gleicher bei den Besten, / Die Stirne frei, das blaue Auge licht...« Natürlich war auch Kolbenheyer mit von der Partie, einer sogenannten Dichterfahrt im Gefolge der siegreichen Wehrmacht, es fehlen weder Griese noch Schaffner. Dem folgt der Dank der Funktionäre aus Propagandaministerium, Reichsjugendbücherei und Amtsschrifttumspflege. Und schließlich die Akademiker und Professoren, von Langenbucher bis ..., aber warum noch einmal ein paar Namen von vielen nennen. »Deutschland, die Wangen hektisch gerötet, taumelte dazumal auf der Höhe wüster Triumphe, im Begriffe, die Welt zu gewinnen...« So beschließt Thomas Manns Zeitblom seine Erzählung vom Begräbnis Leverkühns im August 1940.

Neben den Gedenkblättern steht im Seminar eine in Berlin verfertigte Arbeit von 1942 über den Typus des Deutschen im Werk Kluges. Kortüm und Kolbenheyers Paracelsus werden da als »Brüder eines Blutes« gefeiert: »Was aber in diesem Sinn volkhafte Dichtung ist, geht ein in das Wesen des Volkes, aus dem es zu Anfang entsprang, und lebt in ihm, solange das Volk lebt – unvergänglich.« Und schließlich eine Münsteraner Dissertation von 1947 über den Roman; nun wird statt des ewigen Deutschtums das »Weltbild und humoristische Lebensgefühl« gefunden. Diesmal lautet der letzte Satz: »Den Tag bestehen und mit den Menschen sein, in der Stille der Nacht allein vor Gott und in Gott das Haupt erheben – das ist die Lösung, die kein Kollektiv, sondern nur der einzelne Mensch erreichen kann. Der aber auf eine absolute Weise.« Da nun siegte doch die Neugier über den Widerwillen, und ich griff endlich nach dem 746 Seiten dicken Roman.

Über den realen Ort der Handlung und auch über die

Nebenschauplätze wird der Leser vom Erzähler genau ins Bild gesetzt. Die Paßhöhe des Thüringer Waldes, auf der sich der hanseatische Kapitän Kortüm nach seinem Abschied von den Weltmeeren als Wirt niedergelassen hat, ist anhand der Dorf- und Städtenamen leicht auszumachen. Zwar erhält gleich auf der ersten Seite ein »Schulmeister«, der sich auf dem Weg zu seiner neuen Stellung in Besenroda verirrt glaubt, von Kortüm die befremdliche Auskunft, er befinde sich auf der hohen Straße, die von der Biskaya bis Taschkent führe.

Aber die Verwirrung hält nicht lange an. Was nach einer närrischen Mystifikation aussieht, enthüllt bald seine tiefere Bedeutung; in der Endfassung lautet das immer neu variierte Thema nämlich: »Die Erdkugel hatte er ja umreist. Nur auf einer Stelle war er nicht gewesen... das Kreuz der Erde, ihren Mittelpunkt, die Stelle, um die sich Politik und Religion drehen, gerade die hatte er nie besucht! Das Hochplateau von Pamir, leider.« Was ihm dann ein Professor aus Jena schließlich über die uralte West-Ost-Straße erzählen wird, das hatte Kortüm längst im Gefühl: »Gerade als ich dahin wollte und nur eben noch eine kleine Reise durch Deutschland machen mußte, kam ich... auf diesen Paß... Sah den Blick nach Süden, den Blick nach Norden, sah die Nordsüdstraße, sah die Westoststraße, begriff die Bedeutung und die Möglichkeiten dieses Ortes – und kaufte für mein Reisegeld nach Buchara dieses Gelände, baute dieses Haus... seitdem bin ich ein Mann, der an seinem Reisewege wohnt.«

Wohl führt die Phantasie den Autor gelegentlich ins neblige Sumpfgelände eines falschen Tiefsinns, aber die Schilderung der thüringischen Berg-, Wald- und Dorfwelt leidet darunter nicht und verträgt sich mit der Skurrilität des Schottenhaus-Wirts, der schließlich, für tot gehalten, heimlich aufsteht, aufersteht, und sich auf den Weg nach Pamir macht. Niemand hat ihn dann mehr gesehen, bis der Astronom mit dem sprechenden Namen Windhebel einen neuen Planetoiden entdeckt, dem er den allein zutreffenden Namen Kortüm gibt.

Auf der Erde, zumal der thüringischen, findet man sich also bald zurecht und fühlt sich am Ende auch nicht durch den neuen Stern am deutschen Weltenhimmel irritiert. Anders hingegen, wenn dieser Raum zur Zeit wird. Wohl ist gelegentlich vom Krieg die Rede, der noch nicht lange zurückliegt: von den fünf »Büchern« des Romans erschien das erste separat schon 1934, das zweite 1937. Kortüm hat sich »vor zwanzig Jahren« da oben angesiedelt, ehe »Krieg, Pestilenz und teure Zeit« kam – also vor 1914, wie man realisiert, sobald man sich klarmacht, daß damit die durch Hunger vorbereitete Grippeepidemie von 1918 und die Inflation in jener ältlichen Manier umschrieben werden, die lange für poetisch galt.

Und doch sucht der Leser immer wieder nach historischen Orientierungsmarken. Natürlich fährt man nicht nur Eisenbahn, sondern längst Auto. Im ersten Buch ist bereits ganz nebenbei einmal vom Luftschutz die Rede, aber man liest darüber hinweg und befindet sich schon über der Hälfte des Romans, wenn man auf »1935« stößt. Aber auch da ist nur von einer Spätlese dieses Jahrgangs die Rede! Hätte sich das Gedächtnis nicht an dieser fast irreal anmutenden Zahl festgehakt, so würde man kaum das Wort »Jungvolkschar« bemerken, wenn es, rund achtzig Seiten vor Schluß, zum ersten und einzigen Mal auftaucht, aber im vorhinein schon gleichsam entschärft ist als »junges Volk, lebendig und laut«, das nur wandert. Schließlich, als vorzeitig der Sarg eintrifft, für den es schon keine Leiche mehr gibt, heißt es gar, »... daß die Beerdigungsindustrie ihrem Wesen nach auf schlagartige Leistung eingerichtet ist. Nur die Rüstungsindustrie sei ihr an Promptheit annähernd zu vergleichen.«

Das Dritte Reich, während dessen ersten Jahren der Roman spielt, ist also nicht vorhanden. Es fehlt zumindest an der Oberfläche so gründlich, daß nach 1945 Kluge gelegentlich zu den heimlichen, den ganz heimlichen Widerständlern gezählt wurde. Er ist aber wenigstens drei Jahre zu früh gestorben, als daß er noch in die Heimatfront der stummen inneren Emigration sich hätte einreihen können. Kein Zweifel, daß sich unter seinen begeisterten Lesern auch viele gefunden haben, die nicht erst beim herannahenden Untergang die innere Distanz zu Hitlers Reich gewonnen haben.

Aber was manchem von der braunen Realität gepeinigten oder zumindest angewiderten Zeitgenossen als ein Leserefugium erscheinen mochte, mutet gerade durch die politische Abstinenz im nachhinein als unheimliche Idylle an. Die thüringischen Dörfler sind zwar keineswegs nur idealisiert, so wenig wie die übrige Bevölkerung des Romans, der gelegentlich auch nach Weimar oder Berlin führt; auch unter Kluges Deutschen gibt es Klatschmäuler, Raffkes und Schufterles, sogar auf dem Lande. Aber Ortsgruppenleiter und Frauenschaftsführerinnen, das gibt es eben nicht, und die Juden sind da offenbar schon wieder so gründlich ausgewandert, daß auch auf jene von den Nazis so sehr geschätzten Karikaturen gänzlich verzichtet werden konnte. Die Kulturwarte fanden in diesem Roman zwar keine Blut-und-Boden-Literatur, sahen sich vermutlich jedoch durch die thüringische Bodenständigkeit fürs Fehlende entschädigt.

Vor allem aber – und dies erst macht die Abstinenz so unheimlich: das deutsche Wesen, das kein Sein, sondern ein Werden ist, inkarniert sich in Herrn Kortüm auf eine Weise, die es den Nazis wohl ebenso wie ihren stillen Gegnern erlaubte, in diesem Buch Bestätigung oder Trost zu finden. Und um so eher, als die Verkörperung des ewigen Deutschtums nicht zum tragischen Helden stilisiert wird, dessen

Untergang nur einmal mehr die Erbärmlichkeit und Erlösungsbedürftigkeit der übrigen Welt demonstriert hätte, sondern weil da ein liebenswertes Original erscheint, in dem Faust, Don Quichote und Eulenspiegel zu etwas unleugbar Eigenem vereinigt wurden. Sogar noch etwas von Peeperkorn scheint nachzuwirken, wenn Kortüm als Dirigent eines Festes ein Pandämonium entfesselt. Nur ist an die Stelle von Thomas Manns Löse- und Bindungsmittel der Ironie bei Kluge der Humor getreten.

Der Humor aber ist nicht erst im zwanzigsten Jahrhundert, da jedoch in besonderem Maße, eine gefährliche Zone. Die Risiken bewältigt Kluge am ehesten, wo es sich um die Auseinandersetzung des zugereisten Kortüm mit jener Welt handelt, die dieser, mit dem Blick auf den Esperstedter Kirchturm, als »Nachttopfhorizont« bezeichnet. Problematischer wird es in der Sphäre des Geistes und der Kunst, die hier vor allem durch einen unglücklichen Musiker, einen schon bald von Erfolg bedrohten dichtenden Schulmeister und eine jugendliche Berühmtheit nicht nur der Weimarer Bühne repräsentiert wird.

Das so edle wie gebildete Naturkind trägt nicht zufällig den Namen Konstanze Schröter. Man darf und soll da wohl an die große Corona Schröter denken, mit der Goethe, er selber als Orest, zum ersten Mal die Iphigenie aufgeführt hat. Sogar Kortüm, in Bildungsdingen sonst eher zurückhaltend, weiß, daß auf der hohen Straße nicht nur Herr Wolfram von Eschenbach mit dem Parzival-Manuskript in der Rocktasche an seinem Wirtshaus vorbeigeritten sei, sondern dann »ein paar Jahre danach« auch »Herr Wolfgang von Goethe, mit dem 4. Akt der Iphigenie vor sich auf dem Sattelknopf«. Das Sentimentale und Pathetische enthüllt sich ziemlich oft als die Kehrseite von Kluges Humor. Und der verläßt ihn und auch den Leser, wenn die tiefere Bedeutung der Saga vom ewig Werdenden enthüllt und »das gefährliche unterirdische Rollen des Vulkanes Mensch« zu Gehör gebracht wird.

Gerade jene Passagen, über die sich die Deuter vor 1945 und kurz danach am innigsten gebeugt haben – es sind zum größeren Teil dieselben Textstellen –, schwächen den Roman so sehr, daß man keine Wette auf seine Wiederentdekkung abschließen möchte. Das gilt nicht nur von der Schlüssellegende, die der Schulmeister als Poet vom Autor in die Feder diktiert bekommt; da reiten »die Ritter von der traurigen Gestalt«, sie mögen nun Hutten oder Quichote heißen, immer noch, und als ihre Metamorphose hat man Kortüm zu betrachten. Es gilt noch mehr, wenn die Botschaft nicht einmal die Legendenverhüllung wählt: »An dem Ostersonnabend hatte er hier oben gestanden, die Glocken im Tal gehört und dieses Gelände angesehen. Hier ruhen und hier andere gejagte Menschen ruhen lassen: streift euer Ameistum ab wie ein schmutziges Hemde, seht dieses Wolframsland und begreift das deutsche Inwendige – oh, Herr Kortüm verstand damals schon, die Dinge aus der richtigen Entfernung zu sehen.« Dergleichen schreibt man nicht ungestraft, es färbt ab, auch wenn es sich nur um Flecken in einem großformatigen Gemälde handelt, das in seinen größeren Teilen von solidem handwerklichen Können zeugt. Diesem Instinkt des Handwerks ist es wohl auch zuzuschreiben, daß Kluge dort, wo er in eine Art Metaphysik des Volksbegriffs verfällt, die Suada wenigstens dem Gelehrten Windhebel in den Mund legt und seinen Kortüm lediglich sagen läßt: »Ich bin froh, daß ich nur ein Gasthaus zu leiten habe und keine Schule.«

Wenn man, wie häufig geschehen, Kluge als ranggleichen Nachfolger von Jean Paul und Raabe einstuft, greift man gewiß zu hoch. Was Kluge mit der Figur des Kortüm, der Zeichnung etlicher Originale, der Erfindung mancher skurriler Szenen, aber auch mit Landschaftsschilderungen gelang, bleibt, diesseits eines von ihm selbst erstrebten und von den Interpreten ausgewalzten Tiefsinns, beachtlich genug. Er selbst hat mit seinem Roman die Hoffnung verbunden, er würde den Deutschen zeigen, was sie wert seien, den Europäern aber möge er das Verstehen der deutschen Seele erleichtern. Das indessen ist eher ein Satz aus der anachronistischen Träumerei der zwanziger als der Wirklichkeit der dreißiger Jahre.

Der Sieg des guten Königs

Helmut Koopmann über Heinrich Mann:
Die Jugend des Königs Henri Quatre (1935) und
Die Vollendung des Königs Henri Quatre (1938)

Merkwürdig, was Zeitgenossen aus dem Doppelroman Heinrich Manns herauslasen, als er 1935 und 1938 erschien: Hermann Kesten fand allenfalls flüchtige Weisheit, aber keine Wissenschaft darin, nur die Psychologie der Politik, nicht ihre Analyse oder gar die Geschichte – »da sind nur witzige Schattenspiele und nicht Ziffern, Tabellen, Soziologie und Ökonomie. Das Weltreich Spanien und das Haus Habsburg werden zum frömmelnden Gespenst, das von einem geldlüsternen Phantom die Lustseuche empfängt. Die Religion wird zum frommen Psalm und blutigen Vorwand. Frankreich sind fünfzig Schlachtfelder, fünfzig Lustplätze und der Louvre. Das Jahrhundert wird zur Romanze, zum ›Balladenbuch‹ und zur Bildergalerie.«

Haben die Mitlebenden damals nicht das Ungewöhnliche dieses historischen Romans gesehen, nicht die fürchterliche Aktualität gespürt, die Heinrich Mann beschrieb? Offenbar nicht oder nur selten. Denn Kesten war nicht der einzige, der dem Poeten, seinem Freunde, dieses Zerrbild seines Romans vorhielt. Manche haben noch schärfer geurteilt: Lion Feuchtwanger hat Heinrich Mann sogar abgesprochen, daß er wirklich ernsthaft und wissenschaftlich die Quellen studiert habe, als er daranging, seinen Plan eines Romans über Henri Quatre wahrzumachen, und ihn damit zu nichts Geringerem als einem historisierenden Scharlatan gemacht.

Bücher über Heinrich den Vierten schrieben damals auch andere, außer dem Heinrich Manns gibt es noch mindestens zwei weitere, in den dreißiger Jahren entstanden. Überhaupt war es eine Blütezeit des historischen Romans in Deutschland. War es diese zeitgenössische Literaturumgebung, daß man Heinrich Manns Roman nicht ernst genug nahm, da er einer unter vielen war, Produkt einer flüchtigen Mode? Wahrscheinlicher noch ist, daß hier der alte, für die deutsche Geistesgeschichte so typische Widerspruch zwischen Historiographie und Dichtung wieder hochkam, der so alt ist wie der Versuch, auf poetische Weise die Zeit zu beschreiben. Schon Heine hatte sich gelegentlich als Geschichtsschreiber bezeichnet, aber das war schon ihm übel bekommen: man glaubte ihm einfach nicht die Ernsthaftigkeit seines Vorhabens – und Heinrich Mann hat man sie auch nicht geglaubt.

Das sind heute sonderbar ferne Vorstellungen. Haben wir nicht mehrfach erfahren, daß es der Schriftsteller ist, der den »Sinn« der Geschichte ganz »treu« wiedergibt? Heine hat das vor einer ungläubigen Zeit behauptet, aber Heinrich Mann hätte es auch sagen können. Und was sich in den späten dreißiger Jahren als Flucht in eine ferne, fremdartige Vorzeit ausnehmen mochte, zeigt heute die bedrückende, beängstigende Wirklichkeit von damals. Aber damals, gegen Ende jenes Jahrzehnts, hat man den Roman gewogen und häufig als zu leicht geraten abgetan.

Ein historischer Roman im strengen Sinne ist Heinrich Manns Buch allerdings nie gewesen und wollte es auch gar nicht sein. Denn was Heinrich Mann beschrieben hatte, war im Grunde genommen die Legende des großen Henri. Heinrich Mann hat sie damals wohl noch mehr studiert als die historischen Quellen. Denn die gaben nur her, was man ohnehin schon wußte: ein historischer Roman war danach kaum zu schreiben, jedenfalls nicht für einen Schriftsteller, der in seiner Jugendzeit Nietzsches ganze Verachtung für die tote, tötende Historie geteilt hatte. Also kein Geschichtsbild in traditionellem Sinne: das hat Heinrich Mann niemals

gewollt. Und so hat er sich an die Legende gehalten, mit allem, was die von sich aus bot. Sie erlaubte es, die Geschichte zu überspringen, sie in aller Freiheit zu behandeln, ohne ihr doch gänzlich untreu zu werden. Und die Legende legitimierte ihn auch, die wirkliche Geschichte in der Weise umzuschreiben, daß Henri nun zu ihrem strahlenden, charismatischen Helden wurde, Mittelpunkt seiner Zeit, Hoffnung der Unterdrückten: sein »guter König« war der legendäre König, der die Schatten des wirklichen längst hinter sich gelassen hatte. Und erst er war geeignet, zur Figur eines historischen Romans jener Art zu werden, wie er Heinrich Mann offenbar vorschwebte.
Legenden sind zeitlos. Heinrich Mann machte sich das zunutze: denn sie waren damit auch jederzeit verfügbar. Nun hat er natürlich nicht die Geschichte der Henri-Legende um eine weitere Version vermehren und damit die Legende fortsetzen wollen. Was ihn damals an den Stoff brachte, war anfangs ja auch gar nicht einmal so sehr die Faszination durch den guten König gewesen, sondern etwas ganz Unhistorisches, nämlich die Erfahrung seiner eigenen Zeit, oder sagen wir genauer: die der französischen Dritten Republik. Wenn er sich irgendwann mit irgendeinem Staat identifiziert hat, dann mit dem dieser Zeit. Sie erschien ihm über die Maßen herrlich und beinahe unvergleichlich: »Glänzender als die Regierung des Sonnenkönigs, erfolgreicher als Napoleon, und an innerem Wert von Sittlichkeit und hätte nur vergleichbar den besten aller Könige, Henri Quatre«.
Das waren die Anfänge; Henri und sein Königtum waren ein höchster Vergleich. Als Heinrich Mann den Roman endgültig schrieb, wurde aus dem Vergleich noch mehr: ein Gleichnis. Henri wurde endgültig zum guten König; 1932, als der Roman dann seine Konturen annahm, wurde er schon zum Gegenbild einer immer mehr sich verdüsternden Zeit, und

Henri, der gute Volkskönig, wuchs im gleichen Maße, in dem die deutschen Verhältnisse barbarischer wurden.

Das alles ist einleuchtend. Historische Romane sind nur in unfruchtbaren Zeiten tatsächliche Ebenbilder der Jahrzehnte gewesen, die sie porträtieren wollten. Wir kennen dergleichen aus dem 19. Jahrhundert: den Professorenroman. Fast überflüssig zu erwähnen, daß er meist um so langweiliger ist, je mehr er »stimmt«. Heinrich Manns Roman hat diesen akademisch-törichten Anspruch nie erhoben. Um so mehr wollte sein Roman Gleichnis sein, und das nicht nur in dem Sinne, daß etwas Größeres, Idealisches zum Vorschein kam, sondern auch darin, daß er ein Spiegel der eigenen Zeit war.

1939 hat Heinrich Mann in »Gestaltung und Lehre« den Satz notiert: »Wir werden eine historische Gestalt immer auch auf unser Zeitalter beziehen. Sonst wäre sie allenfalls ein schönes Bildnis, das nur fesseln kann, aber fremd bleibt.« Hinter diesen Sätzen aber sind die eigentlichen Möglichkeiten des historischen Romans verborgen: Spiegelbild zu sein der eigenen Zeit – aber zugleich dieser auch das »schöne Bildnis« vorzuhalten, den Entwurf einer besseren Zeit, die Korrektur des Gegenwärtigen, die Utopie. Genau das hat der Roman von Henri Quatre gewollt. Er ist also bewußt als historischer Zwitter angelegt: die Geschichte des Henri sollte noch einmal erzählt werden, aber zugleich sollte diese Legende vom guten König einer Gegenwart präsentiert werden, in der sich das Böse festzusetzen begann.

Der historische Roman der dreißiger Jahre war generell so orientiert; Stefan Zweigs Erasmus-Roman, ja noch Brechts Caesar-Roman ist Spiegelbild der damaligen Gegenwart und zugleich mehr, Vorentwurf eines besseren Äons. Aber mehr als anderswo ist bei Heinrich Mann das Historische nur Draperie, leicht zu durchschauen. Er hat damals zeigen wollen, wie es in Deutschland zuging, und er wußte es besser

als mancher, der dageblieben war. Henri, der rechte König, wird Zeuge »des ungeheuersten Terrors bei den Wahlen; alle besessen von einem frechen und widerlichen Haß, und wissen nicht mehr, wohin damit« – sind das die Reichstagswahlen 1933? Natürlich nicht, und doch. Daß die Steuern abgeschafft werden sollten, hat nicht nur die katholische Liga versprochen, auch die Nazis haben es getan. Die Kleinbürger dann, »starrend von Unwissenheit über die Religion, über den Staat, über alles Menschliche« – das taten auch jene, die 1933 dem Hakenkreuz nachliefen. Heinrich Mann hat sie glänzend abkonterfeit: »Sie wollen hauptsächlich nicht zahlen; sonst sind sie voll täglicher Widersprüche.«
Und dann die Goebbels-Figur des Predigers Boucher, der eine soziale Wirklichkeit beschrieb, wie sie dem totalitären Staat von damals und jeder Diktatur eigentümlich ist: »Hütet euch, aus der Kirche fortzubleiben. Aber vom Prediger mit Namen genannt zu werden, bedeutet: Du kommst nicht mehr lebend nach Haus. Anzeigen, angeben, ausliefern, an den Galgen bringen, hei. Als Belohnung für die Belastung eines anderen tritt man in sein Amt oder Geschäft: so hat man jetzt üblicherweise zu sein. Darum sind die ehrbaren Leute für diesmal Schurken. In anders eingerichteter Zeit werden sie höchst wohlanständig sein, an ihnen soll es nicht liegen. Sie sind, was man grade zu sein hat, diesmal verwahrloste Schurken ... Überaus verhaßt bei der Masse mit weiß verdrehten Augen ist das geordnete Denken. Ein unpromovierter Student, der aber die geforderten Meinungen hat, dringt in den Hörsaal des Professor, tritt ihm auf beide Füße, läßt ihn einsperren und wird statt seiner ernannt. Der junge Arzt beseitigt den älteren, der ihm im Wege steht: hat nicht richtig gegrüßt, der Professor die Waschfrau ... Recht im Namen des totalen Volks.«
Man kann diese Sätze auch heute nicht ohne äußerste Beklemmung lesen: denn das war die bittere Wirklichkeit

von damals, hundertfach, tausendfach so geschehen. Heinrich Mann, gar nicht in Deutschland lebend, hat einen unbestechlichen Blick für die verbrecherischen Usancen jener Tage gehabt, für das Ausmaß an moralischer Korruption, das da eingetreten war, für das Aufwachsen aller bösartigen Instinkte des Menschen, die durch nichts mehr niedriggehalten wurden, für die vielen impertinenten Schurkereien, die Parteibuch- und Bonzenmentalität. Der Roman legt die Annahme nahe, daß alles das nicht die einmalige Eruption eines verheerenden Animalismus war, sondern wiederkehren kann, sind nur die Bedingungen dem halbwegs günstig – und wir wissen ja leider nur zu gut, wie recht er damit hatte.

Was dieser Schriftsteller dagegen zu setzen hatte, war nicht viel und doch zugleich das Beste, was er kannte: eine historische Legende. Der Sieg des guten Königs war eine Verheißung. Die vielen hundert Seiten des zweiten Bandes erzählen, wie lange er auf sich warten ließ. Das Ende zwar ist Tod und Untergang: Henri wird ermordet. Doch hier zeigt sich zugleich der Glanz der Legende: Henri lebt dennoch weiter, denn in Frankreich sterben die Könige nicht. »Der einzige König lebt bis heute bei den Armen«: so lautet der letzte Satz des Romans.

Das Buch ist auch heute nicht leicht zu lesen: die Handlung verschlingt sich mäandrisch durch Hunderte von Szenen hindurch, der zweite Band wirkt erzählerisch diffus bis hin zu Verworrenheiten, gelegentlich so verwildert wie die Beziehungen, die beschrieben werden. Die vielen Amouren, die damals die spöttische Verachtung der Rezensenten herausgefordert haben, sind gerade hier zu finden; die Religionsfragen, die den ersten Band so mächtig dominiert haben, treten zurück, Machtfragen, politische Aspekte bei allem Persönlichen stärker hervor. Ob dieser Band überdauern wird, wird die Zeit lehren.

Das auf die eigene Zeit bezogene Historische, das die Geschichte »zum angewendeten Beispiel unserer Erlebnisse werden« läßt (so Heinrich Mann 1939), durchtränkt den ersten Band viel mehr. Eben dort sind die Zeiten von damals vor allem anwesend, die Gespenster der frühen dreißiger Jahre. Von allen historischen Romanen ist der über die Jugend des Königs Henri Quatre vielleicht der eindringlichste, das markanteste Zeitprofil, das damals überhaupt gezeichnet wurde. Es ist so aufrichtig, weil – wir sehen das heute eigentlich erst recht – hinter alledem, was die Jahre von damals auf so fürchterliche und unvergeßliche Weise wieder präsent macht, wohl mehr unbewußt als bewußt auch etwas eingeflossen ist, was die Zeitstimmung tiefer noch als vieles andere bestimmte. Das sind Angst, namenlose Furcht, Mißtrauen. »Angst, ich habe Angst«, sagt Henris kleine Schwester, und sie spricht aus, was atmosphärisch alles durchdrang.

Finis Austriae

Eckhard Heftrich über Joseph Roth: *Die Kapuzinergruft* (1938)

Fast dreihundert Jahre lang, bis zum Ende der Monarchie, wurden Mitglieder der Habsburgerdynastie, ihrer einhundertundvierzig, zehn Kaiser und fünfzehn Kaiserinnen darunter, in der Kapuzinergruft zu Wien bestattet. Den Namen dieser jetzt zur Touristenattraktion abgesunkenen Wallfahrtsstätte aller tagträumenden Monarchisten wählte Joseph Roth als symbolschweren Titel für eines seiner letzten Werke. Am Anfang des Sommers, zu dessen Ende der Zweite Weltkrieg begann, starb der aus Galizien stammende jüdische Österreicher im Pariser Exil. Das Buch endet mit dem Anschluß Österreichs ans Dritte Reich, es erschien bereits 1938 in einem niederländischen Verlag.

Darf ein Text von weniger als 200 Seiten als Roman bezeichnet werden? Ja, wenn es sich wie hier um die gebändigte Form eines so ungeheueren Stoffes wie den Untergang und die Selbstzerstörung dessen handelt, was einmal Österreich-Ungarn hieß. Zu diesem Untergang zählt Roth auch die Zeit der Republik. Bei der Lektüre der *Kapuzinergruft* vergißt man beinahe, wie lange deren Qualen gedauert haben. Mit einem letzten, morbiden Friedensjahr beginnt die Handlung des Romans im Frühjahr 1913. Zu den vier Kriegsjahren und der republikanischen Agonie hinzugezählt, ergibt sich ein ganzes Vierteljahrhundert.

So viel an Geschichte kann in einen so schmalen Band nur eingebracht werden, wenn das Historische beinahe ausgeblendet wird, obwohl es im Bericht des erzählten Privaten hintergründig doch stets gegenwärtig ist. Der Leser fühlt es beständig und ist nie überrascht, wenn die Stunde kommt, in der die Fatalität mit der Gewalt des Symbolischen die Oberfläche aufbricht. Dann wird es auch den Figuren im Roman ins Bewußtsein gepreßt.

Der auf den ersten Blick schlichte, weil recht traditionelle, aber desungeachtet wirkungsvolle Kunstgriff des Autors besteht darin, den Text einem Manne anzupassen und unterzuschieben, der noch »an jenem Freitag« anno 1938, wo selbst die letzten seiner Freunde meinen, nun sei die Stunde da, in der er sich »um die Geschichte des Landes zu kümmern« habe, bloß den »üblichen Satz« sagt, er wolle seine Ruhe haben. Dabei weiß er, daß er statt Ruhe hätte »Verzicht« sagen müssen, weiß, daß nun auch noch sein »lieber Verzicht« dahin ist. Und doch ist er der Gegentyp des Mitläufers, dessen kurze Jubelzeit nun ausbricht. Dem passiven Protagonisten des Romans bleibt allein noch festzustellen: »Ich war ausgeschaltet. Ausgeschaltet unter den Lebendigen bedeutet so etwas Ähnliches wie: exterritorial.« Aber er hat sich freiwillig ausgeschaltet, ehe man ihn, wie nur angedeutet ist – »kurz vor meiner wahrscheinlich letzten Stunde darf ich, ein Mensch, die Wahrheit sagen« –, endgültig ausschalten wird.

Der Mann, der sich nicht erst im März 1938, sondern seit zwanzig Jahren in seinem »verrunzelten Vaterland« als Exterritorialer fühlt, stammt aus Slowenien und heißt Franz Ferdinand Trotta. Der Bruder seines Großvaters »war jener einfache Infanterieleutnant, der dem Kaiser Franz Joseph in der Schlacht bei Solferino das Leben gerettet hat. Der Leutnant wurde geadelt.« Die Geschichte des Helden von Solferino und seiner neuadligen Nachfahren bis zum Weltkrieg hat Roth in *Radetzkymarsch* erzählt. Gegenüber diesem nicht nur dem Umfang nach größeren Roman, der 1932 erschien und Roths bleibenden Ruhm begründet hat, weist die *Kapuzinergruft* zweifellos erhebliche Schwächen auf. Das Buch ist nicht jene Fortsetzung von *Radetzkymarsch* geworden, als die es wohl zunächst geplant gewesen war. Dennoch geht vom dem kleineren Werk eine nur ihm eigene fahle Faszination aus.

Franz Ferdinand also gehört zu den bürgerlichen Trottas. Die sind wohlhabend genug, um mit befreundeten Aristokraten in der Vorkriegszeit den dekadenten Wiener Luxus und nach 1918 trotz Verarmung, weiterhin ohne ernsthafte Arbeit, das Scheinleben einer ausgehöhlten Konvention teilen zu können. Den Angehörigen dieser verlorenen Generation, die »nicht nur gealtert, sondern vergreist« aus dem Krieg heimkehrte, bleibt genügend Zeit, darüber zu räsonieren, daß Österreich, das verlorene, »kein Staat, keine Heimat, keine Nation« war, sondern »eine Religion«, und »die einzige Übernation, die in der Welt existiert hat«.

Doch beschränkt sich Joseph Roths Beitrag zum habsburgischen Mythos nicht auf derlei Abstraktionen. Zwar reduziert er Handlung, Typen und Bilder bis zu einer riskanten Kargheit, aber er predigt nicht, sondern erzählt immer noch. Darum ist Franz Ferdinand Trotta nicht Mundstück seines Erfinders, sondern die blasse, aber gerade deshalb mediale Hauptfigur im Rollenspiel. Von dieser Figur, nicht vom Autor, gilt: »Ich schreibe lediglich zu dem Zweck, um mir selbst klarzuwerden.« Da Joseph Roth in der Literatur glücklicherweise nicht die Magd der Psychologie gesehen hat, hält er die Selbstaufklärung des Franz Ferdinand Trotta in jenen Grenzen, die seinem Geschöpf ein Leben im Roman garantieren.

Die Kapuzinergruft ist in unseren Tagen zum Objekt sezierender Deuter geworden. Etliche Interpreten waren rasch damit fertig, erklärten den Roman für ein Zeugnis von Roths zunehmender, durch den Alkoholismus beschleunigter Lähmung, ein Dokument auch seiner bereits geschwundenen Gestaltungskraft, denunzierten das Buch gar als Beweis für die nostalgisch verbrämte, antidemokratische Verweigerung eines zum Kampf gegen den Faschismus unfähigen Reaktionärs: nach seiner Wandlung vom linken Journalisten zum katholisierenden Anhänger der um den habsburgischen Kronprätendenten gescharten Legitimisten mußte für Roth mit dem Anschluß die letzte Hoffnung zerbrechen; hatte nicht die Geschichte dem Autor so zwar den logischen Schluß für seinen noch unfertigen Roman gegeben, ihn selbst aber der endgültigen Verzweiflung ausgeliefert?

Nun ist an Roths tiefer Depression nach dem März 1938 in der Tat nicht zu zweifeln. Aber darf man ihn deshalb einfach mit seinem Trotta gleichsetzen? Schließlich war Roth, im Gegensatz zum passiven Trotta, nicht nur in den zwanziger Jahren aktiv gewesen – auch in den dreißiger Jahren verlor er seine partielle Scharfsicht nicht. So skurril sein neuer Glaube an eine mögliche Rettung durch die Restauration der Monarchie heute auch anmutet: seine habsburgischen Träumereien an französischen Caféhaustischen haben ihn nicht gehindert, früher und schärfer als viele Schicksalsgenossen Wesen und Zukunft der Hitlerbewegung zu durchschauen und die Erkenntnisse auch öffentlich kund zu tun. Selbst zum direkten politischen Handeln fühlte er sich aufgerufen. So fuhr er, wohl mit Zustimmung Ottos von Habsburg, 1938 nach Wien, von der Idee besessen, der Anschluß könnte noch verhindert werden. Bis zu Schuschnigg drang er freilich nicht durch, verließ dann fluchtartig das Land, das sich schon zum triumphalen Empfang des Stammesgenossen aus Braunau rüstete. Dieser Aktivismus hat etwas von tragischer Ridikülität an sich, aber man muß Roth zugestehen, daß er nicht einfach in melancholischer Passivität versank.

Sein Trotta hingegen schickt zwar gerade noch den kleinen Sohn nach Paris, aber auch dazu hätte er sich nicht aufgerafft, wenn nicht die alte, gelähmte Mutter zuletzt befohlen hätte, das Kind »weit fort« zu bringen. Dann stirbt diese

Borniertheit mit Größe vereinigende Repräsentantin eines schon anachronistischen Spätbürgertums. Der Tod erlöst sie in der »Nacht der Revolution«: die Stichworte Februar und Dollfuß verraten das nicht genannte Jahr 1934. Wir befinden uns da schon im vorletzten Kapitel, und es endet so: »Allein blieb ich, allein, allein, allein. Ich ging in die Kapuzinergruft.«

Ob er bei den Sarkophagen den Trost findet, den er sucht, wird nicht gesagt, der Leser hat allen Grund, es zu bezweifeln. Denn ohne Übergang schließt sich das letzte Kapitel mit »jenem« Freitag an, der unschwer auf März 1938 zu datieren ist. Auch an diesem Abend geht Trotta, »lange schon ein vom Tode auf unbeschränkte Zeit Beurlaubter«, ins Café Lindhammer, »und ich tat so, als wäre ich keineswegs aufgeregt wie die anderen«. Dann erscheint eine Gestalt, die »wie aus der im Souterrain gelegenen Toilette emporgestiegen, dennoch aber durch die Straßentür hereingekommen war. Ein paar Augenblicke lang hatte ich tatsächlich geglaubt, die mir wohlbekannte im Souterrain gelegene Toilette läge plötzlich draußen.«

Der Kloakenmann trägt »schwarze Ledergamaschen, ein weißes Hemd und eine Art von Militärmütze, die mich gleichzeitig an eine Bettschüssel und an eine Karikatur unserer alten österreichischen Kappen erinnerte; kurz und gut: nicht einmal an eine preußische Kopfbedeckung«. Nein, kein Berliner, sondern ein originärer Wiener Jung-Nazi schreit ins Café: »Volksgenossen! die Regierung ist gestürzt. Eine neue deutsche Volksregierung ist vorhanden!«

Eine lange Weile später, »der Morgen graute über wildfremden Kreuzen«, findet Trotta sich wieder vor der Gruft, die er schon einmal, anno 1918, bei der Heimkehr aus der russischen Gefangenschaft, verschlossen fand. Jetzt ist kein Wachposten, sondern ein »Bruder Kapuziner« der einzige Mensch hier.

Am Ende von *Dantons Tod* singt Lucile, die junge Frau des hingerichteten Camille Desmoulins, auf dem leeren Revolutionsplatz an der gesäuberten Guillotine vom Schnitter, der Tod heißt: »Viel hunderttausend ungezählt, was nur unter die Sichel fällt.« Dann tritt eine Patrouille auf. »Es lebe der König«, ruft die todeswillige Lucile und wird abgeführt. Bei Joseph Roth antwortet Trotta dem Kapuziner, der ihn fragt, was er wünsche: »›Ich will den Sarg meines Kaisers Franz Joseph besuchen.‹ [...] ›Gott segne Sie!‹ sagte der Bruder, und er schlug das Kreuz über mich. ›Gott erhalte!‹ rief ich. ›Pst!‹ sagte der Bruder. Wohin soll ich jetzt, ein Trotta?...« So endet der Roman in Totenstille. Dem Leser bleibt der Trost, wenn es denn einer ist, daß er sich diesen Trotta nicht unter der Masse zu denken hat, die alsbald dem Führer auf dem Wiener Heldenplatz zujubeln und nach der Melodie von »Gott erhalte Franz den Kaiser« singen wird: »Deutschland, Deutschland über alles!«

Vater der Indios

Gert Ueding über Reinhold Schneider:
Las Casas vor Karl V. (1938)

Am meisten überrascht hat mich bei der Wiederbegegnung mit diesem Buch das Alter des Helden. Der Las Casas meiner Erinnerung steht eher in der Mitte zwischen Schillers Marquis Posa und dem Vater Jaguar aus Karl Mays Südamerika-Roman; mit dessen Sphäre verbindet ihn auch schon der sprechende Ehrenname, den ihm seine Schützlinge und Anhänger verliehen haben: als »Vater der Indios« tritt er vor Karl V., die Sache der unterworfenen, ausgerotteten, massakrierten Stämme und Völker gegen ihre Eroberer und Unterdrücker vertretend. Er ist vor der entscheidenden Reise nach Spanien fast siebzig Jahre alt, und Reinhold Schneider schildert ihn auch als einen zwar rüstigen, doch manchmal vor Erschöpfung und Entmutigung in sich zusammenfallenden Greis.
Doch trügt das Gedächtnis nicht ganz, denn ein alter Mann ist der Dominikanermönch nur den Jahren nach. »Du bist in allem Jammer, den du erfahren, ein Kind geblieben oder wieder geworden, das zu jeder Stunde auf ein Wunder hofft«, sagt zu ihm der Ritter Bernardino de Lares, der ihn kennenlernt wie kein anderer. »Das Gesicht des Las Casas wurde in ... Augenblicken der Erinnerung von einer Jugend überglänzt, die der Ritter staunend wahrnahm; es wäre nicht möglich gewesen, das Alter des Sprechenden zu erkennen im Lichte der kindhaften Freude, die auf seinen Zügen lag.«
Reinhold Schneider hat seine Hauptfigur nach demselben ehrwürdigen antiken Musterbild des *puer senex* entworfen, das später auch die Überlieferung der Kirchenväter prägte,

und es zudem mit dem neutestamentarischen Motiv des Jesuswortes verbunden: »Wenn ihr nicht umkehret und werdet wie die Kinder, so werdet ihr nicht ins Himmelreich kommen.« Man kann in diesem Bibelvers sogar das Leitmotiv des ganzen Buches finden. Denn Las Casas ist selber einer, der umgekehrt ist: ehemals Kolonist und Goldminenbesitzer, war auch er einer der zahlreichen Ausbeuter und Unterdrücker des indianischen Volkes, und es bedurfte mehrerer Erschütterungen, ihn aus der vorgezeichneten Bahn zu werfen.

Umkehr ist auch das Stichwort in der Lebensgeschichte Bernardinos, der, einst einer der schlimmsten Konquistadoren im Gefolge der Spanier, Las Casas auf der Überfahrt persönlich kennenlernt und, todkrank wie er ist, dessen Zeuge wird wider Mord, Verbrechen – und damit wider die eigene Vergangenheit. In der Forderung nach Umkehr schließlich liegt die historische Aufgabe des Bruders Bartolomé de Las Casas beschlossen, in ihr kulminiert seine große Rede vor Karl V.: »Herr, dein Volk ist krank, laß es gesunden. Zerbrich das Unrecht, zerbrich das Unrecht, in dem es erstickt... Gib die Indios frei; setze ihre Fürsten wieder ein, deren Rechte ehrwürdig sind wie die deinen; laß dein Volk erkennen, daß sie Gottes Ebenbild sind und Achtung verdienen.« Der Redner zieht selber die Parallele zwischen Einzelschicksal und dem Schicksal der Völker, zwischen der lebensgeschichtlichen und der weltgeschichtlichen Umkehr. Nachdem Bernardino sein Zeugnis gegen die Sünden und Verbrechen der Eroberer abgelegt hat, sagt Las Casas: »Um die Seele dieses Mannes... habe ich lange Wochen gerungen, und es ist mir dabei manchmal gewesen, als ob es die Seele unseres Volkes sei, die edel war in ihrem Ursprunge, aber getrübt wurde von den Gewalten.«

Dem jugendlichen Leser von damals ist viel in diesem Buch

entgangen. Die zeitgeschichtlichen Bezüge waren ihm völlig gleichgültig, die die Handlung mit der unheilvollen Epoche verbinden, in der es entstand (das 1938 erschienene Buch sei sein »Protest gewesen gegen die Verfolgung der Juden«, schrieb der Autor), und nicht weniger unbeachtet blieb natürlich die kunstvoll verschränkte Parallelkonstruktion der Geschichte: wie Bernardinos Lebensbeichte zum Spiegel der Biographie von Las Casas und zugleich für die trostlose Eroberungsgeschichte Südamerikas wird, das Einzelverbrechen zum Abdruck des Völkermordes und dann doch die heilsgeschichtliche Perspektive selbst dem Abgrund der Inhumanität noch einen apokalyptischen Sinn verleiht; wie das Auf und Ab der tagelangen Disputation über die neuen menschlichen Gesetze (Leyes Nuevas) für die eroberten Reiche über weite Strecken nur indirekt und beiläufig in den Gesprächen des Mönches mit seinem an Leib und Seele todkranken Gefährten Bernardino erscheint, um dann (derart spannungsvoll vorbereitet) im Schlußgefecht zwischen Las Casas und seinem Gegner, dem Staatsrechtler Sepulveda, und vor dem Angesicht des Kaisers seinen Höhepunkt zu finden; wie schließlich dieses Rededuell selber nach allen Regeln rhetorischer Kunst verläuft, beide Redner sämtliche *loci a persona* und *loci a re* ausschöpfen, die Beweisgründe aus Person und Sache gegeneinander führen, Erzählung und Argumentation kunstvoll ineinander verschränkt, rationale und emotionale Überzeugungsgründe gleichermaßen ins Feld führen und wie dann (ein großes Moment der letzten Spannung) der ungehemmte Affektausbruch zum Redeschluß, die pathetische *peroratio* des Mönches, nach der Theorie die Manifestation des aufs höchste gesteigerten Überzeugungswillens, gerade die gute Sache zu gefährden, ja, zum Scheitern zu bringen droht – und wie der eigentliche Gipfel dieses so glanzvoll inszenierten Schauspiels forensischer Beredsamkeit und geschichtsentscheidender *disputatio* vor höfischer und gelehrter Welt dann ganz im verborgenen erreicht wird, in jenem nächtlichen Zwiegespräch zwischen Las Casas und seinem Kaiser, das abermals unter dem Leitmotiv der Umkehr steht, auch wenn es den stillen, jeden öffentlichen Spektakel ausschließenden Triumph und die Krönung im Leben des Dominikaners bringt.

Die so überaus kunstvolle Komposition findet sich, liest man genau, auch im Detail wieder. Keine Episode, kein Motiv, kein Gegenstand ohne Funktion und Bedeutung: beginnend mit der stürmischen Überfahrt von dem »Neuen Indien« nach Spanien, die zur Initiationsreise Bernardos wird, dem vergifteten Pfeil, der ihn ins Leben traf, bis zur schattenhaften Gegenwart des Marqués des Tales von Oaxaca, den die Welt unter dem Namen Cortez kennt und der wie ein zu ewiger Ruhelosigkeit Verdammter durch die Geschichte zieht, bis hin schließlich zum kunstvollen Arrangement der Handlungsräume: die noch unermessene Weite des neuen Kontinents, der endlose Ozean am Anfang und die kleine enge, nur von einem herabbrennenden Holzfeuer erhellte Arbeitsklause des Kaisers am Ende, der höfische Disputationsraum und gegenüber das armselige Kranken- und Sterbezimmer Bernardinos, in welchem die Truhe mit den zusammengeraubten Schätzen als dauernd gegenwärtiges Menetekel steht. In diesem kleinen Roman, der wohl nicht zu Unrecht als Reinhold Schneiders bestes Buch gilt, hat alles seinen Platz und jedes Detail seine vielfältigen Korrespondenzen.

Wie unzureichend und einfach erscheint dagegen das Leseerlebnis des Jungen von damals. Die jugendliche Phantasie ergänzte die bruchstückhaften Konfessionen des Ritters nach Maßgabe der altersüblichen Lektüre zu spannenden Abenteuergeschichten von Sklavenfang und Befreiung, Eroberung und Entdeckung. Die bittere Liebesgeschichte zwi-

schen dem spanischen Abenteurer Bernardino und dem unschuldigen Eingeborenenmädchen Lucaya las man wie eine Episode aus einem Roman von Sealsfield, und der Vater der Indios zeigte sich als der wirkliche Held gegen die Schurken und Schinderknechte der mörderischen Eroberer, gehaßt und verachtet von seinen weißen Feinden, geliebt und verehrt von seinen roten Brüdern. Auch sein eigener verworrener Lebenslauf paßte gut, sein Damaskus hatte ihn zudem nicht zum Renegaten werden lassen, sondern einen redlichen und mutigen Mann aus ihm gemacht, ihn also zur Klarheit und nicht zu einer neuen, diesmal religiösen Trübnis geführt.
Schon die Eingangsszene des Buches ist derart haften geblieben, sie spielt am Hafen von Vera Cruz, und es herrscht ein wildbewegtes Gedränge von halbnackten Eingeborenen, fluchenden Aufsehern, geschäftigen Schiffsjungen, wild aussehenden Soldaten, ausreisenden Spaniern und ihren Angehörigen, zerlumpten Bettlern und vornehmen Hidalgos: »Da näherte sich ein Menschenknäuel den Schiffen, aus dessen Mitte ein Dominikanermönch ragte; ein Indio, der sich durch seine helle Hautfarbe und seinen Bau von den Azteken unterschied und von einer der Antillen stammen mochte, ging neben dem Pater und trug dessen Habe ... Der Pater blieb stehen, und sofort wich der Haufen zurück ...« Während die Eingeborenen ihm Geschenke bringen, seinen Segen erbitten, bilden die Verwünschungen der Spanier die Geräuschkulisse. »›Ich komme gewiß wieder‹, sagte er mit fester Stimme, ›und ich verspreche euch, es wird euch geholfen werden.‹« Seinem Schützling Bernardino schärft er ein, »daß man nur zeugen und überzeugen kann durch sein Leben«.
Rettungsromane, so hatte Gutzkow einst die Erzählungen seines Vormärzkollegen Theodor Mügge genannt und damit einen ganzen Romantypus gekennzeichnet. Zu ihm gehört

auch, unbeschadet der größeren literarischen Kunstfertigkeit, Reinhold Schneiders *Las Casas vor Karl V.* Der Wille, aus dem falschen Leben auszubrechen, der Traum von Freiheit, Gleichheit und Gerechtigkeit sind seine wichtigsten Beweggründe. Wenn der Vater der Indios als wortgewaltiger Anwalt der Erniedrigten und Beleidigten vor das staatliche Kollegium tritt, wenn er endlich sogar im Angesicht des Kaisers seine erbitterte Anklagerede gegen das eigene Volk hält und dessen Verantwortung reklamiert vor Gott und der Geschichte, dann meint man tatsächlich jenes Schillerpathos zu hören, das die lesende Jugend noch immer begeistert hat und sich allemal besonders als Männerstolz vor Königsthronen bewährte.

Vielleicht werden jugendliche Leser das Buch auf ihre Weise viel passender und angemessener verstehen, als das Erwachsene noch können. Denn es steckt manche Erbaulichkeit darin, die schief wirkt, in diesem Lesealter aber unwichtig ist und nicht stört; hin und wieder gibt es Passagen, die bloß Schwulst und Kitsch sind (»Sie nahm es – das Kreuz – in die gefalteten Hände; eine Seligkeit, die ebenso unfaßbar war wie ihr Leiden, ließ ihr Gesicht aufleuchten.«), worüber hinwegzulesen schon die Karl-May-Lektüre gelehrt hat, ja der ganze immer wieder fatal sich vordrängende katholisierende Ton (auf dem Gesicht eines jungen Priesters liegt »der Widerschein des Heiligsten«) verdirbt wohl vor allem dem kunstgeübten Leser die Lektüre.

Zuletzt wird dann sogar der zunächst so offensichtliche Vorzug ästhetischer Modellierung zum Stein des Anstoßes, weil die Konstruktionslinien allzu deutlich hervortreten und es nichts mehr gibt, was nicht symbolischen Tiefsinn und Bedeutungsreichtum signalisiert. Mit der Historie von Las Casas ist Reinhold Schneider verfahren wie jene Exegeten, denen die schönsten und mitreißendsten Erzählpassagen der Bibel zu allegorischen Verschlüsselungen theologischer

Spitzfindigkeiten verdorren, und selbst bei der schön geschmückten Braut des Hohenliedes fällt ihnen nur die kirchliche Gemeinde ein. Ich bin ganz sicher: *Las Casas vor Karl V.* kann man vollkommen ohne Reue nur früh im Leben lesen.

Eine Muse konnte nicht schweigen

Dolf Sternberger über Ernst Jünger: *Auf den Marmorklippen* (1939)

Das kleine Buch von Ernst Jünger, das den Titel *Auf den Marmorklippen* führt und ohne eine Gattungsbezeichnung blieb, war das kühnste Erzeugnis der Schönen Literatur, das während der Zeit des Dritten Reiches in Deutschland ans Licht getreten ist. Die Lektüre erregte und bewegte uns außerordentlich. Es war wie ein Signal, das plötzlich aus der Düsternis aufschießt und die Gegend erhellt. Es bot Stärkung und wirkte als ein Mittel der Verständigung unter denen, die gegen Bedrohung oder Versuchung der Tyrannei sich festigten. Niemand unter den Lesern, die ich kannte, hat daran gezweifelt, daß in den Visionen dieser Erzählung die Erkenntnis unserer eigenen gegenwärtigen Lage ausgesprochen war. In Chiffren war unseren elenden Beherrschern das Urteil gesprochen. Man rieb sich die Augen, es schien fast unglaublich, daß dergleichen möglich war. Das Buch verbreitete sich rasch. Es ist bald nach Kriegsbeginn zuerst erschienen, das Copyright der »Hanseatischen Verlagsanstalt« zeigt die Jahresangabe »1939/1940«, ich las es wohl im selben Jahr 1940, und mein Exemplar – es ist noch das damalige – trägt den Vermerk, daß es bereits dem »22. Tausend« zugehörte.

Einzelne Wendungen, Momente und Motive sind mir seither unverwischt im Gedächtnis, im Bildervorrat und im Sprachschatz geblieben, über mehr als vierzig Jahre. Vor allem aber ist uns jener Entsetzensblick für Lebenszeit gegenwärtig, den der Erzähler dort auf die »Schinderstätte« tat, eine versteckte Blöße im Wald, wo Menschenleiber ausgebeint werden und wo ein unscheinbares Männchen, vor sich hin pfeifend, auf einer Werkbank Menschenhaut bearbeitet. »Köppels-Bleek« – auch der Name des grauenhaften Ortes ist wohl jedem im Sinn geblieben, der es damals gelesen hat. Denn es war die Welt der Konzentrationslager, die Sphäre des Geheimterrors, die hier in ein unvergeßliches Momentbild gefaßt zu sein schien, fern von Photographie und Reportage, eine szenische Abbreviatur von eigner Macht und großer Schärfe. Gerade darum hatte es eine eigentümlich befreiende Wirkung, ohne daß der tödliche Ernst unserer wirklichen Situation irgend gemildert erschienen wäre. Man war sprachlos gewesen, man hatte – wie die Redensart geht – keine Worte; so über alle Begriffe und Vorstellungen war, was man erfuhr und ahnte. Nun hatte der Dichter ein Wort gefunden. Es schloß Erkenntnis ein, präzise Wahrnehmung und ein Grauen, das doch auszuhalten war.

Der damalige Verlagslektor Paul Weinreich, der das Manuskript der *Marmorklippen* – von Jüngers Bruder Friedrich Georg abgesehen – zuerst gelesen hat, gab in einer privaten Aufzeichnung (von 1973) die Erwägungen wieder, die er und der Verlagsleiter Benno Ziegler vor der Veröffentlichung dieses »brisanten Geschosses« anstellten. Seine Formulierung ist wert, bekanntgemacht zu werden, sie läßt einen tiefen Einblick in die geistige Lage unter der Diktatur zu, zeigt zugleich eine Strategie an, die auch anderwärts befolgt worden ist. »Ein Verbot erwarteten wir nicht«, heißt es dort, »wir rechneten damit, daß die Partei das Bild, das Jünger zeichnete, nicht auf sich beziehen konnte, wenn sie sich nicht selbst bezichtigen wollte, und daß diese Überlegung sie bestimmen werde, das Buch hinzunehmen.« Er berichtet dann, daß der Verlag das Buch so schnell wie möglich auf den Markt gebracht, es auch nicht der »parteiamtlichen Prüfungskommission zum Schutze des NS-Schrifttums« vorgelegt, daß diese allerdings sogleich Exemplare angefordert, dann indessen sich nicht mehr gerührt habe. Dieser Ausgang macht wahrscheinlich, was der Verleger später aus unbekannter Quelle vernommen und auch Ernst Jünger mitgeteilt hat: daß der »Reichsleiter« Bouhler, der an der Spitze jener »Kommission« zur Literaturkontrolle stand – es war übrigens nicht die einzige derartige Instanz –, den Fall an seiner höchsten Stelle vorgebracht, daß Hitler aber selbst entschieden habe, nichts zu unternehmen. Die Autorität des Stoßtruppführers, Pour-le-mérite-Trägers, zeitweiligen Freikorps-Angehörigen und Verfassers von Büchern, die den Krieg verherrlicht hatten, hielt noch stand; ihm gegenüber scheint der Diktator sich weiter als der »unbekannte Gefreite« gefühlt zu haben. So genoß der Verfasser der *Marmorklippen* den Schutz ebenderjenigen Gewalt, welcher er das literarische Urteil sprach. Ihm selber scheint die Episode nicht bloß wunderlich, sondern wesentlich; seinem Selbstbewußtsein ist eine Sicherheit eigentümlich, als wäre er gefeit.

Schon im November 1939 kamen ausführliche und nachdrückliche Besprechungen heraus – in der *Deutschen Allgemeinen Zeitung* und in der *Frankfurter Zeitung*, beide von leitenden Feuilleton-Redakteuren verfaßt, jene von Bruno E. Werner, diese von Max von Brück. Beide sprechen hohes Lob aus. Brücks ungewöhnlich umfangreicher und eindringlicher Aufsatz ist mit dem mehrdeutigen Titel überschrieben: »Gefahren einer Traumlandschaft«, doch werden diese Gefahren wesentlich durch eine Paraphrase der Vorgänge gekennzeichnet, welche die Erzählung ausmachen. »Der Versuch ist großartig«, heißt es, »und steht einzig da: als das Wagnis eines Mannes, der sich allein, mit seinem optischen Besteck, in einen unbekannten Erdteil begibt.« Werner schrieb nüchterner, wurde aber hinsichtlich des Zeitbezuges etwas deutlicher: »... oft ... glaubt man am wetterleuchtenden Himmel eine Paraphrase unserer Gegenwart zu erkennen.« Die nationalsozialistische Presse schwieg. Im *Völ-*

kischen Beobachter und im *Schwarzen Korps* konnten laut Auskunft des »Instituts für Zeitgeschichte«, das erst jüngst auf meine Bitte noch einmal danach geforscht hat, in der fraglichen Zeitspanne keine Besprechungen ausfindig gemacht werden. Es bestätigt sich in markanter Weise, was ein vorzüglicher Kenner, der Politologe Hans Peter Schwarz, in seinem Buch über Jünger (von 1962) bemerkt hat: Die Anhänger der nationalsozialistischen Ideologie wandten sich von seinem Werk ab, und »bürgerliche Blätter« bedachten seine Wandlung mit Sympathie-Erklärungen. Der leise Spott, der hier dem »Bildungsbürgertum« eben deswegen entgegengebracht wird, scheint mir indessen fehl am Platz: daß die *Marmorklippen* in Jüngers Œuvre eine Wende bedeuteten, kann dem Beobachter nicht zweifelhaft sein. Indem er ihre Vernichtung beschrieb, entdeckte er Kultur. Der Ich-Held, kein Krieger mehr, vielmehr gelehrter Schreiber, flieht aus der »Feuerwelt« – um seinen eigenen Ausdruck zu gebrauchen –, welcher der Autor sich vordem doch ganz und gar verschrieben hatte.

Inzwischen haben wir nun von Ernst Jünger, dem Dichter, mehrfach gehört, daß er seinerseits die »politische« Bedeutung des Buches für zweitrangig, beinahe für nebensächlich hält oder halten möchte. Er will seine »musische« Bedeutung gewürdigt sehen, die Dichtung als solche. Dahin gehört jene Bemerkung Jüngers, die er Jahre später einer Taschenbuchausgabe der *Marmorklippen* (bei Ullstein) beigefügt hat, sie ist von 1972 datiert. »Wenngleich die politische Lage mit ihrem Alpdruck«, heißt es dort, »diesen Angriff aus dem Traumreich heraus entfaltete und das sogleich in diesem Sinne erfaßt wurde, ging die Begegnung doch zeitlich wie räumlich über den Rahmen des Aktuellen und Episodischen hinaus.« Hier wird der Anspruch vernehmlich, dem Werk komme der Charakter einer Parabel zu. Mehrfach hat der Autor ihn auch in die lässige sprichwortartige Wendung gekleidet, dieser Schuh passe auf verschiedene Füße. Wir treffen da auf einen Grundzug von Jüngers Philosophie: Geschichte hat darin keinen eigenen Rang, überall kommt es ihm darauf an, die Muster zu entdecken, wonach die Lebenserscheinungen verlaufen. Zuletzt scheint diese Bemühung von Nietzsches Idee der ewigen Wiederkehr des Gleichen sich herzuschreiben. Die Einmaligkeit der Erfahrung mag er nicht wirken lassen, sie muß in wiederholbare Typologie erweitert, in imaginierte Urbilder eingeschmolzen werden. Ich gestehe, von der Formel tief schockiert zu sein, mit der er die Ungeheuerlichkeiten, deren Zeugen wir gewesen sind, in den Bezirk des »Episodischen« verweist. Dante hat in der Hölle Individuen getroffen, nicht Symbolwesen, und er hat auch seine florentinischen Bösewichter, diese Argenti und Farinata, naiv und derb bei ihren Eigennamen genannt.

Jetzt also, vierzig Jahre später, habe ich dieses »Gedicht«, dieses »Phantasiestück«, dieses »Capriccio« wieder gelesen. (Das sind Gattungsbezeichnungen, die der Autor selbst gelegentlich gebraucht hat.) Die Lektüre ruft wechselnde Empfindungen hervor. Herrlich, mitreißend ist der Einsatz, diese Ansprache an einen imaginären Freundeskreis, dem der Leser sich zugehörig fühlen kann: »Ihr alle kennt die wilde Schwermut, die uns bei der Erinnerung an Zeiten des Glükkes ergreift.« Meisterhaft ist die Beschreibung des glücklichen Zustands, des Lebens in der »Rautenklause« mit dem Bericht von den Veränderungen verfugt, die ihm schließlich ein furchtbares Ende setzen. Am Schluß des sechsten Kapitels zeigt sich diese Kunst am genauesten: »So kam es denn, daß wir die Arbeit nicht im Stiche ließen, als der Oberförster in unserem Gebiet an Macht gewann und als der Schrecken sich verbreitete.« An dieser Stelle wird die Figur zum ersten Mal genannt; das siebte Kapitel wendet sich ihr dann sogleich mit aller Aufmerksamkeit zu. Auch all die anderen

Decknamen und Codewörter tauchen wieder auf, man findet sich belustigt, ihnen von neuem zu begegnen, und weiß doch zugleich, daß es hier nichts zu lachen gibt. Da ist die »Mauretania«, die Geheimverbindung, deren »Alter Herr« der Oberförster ist, und die der Erzähler und sein Bruder hinter sich gelassen haben. Da ist das Nachbarland von »Alta Plana«, eine Art idealer Schweiz, neue Version eines ererbten Topos. Da ist der wackere Hirte mit dem kroatischen Namen »Belovar«, kraftvoller und getreuer Beschützer der Rautenklause und ihrer Insassen; auch er hat literarische Ahnen, aber das bestätigt vielleicht nur ein wirkliches, freilich seither verschollenes Urphänomen, wie es sich etwa im typischen Verhältnis des zarten Leutnants und seines biederen, auch väterlichen Feldwebels dargestellt haben mag. Im Fall des »alten Pulverkopfs«, der nur in Zitierungen vorkommt, haben wir es tatsächlich mit einem Spitznamen zu tun, wie Gymnasiasten sie erfinden, und er bezeichnet auch wirklich einen Lehrer – der Rautenklausenbrüder wie der Brüder Jünger selbst –, nämlich Friedrich Nietzsche. So ließe sich an Hand der Namen und Symbolwörter, welche dieser Dichter so reichlich zu erdenken oder zu entdecken weiß, eine Anordnung der Figuren und der Szenen dieser Dichtung treffen, die vom locker Spielerischen bis zum präzis Gültigen reichte. An diesem Pol ist das Bild der »Schinderbank« und »Schinderhütte« lokalisiert. Es bleibt dabei, daß hier die Dichtung am dichtesten geraten ist, unverrückbar. Die Erkenntnis dieser Sphäre spricht sich übrigens nicht allein in Bildern aus. Vielmehr sind es sogar die reinsten Momente, in denen aus der Mitte der Gesichte der blanke Begriff hervortritt. Wenn es heißt: »Vor mir ausgebreitet lag die Stätte der Unterdrückung in ihrer vollen Schmach.« Oder andrerseits: »Hier aber galt es das hohe Leben, die Freiheit und die Menschenwürde selbst.« Diese Stellen sind mir erst jetzt, bei der Wiederbegegnung mit dem

Werk, so deutlich und so bedeutend geworden. Vor ihrer einfachen Klarheit verbleicht vieles von dem Prunk der Vergleiche, selbst der merkwürdigsten, und die klingenden Rhythmen, welche diese Prosa weithin durchziehen, werden von solchen Worten des Bekenntnisses und der geistigen Entscheidung gleichsam beschämt.
Wenn es eine Traum- oder Alptraumwelt ist, die in diesem Buch Sprache gefunden hat, so liegt der Traum doch hart an der Oberfläche, der Träumer nahe am Erwachen. Autobiographische Elemente sind nur leicht verhüllt, das Konvivium des Brüderpaares, das Haus in Überlingen, die Sprachforschungen und die naturkundlichen Interessen, der Rückblick auf die nationalistischen Aktivitäten der zwanziger Jahre (der »Mauretanier«-Zeit), welchen übrigens kaum anderwärts so scharf abgesagt worden ist wie eben hier – mit der Bemerkung, daß die Luft der Mauretania »von Grund auf böse war«. In einigen Fällen hat der Autor Modelle genannt, so hinsichtlich der Figur des Braquemart (in einer Eintragung vom 7. Mai 1945 in *Jahre der Okkupation*) einen Fähnrich aus dem Ersten Weltkrieg, der dann zu den Russen gegangen sei, so hinsichtlich der Figur des behäbig-opportunistischen Kommandanten Biedenhorn (in einer Eintragung vom 23. Juli 1942 in *Strahlungen*) einen gewissen Kurt, »alter OC-Mann« – das heißt Mitglied beim Freikorps »Organisation Consul« –, jetzt Panzerführer an der Ostfront, einen Landsknechtstyp, den Jünger nicht ohne humoristische Sympathie beschreibt. Vor allem hat er die Begegnung mit einem der späteren Verschwörer gegen Hitler, Adam von Trott zu Solz, geschildert in jener Nachbemerkung der Taschenbuchausgabe: »Das war die Episode, aus der sich der ›Besuch Sunmyras‹ entwickelte.« Adam von Trott ist nach dem 20. Juli hingerichtet worden, der Fürst Sunmyra im Buche endet auf der Schinderstätte. Wie hier, so geht auch in anderen Partien der Dichtung die Wahrneh-

mung zuweilen in Prophetie über. Diese Qualität können wir natürlich erst jetzt, im nachhinein, würdigen. In den *Marmorklippen* (von 1939) steht – beim Auftritt jenes Sunmyra – der Satz: »Ich hatte wohl erwartet, daß in der letzten Phase ... der Adel in Erscheinung treten würde ...« In den *Strahlungen* liest man unter der Datumszeile »Paris, 21. Juli 1944« bei Nennung des Namens Stauffenberg, er finde nun seine Meinung bestätigt, »daß an solchen Wenden die älteste Aristokratie ins Treffen tritt«. (Daß es bürgerliche Verschwörer und Märtyrer gab – wie Goerdeler, Leber oder Haubach –, findet allerdings keine Erwähnung im Tagebuch, auch keine Entsprechung in der prophetischen Phantasie.)

Merkwürdig unter dem Gesichtswinkel des Erfahrungsvergleichs erscheint namentlich der Schluß der Geschichte. Ich meine nicht die Hundeschlacht, auch nicht jene rettenden Schlangen, die mit ihren Giftbissen die gräßlichen Ungetüme zu Fall bringen: dergleichen ist man nach heutigen Begriffen eher geneigt, der Kategorie der Science-fiction zuzurechnen, hier einer zoologischen Spielart davon. Ich meine das »Happy-End«, wenn der Begriff aus der Trivialsphäre für einen Augenblick erlaubt wird. Tatsächlich bleiben nach so vielen Morden und Schlachtopfern von der unterliegenden Seite einzig der Ich-Held und sein Bruder übrig, und der jetzige, nüchternere Wiederleser könnte der Versuchung erliegen, darin das alte Schema des Abenteuerromans zu erkennen; auch dort pflegt ja der Held eine Unverletzlichkeit zu bewahren, die wohl mythologische Ursprünge hat. Lassen wir jedoch den Blick wiederum aus der Traumwelt in die wirkliche Geschichte wechseln, so enthüllt der Schluß der Erzählung mit einem Mal einen anderen Sinn. Das Schiff überquert den See und landet in »Alta Plana«, die Flüchtigen werden freundlich empfangen. Ist das nicht eine Chiffre der Emigration? (Die Landschaft des Bodensees und des

jenseitigen »Schneegebirges« gibt einen fast überdeutlichen Wink.) Was dem Autor nicht in den Sinn kam oder nicht schicklich schien, vollzieht sein träumerischer Stellvertreter: es glückt ihm, auszuwandern aus dem Land, da das »Gelichter« die Herrschaft angetreten hat.
Am akuten Kampf hat sich der Ich-Held der *Marmorklippen* nicht beteiligt, wiewohl auch von ihm berichtet wird, daß er sich ehedem mit den Waffen ausgezeichnet hat. Darin gleicht er seinem Autor völlig. Ernst Jünger bewährte sich als Seher, nicht als Täter. Es gibt in den *Marmorklippen* eine Stelle, an der die Möglichkeit anderen Verhaltens sich anzudeuten scheint: Wenn das Gelichter »sich an der Schändung der Menschenwürde und Menschenfreiheit schauerlich ergötzt«, heißt es dort, »dann schweigen die Musen«. Sie ist vielleicht nicht ebenso gemeint, aber ich möchte sie mit einer Eintragung vom Dezember 1941 (im Pariser Tagebuch, in *Strahlungen*) in analoge Beziehung setzen, die inmitten dieses Gewebes der Bildungserfahrungen wie ein Riß anmutet: »Es gibt Untaten, die die Welt im ganzen, in ihrem sinnvollen Zusammenhang berühren, dann kann auch der musische Mensch sich nicht mehr dem Schönen, er muß sich der Freiheit weihen.« Da ist die Grenze auch der Literatur bezeichnet. Jünger hat sie nicht überschritten. Jünger hat keine Bombe geworfen, er hat nur ein Buch geschrieben. Seine Muse hat nicht geschwiegen, auch mitten im Entsetzen nicht. Gottlob nicht. Hätten alle Musen geschwiegen, gäbe es dieses Buch nicht.

Die Herausforderung der Hitlerei

Rolf Schneider über Klaus Mann: *Der Vulkan* (1939)

Der Schriftsteller Klaus Mann, ältester Sohn des *Buddenbrooks*-Autors, ist fünfunddreißig Jahre nach seinem selber gewollten Tod zu einem späten und sonderbaren Ruhm gelangt. Anlaß dafür wurde zunächst das Buch *Mephisto*, Klaus Manns vermutlich bester, sein jedenfalls skandalösester Roman; in freier und böser Form wurde darin die Karriere des ehemaligen Schwagers, des großen Theatermannes Gustaf Gründgens, literarisch abgeurteilt. Das Buch, in der Emigration verfaßt, war in der Bundesrepublik durch höchstrichterliche Urteile indiziert, was eine allgemeine Begehrlichkeit erzeugte. Die wuchs bis über die deutschen Sprachgrenzen hinaus und erfaßte eine französische Bühnen-Prinzipalin ebenso wie einen ungarischen Filmregisseur; beider *Mephisto*-Adaptionen wurden zu beträchtlichen internationalen Erfolgen. Sie wurden es vornehmlich bei Leuten, die aufgrund von Alter und Wohnsitz den Schauspieler und Intendanten Gustaf Gründgens nicht kennen konnten, woraus sich der Beweis ergab, daß *Mephisto* nicht so sehr ein ätzendes Pasquil als vor allem eine Parabel ist: vom Künstler, der sich wider besseres Wissen an eine totalitäre politische Macht verkauft.

Es war damit ein Signal gesetzt, daß bei diesem Klaus Mann, der bisher bloß als matter Imitant seines großen Vaters gegolten hatte, einiges an Substanz und Originalität zu entdecken sei. Nächste Entdecker waren die Fackelträger des neuen homosexuellen Selbstbewußtseins. Klaus Manns radikales Einbekenntnis seiner gleichgeschlechtlichen Neigungen zu einer Zeit, da dies noch gegen Tabu und Anstand verstieß, entsandte einen neuen belletristischen Klassiker in die Schwulen-Buchhandlungen. Inzwischen scheint es, daß eine regelrechte Klaus-Mann-Welle durch unsere Gegenden hüpft. Kürzlich lief eine mehrstündige Dokumentation über diesen Dichter im Fernsehen; man kann vernehmen, daß sogar eine wissenschaftliche Klaus-Mann-Forschung existiere.

Grund und Anlaß, jenen Roman zu überprüfen, den der Autor selber als seinen ehrgeizigsten und besten ansah, an dem er auch, eigenen Bekundungen zufolge, besonders lange gearbeitet hat. Wir reden von dem *Roman unter Emigranten* mit dem Titel *Der Vulkan*, erstmals erschienen 1939, im Querido-Verlag Amsterdam.

Der Umfang und schon von daher die Bedeutung der politischen Emigration aus Deutschland nach dem Januar 1933 wird heute gerne unterschätzt. Sie spiegelt sich zunächst in Zahlen. Angesichts der späteren Millionenzahlen von Krieg, Judenvernichtung und Umsiedlung mögen sie klein erscheinen; aber wenn man liest, daß bereits im Jahre 1935 sich 100000 Hitler-Flüchtlinge allein in Frankreich aufhielten, so darf man getrost von einer Massenbewegung reden.

Unter den Flüchtlingen, in Frankreich und anderswo, befanden sich Literaten. Ihr Anteil war vergleichsweise groß. Wägt man zusätzlich Talent und Bedeutung, ist die Feststellung erlaubt, daß die deutliche Mehrheit der deutschen Gegenwartsbelletristen jener Jahre sich zum Fortgang aus Hitler-Deutschland entschlossen hatte.

Um so mehr muß erstaunen, daß die Emigration als literarisches Thema bei den deutschen Exil-Autoren verhältnismäßig selten vorkommt; noch seltener sind die geglückten Resultate. Ich kenne deren gerade vier. Anna Seghers' *Transit*, Joseph Roths *Legende vom heiligen Trinker*, Stephan Hermlins *Zeit der Einsamkeit* und Bertolt Brechts *Flüchtlingsgespräche*. Nimmt man sich diese vier Bücher genauer vor, wird man gewahr, daß in ihnen das Thema Emigration bloß ein Vorwand oder eine Kulisse ist: bei der Seghers für eine kafkaeske Schilderung von Bürokratie und menschlichem Leerlauf, bei Roth für den Lobpreis von Katholizismus und Alkohol, bei Hermlin für Vergeltungs-Phantasien, bei Brecht für marxistische Unterweisungen.

Zu den weiteren Autoren des Themas Exil gehören Remarque, Feuchtwanger und Habe; sie drücken das Sujet auf die Ebene des mehr oder minder geglückten Reißers. Es bleibt dabei: die ehrgeizigste Annäherung an den Gegenstand ist der Roman *Der Vulkan* von Klaus Mann.

Erzählt wird darin das Schicksal von einem runden Dutzend Leuten, die per Verwandtschaft oder Begegnung irgendwie zusammengehören, die 1933 die Emigration wählen wollen oder wählen müssen. Gehandelt wird von ihnen und ihren Taten in den folgenden fünf Jahren, also bis 1938. Die Personnage ist in der Mehrheit ihrer Abkunft zufolge gutbürgerlich: Menschen, die aus jüdischen Familien stammen und deswegen unter Hitler nicht mehr geduldet werden; daneben gibt es entschiedene Formen der politischen Gegnerschaft, die von der illegalen Tätigkeit im Reich über publizistische Aktivitäten vom Ausland her bis zum soldatischen Engagement im spanischen Bürgerkrieg reichen, auf der republikanischen Seite. Es gibt Selbstmörder und Selbstvernichter. Es gibt Spitzel, Traumtänzer, Opportunisten, und es gibt Leute, die, obschon selbst psychisch aufs äußerste gefährdet, durch die Herausforderungen der Hitlerei zu erheblicher Stärke und Aktionsfähigkeit gelangen.

»Die Emigration war nicht gut«, notiert Klaus Mann in seiner Autobiographie *Der Wendepunkt.* »In dieser Welt der Nationalstaaten und des Nationalismus ist ein Mann ohne Nation, ein Staatenloser, übel dran. Er hat Unannehmlichkeiten; die Behörden des Gastlandes behandeln ihn mit Mißtrauen; er wird schikaniert. Auch Verdienstmöglichkeiten bieten sich nicht leicht. Wer sollte sich des Verbannten annehmen? Welche Instanz verteidigte sein Recht? Er hat ›nichts hinter sich‹, keine Organisation, keine Macht, keine Gruppe. Wer zu keiner Gemeinschaft gehört, ist allein.«

Dies alles behandelt *Der Vulkan*, mit manchmal ergreifenden Szenen und Figuren, denen anzumerken ist, daß sie nicht der Phantasie eines Belletristen, sondern der erlebten Wirklichkeit entstammen. Das Wagnis und der Heroismus, die der Schritt über die deutsche Staatsgrenze bedeutete, wurde von niemandem honoriert und war bald vergessen. Alltag war die Banalität und oft genug die Schäbigkeit des Lebens in der Fremde. Der zarte, dem Bohème-Leben zugeneigte Schriftsteller aus dem gehobenen jüdisch-bürgerlichen Milieu verfällt dem Morphium, eine Entziehungskur mißlingt, das Ende ist der ruinöse Tod der Drogenkranken. Ein junges Mädchen findet keinen Anschluß an den politischen Widerstand, da sie dafür nicht gerüstet ist; eine Schwangerschaftsunterbrechung zerstört ihre Gesundheit, ihr Ende ist die Überdosis Schlaftabletten. Der gehobene Bankier, der es auch im Ausland rasch zu blühenden Geschäften und einer Sommervilla bringt, hat das Pech, vom Einmarsch Hitlers in Wien überrollt zu werden; der aufgeputschte Pöbel lyncht ihn.

Gegen solche Geschichten vom Scheitern werden Figuren gesetzt, die ihr Selbstbewußtsein und ihren Überlebenswillen aus der politischen Aktion beziehen. Die Schauspielerin Marion, deutlich nach der Thomas-Mann-Tochter Erika porträtiert, tritt mit Cabaret- und Literatur-Programmen an die Öffentlichkeit und manifestiert damit den Geist des anderen Deutschland. Sie geht schließlich in die Vereinigten Staaten, wo sie die Gattin eines gleichfalls emigrierten jüdischen Intellektuellen wird und in einer kleinen, indifferenten Universitätsstadt des Mittelwestens leben muß: weit fort von Hitler, Europa, selbst von der amerikanischen Ostküste; weit fort von aller politischen Relevanz. Dieses Ende, es ist auch das Ende des Romans, verbindet auf ziemlich maliziöse Art eine Dankgebärde gegenüber Roosevelt und seinem für Emigranten offenen Land mit einer schaudernden Darstellung des Milieus der Babbits, unter die man sich eingewöhnen muß, in deren Nichtigkeit man zu versinken droht. »Die Emigration war nicht gut«, schreibt Klaus Mann. »Das Dritte Reich war schlimmer.«

Die Emigration war nicht gut; aber trotz der vorgeführten Geschichten von Scheitern und Niedergang war sie, wenn man diesem Buch glauben darf, irgendwie auch idyllisch; manchmal war sie mondän, manchmal luzide. Solcher Eindruck resultiert zunächst aus Klaus Manns Erzählton. Er war ein flinker Schreiber. Die Hurtigkeit geht oft auf Kosten der literarischen Solidität. Er war ausgestattet mit einer Sprache, die man den Familienstil im Hause Thomas Mann nennen kann und der auch sämtlichen Geschwistern eignet: eine weitausholende, zu langen Perioden neigende, mit ironischen Brechungen versehene Prosa. Klaus Mann reichert sie an mit allerlei Modernismen, vorzüglich französischen Ursprungs; heraus kommt ein Stil, der leicht, frech, flüchtig ist und dem man am besten gerecht wird, wenn man ihn als Großstadtstil bezeichnet.

Ein wenig erinnert er an die Saloppheiten Tucholskys, mehr noch an die Snobismen des Berliner Magazins *Der Querschnitt* (dessen regelmäßiger Mitarbeiter Klaus Mann vor 1933 war). Solche Sprache machte den satirischen Roman *Mephisto* möglich, mit seinen literarischen Mondänitäten, seinen Ruchlosigkeiten. Für die Themen und Geschichten des *Vulkan* taugt er nur in Maßen. Über die dort ausgebreiteten Tragödien wird da oft und gerne hinwegparliert. Am nachdrücklichsten teilt sich bei der Lektüre mit: das schöne, verkommene Milieu der Pariser Intellektuellen-Kneipen, wo man endlos sitzt, redet, trinkt, raucht und leidet.

Ist hier jemand mit seinem Thema kollidiert? Hat sich da einer an seinem Gegenstand verhoben, da der zu wuchtig und zu schwer war?
Die Antwort ist etwas kompliziert: Klaus Mann schrieb durchaus auf, was er sah und wie er es sah; aber die Wahrheit ist auch, daß er die Emigration insgeheim genoß.
Sie war für ihn persönlich zunächst kein so deutlicher Einschnitt wie für viele andere Exilanten, zu denen der Vater zählte. Klaus Mann war, wie er selbst wußte und einbekannte, ein durchaus internationalistisches Gewächs: umtriebig, in mehreren Ländern zu Hause seit langem, der entsprechenden Sprachen mächtig. Kam hinzu, daß er sich zeit seines bewußten Lebens als Flüchtling gefühlt hatte: geflohen aus der Welt der bürgerlichen Normalität durch seine homosexuelle Disposition, durch seine eigene Drogenabhängigkeit; er war auch geflohen vor dem riesigen Ruhm des Vaters, der ihn gleichwohl immer wieder einholte.
Die politische Situation ab dem Jahre 1933 verlieh seinem Außenseiter-Dasein ein System der Koordinaten. Sie gaben seiner Existenz eine politische Begründung und eine weltanschauliche Moral. Sie machte seine einsamen Leiden zu den Leiden von sehr vielen. Sollte er darüber nur betrübt sein?
Die Geschichte des deutschen Emigranten Klaus Mann in den Jahren zwischen 1933 und 1945 ist eine Geschichte der ständig sich steigernden Aktivitäten. Bücher und Pamphlete werden verfaßt. Zeitschriften werden gegründet. Klaus Mann nimmt an internationalen Kongressen teil und meldet sich nach Kriegsausbruch, obschon er über das Alter hinaus ist, freiwillig zum Dienst in der amerikanischen Armee. Die brutalen Antinomien von Faschismus und Antifaschismus hielten ihn aufrecht und stabilisierten ihn. Er wußte, wo sein Platz in der Welt war. Kaum war diese Situation vorüber, verfiel er wieder seiner alten Todessehnsucht mit einer solchen Macht, daß er sich ihr ergeben mußte.

Das literarische Protokoll solcher Hoffnungen und Ängste ist *Der Vulkan.* In der Figur des drogensüchtigen Martin Korella rechnet Klaus Mann sein Leben ebenso durch wie in der Figur des zu politischer Leidenschaft und Handlungsfähigkeit erwachenden Kikjou, einer zunächst bloß dekadenten, narzißtischen Person, mit deren wachsenden Stärken sich der Autor geradezu süchtig identifiziert. Kikjou ist übrigens eine Anleihe bei André Gides Roman *Die Falschmünzer*; Gide war eine von Klaus Manns belletristischen Leitfiguren, und von Gide hat Klaus Mann auch den Engel übernommen, der als eine Art allwissender Erzähler und politischer Weltgeist über der Romangeschichte schwebt und eine günstige Zukunft signalisiert.
»Ich habe sehr viel Geduld. Für mich gibt es keine Illusionen mehr – die habe ich mir im Dritten Reich gründlich abgewöhnt – : aber Hoffnungen gibt es. Es sind realistische Hoffnungen ... Es wird schon irgendwie weitergehen; ich habe gar keine Angst. Manchmal muß ich denken: Wir Vagabunden, wir Heimatlosen, vaterlandsloses Pack haben irgendeinen Schutzengel, einen freundlichen Dämon. Der geleitet uns, und der führt uns zurück – eines Tages ... Man geht nicht kaputt – wenn man noch eine Aufgabe hat.«
Mit solchen etwas trivialen Tröstungen konnte man durch die Hitlerei gelangen und deren Urheber am Ende sogar besiegen. Klaus Manns *Vulkan*, in dem diese Sätze stehen, mag ästhetisch kein vollkommenes Buch sein; aber er ist das intime Zeugnis aus einem Abschnitt unseres nationalen Schicksals, über den wir viel zuwenig nachdenken und der uns, auch darum, immer mehr zu entrücken droht.

Eine Fata Morgana deutscher Kultur

Reinhard Baumgart über Thomas Mann:
Lotte in Weimar (1939)

Ein bewundernswertes Buch – sicher. Ein gespenstisches Buch – das auch. Mir jedenfalls ist es beim Wiederlesen immer wieder so gegangen wie vor jenen überakkurat gemalten, hyperrealistischen Bildern, deren Übergenauigkeit, tritt man näher an sie heran, plötzlich zu flimmern beginnt, bis man glaubt, nicht mehr ein Abbild von Wirklichkeit, sondern einen Traum von Realität zu sehen. Weimar 1816: ein Genie in der Enge seines Alltags, unter seinen Opfern – war das, für Thomas Mann Mitte der dreißiger Jahre, ein Wunschtraum-, ein Alptraumstoff oder beides zugleich?
Damals, 1936 im schweizerischen Küsnacht, sollte zunächst einmal die unendliche Arbeit am Josephsroman produktiv unterbrochen werden, durch ein entspannendes Zwischenspiel vor dem letzten Band der Tetralogie. Endlich wieder etwas Leichtes, Kurzes, was in absehbarer Zeit fertig werden könnte. Der Stoff, dieser späte Besuch von Werthers Lotte im geheimrätlichen Weimar, sah ja handlich genug aus, eigentlich ein Anekdotenstoff. Thomas Mann in Küsnacht schwebte eine »Novelle« vor, und als Formvorbild nennt er *Mozart auf der Reise nach Prag* von Mörike. Am Neujahrstag 1936, in der üblichen behaglichen Arbeitsvorschau, rechnet er für das eben angebrochene Jahr nicht nur mit dem Abschluß von *Joseph in Ägypten*, sondern auch schon mit der Vollendung der Goethe-»Novelle«.
Der gründlich Planende hatte sich, wie in allen seinen großen Arbeitsplänen, auch diesmal gründlich verrechnet. Über drei Jahre Arbeit sollte ihn die bald zum Roman ausufernde Novelle schließlich kosten. Als er (am 26. Oktober 1939, er

schreibt ausnahmsweise nachmittags) die letzte Seite hinter sich gebracht hat, ist Hitlers Krieg in Europa schon ausgebrochen, Polen überrannt, der Westen ohnmächtig. In seinen Tagebüchern wird der inzwischen nach Princeton, New Jersey, übergesiedelte Autor der *Lotte in Weimar* nun öfter, scheinbar kühl, mit dem Gedanken spekulieren, ob der Faschismus nicht auch auf Amerika übergreifen könnte, und zwar ohne Waffengewalt.

Das ist, das war damals die Lage. Und *Lotte in Weimar* sollte durchaus so aussehen, als gäbe es sie, diese abendländische Misere, nicht. Denn als Monument gegen die Zeitläufte, als Schiff in der Wüste, als heitere Fata Morgana deutscher Kultur, die in der historischen Wirklichkeit damals auf immer vernichtet schien – so war der Roman von seinem Autor gemeint und angelegt. Auch und gerade die Leichtigkeit des epischen Vortrags, dieser auf weite Strecken durchgehaltene Salonkonversationston gehört in dieses Programm. »Leichtigkeit, Leichtigkeit ... höchste und letzte Wirkung der Kunst ist Gefühl der Anmut«, so sinnt »Goethe« in seinem siebenten Kapitel.

Was schon die Frage nahelegen könnte, ob *Lotte in Weimar*, geschrieben aus einem Kulturverständnis, das eben nicht unterscheiden will zwischen Bildung und Unterhaltung, dieser Roman, in dem der Ernst nicht finster und erbittert und das Leichte nicht leichtfertig wirkt, ob diese vor einem halben Jahrhundert geschriebene Fata Morgana zu uns nicht immer noch als solche herüberscheint, als Traumbild, als Wahnbild? In dieser epischen Gedankenmusik werden uns lauter kaum noch für möglich oder nicht mehr für nötig gehaltene Versöhnungen vorgeführt: nicht nur zwischen Hochkunst und Unterhaltung, zwischen einem Genie und seinem Opfer, sondern auch zwischen der Erfahrung eines vergänglichen Lebens und dem Glauben an die Dauer einer Kultur.

Eine rührende Anekdote war der Ausgangspunkt, eine Novelle sollte daraus entwickelt werden, einen Roman haben Autor und Verlag das schließlich Entstandene genannt, und so, als ein Goethe-Roman, ist das Buch lange mißverstanden, bewundert viel und viel gescholten worden. Aber *Lotte in Weimar* ist so sehr und so wenig ein Goethe-Roman wie *Die Meistersinger von Nürnberg* eine Hans-Sachs-Oper oder der *Tasso* ein dramatisches Gedicht über das Leben eines Cinquecento-Dichters sind. Denn es geht hier wie dort, bei Thomas Mann oder Goethe oder Wagner, nicht um Porträts aus der Weltkunstgeschichte, sondern um das Verhältnis, Mißverhältnis von Kunst und Leben, Konvention und Ausnahme, Genie und Gesellschaft. Mich also kann das langwährende Eifern um die Richtigkeit oder Blasphemie des Thomas-Mannschen Goethebildnisses, dieses früher nicht nur unter Germanisten beliebte (von Martin Walser kürzlich noch einmal hochgejuckte) Reizthema nicht länger erregen. Schließlich: seit über hundertfünfzig Jahren hat Goethe, gerade weil er selbst so gar nicht einseitig war, zu einseitigen Ansichten von ihm und über ihn immer wieder eingeladen. Der Goethe Heinrich Heines oder Hermann Grimms oder Friedrich Gundolfs, der Goethe Gerhart Hauptmanns, Thomas Manns oder Martin Walsers, sie sind alle beweisbar fragmentarisch, garantiert subjektiv, sind projektive Spiegelbilder ihrer Autoren und also mindestens: authentisch. Nur hat Thomas Mann immerhin einen bedeutenden erzählerischen Aufwand betrieben, um die entschlossene Subjektivität auch seines Blickwinkels aufzulösen in sehr verschiedene subjektive Perspektiven. Wir begegnen ja im Roman sechs Kapitel lang gar nicht Goethe, sondern einem (im wahrsten Sinne des Wortes) Denk-Mal, wie es an einem Septembertag 1816 einige Menschen seiner Umgebung beschreiben und begutachten. Sie alle spielen, vom Kellner Mager bis zum Sohn August, für die gerade eingetroffene Touristin sozusagen die Fremdenführer. Und daß diese »Fremde« vor 44 Jahren mit dem »Denkmal« einmal vertrauter gewesen sein soll als alle diese Goethe-Experten, gehört zu der traurigen Ironie ihrer Geschichte und führt geradewegs in ein thematisches Zentrum des Romans, in die bange Frage, was denn »Wirklichkeit« überhaupt sein könnte, die Wirklichkeit eines durchschnittlich bürgerlichen Lebens nämlich, des Lebens dieser Charlotte Kestner geb. Buff, gemessen an der »großen Wirklichkeit« der aufgeschriebenen, der in Dichtung aufgehobenen und eingefrorenen Lotte des jungen Werther.

Hofräthin Kestner geb. Buff wird sich in Weimar selbst unwirklich angesichts der siebenundsechzigjährigen Exzellenz von Goethe und eingedenk der unvergänglichen Geschichte, zu der sie, der nun vor Erregung andauernd der leider vergängliche Kopf zittert, den damaligen Rechtsreferendar Wolfgang G. angestiftet haben soll. Kann zwischen zwei sich so fremd Gewordenen von Wiedersehen überhaupt die Rede sein?

Und dazu erzählen die Experten der Befremdeten noch unermüdlich, daß dieses Genie sich also immer wieder, wie damals zwischen Lotte und Kestner, in erotischen Dreiecken eingerichtet und inspiriert hat, eben noch im Haus Willemer, bald wohl zwischen Sohn August und der von ihm erwählten Schwiegertochter Ottilie: War er, stets das »Kuckucksei« im fremden warmen Nest, je anwesend in irgendeiner Wirklichkeit? Hat er nicht zu viele seiner Mitlebenden um ihre »Wirklichkeit«, um ihr eigenes Leben betrogen, ja womöglich auch sich selbst, nur um seine dauerhafteren, »höheren« Wirklichkeiten, um Kunst durchzusetzen?

Verrat am Leben um der Kunst willen – darum ging es ja vom *Tonio Kröger* über *Tod in Venedig* bis zum *Doktor Faustus*. Nur: dieses Problem an dem Wahlschwabinger Tonio Kröger oder dem Kunstbeamten Aschenbach zu traktieren einerseits oder aber die verschämte, unverschämte Frage: Können wir's denn verantworten? Aug in Aug mit Bruder Goethe zu erörtern, das verändert mehr als nur die Dimension. Die Tischgesellschaft am Frauenplan bricht in ein befreiendes, in ein rebellisches Gelächter aus, als ausgerechnet der Hausherr, scheinbar ahnungslos, das chinesische Sprichwort zitiert: »Der große Mann ist ein öffentliches Unglück.« In Brechts Version hieß diese Einsicht bekanntlich: »Unglücklich das Land, das Helden nötig hat.« So fremd, wie sie sich gern sahen, waren sich die beiden großen Antipoden der deutschen Emigration ja kaum, nicht jedenfalls in ihrem Problembewußtsein (und auch nicht in der Koketterie, mit der sie, selbst privilegiert durch ungeheures Talent, dieses Thema der regelverletzenden Ausnahme pointierten).

Die planvolle, schrittweise Annäherung an Goethes »Größe«, wie sie in den ersten sechs Kapiteln vollzogen wird, ist also mehr als ein Kunstgriff und dient nicht nur der Abwechslung. Dieser Durchmarsch der Goethe-Zeugen vor der Hofräthin Kestner verfolgt eine doppelte Strategie: er zeigt einmal Goethe beharrlich aus der Perspektive von Abhängigen, ja Opfern, und er »zersetzt« seine Größe in immer genauere, alltäglichere, kleinere und auch kleinliche Details. Nur Vertraulichkeit wird in dieser stetigen Annäherung nicht hergestellt. Das Wunder, das Rätsel, der Schrekken und die Fremdheit namens Goethe bleiben erhalten.

Ich habe bewußt von »Zersetzung« gesprochen. Das war in den dreißiger Jahren, als die faschistische Geistesheroengeschichtsschreibung längst auch auf Goethe übergegriffen hatte, bekanntlich eine artfremde Tätigkeit. Einige Tage vor der Niederschrift der ersten Seite *Lotte in Weimar* notiert der Erzähler, nach der Lektüre in einer landläufigen Goethe-Biographie: »Eigentümlicher Widerstand gegen die verhimmelnde Interpretation, das Aufdonnern und auf dem Bauch

Liegen.« Und Adele Schopenhauer darf dem in ihrem vierten Kapitel hinzufügen: »Ich hatte immer den Eindruck, daß die Societät, zum wenigsten unsere deutsche, in ihrem Drang nach Unterwerfung sich ihre Herrn und Lieblinge selbst verdirbt und ihnen einen peinlichen Mißbrauch ihrer Überlegenheit aufdrängt...«

Dieses weimarische Räsonieren über die Dialektik von Herr und Knecht, über die Unkosten der Größe ist, wohlgemerkt, keine Oberseminar-Erörterung unter Geschichtsphilosophen oder Literaturtheoretikern. In den Salons des Hotel Elephant rätseln ja lauter von einem Wirklichkeitsverlust Betroffene über den Urheber dieses Verlustes. Sie versuchen, inständig und nicht ganz vergeblich, einen zu entzaubern, der sie in sein Lebenswerk oder seinen Werkdienst hineinverzaubert hat, und Kapitel für Kapitel liefert ihnen Thomas Mann für diesen Entzauberungsversuch unendliches Material. Er spielt diese Not der Goethe-Opfer genauso beteiligt, ja solidarischer mit und durch wie nachher die über hundert majestätische Seiten dahinrauschende Replik des Goethe- oder »Goethe«-Monologs. Dagegen waren alle Leser, die sich nur freuen oder ärgern wollten an dieser wohlinszenierten Komplizenschaft zweier großbürgerlicher Großschriftsteller, bemerkenswert unempfindlich.

Wenn es überhaupt eine Bewegung, eine Handlung gibt in diesem redseligen Roman, dann ist es doch dieses Zusammenrücken, dieses Sicherkennen und Sichnäherkommen der um Goethe versammelten Menschenopfer. Rührselig wird deren Gemeinsamkeit allerdings nie. Der säuerlich genaue Doktor Riemer bleibt Charlotte, trotz »geheimem Einverständnis« fremd, ja, ihre Sympathie mit dem gesprächigen Leidensgenossen wird ihr zuweilen so unangenehm, lästig wie die unter Bewunderung, ja Zärtlichkeit verborgene Gehässigkeit und Rebellionsbereitschaft in der um Goethe versammelten Tischgesellschaft am Frauenplan.

Was Charlotte ängstigt, ist der Aggressionsgeruch, der von hoffnungslos Unterdrückten ausgeht. »Ich meine«, sagt sie zu dem Hoffnungslosesten von allen, zum Sohn August, »Gott hat uns nicht geschaffen – er hat uns das Leben nicht gegeben, damit wir uns seiner entäußern und es in einem anderen, sei es auch das teuerste und erhabenste, gänzlich aufgehen lassen. Unser eigenes Leben sollen wir führen –.« Der Romantext enthält wenige Sätze in so ungebrochenem Dur, in so ungetrübtem Bekenntniston. Hier spricht Thomas Mann offenbar *ex cathedra*.

Wenige Seiten später kommt dann, nach dieser Fülle, einer auch Leere, Schwindelgefühle provozierenden Fülle von Ansichten über Goethe, im siebenten Kapitel endlich er selbst zu Wort.

Er selbst? Mir schienen beim Wiederlesen diese triumphal gekonnten hundert Seiten Monolog der Exzellenz in ihrem 68. Lebensjahr unwirklicher als das kluge oder ratlose, sanft gehässige oder demütig begeisterte Geraun seiner in ihre kleineren Wirklichkeiten herunterverkümmerten Zeitgenossen. Führt uns diese großartige Montage aus Zitat und Anempfindung wirklich in Goethes Kopf, oder verweist sie uns nicht eher auf Thomas Manns Zettelkasten? Goethe, nicht mehr dividiert durch Lotte oder Riemer oder Sohn August, Goethe sozusagen im Maßstab eins zu eins schien mir eine Empfindungs-, Gedanken-, eine Geistesgegenwärtigkeitsmaschine eher als ein Mensch. Die Rekonstruktion eines Genies: ein Mensch als Artefakt. Bewundernswert als Schreibleistung – sicher, gespenstisch aber in ihrem Effekt. Die kunstreiche Textpartitur stellt gerade nicht her, was sie herbeizaubern möchte, die schöne, herzliche Wärme und humane Fülle dieses überreich begabten Denkens.

Die beiden Parolen, zwischen denen sich der Roman bewegt – die These vom großen Mann als öffentlichem Unglück einerseits, der holde Imperativ »Ehret eure (deutschen) Meister!« andererseits –, wie sollten sie versöhnt werden? Das kühle bis eisige Kapitel acht des Romans, das die Geistesgröße und ihre Opfer, die Mittelmäßigen, zu einem Mittagsmahl am Frauenplan versammelt, ist durchaus keine Nürnberger Festwiese, bietet also für den Traum einer Versöhnung zwischen Kunst und Leben, Genie und Gesellschaft nicht das Tableau. Man begegnet sich gezähmt durch Höflichkeit und bleibt doch unversöhnt.

Seine Verklärungsmusik liefert Thomas Mann erst auf den letzten Seiten, in einem Text für zwei Stimmen, der womöglich nur die geträumte Musik eines einzigen Kopfes, der trostbedürftigen Charlotte Buff-Kestner ist: sie jedenfalls hört in seiner nächtlichen Kutsche noch einmal, zum letzten Mal ihren Goethe sprechen. Kein ekstatischer, sondern ein wehmütiger Liebestod wird in diesem Zwiegespräch gefeiert. Gott Goethe offenbart sich nun der in eine Dichtung hineingeopferten Charlotte selbst als Opfer seiner Dichtung. Er spricht diesen freundlichen Harmonisierungsgesang betörend schön, wenn auch fast eilig. Sollten sie also beide, Genie und Muse, nur Opfer sein?

Aber wieder fand ich, daß Charlotte recht behält, wenn sie auf die Unvergleichbarkeit seines leuchtenden und ihres biederen Lebens hinweist: »Es ist etwas Fürchterliches um die Verkümmerung, das sag' ich dir, und wir Geringen müssen sie meiden... Bei dir, da war's was anderes, du hattest was zuzusetzen.« Und, ich kann mir nicht helfen: in diesen Sätzen hörte ich auch Thomas Mann hinüber- und hinaufreden zu seinem riesigen Kollegen, der so viel »zuzusetzen« hatte trotz aller »Verkümmerung« auch seines Lebens.

Das geheime Drama dieses Romans überliest, wer nicht wahrnehmen will, daß Thomas Mann hier eben nicht nur Goethe »ist«, das heißt spielt, sondern auch als Lotte, ja auch als der Sekretär Riemer oder der Erbe August spricht,

daß sein Gestus der Demut also genauso wahr, nämlich authentisch ist wie sein Gestus der Arroganz. Wem solche gebrochenen Haltungen fremd sind, den wird dieser Schriftsteller ein Leben lang reizen.
Gebrochen ist noch das Ende des Romans: Das buchstäblich letzte Wort hat zwar wieder der Kellner Mager mit seiner Schlußfloskel »Es ist buchenswert«, aber das wahre letzte Wort hat vorher schon Goethe gesprochen, wie ihn Charlotte zu hören glaubt: »In meinem ruhenden Herzen, teure Bilder, mögt ihr ruhen – und welch freundlicher Augenblick wird es sein, wenn wir dereinst zusammen erwachen.« Das ist eine Variation der Schlußphrase aus den *Wahlverwandtschaften*, nur hieß es dort ja: »Wenn sie zusammen erwachen«, nämlich die nebeneinander beigesetzten Liebenden Eduard und Ottilie. Für sie beschwört Goethes Schlußsatz, herzlich und unverbindlich, fürchte ich, eine Auferstehung des Fleisches.
Thomas Manns Goethe verspricht seiner Lotte in Weimar offenbar etwas ganz anderes, eine gemeinsame Auferstehung nämlich in Kunst: »Wieder erwacht« sind diese beiden, Hofräthin und Geheimrat, ja vor unseren Augen in einigen hundert Romanseiten, und als ein »freundlicher Augenblick« war diese Wiederbegegnung der beiden Toten, war diese Weimarer Fata Morgana sicher inszeniert worden. Das Triumphale, das manchmal fast »unerlaubt« Gekonnte, das (ich wiederhole es) Bewundernswerte und Gespenstische an diesem Buch ist seine (ich wiederhole auch das) »Leichtigkeit, Leichtigkeit...«, wozu die Begründung lautet: »Nur nicht die stirnrunzelnde Erhabenheit, die, sei's auch in Glanz und Schiller, tragisch erschöpft dasteht als Produkt der Moral! Tiefsinn soll lächeln...«
Wir haben uns weit entfernt von dieser *Lotte in Weimar*. Sie ist so gar nicht aktuell. Gerade deshalb lohnt es sich wohl, sie zu lesen.

Totentanz und Tingeltangel

Reinhard Baumgart über Joseph Roth: *Die Geschichte von der 1002. Nacht* (1939)

Der Roman spielt in Wien und in Wiens näherer Umgebung, episodenweise auch in ein paar ausgesucht trostlosen Orten in den Weiten der alten k.u.k. Monarchie. Durch einige halbversteckte Hinweise ist die Handlung sogar vage datiert, sie dürfte um 1880 spielen. Ein regierender Schah-in-schah taucht auf, der Prater, ein Freudenhaus in der Wieden, der Kaiser Franz Joseph und sein neuntes Dragonerregiment, was doch alles, ganz gegen die durch den märchenhaften und orientalisierenden Titel gesetzten Erwartungen, sehr irdisch und verläßlich klingt. Allerdings: Ist damals ein Schah zum Staatsbesuch nach Wien gekommen?

Aber nicht nur diese Frage, sondern ein merkwürdiges, schwer zu beschreibendes Schwebegefühl läßt den Leser während seiner Lektüre immer wieder ahnen, daß Joseph Roths vorletzter Roman womöglich doch nicht, wie man so arglos sagt, »in Wien spielt«. Aber wo dann? Am ehesten, glaube ich, auf dem Papier, über das Roth zwei Jahre vor seinem Tod, also 1937, seine Erzählung dahinblühen ließ, an irgendwelchen Caféhaustischen seiner Emigration in Brüssel oder Ostende oder Paris, in einer Schrift, deren präzise und graziöse Winzigkeit sich eigentlich nur noch unter Uhrmacherlupen vollkommen entziffern läßt. Selbst diese Schrift sieht aus, als wolle sie am liebsten verschwinden. Von einer Welt kurz vor dem Verschwinden handelt auch der Roman.

Denn hier flieht kein Autor aus einer elenden, vom Faschismus verdüsterten Gegenwart in ein nur auf Papier beständiges, in ein verklärtes Gestern. Roth schreibt vielmehr eine seiner letzten Untergangsmusiken. Und weil der schönste, traurigste, unaufhaltsamste ihm bekannte Untergang das sich über Jahrzehnte hinziehende Zusammenbrechen des Habsburgerreiches war, stellt er erzählend noch einmal dessen Kulissen auf.

Wie leicht, wie operettenhaft dünn und süß liest sich noch der Anfang, dieser Bericht vom Staatsbesuch des Schahs in Wien, in einer Prosa, die vielleicht Champagner sein möchte, aber doch nur Schampus ist. Oder sind wir mit einem solchen Befund Roth zu schnell in die Falle gegangen? Will er uns etwa täuschen und enttäuschen? Denn eine Geschichte von schönem, falschem, faulem Zauber beginnt er ja zu erzählen.

Eine Nacht mit der Gräfin Helene W., einem wie von Hofmannsthal erfundenen Wiener Frauenwunder, hat sich der Besucher aus Persien als Gastgeschenk ausbedungen, und dieser Wunsch wird ihm weder erfüllt noch versagt. Man schiebt ihm beflissen als fast vollkommenen Ersatz die Bordelldame Mizzi Schinagl unter. Am Morgen der 1002. Nacht ist der Zauber ihrer weltberühmten 1001 Vorläufer erloschen: Der orientalische Kaiser erwacht in einer schäbigen Kopie des Orients, in einem Wiener Bordell.

Soweit die halb süßliche, halb höhnische Ouvertüre des Romans. Die Welt will also getäuscht werden. Alles ist eitel. Denn alles ist einerlei. »Es gibt«, wie der Obereunuch, per Kastration ein Schopenhauerianer, seinem Monarchen und dem Leser verkündet, »gar keine Abwechslung.« Damit wäre das Entzauberungsmärchen zu Ende, aber der Roman fängt nun erst an.

Auf den Einfall, dem Staatsbesuch statt der Gräfin Helene eine Mizzi Schinagl zu servieren, ist nämlich der Baron Taittinger gekommen, Rittmeister bei den neunten Dragonern, aber nach Wien abkommandiert zur »speziellen Verwendung«, also zu nichts Genauem. Auch er selbst hatte sich vor Jahren, statt die Gräfin zu erobern, mit der Mizzi Schinagl abfinden müssen, was ihn, einen vollkommen leidenschaftslosen Menschen, nicht einmal lang beschäftigt hat, scheinbar. Denn jetzt überfällt ihn der einzige leidenschaftliche Einfall seines Lebens, ein Einfall verdrängter Rachsucht: Ein Kaiser soll genauso betrogen werden, wie er selbst betrogen worden ist. Betrogen von wem? Vom Leben?

Doch zu genauerem Nachdenken scheint Taittinger unfähig, das heißt unwillig. Roth ist mit dieser Figur die unheimliche Konstruktion eines leeren Helden gelungen, eines Menschen, in dem sich nichts erkennbar Individuelles mehr regt, den nur noch Konventionen bewegen. Nie weiß er genau, was er denken soll, kaum, was er fühlt. Immer dagegen weiß er, wie man sich in bestimmten Situationen zu benehmen hat, um »charmant« zu bleiben. Was »man« darf und was nicht, weiß »man« am besten beim Militär. Dort herrscht eine alle Freiheit, aber auch jeden Zweifel einschränkende Ordnung, eine vielleicht sinnlose oder doch sinnfreie Ordnung, aber eine Ordnung. In ihr fühlt sich der Taittinger aufgehoben, wohl. Er wird sich erst erschießen, als er sich endgültig hinausgestoßen fühlt in die »unerklärliche« Welt des Zivils.

Womit ich nun doch auf zwei Wunder hinweisen möchte, mit denen mich dieser Roman auch beim Wiederlesen beschäftigt hat. Zunächst war mir wieder fast mysteriös, wie Roth seine Sympathie für einen von ihm unermüdlich als nichtig und leer dargestellten Menschen auf den Leser überträgt. Und noch schwieriger erklärbar schien mir fast, daß er seiner k.u.k. Kulissenwelt, ihren leeren Reglements, ihrer sanft ahumanen Ordnung und ihrem faulen Zauber nicht nur nachtrauert, sondern in diese Trauer schließlich auch den Leser einspinnt.

Zunächst scheinen ja Mizzi Schinagl und der Rittmeister

Taittinger nur eine weitere oder letzte Variation eines von Schnitzler geprägten Paars, des jungen Herrn und des süßen Mädels, eines sentimental getönten Klassenkonflikts, eines Konflikts zwischen unverbindlichen und verbindlichen Gefühlen. Aber Roth will mehr erzählen als eine sozialkritisch pointierte Liebesgeschichte.

Die Schinagl wird durch ein Perlengeschenk des Schah kurz hochgetrieben in eine ihr unbekannte Welt des Reichtums, gerät ins Getriebe eines Betrugsprozesses und schließlich ins Gefängnis. Ihrem ehemaligen Liebhaber scheint es zunächst standesgemäß glimpflicher zu ergehen: Man beordert ihn als Initiator und unbequemen Mitwisser der 1002. Nacht nur wieder zurück in seine öde östliche Garnison. Doch dort und überall, wo er sich noch verbergen möchte, wird ihn von nun an der »Skandal«, werden ihn die Folgen des einzigen leidenschaftlichen Einfalls seines Lebens heimsuchen.

Ausgerechnet diesen gründlich unscheinbaren Menschen, der so harmlos verpuppt ist in seine »muntere Herzlosigkeit«, jagen die Erinnyen. Sein ganzes Leben war darauf eingerichtet, kein Schicksal zu haben. Nun erledigt es ihn. Er fällt aus der Armee, allmählich auch aus seinen Besitzungen, aus seiner Ehre, schließlich auch aus dem Leben. Nichts sieht er kommen, auf nichts ist er vorbereitet: »Er hatte nicht einmal Zeit zu erschrecken.«

Taittinger kämpft mit »dem Schicksal« wie jemand im Halbschlaf mit der ihn erstickenden Bettdecke. Seine schreckliche Ahnungslosigkeit und Wehrlosigkeit machen diesen Standesherrn unverhofft zu einer erbarmungswürdigen Kreatur. Das ist der, wenn man so will, Trick, den sich der Erzähler Roth erlaubt, um zwischen Taittinger und uns Sympathie zu stiften.

Ohne Reitpferd und Rang hockt Taittinger in den letzten Monaten seines Lebens im Prater unter Mizzi und den Ihren, den »Kindern aus dem Volk«, wie er diese Eingeborenen nennt, die in einer Fremdsprache aus einer fremden Welt zu ihm herüberreden. Als einzige letzte Philosophie bleibt ihm: staunen. Schon ein vorbeifahrender Güterzug kann ihn dazu anregen: »Was wohl in diesen stummen Waggons enthalten sein mochte? Waren's Tiere, Holz, Eierkisten, Getreidesäcke, Bierfässer?... Es gibt so viele Dinge auf der Welt, von denen unsereins keine Ahnung hat!«

So einfach, so volksliedhaft simpel erzählt Roth komplizierte Verstörungen. Er hat sich in seinen letzten Büchern als Autor so gründlich verabschiedet aus seinem Jahrhundert, von allen Ambitionen auf Modernität, hält so unbeirrt fest an einem wie an vertraute Zuhörer gerichteten, fast mündlichen Vortragston, daß ihm mitten in seiner Desillusionsgeschichte Momente naiver epischer Verzauberung gelingen. So läßt er den Taittinger Rat suchen bei einem Rechnungsunteroffizier Zenower, dem einzigen Menschen offenbar, der ihm je ernst, sachlich und besorgt zugehört hat, und plötzlich erleben Taittinger und der Leser etwas wie eine Epiphanie: als wäre dieser schlichte Zenower – »fremd, streng und lieb und – allerdings – auch ein bißchen wieder langweilig« – ein irdischer k.u.k. Abglanz vom lieben Gott: »Er drückte Zenowers große Hand, sie fühlte sich an wie ein einziger, warmer, sehr lebendiger Muskel. Er fühlte, daß etwas Gutes und Starkes von ihr ausging und etwas Beredtes und Hörbares.«

Dieser ernste, korrekte Zenower bleibt als einzige Figur auch unberührt von Roths Ironie, die alle anderen und alles andere in ein nur scheinbar freundliches Zwielicht hüllt. Eigentlich ist diese ganze späthabsburgische Erzählwelt eine Inszenierung und ein Bühnenbild, die kaum epische Wirklichkeit werden, ein kunstvoll zartes Gebilde aus Amseln, Kutschen, Wirtsgärten, Walzern, Polizeispitzeln, Aktendeckeln, Hutnadeln und Vöslauer. Für »Realismus aus Realitätsverlust«, wie ihn Adorno schon an Balzac diagnostiziert hat, wird man das kaum halten können. Roth betreibt nur noch Geisterbeschwörung.

Zwei Jahre vor seinem eigenen Tod und ein Jahr vor Hitlers Einmarsch in Österreich hat er längst mehr verloren als die Lebensluft der alten Monarchie. Ihm fehlt das Vertrauen in irgendein Sinngefüge dieser Welt. An ein irdisches Reich der Freiheit glaubt der kindliche Anarchist längst nicht mehr, falls er je daran glauben konnte. Also überredet er sich in seinen letzten Jahren zu der Illusion, das sanft über Jahrzehnte hin zusammenbrechende Habsburgerreich wäre das einzige vertrauenswürdige, menschenwürdige Staatsgebilde gewesen, ein vernünftiges Chaos sozusagen oder, wie der Baron Taittinger es vielleicht ausdrücken würde, eine »charmante« Ordnung.

Sein eigener Roman jedenfalls ist diesem Wunschgebilde sehr ähnlich: In einem Staat, der so regiert würde wie dieser Roman, so lässig und nachlässig und doch souverän, ließe sich wohl leben. Denn ich hoffe, ich habe nicht den falschen Eindruck erweckt, wir hätten es hier mit einem unerbittlich makellosen Kunstwerk, mit einer bewundernswerten So-und-nicht-anders-Struktur zu tun.

Roths letzte Erzählwerke sind vielmehr merkwürdige Mischungen aus freundlicher Geistesabwesenheit und schlafwandlerischer Präzision. Sie taumeln satz- und auch seitenweise dahin, wie die Menschen in ihnen, und leuchten dann plötzlich wieder vor Energie. Im Text selbst lassen sich lauter »Kunstfehler« zählen, doch der Subtext zieht unbeirrt seine Bahn. Er weiß, was er will und wohin er will. Oben, im Wortlaut, wird immer noch inszeniert, charmiert, illuminiert, flaniert, ironisiert, aber der dunklere Text unterhalb dieses schönen, klugen, traurigen k.u.k. Tingeltangels ist an diesem aus Worten gebauten Wien um 1880 kaum noch interessiert. Ihn fasziniert nur noch die Sinnlosigkeit, Trostlosigkeit aller dieser wie im Halbschlaf mit dem »Schicksal« ausgeführten Kämpfe.

So kommt es, daß *Die Geschichte von der 1002. Nacht* sehr verschieden gelesen werden kann, als ein sentimentales oder als unbarmherziges Buch, als nostalgischer Traum oder Totentanz, als Abgesang auf Altösterreich oder Dokument eines nur noch höflich verschleierten Nihilismus. So gefällig, so diskret und »charmant« hat selten ein Roman ins Nichts eingeladen.

Göttlich-teuflische Welt

Eckart Kleßmann über Franz Werfel:
Der veruntreute Himmel (1939)

Im Sommer 1936 hält sich ein Schriftsteller für einige Wochen bei Freunden auf dem Lande auf, um dort an einem umfangreichen historischen Roman zu arbeiten. Dies ist die Ausgangsposition des Romans *Der veruntreute Himmel* von Franz Werfel. Schauplatz Österreich, ein Landhaus in Grafenegg am Toten Gebirge; ob beides tatsächlich auf unseren Landkarten existiert oder nicht, ist nicht weiter wichtig. Von dem Schriftsteller, dem Ich-Erzähler dieses Buches, erfahren wir nur den Vornamen Theo und hören von seiner Emigration 1938 nach Paris, nachdem die Nazis den »Anschluß« Österreichs vollzogen haben. Der politische Hintergrund des Romans ist nicht belanglos, doch davon später.
Erzählt wird in einer Rahmenhandlung. Der Schriftsteller Theo lernt bei seinen Freunden – den Argans – deren Köchin ein wenig näher kennen, die dort seit 1917 im Dienst steht. Und ihre Geschichte – *Die Geschichte einer Magd*, so der Untertitel des Romans – bildet die eigentliche Handlung. Die Rahmenstruktur dient dazu, Fakten einzuführen, die der Ich-Erzähler nicht wissen kann, ohne deren Kenntnis aber die Geschichte der Teta Linek nicht zu erzählen ist, »eine Geschichte übrigens, in der sich eine Groteske mit einer Legende verschlingt« (Franz Werfel).
Die alleinstehende, verschlossene, mißtrauische Köchin Teta hat eines Tages, vor dem Ersten Weltkrieg, Verwandtenbesuch bekommen. Die Witwe ihres Bruders bittet um Unterstützung für ihren etwa zehnjährigen Sohn, der mit Tetas finanzieller Hilfe zum katholischen Geistlichen ausgebildet werden soll.

Dreißig Jahre lang finanziert die sparsame, ja geizige Teta ihren Neffen Mojmir Linek, den sie in dieser Zeit nie zu Gesicht bekommt. Aber sie empfängt von ihm artige Briefe in gefälliger Kalligraphie, die ein wenig von der geistlichen Karriere, immer aber von neuen Geldwünschen des Seelsorgers handeln. Fotos zeigen ihr den hoffnungsvollen jungen Priester, den das »Tantchen« keineswegs aus Barmherzigkeit mit stets neuer Barschaft versieht. Denn der Neffe ist ausersehen, seiner Tante Teta kraft seiner geistlichen Würde dermaleinst einen guten Platz im Himmel zu garantieren, und angesichts der unabsehbaren Dauer der Ewigkeit wiegen finanzielle Opfer wenig, zumal Teta Linek ja bedürfnislos ist. Sie erspart sich ihren Platz im Himmel wie – man verzeihe das Bild – ein Bausparer seinen Vertrag, der ja auch eines Tages auf dessen Zuteilungsreife hoffen darf.
Aber der Mojmir Linek ist ein gerissener Schwindler und nie ein Priester geworden. Und als den Argans plötzlich der Sohn stirbt, die Tochter unheilbar erkrankt und die Nazis vor der Tür stehen, da quittiert Teta nach zwanzig Jahren ihren Dienst und erhält von der »gnä' Herrschaft« eine stattliche Abfindung. Doch als sie damit das neue Amt als Wirtschafterin ihres Neffen antreten will, erfährt sie schmerzhaft, daß »der kein Verklärter auf einer Photographie«, sondern »ein lumpiger Spitzbube und Gottfopper« geworden ist. Das bedeutet: Er hat ihr den mühsam angesparten Himmel veruntreut.
Um den zu retten, begibt sich Teta auf eine Pilgerfahrt nach Rom, vertraut sich und ihre Not einem jungen Kaplan, bricht auf einer Papstaudienz, gesegnet vom Heiligen Vater, zusammen und stirbt wenige Tage später. Und am Ende des Romans sagt der Schriftsteller Theo zu Johannes Seydel, dem Kaplan, der ihm Tetas Geschichte erzählt hat:
»Unsere Seelen wollen nicht mehr an ihre Unzerstörbarkeit glauben und damit an ihre ewige Verantwortung. Der verun-

treute Himmel ist der große Fehlbetrag unserer Zeit. Seinetwegen kann die Rechnung nicht in Ordnung kommen, weder in der Politik noch auch in der Wirtschaft, denn alles Menschliche entspringt derselben Quelle. Eine konsequent gottlose Welt ist wie ein Bild ohne Perspektive. Ein Bild ohne Perspektive ist die Flachheit an sich. Ohne sie ist alles sinnlos. In der totalen Sinnlosigkeit sind aber auch unsere natürlichen Menschenrechte sinnlos, selbst das Recht, nicht getötet zu werden. Folglich gibt es heute nur ein einziges Recht, nämlich die sogenannte Macht der Tatsachen oder das Gesetz des Dschungels. Es wird unbesiegbar so lange herrschen, als der Zeitgenosse das ist, was er ist. Da er an keinerlei Unzerstörbarkeit glauben kann, bekennt er schon das Teufelscredo. Alles ist für ihn vorübergehend und nichts bleibend, die Natur zeigt ihm, daß dieses Vorübergehende Dreck ist und in Fäulnis übergeht. Somit ist alles für ihn im Grunde Dreck. Daran kann auch die Kirche nichts ändern, wenn sie sich nur als Institution erhält und nicht von einem ungeahnten neuen mystischen Feuer entbrennt.«

Das sind einige, wie mir scheint, so bemerkenswerte wie ganz unverwelkte Sätze, zwar niedergeschrieben aus der Situation von 1939, doch gültig noch nach Jahrzehnten. Gedruckt wurden sie erstmals 1939, als Werfels Roman im Bermann-Fischer Verlag, Stockholm, erschien, zunächst unter dem Titel *Der gestohlene Himmel*.

Die Schlußbetrachtungen, aus denen hier einige Sätze zitiert wurden, sind so etwas wie die Summe des Romans, hätten aber nicht unbedingt sein müssen, denn *Der veruntreute Himmel* ist so erzählt, daß der Leser eigentlich immer, aber völlig unaufdringlich, über die Perspektiven (oder Nicht-Perspektiven) einer gottlosen Welt nachzudenken Gelegenheit bekommt. Dabei ist der Roman nüchtern erzählt, doch farbig im Detail, aber nicht ins Detail verliebt.

»Ich habe Teta gekannt.« So beginnt das Buch, und ich

möchte diesen lapidaren ersten Satz gern einen bedeutenden Romananfang nennen. »Ich habe Teta gekannt.« Mit dieser unbezweifelbaren Feststellung wird dem Gespinst der Phantasie der Stempel des absolut Authentischen aufgeprägt. Daß Teta Linek nicht gelebt und nicht 1939 in Rom gestorben sein soll, will einem nach der Lektüre schwer in den Sinn.

Mag der Leser auch zunächst vielleicht befremdet sein von der Härte, mit der Teta sich den Himmel zu erwerben sucht, von dem so gänzlich lieblosen Weg, auf dem sie zum Ziel strebt, von ihrer Kälte, die ihre Seele für die Mitmenschen verhärtet: Der Zusammenbruch der einfachen Magd in Rom, die Generalbeichte in den dunklen Katakomben vor dem Kaplan Johannes Seydel, das Sterben nach der Papst-Audienz: Wie versteinert müßte man selbst sein, wollte man darüber eine Art von Genugtuung empfinden, eine Art von ausgleichender göttlicher Gerechtigkeit. Nein, Teta Linek und mit ihr der Leser spüren, daß Gott dieses verirrte arme Menschenwesen längst angenommen hat. Was sich nach dem völligen, so hoffnungslos scheinenden Zusammenbruch einer dreißig Jahre lang gehegten Illusion mit und in der siebzigjährigen Magd erfüllt, ist schon die Verheißung göttlicher Gnade, Vergebung und allumfassende Barmherzigkeit.

Ich habe den *Veruntreuten Himmel* erstmals (und nur einmal) vor vielen Jahren gelesen, 1952 in einer der ersten Fischer-Taschenbuchausgaben. Ob ich damals, ein neunzehnjähriger Schüler, das Buch so verstanden habe, wie ich es heute begreife, darf bezweifelt werden. Ein vollkommener Roman, so behaupte ich, wird mit seinem Leser wachsen und nicht abnehmen.

Wie wenig ich von der Handlung behalten hatte, wurde mir jetzt, bei der erneuerten Lektüre, überraschend deutlich. Die Figur der Teta war in den vergangenen Jahrzehnten undeutlich geworden, die Nuancen ihres Charakters schienen verwischt. Im Gedächtnis geblieben waren ihre leitmotivischen Redensarten »Wenn ich bittlich sein darf« und »Ja, das ist eine Pracht dahier«, mir für Jahre gern benutzte Zitate, woraus ich zu schließen glaube, daß in meiner Erinnerung das komische, das groteske Element, das diesem Buch und seiner Hauptgestalt ja auch sehr eindringlich beigesellt ist, überwog. Über dreißig Jahre sind nichts Geringes in einem Menschenleben, sie können, wie Tetas dreißigjährige Illusion zeigt, ein Leben prägen und sehr nachhaltig verstören. Und sie können in der ungenau bewahrenden Erinnerung auch das Kunstwerk eines Romans stark verändern.

Beim erneuten Lesen jetzt war ich anfangs nicht sicher, ob ich nicht auch wie Teta einer Illusion aufgesessen war. Ich fürchtete nämlich vor dem Wiederlesen, in diesem Buch könnte ein wenig der Devotionalienkitsch überwiegen, der Weihrauch allzu kräftig durchschmecken. Doch nichts davon; da mag sich die Lourdes-Seligkeit von Werfels *Lied von Bernadette* dazwischengedrängt haben, zumal ich als Schüler nicht nur *Das Lied von Bernadette* gelesen, sondern mir den Geschmack auch noch durch die kitschige Hollywood-Verfilmung verdorben hatte.

Was ich 1952 – trügt das Gedächtnis nicht nach so langer Zeit? – wohl nicht so gesehen habe wie heute, ist die Verknüpfung dieser Geschichte vom betrogenen Heil mit den politischen Ereignissen jener Zeit. Es macht seinen Sinn, die Erzählung von einer verlorenen geistlichen Illusion im steten Kontext zu sehen mit der politischen Verfratzung der Jahre 1936/39. Werfel deutet das an einer Stelle subtil an: »Schöne gute Jahre waren's gewesen im Hause Argan. Fast schien es so, daß ihr eigenes Unglück durch das größere der gnä' Herrschaft mitentfesselt worden sei. Denn ohne jene Schicksalsschläge hätte sie diesen prächtigen Posten gewiß nicht verlassen... Mit der ihr eigenen Härte, die zugleich eine Angst vor dem Gefühl war, beschloß Teta, so wenig wie möglich die Erinnerung an die Familie Argan zu beschwören.«

Oder jenes anrührende Doppelmotiv bei der Papstaudienz. Unter Qualen, verursacht durch ihre offenen Beine, kniet die alte Magd vor Papst Pius XI., der sich selber vor Schmerzen kaum noch auf den Beinen halten kann, aber die Audienz nicht absagen will, weil er auch aus politisch motivierten Gründen zu den heimgesuchten österreichischen Gläubigen sprechen will. Es ist eine hintergründige, sehr sensibel eingesetzte Symbolik, dem Erzählen nur andeutend beigemischt. Aber das macht dieser Roman ganz deutlich, in welchem Maße göttliche und teuflische Welt einander berühren, ja nicht voneinander zu lösen sind.

Für eine Woche des Wiederlesens und Wiederentdeckens habe ich mit der Magd Teta Linek gelebt und dabei eine Geschichte erzählt bekommen, die mich nicht nur darum bewegt hat, weil hier Werfel ein bescheidenes, unauffälliges Menschenschicksal in den Rang der Größe und Würde versetzt hat, das Heilige mit dem Grotesken mischend. Was mich nicht minder beeindruckt hat, war die metaphysische Dimension dieses Romans, dieses Erkennenlassen und Erkennenkönnen von Transzendenz in einer Welt, die sich damals wie heute der Transzendenz verschließt.

Trotz der vergangenen Jahrzehnte ist dieser Roman, den ich ohne die mindeste Einschränkung einen großen Roman nenne, überraschend wenig gealtert, und auf vielfältige Weise rührt er an unsere Gegenwart. Denn die Menschenschicksale sind immer noch voll von »Himmeln«, die »veruntreut« worden sind, und das Schicksal der Magd Teta Linek ereignet sich unter anderer Gestalt und anderen Umständen alle Tage wieder. Es bedarf, das zu erkennen und darzustellen, nicht unbedingt einer christlichen Glaubensgewißheit (auch Werfel war Jude und nicht Christ), aber es braucht die Begabung eines großen und mitfühlenden Erzählers, der mehr sieht als nur seine Geschichte und doch zugleich auch weiß, daß seine Geschichte so viel einschließt, daß nach ihr nichts mehr zu sagen übrigbleibt. Und der Leser hat sie als seine eigene Geschichte erfahren.

Ein Denkmal deutscher Innerlichkeit

Horst Krüger über Ernst Wiechert: *Das einfache Leben* (1939)

Dieses Buch gehört, ebenso wie der Mann, der es schrieb, zum Absonderlichsten, was die deutsche Literatur im Dritten Reich hervorbrachte. Wiechert, der damals schon ein erfolgreicher, ja berühmter Autor war, hat es im Winter 1938-39 geschrieben. Er war eben nach viermonatiger Haft (wegen »betont staatsfeindlicher Gesinnung«) aus dem Konzentrationslager Buchenwald entlassen worden. In seinem Bericht *Der Totenwald*, der 1945 erschien, hat er darüber Rechenschaft abgelegt. Er hatte sich unter anderem mit großem Mut für den ins KZ verschleppten Pastor Niemöller eingesetzt.

Der Roman *Das einfache Leben*, den er nach seiner Entlassung begann und schon nach drei Monaten beendete, ist freilich ganz anderer Art. Er läßt in keiner Zeile, auch nur indirekt oder verschlüsselt, von dieser Erfahrung des Grauens etwas verspüren. Im Gegenteil: er feiert in schönen, romantischen Tönen den Traum von der heilenden Kraft der Erde.

Dennoch wurde der Roman nach seinem Erscheinen 1939 von den Verwaltern der NS-Literaturpolitik als »nicht empfehlenswert« eingestuft. Die große deutsche Tagespresse hat es dann auch nicht mehr gewagt, das *Einfache Leben* zu rezensieren. Drei oder vier abgelegene Monatsschriften zeigten das Buch an. Die *Neue Zürcher Zeitung* brachte eine Belobigung – mehr nicht.

Erfolg hatte der Roman trotzdem, und einen überwältigenden. In den ersten drei Kriegsjahren wurden, obwohl es die strenge Parteiaufsicht, schon wegen der zunehmenden Papierknappheit, mühelos hätte verhindern können, 270000 Exemplare verkauft. Bald nach Kriegsende waren es noch einmal 260000. Die Gesamtverbreitung des *Einfachen Lebens* mit seinen Taschenbuchausgaben und Übersetzungen in fast alle europäischen Sprachen beträgt vermutlich eine runde Million.

Und heute? Die 1977 veranstaltete Neuausgabe blieb unbeachtet. Der Titel wird im Buchhandel nicht geführt. Mein Exemplar aus der Frankfurter Universitätsbibliothek weist aus, daß der Roman in gut zwei Jahren zweimal ausgeliehen wurde. Das Buch ist also tot. Nur sein Titel (und allerdings eine ungefähre Vermutung) sind geblieben. Man lächelt heute milde, auch etwas spöttisch: Ach, *Das einfache Leben* lesen Sie? Kann man das noch – tatsächlich?

Jetzt, nachdem ich die Lektüre beendet habe, ist meine erste Antwort: Mit Gewinn kann man dieses einst so beliebte Buch heute nur noch gegen seinen Strich lesen, das aber heißt: politisch. Es ist ein geradezu klassisches Dokument dafür, wohin deutsche Innerlichkeit führen konnte. Es sagt über die Problematik der sogenannten inneren Emigration der Intellektuellen unter Hitler Exemplarisches aus. Über diese, nach dem Krieg heftig diskutierte, Problematik wurde nie letzte Klarheit gewonnen. Die Fronten blieben sozusagen offen. Das Phänomen schillert noch immer. Ich empfehle das Buch also als Quelle und Fallstudie deutscher Fehlwege damals. So gesehen, könnte es heute von hohem Erkenntniswert für die politische Erziehung sein, nicht nur an unseren Schulen.

Die Nazis jedenfalls hatten schon recht, vor diesem pessimistischen Einzelgänger und biblischen Grübler zu warnen. Er war zwar ein romantischer Konservativer. Er war sogar ein »Völkischer« mit deutlichem Blut-und-Boden-Beigeschmack, dies aber nicht rassistisch, sondern religiös, ja biblisch getönt. Nur: er glaubte nicht mehr an den Aufstieg, der sich da anmeldete, den Sieg, den »Triumph des Willens«. Er hatte schon 1935 in seiner berühmten Rede vor den Münchner Studenten mutig vor der aufziehenden Barbarei gewarnt. Er sah überall Untergang. Sehr sanft und schön und elegisch zerfiel ihm das Reich zum romantischen Traum von gestern. Er gehörte damit, obwohl unbezweifelbar »rechts«, ähnlich wie Gottfried Benn, zu den »Zersetzern«.

Wiecherts Position war in Wirklichkeit komplexer. Es war die eines extrem Unpolitischen. Er gab sich der ebenso schönen wie gefährlichen Illusion hin, es gäbe jenseits von Mitläufertum und Widerstand noch einen dritten Weg: den ganz nach Innen. Die reine Innerlichkeit als Fluchtburg der deutschen Seele war sein Topos. So dachten angesichts der brutalen Nazidiktatur viele der Besten im Großbürgertum, im Adel, in der Generalität: äußerlich mitmachen, trotzdem rein bleiben, innerlich. Es war eine rettende Notlüge sehr deutscher Prägung, zugegeben in einer furchtbaren Zwangslage. Wiechert hat dieser Notlüge im *Einfachen Leben* das klassische Denkmal gesetzt. Darin lag das Geheimnis seines Massenerfolgs.

Die Ausgangslage des Romans ist noch fast identisch mit den Frustrationen des deutschnationalen Bürgertums Mitte der zwanziger Jahre. Ein Offizier aus dem Ersten Weltkrieg sitzt wieder zu Hause, übrigens in den gehobenen Verhältnissen einer diskreten Villenlage. Er müßte jetzt wieder anfangen, aber wie? Wo wäre ein neuer Sinn zu finden? Er stößt auf den Psalmvers aus seinen Konfirmationsjahren: »Wir bringen unsere Jahre zu wie ein Geschwätz.« Erst allmählich wird deutlich, daß es sich um den Korvettenkapitän a.D. Thomas von Orla handelt, einen Mann Mitte Vierzig. Alles Zeitgenössische widert ihn an: Politik, Gesellschaft, Zivilisation. Es ist ihm nicht nur die große Stadt, auch seine Frau, seine Familie, der Sohn fremd geworden.

Das Bibelwort war eine erhellende Stichflamme. Er will in der Einsamkeit der masurischen Wälder und Seen ein neues, sinnvolles Leben beginnen. Er verdingt sich auf einem Schloß in Ostpreußen als einfacher Fischer.
Doch ist das alles zu nüchtern, zu sachlich referiert. Die erste Schwierigkeit, die sich beim Lesen heute einstellt, ist sprachlicher Art. Die Sprache ist altertümelnd, sinnüberfrachtet. In diesem mythischen Ton war Wiechert ja schon immer, lange vor diesem Roman, ein Großmeister gewesen. Man spürt nach wenigen Kapiteln: hier spricht kein Schriftsteller. Es ist ein Dichter am Werk. Mehr noch: ein Seher, ja Künder. Hier wird keine Literatur, sondern Lebenshilfe geboten. Jeder Satz ist wie eine Oblate, die dem Gläubigen Erlösung verheißt. Mächte gehen um, das Schicksal raunt, Ergriffenheit west. »Sie wußten nicht, was es Besonderes um diesen Abend war, aber sie meinten alle, daß die dunklen Wände noch niemals so sicher und unerschütterlich um sie gestanden hätten.«
Auf diesem einsamen Schloß wird Orla zum Mittelpunkt einer kuriosen Versammlung. Orla ist nun zwar einerseits Arbeiter geworden. Er pflanzt Kartoffeln, erntet Rüben, flickt Netze, setzt Reusen und treibt Fischfang. Andererseits ist er aber auch der führende Feingeist vor Ort. Er schreibt nebenher Bücher, über »Die Ethik des Seemannslebens« zum Beispiel. Er ist vor allem der immerwährende Gesprächspartner der anderen, für den Schloßherrn zum Beispiel, den achtzigjährigen General Christian von Platen, der im zerhackten Casinoton preußischer Befehlshaber nur friderizianische Halbsätze röchelt. Es gibt Orlas früheren Burschen, der ihn umsorgt. Es gibt auf einem benachbarten Schloß einen jungen Grafen, der nur noch der Musik lebt, später aber von revoltierenden Landarbeitern erschlagen wird. Immerhin, Orla erbt sein Land, Schloß und Gesinde.

Vor allem aber gibt es als Zentralfigur die Enkelin des Generals, die fünfzehnjährige Marianne von Platen. Zwischen ihr und Orla entspinnt sich eine erotische Zuneigung, die man wohl als sublim-verzichtend bezeichnen muß. Es ist überhaupt eine merkwürdige geschlechtslose Männerwelt, die hier miteinander lebt. Orlas ungeliebte Frau kommt zu Besuch und stirbt. Eine irre Greisin geistert leitmotivartig durch das Buch. Ein urtümlicher Förster, ein Diener in friderizianischer Verkleidung: es ist eine Versammlung sozialer Gespenster, national, aber edel, leidvoll, dabei sehr begütert. Zerfallende Welt, die noch im Untergang, süchtig, um letzte Sinntiefen ringt.
Natürlich könnte gerade ein solches Ensemble zerbröselnder Sozialstrukturen einen großartigen Romanstoff abgeben. Nur, Wiechert ist an einem kritischen Gesellschaftspanorama ganz uninteressiert. Eben weil er ein so großer Seher ist, ist er kompositorisch schwach. Keine dieser zahlreichen Nebenfiguren lebt eigenständig. Sie stehen in der Einsamkeit der ostpreußischen Landschaft wie Säulenheilige, vereinzelte Statuen, die als Stichwortgeber für den großen Orla dienen. Dieser allerdings lebt, er blüht wie ein gealterter Narziß. Wiechert legt ihm letzte Wahrheiten in den Mund; schwer etwas dagegen zu sagen.
Es gibt Sinnspüche in diesem Buch, die erschreckend sind in ihrer idealen Verblasenheit. »Die stillen Leben sind wie die Steine«, heißt es da einmal. »Sie wachsen in der Tiefe, und niemand weiß von ihnen. Aber einmal werden die großen Dome aus ihnen gebaut.« Das wurde 1939 geschrieben, drei Monate nach Buchenwald. Das ist deutsche Innerlichkeit.
Sich heute über eine solche Prosa lustig zu machen ist mäßig. Wichtiger wäre es, den Sachverhalt zu analysieren. Wiechert war ohne Frage ein Erzähler von Rang. Sein Talent speiste sich aus seinem vielfältigen Erbe: ostdeutsch, französisch, slawisch. Es gibt auch in diesem Buch Landschaftsschilde-

rungen, die Bestand haben. Die Seen und Wälder, die Jahreszeiten, die Morgen und Abende, ein großes Gewitter – so etwas stimmt, immer noch. Man kann das Buch sogar heute als ersten Abgesang auf eine verlorene Provinz lesen. Auch ist ein Stück verkauzt-spintisierender Stammeseigenart der Ostpreußen hier bewahrt, lange vor dem *Heimatmuseum* von Siegfried Lenz. Es ist aus der heutigen Optik sogar der Wille zur Arbeit als Selbsttherapie zu bejahen. Nur ist nicht recht einzusehen, warum diese Arbeit in einsamen Wäldern verrichtet werden muß. Es wäre ja auch denkbar, daß Thomas von Orla sich in der Stadt, sei es als einfacher Mann, sei es als Industrieller, »abarbeiten« könnte.

Hier scheint mir der verhängnisvolle Drehpunkt zu liegen. Eine starke Erzählerbegabung setzt sich der Zeit und ihren Konflikten nicht mehr aus. Er sieht die Probleme der späten zwanziger Jahre noch genau. Er spürt den alten Konservatismus, die neuen demokratischen Ansätze, den aufsteigenden Faschismus sehr deutlich. Aber er zieht sich aus diesem Konfliktfeld, durch das er sich offenbar bedroht fühlt, zurück. Tiefe Subjektivität tritt an die Stelle des Realen. Da diese Subjektivität in der Tat poetisch hochbegabt ist, gerät sie immer tiefer in das Traumland reiner Innerlichkeiten. »Die Seele«, was immer das sei, tritt an die Stelle der Wirklichkeit. Die schöne Sprache deckt die Realität auf jene suggestiv-betörende Weise ab, die man nicht ohne Grund gern »bezaubernd« nennt. Der Volksmund spricht mitunter vom »faulen Zauber«. Der ist hier am Werk.

Damit aber kommt ein mehrfacher Regressionsprozeß in Gang, der eben nicht zu epischer Fülle, sondern zu fortschreitender Entleerung führt. Als Ersatz für die verweigerte Realität kann Wiechert zunächst noch auf sein natürliches Erbe zurückgreifen: die ostpreußische Landschaft. Natur wird jetzt aber unweigerlich überinterpretiert. Sie wird zur Welt schlechthin, was mindestens schon Mitte der dreißiger

Jahre blanker Eskapismus war. Es müssen ihm aber auch seine Figuren mißraten. Wer Menschen nicht mehr sehen und schildern kann, wie sie wirklich sind: nämlich jeder anders, tut ihnen Unrecht. Die Vertreter der alten Welt werden in diesem Roman zu mythischen Fabelwesen aufgeblasen, die nur Kulissenwert haben. Wo aber Vertreter der neuen, demokratischen Welt auftauchen, und es gibt sie in diesem Roman, müssen sie als seelisch Verarmte, schnöde Anpasser erscheinen. Die Vertreter der Veränderung gar treten nur als bedrohende Masse oder gar verkappte Bolschewisten auf. Diese antidemokratische, ja, antirepublikanische Emotion war tatsächlich die Wurzel, die Wiechert noch mit den Nationalsozialisten verband.
Der dritte Prozeß ist, weil literarisch, der folgenreichste. Wiecherts Sprache, die Realität nicht mehr berühren will, muß notwendigerweise immer tiefer, immer mythischer werden. Man kann auch sagen: sie erhebt sich sängerisch immer höher ins allgemein Schöne und Unverbindliche. Damit aber wird sie entkernt, ja entleert, genau wie seine Religiosität. Sie tut stark, ist aber nur noch rhetorisch, rhapsodisch. Sie ist in Wirklichkeit von großer Weinerlichkeit und leerer Pathetik. Das angestrebte Naturgemälde bekommt damit Züge des Kunstgewerblichen. Hier ist eben nicht die elementare Kraft Hamsuns, Faulkners oder der Langgässer am Werk, die auch alle die Erde feierten.
Wiechert muß diesen Umschlag ins Künstliche selber bemerkt haben. »Komisch«, sagt Thomas von Orla einmal, »wie wir manchmal reden ... wie in einem Schauspiel.« Das ist es. Es wird ein Kunststück, ja ein Rührstück vom einfachen Leben vorgeführt. Ich möchte es den perfektesten Edelkitsch nennen, der uns aus dieser dunklen Epoche überkommen ist.
Ich bin freilich nicht sicher, ob deswegen dieses Buch so ganz passé sein muß, wie es auf den ersten Blick scheint. Er

war schließlich ein deutscher Dichter, im Zeitlosen zu Hause. Ich meine: diese Sehnsucht nach dem einfachen, sinnstiftenden Landleben ist ja eben wieder im Kommen. Die Chiffre dafür heißt: Alternatives Leben. Auch stehen soziale »Aussteiger« aus der Gesellschaft und radikale Neinsager zur etablierten Demokratie, wie es Thomas von Orla war, hierzulande wieder hoch im Kurs. »Grün« ist schön, auch wenn dieses Grün nicht mehr in Masuren, sondern nur in der Wetterau oder bei Gorleben liegt.
Ich könnte mir jedenfalls vorstellen, daß eine Generation der Zwanzigjährigen, die in den sechziger Jahren Hermann Hesse so willig, ja süchtig genoß, heute durchaus an dem Zauber solcher Träume ein neues Gefallen finden könnte. Das wäre eine überraschende Aktualität.

Heidnisches Urgestein

Hermann Kurzke über Werner Bergengruen: *Am Himmel wie auf Erden* (1940)

Der Aussatz macht frei und gleich. Er schenkt die Vogelfreiheit der Ausgestoßenen und die Gleichheit der Toten. Schaurig und feierlich vollzieht sich in Werner Bergengruens Roman *Am Himmel wie auf Erden* die Zeremonie der Aussegnung einer Aussätzigen, die Verleihung des schwarzen Gewandes mit den aufgenähten weißen Händen, des Almosenkörbchens und der Lazarusklapper, die Überführung ins Ghetto der »Guten Leute«. Die Liturgie gibt dem Unerträglichen Würde und Gestalt.

Wir schreiben das Jahr 1524. Berlin und Kölln schreckt eine unheildrohende Gestirnskonstellation, die für den Sankt-Heinrichs-Tag, den 15. Juli, eine verheerende Wasserflut verkündet. Der Hofastrologe Doktor Carion hat sie aus untrüglichen Vorzeichen errechnet. Obwohl er und Kurfürst Joachim von Brandenburg ihr Wissen strikt geheimhalten, bricht es dem Volke bald aus allen Poren. Die Furcht steigt, Panik greift um sich, wildes Verschleudern und gieriges Genießen der letzten Tage vor dem Untergang. Der Welttodeswunsch, von dem Botho Strauß noch kürzlich sprach (in *Paare Passanten*), grassiert. Auch die Gebildeten sind untergangssüchtig. Die Furcht vor der Flut, so sagt einer von ihnen, habe ihren Grund im Verlangen nach der Flut, die alles auslöschen soll, was zu entwirren den Menschen aus eigener Kraft nicht möglich ist. Am meisten hoffen die Aussätzigen. Sie erwarten vom heiligen Wasser die große Reinigung. Die Sündflut wird die Städte der Reichen hinwegspülen, jene Ausssatzbeulen der Erdkugel, und das Neue Jerusalem der Geheilten an ihrer Stelle erstehen lassen.

Vom Wasser drohen Angst und Unheil, Wasser bedeutet aber auch Leben und Rettung. Das Wasser in der gewölbten Hand des Geliebten kühlt das brennende Gesicht. Es gibt die tückische Feuchte der Sümpfe, wo die Dämonen der wendischen Urbevölkerung hausen, und es gibt das kristallklare Wasser der Taufe. Weil Christus einen Aussätzigen im Jordan heilte, glauben die »Guten Leute«, der Jordan werde auch zu ihnen kommen und Brandenburg mit seiner Heilsflut überschwemmen.

Ein kunstvolles Verweissystem ordnet alle Motive dem Nassen oder dem Trocknen zu. Der größte Feind des Wassers ist der Kurfürst. Er legt die Sümpfe trocken. Sein Reich ist die schwere Erde, das Starre und Feste, das Steinerne und Städtische. Sein Sternbild ist der finstere Saturn. Die Melancholie der Fürsten, die Schwermut und der Erkenntnisekel Hamlets sind sein Erbteil. Seine Augen sind wasserlos. Er ist gerecht, aber trocken; er kann nicht weinen. Am Sankt-Heinrichs-Tag lähmt ihn die Schwermut, willenlos läßt er sich aus der Stadt schaffen, auf den Tempelhofer Berg, obwohl er allen anderen die Flucht verboten hat. Auf dem Berg aber, am wasserlosen Ort, erkennt er seine Schuld, kehrt um, und mit seinen endlich befreiten Tränen mischt sich der immer gewaltiger herabstürzende Regen.

So ist alles zeichenhaft, »am Himmel wie auf Erden«. Noch das Entsetzlichste gehorcht einer großen Ordnung. In Gottes Plan hat alles seinen Platz. »Wenn der Mensch bloß wüßte, mit welcher Einfachheit jedes geschieht, sobald seine Zeit gekommen ist, er könnte sich vieles sparen; vieles an Mühe, vieles an Leiden, vieles an Schuld.«

»Fürchtet euch nicht!« lautet ohne Umschweife die Botschaft des Romans. Nach neunjähriger Arbeit 1940 in Hamburg erschienen und ein Jahr später verboten, predigt er das große Daseinsvertrauen einem Land, das gerade seiner schlimmsten Katastrophe entgegenstürzt. War das Kühnheit oder Blindheit? Daß Bergengruen wußte, was er tat, daß er nicht etwa geblendet war von den Nazi-Erfolgen der dreißiger Jahre, zeigt sein provokanter Gedichtzyklus *Die heile Welt*, der, hauptsächlich während des Krieges entstanden, noch den finstersten Verbrechen Sinn abzupressen wußte. »Jeder Schmerz entläßt dich reicher / Preise die geweihte Not...«

Die Zeiten der Not regiert der gläubige Blick der Hoffnung, die Wohlstandszeiten aber hätscheln den Untergang. Das »Furchtbedürfnis«, so Bergengruen, stürzt sich einmal auf Kriegsgefahr, ein anderes Mal auf allgemeine und leicht übertragbare Krankheiten, ein drittes Mal auf einen in naher Zukunft erblickten Zusammensturz aller vertrauten Gestaltungen. Die Panikwellen, die unser Land heimsuchen – Aids, Radioaktivität, Waldsterben, Ozonloch –, lassen das »Fürchtet euch nicht!« treffsicher und aktuell erscheinen. Die Botschaft des Engels flutet das geängstigte Herz mit warmen Wellen von Geborgenheitsglück. Vielleicht ist ja doch alles gut! Aber gerade weil einem so wohlig werden will, als schiene einem die Sonne auf den Magen, ist der Verstand zu höchster Wachsamkeit aufgerufen.

In die andächtige Betrachtung des gestirnten Firmaments ruft die Wissenschaft heute »Urknall!« hinein. Widerwärtig schiebt sich die Vorstellung eines explodierenden Weltalls an die Stelle der ewigen Bahnen, und aus ist es mit dem schönen Gefühl der Geborgenheit. Die große Freiheit, die das »Fürchtet euch nicht!« verleiht, ist ohne Zweifel eine leistungsfähige Daseinshypothese. Es lebt sich gut mit ihr. Sie ist aber ein Rohstoff, den wir nur noch verbrauchen, nicht mehr produzieren.

Bergengruens Roman strahlt die Unerschütterlichkeit und Gottergebenheit tatsächlich aus, die er als *fabula docet* fordert. Das kunstfertig gearbeitete Buch ist spannend zu lesen und erzeugt, wenn man sich auf es einläßt, eine tief erquickende Befriedung der Seele, eine Stimmung wie milde Abendsonne nach Blitz und Hagelwetter.

Aber hält sie auch vor? Eine wesentliche Schwäche ist nicht zu übersehen. Sechshundert Seiten lang fiebert alles auf die große Katastrophe hin, aber was bringt der Schreckenstag dann? Ein kräftiges Gewitter. Das ist alles. Daß der Untergang so leicht gewogen wird, beschädigt den Roman bis ins Mark. Das bißchen Astrologie reicht nicht aus für die große Furcht. Wir erwarten heute besser begründete Untergänge. Die Banalität des Gewitters düpiert den Aufwand an Metaphysik. Wenn die Furcht derart unbegründet war, lohnt auch die hochtrabende Ermahnung nicht. Der Roman schreibt nur die Geschichte einer Hysterie, nicht die unserer wirklichen Furcht.

So kehren die Hauptpersonen nach dem Tag X auch allzuleicht ins Gleis der Geborgenheit zurück. Die Sterne stehen wieder am Himmel in ihrer alten Treue und Unbeirrbarkeit. Der Doktor Carion schämt sich nicht ein bißchen, daß er eine Riesenflut angesagt hatte. Der schwächliche Unernst der Wasserkatastrophe entlarvt die Fabel als bloßes Vehikel der zu verkündenden Lehre. Auf der Schauseite geht alles glatt auf, mit epigonaler Routine, prächtig gearbeitet, aber im Zentrum fehlt etwas. Wie die Nazarener des neunzehnten Jahrhunderts »schöner« malten als der göttliche Raffael selbst, so schreibt Bergengruen goethischer als Goethe und gläubiger als Daniel in der Löwengrube, aber die Kalligraphie erreicht uns nicht mehr, und unser Knie beugen wir nicht mehr.

Dabei gab es einen erzählerischen Ausweg, der jedoch ungenutzt blieb. Ein Aussätziger wirft Doktor Carion seinen eitrigen Handschuh ins Gesicht. Dem Gelehrten graust es, aber er steckt das stoisch weg, im Geiste des »Fürchtet euch nicht!«. Kann sein, daß er sich angesteckt hat – der Leser erfährt es jedenfalls nicht. Carion bleibt ein feiner Herr und Humanist. Aber hätte nicht erst die Geschichte vom feinen

Herrn, der wirklich vom Aussatz befallen wird, das Daseinsvertrauen ernsthaft auf die Probe gestellt, radikaler jedenfalls als eine bloße Wetterhysterie?

Obwohl die Schauseite heute nicht mehr völlig standhält, lohnt sich das Wiederlesen. Der Roman hat ein christlich-humanistisches Hauptportal, das in die Gemächer des Doktor Carion führt. Er hat aber auch einen Dienstboteneingang für die Ungläubigen. Dieser führt über spinnwebfeuchte Gänge und Hintertreppen in eine Unterwelt von hohem erzählerischem Reiz. Es ist die Welt der Wenden und ihrer schwermütigen Lieder, die Welt der glucksenden Sümpfe, der klagenden weißen Weibchen und der Luttchen im Ofenwinkel, der aussätzigen Seherin Worschula, der eine Schlange Augen und Ohren ausgeleckt hat, und des vom Blitz getöteten Kutschers Juro, des letzten heimlichen Königs der Wenden.

Die Wenden haben verloren, weil sie sich nicht haben christlich bilden lassen, aber als einem Stück noch unangerührter Schöpfung gehört ihnen, nicht den erfolgsgewohnten christlichen Tatmenschen Bergengruens kaum verhohlene Zuneigung. Voll Hochachtung erzählt er von den Ureinwohnern Brandenburgs, voll Trauer sieht er ihren Untergang. Nur der Abschaum verachtet die Wenden. Der Roman macht damit entschieden Front gegen die nationalsozialistische Rassenpolitik. Er ist ein bedeutendes Zeugnis der inneren Emigration.

Der Balte Bergengruen war zwar 1936 zum Katholizismus konvertiert. Aus den heidnischen Traditionen seiner Heimat aber bezieht er weiterhin seine erzählerische Kraft. Er will das Heidnische jedoch immer wieder christlich glattbügeln. Wenn man diesen Versuchen widersteht, den Roman gegen den Strich seiner Botschaft liest und unter der christlichen Überformung das heidnische Urgestein bloßlegt, dann wird die angestrengte Propaganda für die heile Welt zur unversöhnbaren Klage über das Verlorene und Vernichtete.

Emigrantenschicksal, melodramatisch

Gert Ueding über Lion Feuchtwanger:
Exil (1940)

»Exil zerrieb, machte klein und elend: aber Exil härtete auch und machte groß, reckenhaft.« Das ist in wenigen Worten das Thema von Lion Feuchtwangers Roman. Vier Jahre hatte er, selber Emigrant seit 1933, daran gearbeitet, ehe das Buch, zunächst in einer Exilzeitschrift vorabgedruckt, dann 1940 in einer Buchausgabe des Querido-Verlags erschien. Feuchtwanger war da schon ein berühmter Autor, seine historischen Romane, *Die häßliche Herzogin Margarete Maultasch* oder *Jud Süß*, waren Bestseller der zwanziger Jahre gewesen. *Exil* ist der dritte Teil einer Romantrilogie mit dem beziehungsreichen Titel *Der Wartesaal*, die mit der Vorgeschichte des Dritten Reiches beginnt (*Erfolg. Drei Jahre Geschichte einer Provinz*, 1930), im zweiten Band Hitlers Judenverfolgungen am Beispiel einer jüdischen Bürgerfamilie schildert (*Die Geschwister Oppenheim*, 1933) und schließlich in die umfängliche Achthundert-Seiten-Chronik des Emigrantendaseins mündet. Ort der Handlung ist das Paris des Jahres 1935, eine der Hauptstätten des Exils. Der emigrierte Sepp Trautwein, Musiker und Komponist und eigentlich ein ganz »unpolitischer Mensch«, wird durch die Entführung des Journalisten Friedrich Benjamin plötzlich zu einem leidenschaftlichen Tribun der Freiheit und Gerechtigkeit, der seine kompositorische Arbeit erst wieder aufnehmen kann, als er sein Ziel, die Befreiung Benjamins aus den Kerkern der Gestapo, auch erreicht hat. In diese Haupthandlung sind zahlreiche Neben- und Parallelhandlungen eingelassen: die Geschichte von Sepps Frau Anna, die sich für ihre Familie aufreibt, ihres Sohnes, der zum Kommunisten wird und, auch des Architekturstudiums wegen, nach Moskau fährt, die Geschichten von Schriftstellern, Journalisten und deren Frauen – und auf der anderen Seite die Geschichte der Gegner, des Korrespondenten einer reichsdeutschen Zeitung, eines Botschaftssekretärs oder eines hohen nationalsozialistischen Parteifunktionärs. Das sind alles sehr geschickt ausgewählte Repräsentanten, und sowenig sie manchmal auch miteinander zu tun haben, den Bedingungen des Exils unterliegen alle, und nicht einmal den Würdenträgern des Reichs gelingt es, sich davon frei zu machen. Exil wird in diesem Roman fast so etwas wie eine besondere Weise des menschlichen Existierens, bedeutet Heimsuchung und Leidensgang, aber auch eine Bewährungsprobe, die alles falsche Wesen abfallen läßt und die wahre Identität eines Menschen enthüllt. »Viele engte das Exil ein, aber den Besseren gab es mehr Weite, Elastizität, es gab ihnen den Blick für das Große, Wesentliche und lehrte sie, nicht am Unwesentlichen zu haften. Menschen, von New York nach Moskau geworfen und von Stockholm nach Kapstadt, mußten, wenn sie nicht umkommen wollten, über mehr Dinge nachdenken und tiefer in diese Dinge hineinschauen als solche, die ihr Leben lang in ihrem Berliner Büro festhockten.« Die Denkfigur hinter diesen Erklärungen rückt Feuchtwangers Roman in eine überraschende Konstellation, lange vor Zarathustras »Gelobt sei, was hart macht!« hatte sie schon ihre literarische Konjunktur – im Abenteuerroman des 19. Jahrhunderts nämlich. Wie mancher seiner Autoren waren auch viele seiner Helden Revolutionsflüchtlinge oder Emigranten, die nach 1848 Europa verlassen mußten und in der zumeist exotischen Fremde ihr Glück versuchten. Die Vertreibung aus ihren bisherigen Lebensordnungen wurde die Ursache der Erneuerung und die Bedingung eines möglichen Glücks, das nun nur noch von ihnen, ihrem Mut, ihrer Tatkraft, ihrem Willen abhing.

Feuchtwangers *Exil* ist seiner geistigen Struktur ebenso wie seiner Handlungskonstruktion nach ein Abenteuerroman, nicht weit entfernt von Hans Habes *Drei über die Grenze* oder Remarques *Arc de Triomphe,* wenn ihm auch die Synthese von Abenteuersujet und Zeitgeschichte, von Politik und Kolportage ungleich besser gelungen ist. Als Motto über dem ersten Teil dieses Romans hat er Goethes Gedichtzeile »Stirb und werde« gewählt und damit den Punkt bezeichnet, wo Exil- und Abenteuerroman konvergieren. Entwurzelung, die Zerstörung eines alten Lebenszusammenhanges stehen am Beginn eines tiefgreifenden Irritationsprozesses mit seinen Prüfungen, den verschiedenen Einweihungsstufen, der Wiedergeburt zum glücklichen Ende.

Genau besehen besteht Feuchtwangers Roman in mannigfachen Variationen dieses Musters, in Auf- und Abstiegsschilderungen, in der Beschreibung bestandener oder verfehlter Prüfungen. Am auffallendsten natürlich in der Geschichte Sepp Trautweins, der erst alle Versicherungen seines Lebens verlieren muß, die Heimat, seine Musik, die Frau, den Sohn, ehe er mit einer neuen Musik zu einem ganz neuen Künstler werden kann. Aber auch in Nebenhandlungen und den fast beiläufigen Episoden, in der Entwicklung des verkommenen, einem zynischen Individualismus huldigenden Poeten Tschernigg, im Aufstieg der schlampigen, verarmten Elli Fränkel zur Arzthelferin, dann Ehefrau und Witwe eines englischen Staatsbürgers mit Pensionsanspruch, schließlich gar in der Karriere des unbekümmerten Nazischergen Spitzi. Es sind auch vor allem diese Szenarien, die nach der Lektüre lebendig bleiben: der zunächst kaschierte, dann immer offensichtlichere Verschleiß der Kleider, die zunehmende Vernachlässigung der äußeren Erscheinung, die Besuche in immer billigeren Kneipen, die Umzüge in immer verkommenere Hotels bis zur Endstation Barackenasyl, die Bettelgänge und Behördenschikanen – oder dann auch der umgekehrte

Weg hin zu modischer Kleidung, neuer Wohnung, besserem Essen, moralischer und menschlicher Gesundung. Diesen peniblen Schilderungen liegen genaue Beobachtungen zugrunde; gesättigt mit sozialer Erfahrung, ersteht aus vielen Einzelteilen, aus Porträts und Reportagen, aus oft nur leicht getarnten Tatsachenberichten und Skandalchroniken ein umfassendes Lebensbild des Exils. Hier bewährt sich auch nochmals Feuchtwangers historische Perspektive (»als schriebe ein Autor des Jahres 2000«), in der das Äußere der Menschen, ihre Handlungen und Haltungen mit derselben leidenschaftslosen Präzision und Detailtreue erscheinen wie in einem Geschichtsroman. Weiskopf hat Feuchtwanger als großen Arbeiter und Strategen gerühmt. »Wer ihn jemals bei der Arbeit an einem Roman gesehen hat: wie da ein riesiges Material systematisch zusammengetragen, gesichtet, geordnet; wie ein Plan der Handlung zuerst in seinen hauptsächlichen Zügen, dann bis in die geringsten Verästelungen ausgearbeitet; wie der Steckbrief für jeden Charakter entworfen und ausgeführt (wird)... wer ihn je so gesehen hat, wie schwer erarbeitet die Flüssigkeit und leichte Verständlichkeit seines Werkes und wie wohlverdient sein Ruhm ist.« Dokumentarische Genauigkeit, die Leidenschaft jedes historischen Sammlers, macht die große Zeugniskraft dieses Zeitromans aus.

Betrachtet man freilich die Charaktere selber, so bleiben ihnen die meisten Geschehnisse oder Entwicklungen äußerlich, ihre Lebensumstände ändern sich, sie steigen auf oder ab, die Kontraste sind, wie bei einem historischen Gemälde, gut und effektvoll über das ganze Bild verteilt, aber kaum einmal auch in einer Person versammelt. Sepp Trautwein, der gutmütige, polternde, idealistische Kämpfer für Gerechtigkeit und gegen Naziterror, bleibt immer gutmütig, polternd und idealistisch, auch in seinen Irrtümern, Versäumnissen, Nachlässigkeiten; seine Frau Anna bleibt bis zu ihrem Selbstmord die unermüdliche Heldin des grauen, verzehrenden Alltags, die Sorgende, die dann der Überlast der tausend kleinen zermürbenden Mühen erliegt, der Verleger Gingold bleibt immer der kriecherische, verschlagene kompromißlerische Geschäftsmann, und natürlich ändern sich weder der skrupellose, unmenschliche Parteigenosse Heydebregg noch der machthörige Zeitungskorrespondent Erich Wiesener oder dessen Geliebte, die schöne Lea de Chassefierre. So wirken diese Porträts und Steckbriefe dennoch alle etwas flach und geistlos, ihnen fehlt die Lebendigkeit, die immer eines Stücks Ungenauigkeit, Unberechenbarkeit, eines Inkognitos bedarf, um literarisch zu überzeugen. Feuchtwangers Verfahren aber ist, aller Recherchierkunst zum Trotz, doch das Verfahren der Kolportage. Die Figuren werden mit bestimmten, gleichbleibenden Erkennungszeichen belegt, durch die ihre Persönlichkeit ein für allemal bestimmt ist und vom Leser ohne Schwierigkeiten in das dualistische Weltbild des Romans eingeordnet werden kann. Gingolds eng an den Körper gepreßter Arm, sein »falschfreundliches Lächeln«, die kleinen spitzen »Rattenzähne« des Botschaftssekretärs, die Zigarre schräg im »Froschmaul« Tscherniggs oder die braven, biederen, offenen, polternden, freimütigen Züge auf der anderen Seite – Irrtümer sind selten möglich und die vom Autor deutlich bezeichneten Orientierungsmuster verläßlich. Das Geschehen selber entwickelt sich zumeist aus dem Zusammenstoß dieser gegensätzlichen Charaktere und bringt Bewegung, Farbigkeit in die graue, trostlose Landschaft des Exils. Die kleinen Feindseligkeiten und Rivalitäten, die zahllosen Erniedrigungen vor Gönnern oder Amtspersonen, die meist erfolglose Jagd nach Paß, Ausweis oder Arbeitserlaubnis, die eintönigen Querelen mit den Nachbarn in vollgestopften Hotels, die dauernde, immer sinnloser werdende Mühe, im äußeren Leben einen Rest von Würde aufrechtzuerhalten, diese

Summe quälender Banalitäten war das Exil. Dazu gehörte der Kontrast aus großen Worten und schäbiger Wirklichkeit, der schreiende Widerspruch zwischen Weltpolitik und Daseinsmühe, die farcenhaften Auftritte der Schmarotzer und ewigen Versager, der Schmeichler und Gelegenheitsjäger, bedacht nur auf den eigenen Vorteil, den oft bloß kurzfristigen Nutzen. Kein heroisches Bild, und Recken gab es wenige; große Gefühle – wer konnte sich die schon leisten, und meist war man froh, wenn wenigstens in kleiner menschlicher Münze gezahlt wurde. Roman war mit diesem Material, wie authentisch auch immer, nicht zu machen, es bedurfte einiger kräftiger Zutaten der Phantasie: der Befreiungsgeschichte mit Trautwein als ihrem Helden, der Liebesaffäre Wieseners mit der Halbjüdin Lea, der undurchsichtigen, bedrohlichen Machenschaften Heydebreggs. Und hier scheut Feuchtwanger nicht vor den kräftigen Ingredienzien der einschlägigen literarischen Gattungen zurück, Elemente des Intrigen- und Gesellschaftsstücks, des Spionage- und Abenteuerromans verbinden sich zu einem bunten Bilderbogen, in dessen Leerstellen nun auch die triste und gemeine Wirklichkeit des Exils darstellbar wird. Die ästhetischen Widersprüche des Romans rühren aus diesem Konstruktionsprinzip, denn beide Sphären, die der Kolportage und die der authentischen Erfahrung, stehen einander fremd gegenüber. Immer erscheint die eine als der bloße Vorwand für die andere, und nichts hält sie darüber hinaus zusammen.

Das gilt selbst für die Haupthandlung, die Rettungsgeschichte des entführten Exiljournalisten Benjamin. Es gibt in der Rhetorik den Grundsatz, daß der Redner den Boden verbürgter Wahrheit dann verlassen muß, wenn die Wahrheit selber unwahrscheinlich und daher unglaubwürdig wirkt. Ein Grundsatz, den Feuchtwanger in Vor- und Nachworten zu seinem Roman theoretisch zwar bekräftigte (in seinen historischen Romanen übrigens auch oft verwirklicht hat), in *Exil* aber unbeachtet ließ. Sepp Trautwein und Friedrich Benjamin können sich nicht leiden, und doch geht Trautwein auf dessen Drängen als Stellvertreter Benjamins in die Redaktion der *Pariser Nachrichten*. Trautwein ist leidenschaftlicher Musiker und Komponist, wie besessen arbeitet er an der Fertigstellung seiner Oper nach Aischylos' *Die Perser*, dennoch läßt er diese Arbeit im Stich, um die Stelle Benjamins nach dessen Entführung in der Redaktion endgültig einzunehmen und seinen Kampf für dessen Freilassung zu beginnen. Obwohl die *Pariser Nachrichten* als kleines, einflußloses Emigrantenblättchen geschildert werden, sollen Trautweins flammende Artikel für Benjamins Freilassung als publizistische Sensationen gelten, die alle beteiligten Regierungen bewegen und schließlich auch zu Benjamins Befreiung führen. Eine Geschichte voller schlecht verdeckter Brüche und Widersprüche, in sich unstimmig und daher unglaubwürdig, nur eine Szene darin stimmt: die Begegnung Trautweins und Benjamins nach dem Sieg – da sitzen sie sich gegenüber, der Befreite und sein Erlöser, der Held und sein Gläubiger, der eine, der Monate seines schöpferischen Lebens darangesetzt hat, und der andere, der in den Kerkern der Gestapo täglich den Tod vor Augen hatte, sie sitzen sich gegenüber und haben sich nichts zu sagen, Mißstimmung, Leere breiten sich aus – ein Schulbeispiel von Melancholie der Erfüllung.

Feuchtwanger hat den zentralen Mangel seiner Haupthandlung selber gespürt, zu sehr war er Routinier, erfahren im Bau von Geschichten, ihren Motivationen und Beglaubigungen. Immer und immer wieder läßt er Trautwein über sein erstaunliches, ihn und seine ganze Umgegend befremdendes Engagement räsonieren: dieser Entschluß habe nichts mit Vernunft zu tun (»Es ist nun einmal jede zweite Handlung, die ein sogenannter vernünftiger Mensch begeht, vom Unbewußten diktiert und gegen die Vernunft«), so folge man eben »immer wieder dunklen Stimmen«, im übrigen sei das Schicksal Benjamins ein Gleichnis für alle Vergewaltigungen des »braunen Zeitalters«, die zu bekämpfen kein Opfer, »auch nicht die Preisgabe seiner Musik«, zu groß sei. Ein andermal sind es »scheußliche Erinnerungen an die Front, Alpträume von Todesangst und Vernichtung«, die sein Geschick an das Benjamins fesseln, am Schluß versteht er dann seinen Einsatz selbst nicht mehr, fühlt sich befreit und endlich bereit zu seiner eigentlichen Arbeit. Auch dem Leser ist durch solche Verlegenheitsfloskeln nichts klarer geworden, zumal der Autor diesen Geschichtsstrang in der zweiten Romanhälfte fast ganz aus den Augen verliert. Statt dessen rückt nun das Schicksal eines Mannes gänzlich in den Vordergrund, der, genau besehen, den Mittelpunkt aller Annalen des Exils bildet, die Feuchtwanger zusammengetragen hat, und die eigentliche gegnerische Position verkörpert, mit der er sich hier auseinandersetzt: Erich Wiesener, der ranghöchste Journalist des Reiches. Ein eleganter, schöngeistiger Weltmann ohne kleinbürgerliche Vorurteile, im diplomatischen Umgang ebenso geschickt wie gewandt im gesellschaftlichen, Liebhaber schöner Frauen und kultureller Finessen, ein witziger, geistvoller Unterhalter und brillanter Schriftsteller, ein Mann von beeindruckender Statur, ein Publizist von internationaler Geltung, kurz: eine blendende Erscheinung, aber auch im Doppelsinne dieses Wortes. Hinter dieser Fassade verbirgt sich zunächst ein opportunistischer Charakter in geradezu seltener Reinheit, ein Schriftsteller, der seine Fähigkeiten skrupellos dazu benutzt, seine barbarischen Meister in Deutschland gesellschaftsfähig zu machen, der die Wahrheit verfälscht, der mißliebige Gegner mit fein ausgesonnenen teuflischen Methoden zermürbt oder ausschaltet; der Plan, die *Pariser Nachrichten* langsam zu unterwandern und politisch umzufunktionieren, stammt

von ihm. So ausschließlich liebt er die Macht, daß er auch vor Selbsterniedrigungen nicht zurückscheut, vor dem gewaltigen Parteigenossen kriecht um seiner Stellung willen, schließlich sämtliche privaten und menschlichen Rücksichten fallenläßt, sein Liebesglück zerstört, seinen Sohn verliert, von der tüchtigen Mitarbeiterin verlassen wird. Selbst das geheime Tagebuch, diese letzte *reservatio mentalis*, wird zunehmend zum heuchlerischen Komplizen, mit Rationalisierungen und Beschönigungen gefüllt, die seinen ursprünglichen Zweck, für die Nachgeborenen die Wahrheit aufzubewahren, ins Gegenteil verkehrt.
Was Feuchtwanger mit dieser Figur wollte, liegt auf der Hand. Der Intellektuelle als die Hure der Macht, ein unveraltetes Thema. Doch die psychologische Studie über Charakterlosigkeit, Wankelmut, geistige Bestechlichkeit wird schon bald zu einer von Haß verzerrten Karikatur, und Erich Wiesener erscheint nur noch ausstaffiert als seelen- und gefühlloser Popanz, der auch noch den geringsten Zug von Liebenswürdigkeit und intellektueller Klarheit verloren hat, so daß es immer rätselhafter wird, was ihn vordem so anziehend zweideutig, so gefährlich und auch für den Autor so faszinierend gemacht hat, daß ihm sogar die Hauptrolle im Romangeschehen zufallen konnte. Anstatt Motive zu erhellen, Ursachen deutlich zu machen, Verstrickungen zu entwirren, anstatt etwa, wie Heinrich Mann im *Untertan*, die Genese eines abstoßenden Charakters in ihren Verzweigungen, Abhängigkeiten, Reaktionszwängen vorzuführen, begnügt sich Feuchtwanger mit der Demaskierung eines monströsen Karrieristen und Schurken in der Art jener teuflischen Intriganten, die die bürgerlichen Propagandastücke des 18. Jahrhunderts bevölkern, nur ohne deren Format. Die Mischung aus Psychologie, Kolportage und politischer Erfahrung hat nicht mehr als den einschlägigen Bösewicht hervorgebracht – ein recht unbefriedigendes Er-

gebnis, bedenkt man den epischen Aufwand, den Feuchtwanger mit seinem Erich Wiesener getrieben hat.

»Wann je ist einem Schriftsteller die Wirklichkeit etwas anderes gewesen als einem Bildhauer der Stein, aus dem er seine Statue meißelt? Nur Banausen, mein junger Herr, messen den ›Reineke Fuchs‹ mit einem zoologischen Lehrbuch und den Homer mit den Ergebnissen der Ausgrabungen des Deutschen Archäologischen Instituts.« Diese nicht gerade sehr originellen Einsichten vermittelt der Poet, Verlagslektor und zeitweilige Asylbewohner Tschernigg einem angehenden Schriftsteller nach der Lektüre seiner ersten Novelle, aber natürlich fungiert die Romanfigur hier als Sprachrohr des Autors. In einem 1939 geschriebenen Nachwort hatte Feuchtwanger seine Absicht betont, die »niedere Wirklichkeit der Fakten« in der »höheren Wirklichkeit« seines Romans aufzuheben, und im Vorwort zur Buchausgabe war er sogar noch deutlicher geworden. »Ich habe für dieses Buch zwei Motive aus der historischen Wirklichkeit verwandt: die Entführung eines emigrierten Journalisten und den Ankauf und die Lahmlegung einer deutschen Emigrantenzeitung durch Agenten des Dritten Reichs. In der historischen Wirklichkeit war der entführte Journalist ein Mann namens Berthold Jacob, und die aufgekaufte Zeitung war die Zeitung ›Westland‹, die in Saarbrücken erschien. Ich habe indes der Wirklichkeit für meine Zwecke lediglich die beiden genannten Motive entnommen, nicht etwa Einzelpersonen und Einzelgeschehnisse.« Feuchtwanger hört kaum auf zu beteuern, er habe nicht wirkliche, sondern »historische Menschen« wiedergegeben und die »photographische Realität des Einzelgesichts« getilgt, um »die bildnishafte Wahrheit des Typus zu erreichen«. Aber diese Erklärungen haben natürlich nicht verhindern können, daß der Roman dennoch als Schlüsselroman gelesen wurde, daß man Affären in der Pariser Exilpresse darin wiedererkennen wollte oder einzelne Figuren mit bestimmten Vorbildern identifizierte, den genialen, aber unpolitischen und etwas trotteligen Kapellmeister Rieman als Furtwängler oder den Prototyp des intellektuellen Opportunisten Erich Wiesener als Friedrich Sieburg. Doch sind es wirklich nur Banausen, die so lesen, oder hängt diese Rezeption mit der Substanz des Romans zusammen – ist gar die skandalträchtige Enthüllungsgeschichte, das Gebräu aus Revolverblatt, Gesellschaftsklatsch und übler Nachrede seine eigentlich interessante Botschaft –, ähnlich wie das bei einem anderen zu neuem Ansehen gelangten Exilroman, bei Klaus Manns *Mephisto*, der Fall ist? Reinhard Hoffmeister, der Herausgeber einer Neuausgabe von *Exil*, hat sich in seinem Nachwort jedenfalls nur an die Schlüsselszenen und die Identität der Hauptpersonen gehalten. Wer hinter wem, mit wem und gegen wen, das sind seine wichtigsten Fragen; Feuchtwangers Kunstvorbehalte tut er als Schutzbehauptungen ab, die ihn vor Angriffen oder Prozessen bewahren sollten, und begibt sich dann eifrig an die Schilderung der Vorgänge, die Feuchtwanger als Modell dienten, die Geschichte des am 9. März 1935 entführten Journalisten Berthold Jacob, die Auseinandersetzungen zwischen dem Geldgeber des *Pariser Tageblatts* und seiner Redaktion, die Wirksamkeit Furtwänglers und Friedrich Sieburgs als kulturelle Aushängeschilder und Advokaten der Barbarei. Tabuverletzungen, wie Hoffmeister meint, sind diese Identifizierungen längst nicht mehr. Doch eins ist die moralische Empörung des Emigranten Feuchtwanger über die geistigen Kollaborateure der Nazis, ein anderes die denunziatorische Entrüstung des Herausgebers, dessen Integrität man auf Treu und Glauben nehmen muß.

Aber die Konzentration auf den Schlüsselroman, der *Exil* natürlich auch ist, hat noch andere Gründe; als literarisches Kunstwerk ist er mißlungen, und von einem »der bedeutendsten Werke der deutschen Exilliteratur« (wie er vielfach angepriesen wird) kann die Rede nicht sein. Von der brüchigen Handlungskonstruktion, den populärpsychologischen Oberflächenporträts war schon die Rede. Auch die meisten anderen erzähltechnischen Kunstgriffe gehen daneben: die mit penetranter Aufdringlichkeit wiederholten Leitmotive wie die alte, aus Deutschland gerettete Wanduhr in Trautweins Zimmer oder das Porträt Leas in Wieseners Bibliothek, die bedeutungsschweren Gleichnisse (das Elefantengehege im Zoo), die abgenutzten Metaphern und Gefühlsklischees, die fatale Eindeutigkeit aller Szenen und Figuren. Darüber hinaus verfällt dieser Roman häufig in schier endlose Geschwätzigkeit. In unaufhörlichen Selbstgesprächen umkreisen die Personen ihre Erlebnisse, Entschlüsse und Vorhaben, gedankenlos und unerträglich banal geht die erlebte Rede über Seiten, ja ganze Kapitel hinweg und offenbart zumeist nicht mehr als die Einfallslosigkeit ihres Autors. Der Vollständigkeit halber sei es gesagt: auch innerhalb der *Wartesaal-Trilogie* ist *Exil* nicht das beste Stück Literatur, sondern wird vom ersten Band *Erfolg* weit übertroffen.

Aber was verschlagen diese Einwände endlich? Im Hause der Literatur gibt es viele Kammern, und wenn dieser Roman auch kein künstlerisches Meisterwerk geworden ist, so ist er doch trotz aller Weitschweifigkeiten (die dann als einziger Einwand bestehenbleiben) ein Meisterstück politischer, zeitgeschichtlicher Kolportage, denn die hat ihre eigenen Gesetze und Lizenzen. Melodramatik, scharfe Kontraste, verläßliche Sprachsignale, dualistisches Weltbild, das ganze reißerische Wesen in Erzählweise, Szenenaufbau und Personenzeichnung, bis hin zu Klischees und Gefühlsstereotypen – das sind hier Tugenden, zu deren wirkungsvollem Gebrauch ebenso handwerkliches Geschick und Kunstfertigkeit gehören wie zu dem komplizierten, nie aufdringlichen Motivgeflecht in einem Roman Thomas Manns. »Es ist ein ungeheurer Spaß, Papier mit sinnvollen Worten zu überdecken«, räsoniert Friedrich Benjamin während seiner Fahrt ins Verderben. Disziplin gehört aber auch zu diesem Geschäft. 300 Seiten weniger, und Feuchtwangers *Exil* wäre ein hinreißender Roman geworden.

Die Blindheit Adolf Hitlers

Rolf Schneider über Ernst Weiß:
Der Augenzeuge (1940)

1955 wurde ich, ein sehr junger Mensch, Redakteur beim Berliner Aufbau-Verlag. Er galt als das feinste Editionshaus der DDR; er hatte einen guten Ruf auch jenseits der Grenzen, da er sich beharrlich der deutschen Belletristik des antifaschistischen Exils annahm. Remigranten wie Johannes R. Becher waren seine Autoren ebenso wie die Nichtheimkehrer Heinrich Mann und Oskar Maria Graf.
Eine der ersten Arbeiten, die man mir damals auf den Schreibtisch tat, zeigte sich in höchst sonderbarer Gestalt. Jemand hatte die Bürstenabzüge eines Romans mit der Schere umbrochen, auf weiße Blätter geklebt und alles miteinander vom Buchbinder zusammenheften lassen. Der Roman trug den Titel *Der Augenzeuge*; Verfasser war ein mir damals völlig unbekannter Schriftsteller namens Ernst Weiß.
Erzählt wurde die Geschichte eines Arztes, der gegen Ende des Ersten Weltkrieges den psychisch gestörten Adolf Hitler behandelt, geheilt und damit unwissentlich dessen spätere Karriere ermöglicht hatte. Zwiefach litt der Held an jener humanitären Tat: als Mitverantwortlicher für des Diktators blutige Handlungen und als Opfer von Hitlers politischer Polizei, die der für ihren Auftraggeber blamablen Krankheitsgeschichte hinterdrein war. Der Arzt, Geschöpf einer verdüsterten Bürgerlichkeit und ausgestattet mit den schmerzlichsten Selbstzweifeln, wich am Ende aus; er ging in die Emigration und würde gar am Spanischen Bürgerkrieg teilnehmen, auf der republikanischen Seite.
Mich faszinierte der Roman. Er faszinierte mich in jeglicher

Hinsicht. Seine Sprache war spröde, aber konnte auch unversehens aufbrechen und grelle Farben hergeben, unter dem Druck von heftigen Gefühlen und unbezwingbaren Leidenschaften des im Roman geschilderten Personals.

Dunkle jüdische Selbstzweifel überschatteten die Geschichte von Anfang an. Sie bezeugten die Unmöglichkeit einer jüdischen Assimilation ans deutsche Bürgertum; letzter Ausweis solcher Unmöglichkeit war die auch im Roman agierende Figur des Adolf Hitler. Dessen biologisches Ende lag, als ich das las, eben zehn Jahre zurück. Die Spuren seiner unseligen Existenz waren allenthalben wahrzunehmen; Fragen nach dem Warum und Woher waren noch längst nicht ausreichend beantwortet.

Gerade hier aber fand sich der Grund dafür, daß der Aufbau-Verlag den *Augenzeugen* dann nicht drucken mochte. Faschismus wurde in der DDR erklärt als Verschwörung des Monopolkapitals wider Volk und Fortschritt, nicht anders; psychologische Beiträge zum Thema waren gemacht, von solcher Doktrin abzulenken, dahinter stand immer der ideologische Klassenfeind. Alle meine bewegten Empfehlungen halfen dem Roman nicht zum Imprimatur, und das einzige folgenreiche Resultat meiner Lektüre war mein persönliches Interesse an diesem Autor, das mich seither nicht verlassen hat.

Dabei waren Ernst Weiß und sein Roman vielen DDR-Buchlesern inzwischen durchaus geläufig, freilich versteckt hinter einer kleinen belletristischen Maskerade, die ganz gut als bloße Fiktion nehmen ließ, was in Wahrheit das reine Dokument war.

Der Roman *Transit* von Anna Seghers (auch ein Buch, das es bei seinem Ersterscheinen in der DDR nicht einfach hatte, seiner offenbaren Hinneigung zu Kafka wegen) beginnt damit, daß der Ich-Erzähler und Held im Paris des Jahres 1940 auf einen Toten stößt: Weidel, emigrierter Schriftsteller, hat sich umgebracht angesichts des deutschen Einmarschs, in einem kleinen Hotel des Quartier Latin. Anna Seghers' Romanheld nimmt das nachgelassene Manuskript Weidels an sich.

»Aus lauter Langeweile fing ich zu lesen an... Ich war verzaubert... Und hätte ich tödliche Wunden gehabt, ich hätte auch sie im Lesen vergessen. Und wie ich Zeile um Zeile las, da spürte ich auch, daß das meine Sprache war, meine Muttersprache, und sie ging mir ein wie die Milch dem Säugling... Das Ganze war eine ziemlich vertrackte Geschichte mit ziemlich vertrackten Menschen.«

Das Haus des Quartier Latin, in dem der hier Weidel genannte Dichter starb, trug den pompösen Namen Grand Hôtel Trianon Palace. Der Name Weidel steht für den Namen Ernst Weiß, und das Manuskript, in dem der Held der Seghers so verzaubert liest, ist jenes vom Roman *Der Augenzeuge*.

Das nachgelassene Buch von Ernst Weiß ist schließlich doch noch erschienen, 1963, im Kreisselmeier Verlag, Icking bei München, mit einem Vorwort von Hermann Kesten. »Ich habe diesen Roman«, heißt es da, »zu Paris 1939 im Manuskript gelesen. Wüßte man aber auch nicht den Namen des Autors, so wäre kein Zweifel über ihn möglich, da der Roman alle Idiosynkrasien des Romanciers Ernst Weiß zeigt, alle epischen Vorzüge und Manierismen von Ernst Weiß, seine psychologische Spannung und moralische Kraft und allen Glanz dieses besessenen Epikers.«

Weiter ist zu lesen, Weiß habe sein Manuskript im Jahre 1939 zu einem literarischen Preisausschreiben nach New York geschickt; reüssiert habe es dabei nicht. Reüssiert hat auch nicht die verspätete Ausgabe von 1963, die bereits bei Erscheinen strauchelte: der deutsche Romantitel war inzwischen vergeben; der Verlag mußte eilig, durch Insert, Überdrucken und Überkleben, auf die nachträgliche Veränderung aufmerksam machen. *Ich – der Augenzeuge* ist ein unbekanntes Buch geblieben. Mit dem Autor und seinem Gesamtwerk verhält es sich nicht sehr viel besser.

Geboren wurde er 1882 in Brünn. Ähnlich den Schriftstellern Döblin, Benn, Carossa, seinen Zeitgenossen, war er im Hauptberuf Arzt. Er studierte in Prag, Wien und Bern, einer der Universitätslehrer, die ihn beeinflußten, obschon er nicht zu deren Füßen saß, hieß Sigmund Freud. Große Emotionen und ein alles penetrierender Eros sind die ständigen Inhalte auch seiner Bücher. Ein Freudianer wie etwa die beiden Zweig, Stefan und Arnold, ist er gleichwohl nicht geworden.

Er arbeitete als Schiffsarzt, gelangte so bis nach Indien, China und Japan. Im Ersten Weltkrieg wurde er Militärarzt der k.u.k. Armeen, in Ungarn und in Wolhynien. 1913 erschien sein erster Roman, *Die Galeere*; Mittelpunktfigur war ein zum Morphinisten gewordener Arzt. Anfang der zwanziger Jahre ging Ernst Weiß nach Berlin; der auslaufende Expressionismus, zu dessen Vertretern man ihn eher irrtümlich schlug, bescherte ihm einen bescheidenen Ruhm. Seine neuen Arbeiten veröffentlichte er in rascher Folge. *Georg Letham, Arzt und Mörder* (1921) wurde sein wohl bekanntester Roman, wiederum ein Medizinerschicksal, diesmal basierend auf den Erlebnissen des Schiffsarztes Ernst Weiß, in eine Joseph-Conrad-Umgebung implantiert, duftend nach Zimt und tropischer Fäulnis.

1933 flüchtete er erst nach Prag, dann nach Paris. Im Exil erschienen seine Romane *Der Gefängnisarzt oder Die Vaterlosen* (1934) und *Der arme Verschwender* (1936). Mit dem zweiten Buch erregte er die Aufmerksamkeit der kommunistischen deutschen Emigration. Willi Bredel, Arbeiterschriftsteller aus Hamburg, in sozialer wie ethnischer Hinsicht grundverschieden von Ernst Weiß, rühmte ihn in der Zeitschrift *Internationale Literatur*, die in Moskau erschien, als Autor von Romanen, »wie sie die deutsche Literatur in den letzten zwanzig Jahren nur selten hervorgebracht hat«. Der für einen Fatalisten und Skeptiker wie Weiß einigermaßen überraschende Ausgang des *Augenzeugen*, die Hinwendung des Helden zum kämpferischen Antifaschismus, ist gern dem Einfluß Bredels zugeschrieben worden.

Die persönliche Disposition des Autors hielt dagegen. Sie war am Ende stärker. In Hollywood wartete bereits einer jener Überlebensverträge für deutsche Emigranten. Der Freund Walter Mehring wollte ihn zur gemeinsamen Flucht bewegen. Ernst Weiß blieb »in jenem winzigen Zimmer mit den grellfarbenen Tapeten, nach einem Lichtschacht hinaus gelegen, halbdunkel, jedenfalls billig« (Bredel); er wählte den Freitod.

Mit seinem Œuvre aus fünfzehn Romanen, zwei Theaterstücken, einem Band Lyrik und einem Band Essays gehört er in den Umkreis der Prager deutschen Dichtung um und nach 1900, die man besser eine Prager deutsch-jüdische Dichtung nennen sollte und deren berühmteste Vertreter Kafka, Brod, Werfeld, Kisch, Baum und Meyrink hießen. Mit ihnen allen teilte Ernst Weiß sein erheblichstes literarisches Vorbild, Fjodor Dostojewski.

Sein wichtigster Beitrag zur modernen deutschsprachigen Belletristik aber besteht darin, daß er der einzige Verfasser von Arztromanen jenseits der Trivialität war. Er hat dafür gesorgt, daß ein anderswo, beispielsweise im Angelsächsischen, durchaus honoriger Literaturtypus nicht gänzlich durch den unsäglichen Axel Munthe und dessen namenlose Nachfolger vom Heftchengeschäft verludert wurde.

Strahlende Moralisten sind seine Ärzte nicht. Aus guter eigener Kenntnis vermag Ernst Weiß seinen Berufsstand zu literarisieren, indem er ihn problematisiert, bis in die Dimensionen des Verbrechens hinein, seine Helden sind fast immer der Dr. med. Raskolnikow. Bis auf den Ich-Erzähler

im *Augenzeugen*, der sich eher als ein Dr. med. Myschkin gibt.
Ernst Weiß unterbreitet in seinem Roman ein ganzes Spektrum von moralischen Möglichkeiten der medizinischen Berufsausübung; es reicht vom karitativen Erbarmen bis zur vivisektorischen Lust. In fast schon ein wenig aufdringlicher Symbolhaftigkeit werden dem sich bildenden Helden zwei potentielle Leitfiguren gegenübergestellt, beide mit Namen Kaiser; der eine ist von selbstloser Güte, der andere ist, kalt, genialisch, ein verführbarer Verführer, der folgerichtig zu den Nazis stößt; und dies alles miteinander ist dann auch noch dem Thema Judentum und Antisemitismus attachiert.
Weiß schickt seinen Helden durch lauter Feuer der Versuchlichkeit, der Blendung, der sexuellen Nöte, der Hörigkeit, der Präpotenz, bis er ihn schließlich zur aktiven Humanitas gelangen läßt: außerhalb des medizinischen Berufes; die schaudernde Mißbilligung seines erlernten Gewerbes hat er diesmal nicht auf seine Hauptfigur projiziert, sondern auf das Gewerbe selber, von dem er die positiv besetzte Hauptfigur sich also emanzipieren läßt.
Sein böser Blick gewinnt im nachhinein eine geradezu unheimliche Weisheit. Der Nürnberger Ärzteprozeß nach dem letzten Krieg hat es alles erbarmungslos dokumentieren müssen, was Ernst Weiß, bis in den Tonfall hinein genau, sieben und acht Jahre vorher in der französischen Emigration aufgeschrieben hatte.
Hinter einer solchen Leistung mag das Porträt der anderen Hauptgestalt des Buches, welche der oberösterreichische Gefreite A. H. ist, ein wenig zurücktreten, auf den ersten Blick. Der Autor bringt hier ein, was es zu jener Zeit über Hitler zu lesen und zu erfahren gab; daraus entsteht eine Figur, an der nichts falsch und nichts sensationell ist. Aufregend ist erst der Zusammenhang, in den der Autor diese

Figur stellt. Der Held des Buches, der Arzt, hat einmal eine »Wunderheilung«, eine als unerklärlich empfundene medizinische Heilbehandlung, durchlaufen; etwas Vergleichbares möchte er nun an dem Hysteriker Hitler bewirken.

»War ihm zu helfen? Ich dachte lange nach, und endlich ging es mir auf. Ich konnte versuchen, durch eine ingeniöse Verkuppelung seiner zwei Leiden mit seinem Geltungstrieb, seinem Gottähnlichkeitstrieb, seiner Überenergie einen Weg zu finden, ihn von seinen Symptomen zu befreien. Daß ich ihn damit nicht von seiner Grundkrankheit heilen konnte, gestand ich mir nicht ein. Da war ich blind. Ich wollte es nicht sehen, weil mich eine Art Leidenschaft ergriffen hatte. Auch ich wollte wirken, ich mußte handeln. Ich wollte herrschen, und jede Tat ist mehr oder weniger ein Herrschen, ein Verändern, ein Sich-über-das-Schicksal-aktiv-Erheben.

Auch H. hatte sich über das Schicksal erhoben. Er wurde lieber blind, als daß er sich den Untergang Deutschlands ansah. Seine Blindheit war ein Zeichen seines außergewöhnlich starken Willens.«

Die Heilung gelingt. Der Arzt spielt Schicksal an einem, der später mit ihm Schicksal spielen wird. Der deutsche Faschismus als ein Phänomen der hypnotischen Herrschaftsbeziehungen und der wechselseitigen Verführungen: es ist dies nicht die ganze Wahrheit, aber die Wahrheit ist es eben auch. Man hat sich ihr heute so gut zu stellen wie vor dreißig und vierzig Jahren.

Die Bitterkeit des gläsernen Menschen

Siegfried Lenz über Paul Kornfeld: *Blanche oder Das Atelier im Garten* (1942)

Weiß Gott, Bücher haben ihre Schicksale. Im Jahre 1932, so ist zu erfahren, gab Rowohlt einen Roman in Auftrag, der erst ein Vierteljahrhundert später erscheinen konnte. Der Autor hieß Paul Kornfeld. Der hatte bis dahin zwar auch einige Erzählungen veröffentlicht, doch bekannt geworden war er als Verfasser bühnenwirksamer Theaterstücke (*Palme oder Der Gekränkte*; *Die Verführung*; *Der ewige Traum*) und als Theoretiker des expressionistischen Dramas (*Der beseelte und der psychologische Mensch*).

Solange es dem Verleger möglich war, unterstützte er die Arbeit seines Autors. 1933 wurde Paul Kornfeld in die Emigration gezwungen, er ging nach Prag, wo er an seinem Roman weiterschrieb. Wann er ihn beendete, habe ich nicht ermitteln können, und ebensowenig, wem er sein Manuskript anvertraute, bevor er 1941 verhaftet und nach Polen deportiert wurde. Man brachte ihn nach Lodz; dort wurde Paul Kornfeld – dreiundfünfzigjährig – ermordet, wahrscheinlich im Jahre 1942.

Sein Manuskript entging der Konfiszierung, jahrelang galt es als verschollen, erst Mitte der fünfziger Jahre fand es auf schicksalhaftem Weg zu seinem Verleger. 1957 konnte *Blanche oder Das Atelier im Garten* bei Rowohlt erscheinen.

Um es sogleich und nachdrücklich zu sagen: Ich halte *Blanche ...* nicht nur für eine Kunstleistung ersten Ranges, sondern auch für einen Roman, der ein großes Leseerlebnis bereithält – und das, obwohl er ohne robuste Handlungsstränge auskommt. Charaktere, die sich im Strom der Welt bilden, die eine Handlung tragen und zu einem Ende bringen

– sie interessierten Kornfeld weniger als das, was er die Seele nennt, das Bleibende hinter aller Realität, das »Unzeitliche«. Darum kommen uns die Menschen, die er schildert, die Gesellschaft, die er porträtiert, eigentümlich entrückt vor, sie haben sich von jeder unzureichenden Realität abgewandt und folgen ihren romantischen Träumen oder genügen sich in exquisitem Außenseitertum. Mitunter hat man das Gefühl, in ein kunstvoll angelegtes Herbarium zu blicken, in dem uns melancholisch gestimmte Lebewesen erkennen lassen, welchen Sehnsüchten sie folgen, welchen Selbsttäuschungen sie unterliegen.

Blanche, die Hauptfigur dieses umfangreichen Romans, belegt das auf ihre Weise. Finanziell unabhängig – sie ist die Tochter eines vermögenden Rechtsanwalts –, klug und schwärmerisch zugleich, verfolgt sie die Einlösung ihres Traums. Es gelingt ihr mit Hilfe einer Mittelsperson, ein Gartenhaus zu mieten, an dem sie sich festgesehen, festgedacht hat. Das Häuschen ist von ansprechender Parkwildnis umgeben und eignet sich vortrefflich als Atelier und Fluchtort vor der mißliebigen Wirklichkeit. Hierhin zieht sie sich nach Bedarf zurück; hier malt sie – Bilder übrigens, die einen Besucher ratlos sein lassen –; hier schreibt sie, in feierlicher Haltung, Briefe an einen imaginären Geliebten.

Das Gartenhäuschen, so hat es den Anschein, wird zum Elixier, nur mit den Verheißungen, die es bietet, ist Blanche in der Lage, ihr Leben zu meistern. Ja, schließlich hängt ihr Leben so sehr von ihm ab wie das des kalydonischen Jägers vom legendären Holzscheit. Es ist nur folgerichtig, daß sie keinen Ausweg mehr findet, als ihr das Häuschen durch gerichtliche Verfügung genommen wird.

Doch in diesem figurenreichen Panorama ist es nicht nur Blanche allein, die ihren Traum in Leben zu verwandeln sucht. Auch der Mann, der sie hoffnungslos verehrt – und der von sich sagt, er sei ein phantasieloser Mensch –, auch

Müller-Erfurt kommt ohne Traum nicht aus. Was er sich zur Erfüllung seines Daseins wünscht, sind nicht der »große Reichtum«, die »große Geltung«; vielmehr wünscht er sich einen großen Saal mit Giottos und Pisanos an den Wänden und einige Zimmer, voll mit Kästen, in denen indianische Tonfiguren und chinesische Grabskulpturen aufbewahrt werden. Der Traum, so sagt er einmal, lebt vom Hunger.
Viele dieser erfundenen Personen haben sich über die realen Bedingtheiten der Welt hinweggesetzt, versagen ihr – mit Ausnahme von Blanches Freundin Gisela, die resolut und temperamentvoll ihren Weg geht – die geziemende Anerkennung. Wer nicht entkommen, nicht fliehen will, der überläßt sich elegischen Stimmungen wie die schöne Carola oder demonstriert, zu welcher Art von Bitternis die Kenntnis der Welt führen muß. Wie gefährdet diese gläsern anmutenden Leute sind, das wird an einer Rolle Veronaltabletten exemplifiziert, die geheimnisvoll verschwindet, offenbar herumwandert und jeden neuen Besitzer zum Selbstmord animiert.
Was will Paul Kornfeld erkunden und darstellen, wohin fliegt, sozusagen, sein Pfeil? Ich glaube, daß das, was er eine seiner Personen sagen läßt, die Erzählabsicht des Autors unwillkürlich charakterisiert. »Man könnte die Menschen«, so heißt es da, »geradezu danach einteilen oder abmessen, wieviel von ihren Kräften sie dazu verwenden, ihre Wünsche oder Ziele zu verwirklichen, und wieviele Kräfte nur, zu wünschen und von den Wünschen zu träumen.« Es ist klar, daß der Autor den Traum als inspirierendes Element unserer Handlungen stillschweigend voraussetzt.
Zugegeben: diese wohlhabenden Eskapisten und melancholischen Weltflüchtigen agieren in einem Bezirk, der uns, die wir an *Action*, an sogenannten Biß und erfrischende Unbedenklichkeit gewöhnt sind, mitunter ein wenig windstill und artifiziell vorkommt. Ereignisreiche Bewegung, dramatische

Bewegung gar, lassen sich hier kaum finden. Vieles scheint sich in pure Stimmung aufzulösen und als Stimmung nachzuwirken.
Derbe Fakten jedenfalls haben nichts zu sagen, das Panorama wird kenntlich gemacht durch feine Lichtschimmer, die mit eigentümlicher Behutsamkeit über die Gestalten hinweggleiten. Eine Personenbeschreibung liest sich etwa so: »Er war eines jener seltenen Wesen, die aus unendlicher Ferne zu kommen scheinen, mit unverdorbener Luft um sich, ihr Merkmal ist die Unberührtheit von der Zeit und ihre Unberührbarkeit.« Ein Prozeß der »Entstofflichung« scheint da stattgefunden zu haben – mit dem Ergebnis, daß vieles wenn nicht rein, so doch durchsichtig geworden ist.
Doch es besteht kein Grund zu der Befürchtung, Paul Kornfeld führe lediglich ein Ensemble von »total anämischen« Wesen vor. Er weiß selbstverständlich, daß der Roman, wenn er lebensfähig sein soll, ohne Bezug zur Realität und ihrer »reaktionären« Schwerkraft nicht auskommt. Und gerade darum widmet er dem sogenannten Stofflichen seine besondere Aufmerksamkeit. Bewundernswert, mit welcher Genauigkeit er die Erscheinungen beschreibt. Ob es die wartende Blanche in ihrem Gartenhäuschen ist oder die Kleidung eines Mannes, ob es ein geselliger Abend ist oder das Porträt einer Beinahe-Selbstmörderin: empfindlicher und exakter läßt sich Wirklichkeit kaum darstellen.
Wer möchte nicht, nur zum Beispiel, an Proust denken bei dieser Beschreibung einer Orchidee: »Zuerst wandte sie sich der Orchidee zu, da diese ihr am nächsten stand und ohnedies am meisten in die Augen sprang, und versank in den Anblick dieses auf- und absteigenden Schaums aus Blüten. Sie waren nur mäßig groß, nur größere Bohnenblüten, doch von strahlend schimmerndem, unberührtem und unberührbarem Weiß, und in jede, nur ungefähr in die Mitte ihrer Lippe, die sich zu krausen Fäden und Fädchen zerfranste,

war ein zartgelber, wolkiger Fleck, mit zerfließenden Rändern hingehaucht; diese Blütenblätter schienen aus Seide und Luft gemacht zu sein, sie waren so dünn und zart, daß man glauben mußte, sie würden, wenn nur ein Kinderfinger sie berührte, ein Windhauch sie streifte, augenblicklich tödlich getroffen zusammenschrumpfen und verwelken.«
Wenn man, mit Schlegel, den Autor an seinem Entwurf mißt, dann muß man anerkennen, daß ihm, dem Dramatiker Kornfeld, etwas geglückt ist, das im allgemeinen schwer zu verwirklichen ist, nämlich: einen Roman zu schreiben, der ästhetisches Programm ist, also die theoretischen Überzeugungen des Verfassers belegen soll, diese aber vollkommen vergessen macht durch eine außerordentliche Erzählleistung.
Selbst da, wo die Geschichte überdehnt erscheint – in erschöpfenden Gesprächen etwa, in denen erörtert wird, ob die Frau eine Seele hat –, wird die imponierende Stillage nicht aufgegeben, und man gewinnt den Eindruck, daß der Stilist seinem Einfall überlegen ist. Noch der beiläufigste Vorgang, zum Beispiel ein Hausputz im Atelier, wird mit filigranhafter Meisterschaft inszeniert –, mit dem Ergebnis für uns Leser, daß wir empfindlicher als bisher das Unscheinbare wahrnehmen.
Was mich besonders anrührt, das ist das Verhältnis des Autors zu seinem erfundenen Personal; es wird nämlich nicht durch eine (erwartete) ironische Distanz bestimmt, sondern durch Nachsicht, durch Güte. Wie naheliegend wäre es doch gewesen, das illusionäre Bedürfnis nach Weltentzug mit wohlfeilem Spott zu begleiten und die extravaganten Außenseiter bei jeder Gelegenheit »abstürzen« zu lassen. Kornfeld versagt es sich nicht nur, sondern beschreibt die Erfahrungen seiner Geschöpfe mit Humor und melancholischer Weisheit.
Ob dieses Buch, nach dem Wunsch des Autors, ein Seelen-

panorama abgibt, scheint mir weniger wichtig als die Tatsache, daß wir es mit einem bedeutenden Roman zu tun haben, mit einem Kunstwerk, in dem menschliche Erlebnisweisen und dauernde Sehnsüchte ihren gültigen Ausdruck gefunden haben.

Nicht gedacht soll ihrer werden?

Marcel Reich-Ranicki über Anna Seghers:
Das siebte Kreuz (1942)

Anna Seghers ist ins Zwielicht geraten, ja, in Verruf. Noch unlängst hat man sie, zumal jenseits der Elbe, gerühmt und verherrlicht, wenn nicht gar verklärt. Neuerdings wendet man sich von ihr ab, sie wird mehr oder weniger deutlich verurteilt, wenn nicht gar verdammt. In der DDR gibt es dem Vernehmen nach – man kann es kaum glauben – 180 Anstalten, Betriebe und Institutionen der unterschiedlichsten Art, die man mit ihrem Namen geschmückt hat. Nun wird dort gefragt, ob die Beibehaltung dieses Namens denn noch angebracht oder auch nur zulässig sei.
Ähnliche Sorgen hat man in der Bundesrepublik ebenfalls, allerdings in erheblich geringerem Umfang. Betroffen ist vor allem Mainz, wo Anna Seghers im Jahre 1900 geboren wurde. Zweimal hat man sie mit hohen Würden bedacht: 1977 wude ihr die Ehrenbürgerschaft der Johannes-Gutenberg-Universität verliehen und 1981 der Stadt Mainz. Beiden Beschlüssen gingen heftige und etwas peinliche öffentliche Auseinandersetzungen voran. Wer damals gegen die Ehrung der in Ost-Berlin ansässigen Mainzerin war, sieht sich jetzt bestätigt. Es wird auch überlegt, ob es nicht doch richtig wäre, die Anna-Seghers-Straße in Mainz rasch umzubenennen. Und Deutschlehrer zweifeln, ob sie ihren Schülern die Lektüre des Romans *Das siebte Kreuz* überhaupt noch empfehlen können. Die Erzählerin Anna Seghers sei nicht mehr glaubwürdig. Also: Nicht gedacht soll ihrer werden. Aber was ist denn eigentlich geschehen?
Walter Janka, Kommunist seit 1930, der ab 1941 in Mexiko

den wichtigsten Exil-Verlag auf dem amerikanischen Kontinent (»El Libro Libre«) geleitet und nach seiner Rückkehr aus dem Aufbau-Verlag den bedeutendsten, auch im Westen hochgeachteten Verlag der DDR gemacht hat – dieser Walter Janka wurde im Dezember 1956 der konterrevolutionären Verschwörung gegen die Regierung Ulbricht beschuldigt und im Juli 1957 in einem Schauprozeß zu fünf Jahren Zuchthaus verurteilt. Erst 1989 hat Janka einen Teil seiner Erinnerungen unter dem Titel *Schwierigkeiten mit der Wahrheit* veröffentlicht – in der Bundesrepublik übrigens, nicht in der DDR. Das Buch enthält knappe und sachliche Informationen auch über Anna Seghers.

Im Oktober 1956, unmittelbar nach dem Einmarsch der sowjetischen Truppen in Budapest, hatte sie Janka dringend gebeten, sofort nach Ungarn zu reisen, um den siebzigjährigen Georg Lukács, dessen Leben offensichtlich gefährdet sei, zu retten. Janka, zu dessen prominenten Autoren der Literaturwissenschaftler Lukács gehörte, war hierzu bereit, Johannes R. Becher, der Kulturminister der DDR, unterstützte diesen Plan, stellte ein Auto mit Fahrer zur Verfügung und beschaffte blitzschnell Devisen und Reisepässe. Aber im letzten Augenblick wurde die Aktion abgeblasen: Ulbricht war dagegen.

In der gegen Janka erhobenen Anklage spielte seine nie angetretene Reise nach Ungarn eine entscheidende Rolle: Er habe Lukács, der »ein verkappter Agent des Imperialismus in den Reihen der internationalen Arbeiterbewegung« sei, aufspüren wollen, um ihn »als geistiges Oberhaupt der Konterrevolution in die DDR zu holen«. Da der Prozeß zur Abschreckung dienen sollte, mußten bekannte Schriftsteller an ihm als Zuhörer teilnehmen, unter anderen Anna Seghers: Sie »sah betroffen zu Boden. Sie schwieg, als Lukács verleumdet und fälschlich beschuldigt wurde. Sie erhob sich nicht, um ihren Protest in den Saal zu rufen, zu fordern, daß sie gehört wird. Nein, sie schwieg. Und sie schwieg auch nach dem Prozeß.«

So ist das: Anna Seghers hat sich schändlich verhalten – und nicht nur gegenüber ihrem Freund und Verleger Walter Janka. Sie hat auch den Alt-Kommunisten Paul Merker, einen Ulbricht-Rivalen, gegen besseres Wissen als amerikanischen Agenten denunziert: Er wurde 1955 zu acht Jahren Zuchthaus verurteilt und mußte schon 1956 rehabilitiert werden.

Aber wer sich für Anna Seghers interessiert hat, genauer: für ihre Rolle in der DDR und ihr Werk nach der Rückkehr aus dem Exil, den kann, was Janka jetzt mitteilt, schwerlich überraschen. Wer wissen wollte, der wußte, daß sie sich ängstlich gehütet hat, von der Parteilinie abzuweichen oder gar das Unrecht, den Terror in der DDR zu beanstanden. Niemals hat sie gegen die Verbrechen Stalins protestiert, sogar nach Chruschtschows berühmter Abrechnung zog sie es vor, konsequent zu schweigen, sie, die sich in jeder Hinsicht mehr hätte herausnehmen können als irgendein Schriftsteller zwischen der Elbe und der Oder. Janka schreibt: »Gerade sie hätte sich der Mitverantwortung nicht entziehen dürfen ... Ein wenig Mut hätte ihrem Ruf nicht geschadet und ihre Position nicht gefährdet. Selbst Ulbricht hätte es nicht gewagt, sie verhaften oder auch nur belästigen zu lassen. All das wußte sie. Trotzdem blieb sie stumm.«

Ganz stumm freilich doch nicht. In ihrem 1969 veröffentlichten Roman *Das Vertrauen* werden die Leser buchstäblich wie Schwachsinnige behandelt: Anna Seghers präsentiert ihnen allen Ernstes noch die gröbsten und dümmsten Propagandalügen. So sollen dem Roman zufolge – um nur dieses Beispiel anzuführen – am 17. Juni 1953 gegen den SED-Staat bloß Agenten, Idioten und Kriminelle rebelliert haben. Mehr noch. Dieser Roman enthält eine Art Liebeserklärung – und es ist kein anderer als Stalin, den Anna

Seghers noch viele Jahre nach seinem Tod inbrünstig liebt und trotz aller die Welt erschütternden Enthüllungen als den gütigen Vater der Nationen und den Weisesten aller Weisen preist. Wie soll man das verstehen, worauf soll man es zurückführen? Auf Borniertheit? Wohl kaum, eher auf Feigheit, auf Zynismus und abstoßenden Fanatismus. Wie auch immer: Nicht gedacht soll ihrer werden.

Indes: Haben wir Anna Seghers geschätzt und bewundert, weil wir sie für edel, hilfreich und gut hielten? Oder weil wir ihr die Romane *Transit* und *Das siebte Kreuz* verdanken, weil sie den *Aufstand der Fischer von Santa Barbara* geschrieben hat und den *Ausflug der toten Mädchen?* Sollen wir auf diese Bücher jetzt verzichten? Haben sie sich denn in der Zwischenzeit verändert? Text bleibt Text – davon waren wir seit eh und je überzeugt. Gilt der Satz nicht mehr? Doch, er gilt nach wie vor. Aber wahr ist auch, daß literarische Arbeiten im Laufe von Jahren und Jahrzehnten verblassen und absterben, daß sie andererseits in einer neuen Situation eine neue Bedeutung gewinnen können, ja sogar eine ungeahnte Aktualität. *Das siebte Kreuz,* dieser keineswegs zu Unrecht berühmteste Roman der Anna Seghers, dessen Manuskript 1940 abgeschlossen war und der 1942 erschienen ist (eben in dem von Walter Janka geleiteten Exilverlag) – wie liest er sich hier und heute?

Die Geschichte des Arbeiters Georg Heisler, der im Oktober 1937 zusammen mit sechs Leidensgefährten aus einem Konzentrationslager in der Nähe von Mainz flieht und dem es im Unterschied zu den anderen schließlich gelingt, ins Ausland zu entkommen, war für uns, die wir der älteren Generation angehören, damals, in den Jahren nach dem Zweiten Weltkrieg, eine Sensation, und zwar mit gutem Grund.

Romane, deren Handlung im »Dritten Reich« spielte, gab es so gut wie überhaupt nicht – und die wenigen, die sich fanden, waren literarisch minderwertig, bestenfalls mittelmäßig. Hier aber hatten wir ein poetisches Buch von hoher sprachlicher Qualität und überdies spannend und aufregend wie ein guter Kriminalroman, freilich einer mit umgekehrten Vorzeichen: Verbrecher in den Uniformen der SS und der SA verfolgen einen Unschuldigen. Sofort fiel auch die Fülle und die außerordentliche Anschaulichkeit der Milieuschilderungen auf: Welcher deutsche Romancier unseres Jahrhunderts hatte die Welt der einfachen Leute, vornehmlich der Arbeiter, Handwerker und Bauern, so überzeugend zu zeigen vermocht wie Anna Seghers? Sie selber war übrigens durchaus nicht plebejischer Herkunft, vielmehr stammte sie aus einem begüterten bürgerlichen Haus.

In der Zwischenzeit hat *Das siebte Kreuz* von seiner Suggestivität nur wenig eingebüßt. Gewiß, so aufregend wie einst ist das Buch nicht mehr. Aber nach wie vor bewundert man die Souveränität und auch die unzweifelhafte Virtuosität einer Erzählerin, die traditionelle Ausdrucksmittel und moderne Kompositionstechniken aufs glücklichste miteinander verbindet: Sie bilden in ihrer Prosa eine fugenlose, eine selbstverständliche Einheit. Doch deutlicher als früher sehen wir jetzt, wie sehr sich Anna Seghers unter dem Einfluß der antifaschistischen Volksfronttaktik der KPD bemüht, ihren Roman von politischen und ideologischen Elementen freizuhalten. *Das siebte Kreuz,* gewidmet »den toten und lebenden Antifaschisten Deutschlands«, ein unpolitischer Roman? Das ist so absurd nicht, wie es im ersten Augenblick anmutet.

Wogegen der Roman sich richtet, weiß der Leser gleich – natürlich gegen den Terror und die Barbarei, gegen den Nationalsozialismus. Nur wird dieser Begriff konsequent umgangen. Warum eigentlich? Vielleicht deshalb, weil die Autorin auch solche Begriffe wie »Kommunismus«, »Sozialismus« oder »Sozialdemokratie« vermeiden möchte. Von denen, die sich hier gegenüberstehen, wird immer ganz allgemein gesprochen: Verfolger sind es und Verfolgte, Täter und Opfer, böse und grausam die einen, gütig und tapfer die anderen.

»Lieber Freund« – heißt es in dem Roman –, »diese Welt – wie sie nun einmal beschaffen ist – hat verhältnismäßig wenig Möglichkeiten, entweder halten wir eine bestimmte Sorte Menschen hinter einem Stacheldraht und geben schön acht und viel besser als bisher, daß alle drin bleiben – oder wir sind drin und die andern geben auf uns acht.« Also klare und einfache Fronten, bloß »wir« und »die andern« – und nichts Genaueres hierüber. Doch braucht man nicht lange zu rätseln, wer denn gemeint ist: Den zitierten Satz läßt Anna Seghers einen Nazi aussprechen, einen Polizeikommissar. Aber hätte nicht genau dasselbe ein sowjetischer Funktionär oder ein Offizier des Staatssicherheitsdiensts in der DDR sagen können? Ist vielleicht der Anna Seghers hier ein so primitives wie handfestes Rezept des totalitären Staates schlechthin entschlüpft?

Ein anderer Nazi, der Kommandant des Konzentrationslagers, aus dem die sieben Häftlinge geflohen sind, fühlt – nicht zufällig erst ganz am Ende des Romans –, »daß er nicht hinter einem einzelnen her war, dessen Züge er kannte, dessen Kraft erschöpfbar war, sondern einer gesichtslosen, unabschätzbaren Macht«. Wiederum hütet sich Anna Seghers, diese Macht zu definieren. Daß sie alle Gegner des nationalsozialistischen Regimes im Sinne hat, läßt sich schwerlich glauben, die verklärende und mystifizierende Formulierung deutet weit eher auf den Kommunismus hin.

Aber warum hat der Kommunismus 1933 so kläglich versagt, warum ist die ganze deutsche Arbeiterbewegung damals wie ein Kartenhaus zusammengebrochen, warum hat ein großer Teil gerade des Proletariats Hitler unterstützt? Die Fragen bleiben unerwähnt. Und die Situation der Kommunisten im Herbst 1937? Daß es zu diesem Zeitpunkt eine illegale KPD in Deutschland nicht mehr gab, wird in dem Roman mehrfach zumindest angedeutet. Auf den Spanischen Bürgerkrieg und die Niederlage der Republikaner finden sich immerhin zwei oder drei Anspielungen.

Die Moskauer Prozesse? Im Gespräch mit dem fliehenden Georg Heisler sagt der brave Arbeiter Paul Röder: »In deinem Rußland haben sie's auch nicht geschafft. Erst hat's nach was ausgesehen, daß man doch manchmal bei sich gedacht hat: Vielleicht, wer weiß? Jetzt –.« Heisler, seit Jahren im Konzentrationslager und infolgedessen nicht informiert, ist natürlich begierig, Näheres zu erfahren. Aber er bekommt von Röder nur zu hören: »Jetzt, das weißt du doch... Wie dort alles drunter und drüber geht!« Heisler fragt ungeduldig: »Was?« Röders Antwort lautet: »Was weiß ich, ich kann diese Namen doch nicht behalten.«

Diese Dialogpassage scheint mir charakteristisch für die Taktik der Autorin des *Siebten Kreuzes:* Zwar nähert sie sich jener Frage, die damals die Kommunisten der ganzen Welt erschütterte, doch weicht sie, um ja nicht in Widerspruch zur Parteilinie und zur offiziellen Propaganda der Sowjetunion zu geraten, schleunigst wieder zurück.

Und Georg Heisler, der Held des Romans, der sofort die Leser für sich einnimmt – ist er wirklich ein Kommunist? Ja, das ist er schon, freilich einer von besonderer Art, gewissermaßen ein apolitischer Kommunist. Er kannte nur eine Leidenschaft – und das war der Sport. »Du, Georg« – sagte ihm mal ein Freund – »hast statt 'nem Kopf 'nen Fußball auf den Schultern.« So schloß er sich, ein gelernter, beschäftigungsloser Automechaniker, einem Arbeitersportverein an. Von dort kam der lustige und eher unseriöse Bursche, dem alles Politische gleichgültig, ja unverständlich war, offenbar automatisch zu den Kommunisten. Als bei einer Demonstration sein Schuh beschädigt wurde, hören wir, daß er zu denen gehörte, »die auch barfuß mitgegangen wären, von Anfang bis Ende«. Für die Bücher, die man ihm zu lesen gab, war er allerdings nicht zu haben, freimütig sagte er, »daß er alles doch nicht behalten könnte«. Das sei eben nichts für ihn. Schon gut, aber war es da nicht ein reiner Zufall, daß er sich den Kommunisten angeschlossen hatte und nicht den Nazis?

Einen ganz anderen Weg hat sein Jugendfreund Paul Röder gewählt. Ihm gefällt das »Dritte Reich«: »Jetzt geschieht doch was ... all die Vergünstigungen und die Zulagen ... so was war noch nie da auf der Welt.« Daß dieser Röder, der so zufrieden ist mit dem neuen Deutschland und der so ausgiebig die NS-Volkswohlfahrt rühmt, den alten Kumpel Georg Heisler, den er seit Jahren nicht gesehen hat und der ihm offen sagt, daß er aus einem Konzentratrionslager geflohen sei und von der Polizei gesucht werde, in seiner Wohnung übernachten läßt und damit ein großes Risiko auf sich nimmt – kann man das überhaupt glauben? Vielleicht doch. Er mag leichtsinnig sein und die Gefahr unterschätzen.

Daß aber Röder zwei ehemalige KPD-Mitglieder im Auftrag Heislers, der keine Ahnung hat, was aus ihnen seit 1933 geworden ist, in Frankfurt sucht, damit sie dem von der Gestapo Verfolgten zur Flucht ins Ausland verhelfen, daß er die Bedenken und Befürchtungen seiner schwangeren Frau in den Wind schlägt, daß er sie und ihre gemeinsamen Kinder aufs höchste gefährdet – wie soll man sich das erklären? Heisler will ihm etwas erläutern, verzichtet aber bald darauf: »Röder hätte von all dem wenig verstanden ...« Jedoch: »Verstanden oder nicht verstanden, Röder half.« So ist das im Werk der Anna Seghers: Mit Vorliebe verherrlicht sie einfache Menschen, die wenig denken und wenig verstehen und nie zweifeln – wenn sie Kommunisten sind, dann folgen sie gehorsamst allen Befehlen. In einer anderen Partei sprach man da vom »Führerprinzip«.

Ob die Menschen, die Heisler auf seiner Flucht durch die Städte und Dörfer am Rhein und Main trifft, wissen, wie es um ihn bestellt ist, oder ob sie es nur ahnen – sie überwinden allesamt ihre Angst, sie denken nicht daran, den Mann in Not den Behörden zu melden, meist helfen sie ihm. Sogar ein Halbwüchsiger, ein Gärtnerlehrling, von dem es heißt, daß er bei der Hitlerjugend gut angeschrieben war, der keinen Augenblick zweifelt, daß jene, die in den Konzentrationslagern eingesperrt werden, da hineingehören wie Irre ins Irrenhaus, sogar er erschwert der Gestapo die Verfolgung durch eine bewußt falsche Aussage. Jedenfalls wird im *Siebten Kreuz,* von einer einzigen Ausnahme abgesehen, nicht denunziert. Wußte es Anna Seghers nicht besser?

Zunächst einmal spricht es für sie, daß sie im Unterschied zu anderen emigrierten Autoren keineswegs versucht hat, den Lesern ihres Romans einzureden, Hitler herrsche gegen den Willen des deutschen Volkes. Im Konzentrationslager habe sich Heisler, heißt es, den Alltag ganz anders vorgestellt: »Er hatte geglaubt, einem jeden Gesicht, einem jeden Pflasterstein sei die Schande anzusehen, und Trauer dämpfte die Schritte und Stimmen und selbst die Spiele der Kinder. Die Straße hier war ganz ruhig, die Menschen sahen vergnügt aus.«

Was veranlaßt diese Menschen dennoch, sich so und nicht anders zu verhalten? Warum entscheiden sich sogar die Anhänger des Nationalsozialismus (wie der biedere Röder) mit schöner Regelmäßigkeit gegen den Staat und gegen die Polizei? Und wenn schon einer im Gestapo-Verhör kapituliert und einen der Flüchtlinge verrät, dann hängt er sich auf und seine Frau brüllt verzweifelt, »er hätte es gestern tun sollen, vor dem Verhör«. Was steht hinter dieser Handlungsweise? Das Wunschdenken der Anna Seghers? Mit Politik haben die Entscheidungen der Personen, die sie auftreten und in heikle Konflikte geraten läßt, nichts zu tun. Vielmehr lassen sie sich von ihrem Gewissen leiten, von Mitleid und Nächstenliebe. Davon ist denn auch im letzten Satz des Buches die Rede: Im Innersten des Menschen gebe es etwas, »was unangreifbar war und unverletzbar«.

Was aber geschieht im »Dritten Reich« mit den alten Kommunisten? Sofern sie nicht emigriert oder inhaftiert sind, haben sie sich natürlich mit dem neuen Regime arrangiert – wie der Architekt Sauer, auf dessen Jackett ein Hakenkreuz zu sehen ist. Ähnlich wie Franz, der einst Heislers Freund und Mentor war, sind sie der düsteren Schatten auf ihrem ganzen Dasein überdrüssig, sie leiden darunter, daß ihnen das »gewöhnliche Leben« nicht gegönnt wird: »Franz fragte sich da einen Augenblick, einen einzigen Augenblick, ob dieses einfache Glück nicht alles aufwiege. Ein bißchen gewöhnliches Glück, sofort, statt dieses furchtbaren, unbarmherzigen Kampfes für das endgültige Glück irgendeiner Menschheit, zu der er, Franz, dann vielleicht nicht mehr gehört.« Nur für »einen einzigen Augenblick« erlaubt sich Franz, erlaubt sich Anna Seghers einen solchen Gedanken.

Aber sie hat sich nicht nehmen lassen, in dem Roman auch das Heldentum der KPD zu besingen: Zusammen mit Georg Heisler flieht aus dem Lager auch ein alter Funktionär namens Wallau, der wieder eingefangen wird und, obwohl man ihn grausam mißhandelt, jede Auskunft standhaft verweigert. Daß bei Anna Seghers Wallau, der Mann des Parteiapparats, ermordet wird, doch der Zufallskommunist Heisler entkommen darf, hat man gelegentlich als Kritik jener verstehen wollen, die von den Nazis 1933 so schnell und gründlich besiegt und verjagt wurden.

Allerdings läßt sich nicht verschweigen, daß die heroischen Szenen und Episoden im *Siebten Kreuz* das halbe Jahrhundert am schwächsten überdauert haben. Wallaus Heldentum erinnert heute gar zu sehr an Lesebuchgeschichten. Die Wirklichkeit sah wohl anders aus. Doch auch dies wird im

Roman angedeutet. Heisler erinnert sich, daß Menschen mit Riesenkräften und erfahren in allen Kämpfen zusammenbrachen: »Sie waren fertiggemacht worden, und in der Todesangst waren die Nachrichten aus allen Fugen gelaufen.«

Hat man auch Anna Seghers »fertiggemacht«? Nein, gewiß nicht. Aber warum hat sie Paul Merker erfundener Untaten beschuldigt? Hat man ihr gedroht, konnte man sie erpressen? Warum hat sie Walter Jankas empörende Verurteilung zugelassen, warum hat sie nicht einmal versucht zu protestieren, was, Janka zufolge, Arnold Zweig, Erich Arendt und Hanns Eisler getan haben? Im *Siebten Kreuz* findet sich der Satz: »Furcht, das ist, wenn eine bestimmte Vorstellung anfängt, alles andere zu überwuchern.« Warum hatte sie, gerade sie, soviel Angst vor Ulbricht und seinen Vollstreckern? Was immer wir in Zukunft über Anna Seghers noch erfahren sollten, unsere Dankbarkeit für ihre besten Bücher hat davon unberührt zu bleiben.

Stillers jüngerer Bruder

Hermann Burger über Max Frisch:
J'adore ce qui me brûle oder Die Schwierigen (1943)

»Ein Wunderbares ist um die Ehe. Sie ist möglich, sobald man nichts Unmögliches von ihr fordert, sobald man über den Wahn hinauswächst, man könne sich verstehen, müsse sich verstehen; sobald man aufhört, die Ehe anzusehen als ein Mittel wider die Einsamkeit.« Diese abgeklärte Definition der Ehe würde man allenfalls im zweiten Teil des Romans *Stiller*, noch eher im Spätwerk Max Frischs vermuten. Sie steht aber im Roman *J'adore ce qui me brûle oder Die Schwierigen*, der bereits 1943 erschienen ist. Max Frisch hat da gerade sein eigenes Architekturbüro in Zürich eröffnet. Er ist nicht mehr Student und nicht mehr Schriftsteller, er gehört zur Mehrheit. Die frühesten Schreibversuche hat er zusammengeschnürt und im Wald verbrannt, weil er zu wissen glaubte, «daß es mir im letzten Grund nicht reicht«.

Auch der Maler Jürg Reinhart, bekannt schon aus dem gleichnamigen Jugendroman von 1934, verbrennt in *J'adore ce qui me brûle*... seine Bilder, das Ergebnis von neun Jahren hat sich als Irrtum erwiesen. Reinhart hat erkannt, daß er sein Leben genossen, aber nicht gelebt hat. Beiläufig wird erzählt, er habe sein kleines Atelier zusammen mit einem älteren Freund gezimmert, einem namhaften Bildhauer, der sich später ins Ausland verzogen habe, verärgert über die Enge der Heimat. In diesem Freund ist die Figur Anatol Ludwig Stillers vorgeprägt – der Roman *Stiller* erschien 1954 –, Jürg Reinhart ist sein jüngerer Bruder. Doch der Roman ist nicht als Tagebuch aufgebaut, er entfaltet sich über fünf locker miteinander verknüpfte Kapitel. Das erste,

»Reinhart oder Die Jugend«, hat Frisch bei der Neuausgabe von 1957 herausgestrichen. Ebenso hat er den Titel umgestellt: *Die Schwierigen oder J'adore ce qui me brûle*.
Das Motto findet sich im vierten Teil, als Spruch auf einer Bronzemedaille aus der Provence. Man sieht darauf ein kleines Negerlein, das vor den Zipfeln einer Flamme kniet, doch es ist unklar, ob der Heide das Feuer anbetet oder nur seine Hände daran wärmt. Später wird es mit der Geschichte von Ikarus in Verbindung gebracht: »Alle sind von der gleichen Sonne verblendet, alle stürzen vor der gleichen Sonne, die sie versengt...« Das trifft genau auf Jürg Reinhart zu. Er will im wörtlichsten Sinn zu hoch hinaus, in der Kunst wie in der Liebe. Wie Stiller leidet er an chronischer Selbstüberforderung und daran, daß er sich nicht annehmen kann. Wie Stiller ist er nicht bereit, geliebt zu werden als der Mensch, der er ist. Nähme er die Frau, die zu ihm steht, wirklich ernst, wäre er ja genötigt, zu sich selber ja zu sagen. Deshalb wird Reinhart zum verspielten Narziß im offenen Mantel.
Dies zeigt sich besonders deutlich im dritten Kapitel, »Turandot oder Das Heimweh nach der Gewalt«. Turandot ist die Prinzessin aus dem chinesischen Märchen, welche die Männer, die die drei vorgelegten Rätsel nicht lösen können, enthauptet. In dieser Parabel schwingt bereits die Angst vor dem fixierenden Bildnis mit. Drei Jahre später, im *Tagebuch 1946–1949*, heißt es, eben darin bestehe das Wunderbare in der Liebe, daß sie uns »in der Schwebe des Lebendigen halte, in der Bereitschaft, einem Menschen zu folgen in allen seinen möglichen Entfaltungen«. Das Bildnis dagegen ist das Lieblose, der Verrat.
Yvonne, die Gattin Hinkelmanns und spätere Geliebte Reinharts, kommt aus einer Ehe, die daran scheitert. Das zeigt sich in einer stilistischen Nuance feinster Ironie. Einmal wird gefragt, ob sie den streberhaften Archäologen Hinkel-

mann wirklich liebe. Die Antwort lautet: »Hinkelmann war überzeugt davon...«, und dies nur, weil ihn noch niemand gehaßt hat. Er klammert sich an das Bild der treuen und unselbständigen Gattin, die ihrem erfolgreichen Mann auf Schritt und Tritt folgt. Und er verwechselt sie mit seiner Mutter. Daher fällt er aus allen Wolken, als Yvonne erklärt, sie werde ihn verlassen. Als Begründung gibt sie einzig an, man bekomme kein Kind von seinem Sohn.

Bei der ersten Begegnung mit Reinhart überfällt Yvonne ein starkes Gefühl von Jugend. Wie ein Morgen im März, lautet der poetisch strapazierte Vergleich. Da taucht eine Faszination auf, die sich durch das ganze Werk von Frisch zieht: »Alles ist möglich, nichts ist geschehen.« Die unverbindliche Vielfalt des Konjunktivs. Mensch sein ohne Verstrickung, zum Anfang zurückkehren wie Kürmann im Stück *Biografie. Ein Spiel*, das 1968 uraufgeführt wurde. Dennoch sogleich die Vorahnung: Führe diesen Menschen nicht zu mir! Instinktiv erkennt die Frau den um sich selbst kreisenden Narziß. Reinhart spielt mit Absicht den erwachsenen Jungen, von dem er glaubt, daß sie ihn liebt.

Damit ist Yvonne erneut in die Mutterrolle verbannt. Die beiden führen das Leben einer Ehe, ohne sich wirklich zu binden. Yvonne wundert es, daß Reinhart mit all seiner Phantasie sich nicht in ihre Lage versetzen kann, daß das Kind, das sie von ihm zu haben verlangt, ihr diesen Mann verbietet. Ahnungslos im Traumwandel geht er neben ihr her, es stört ihn nicht, daß der Unternehmer Hauswirt die Ferien im Tessin bezahlt. Reinharts Vorstellungskraft ist absorbiert durch seinen Schöpferwahn. Stillers bröckelnden Gipsfiguren entsprechen seine Bilder, die seltsam verschwommen bleiben. Reinhart erfährt das Leben in zwei Zuständen, die er Arbeiten und Büßen nennt. Auf der einen Seite der Rausch des Schaffens, »wo alles nur ein Nebenbei ist..., was sich mit Menschen begibt, eine Zugabe«. Andererseits die einbrechende Schwermut, das Grauen der Einsamkeit. Dieses menschliche »Nebenbei« wird dem Künstler zum Verhängnis. Wenn er von Yvonne kommt, ist er »gierig nach Arbeit, bedürftig nach männlicher Einsamkeit des Schaffens«: Das ist auch die Problematik des Stückes *Don Juan oder Die Liebe zur Geometrie* von 1953. Mit erstaunlicher Sicherheit jedenfalls weiß der junge Frisch um die Tragik des Mannes, der an eine Schöpfung ohne Frauen glaubt. Erst flüchtig angedeutet ist hingegen das Thema der helvetischen Enge.

Nicht daran scheitert Reinhart, sondern an seiner Sehnsucht nach der bürgerlichen Normalität. Er ist zu feige, »hinauszutreten in das Nichts eines beruflosen Daseins«. Im vierten Kapitel, in der Beziehung zur Malschülerin Hortense, sehen wir ihn als Angestellten in einem Büro. Er weiß, daß draußen das eigene Leben vergeht, während er auf der »großen Galeere« seine Freiheit verpfändet. In diese Phase fällt auch sein Autodafé. Frisch setzt an zu einer Bilanz des Helden in der Hälfte des Lebens. Eine schillernde Flüchtigkeit, ein Glitzern in Augenblicken, so hat er »über die Welt gelebt«, ohne Erzeugnis, ohne Wurzel in einer gültigen Existenz. In den Dienst von Leben und Tod zu treten gilt nun plötzlich mehr als alle Genialität.

Das größte Abenteuer, das es einzugehen gibt, scheint Reinhart die Ehe zu sein, »Verpflichtung an ein Rätsel« – siehe Turandot –, »das uns überdauert«. Als ihn Yvonne fallenläßt, lernt er wie Hinkelmann die Hölle der Eifersucht kennen. Frisch gehört zu den Autoren, die erst durch das Trennungserlebnis produktiv werden, in der negativen Erfahrungsform der Liebe.

Für Reinhart beginnt eine scheußliche Zeit. Daß es anders nicht geht, wundert sich der Autor, daß der Mann immer ein Welträtsel daraus machen muß, wenn er einer Frau nicht mehr genügt. Hier ist Frisch, der 1967 seine Leser öffentlich fragt, ob sie von sich aus die Ehe erfunden hätten, bereits auf der Höhe seiner Meisterschaft. Nicht einmal Eifersucht ist mehr aufzutreiben für Reinhart, schlimmer: »nichts als Asche«. Da muß der Titel doppeldeutig genommen werden: *J'adore ce qui me brûle* – ich bewundere, was mich entflammt und verbrennt.

Das letzte Kapitel des Romans wirkt nicht überzeugend. Aus Reinhart, dem Maler, wird durch die schlichte Setzung des Autors Frisch nun Anton, der Gärtner. Der Untertitel heißt: »Das wirkliche Leben«. Eine neue Generation ist vertreten durch Annemarie und Hanswalter, die Kinder von Hortense und Yvonne. Anton hat eingesehen, daß ein einzelnes Dasein nicht ausreicht, »um so etwas wie ein Mensch zu werden. Geschlechter müssen es machen, es mindestens versuchen.« Die Reife fängt damit an, daß man beginnt, über sich hinauszudenken. Das Dasein der Masse ist nicht entsetzlich, nur unfruchtbar.

Frisch entwickelt eine Philosophie der Resignation. In der Ehe sieht er ein »Gefilde voll schöner Erträglichkeit«. Alles wiederholt sich, nichts kehrt wieder. Fast gewaltsam werden die Handlungsfäden verknotet. Reinhart hat seinen wirklichen Vater entdeckt und aus einer leeren Pistole auf ihn geschossen. Dem symbolischen Vatermord folgt der verklärte Selbstmord Antons.

Drei Möglichkeiten werden für den Menschen skizziert. Der Künstler darf das Erbe seiner Herkunft in »einer einzigen Rakete verbrennen«. Das sind die Gestalter des Lebens, die keine Fessel nötig haben. Die Bürger dagegen sind die Gesunden, die Erhalter des Lebens, das sie weitergeben, wie sie es empfangen haben. Die dritte Variante heißt Selbstmord. Man hat ein Leben so versehrt angetreten, »daß man sich selber damit auszulöschen hat«. Man ist Vollstrecker und Hinrichter eines verkommenen Geschlechterlaufes. Es bleibt die Bescheidenheit, nur noch sich selbst ins reine zu bringen.

Das Pathos dieser Schlußfolgerung unterstützt ein hymnischer Trakl-Ton: »Schwermut der Herbste, aller zusammen, dunkelt um fremde Gehöfte ... Blust der Verwesung ... fernab wandelt die eigene Person.«
In ihrer gedrängten Bildhaftigkeit ist diese Passage zwar einzigartig, aber der Stil kommt nicht von ungefähr. In seinen frühen Werken erweist sich Frisch, wohl im Gefolge Albin Zollingers, als Meister der lyrischen Naturschilderung. Nicht zufällig läßt er Yvonne sagen: »Allein schon die Jahreszeiten lohnten unser Dasein.« Herbst und Frühling vor allem werden mit den Augen des Malers gesehen. Wir lernen die Landschaft des Pfannenstiels kennen, die im *Tagebuch 1946–1949* und im *Stiller* eine so große Rolle spielt.
Ein zweites: Frisch hat – in diesen Jahren noch nicht selbstverständlich – den Mut zu Helvetismen. Er schreibt »Lismer« für Strickjacke, »Anken« für Butter, »Helgen« für Bild. Eine Sprache bisweilen von praller Sinnlichkeit. In der Skizze »Mundart« von 1934 heißt es: »Während man auf Hochdeutsch eher den Mund vollnehmen konnte, so merkte man es in der Mundart sogleich, ob etwas dahinter steckte.« Selten begegnen wir Brüchen, den Auslassungspunkten, die in den späteren Skizzengeschichten so wichtig werden. Die Sprachskepsis ist erst im Keim vorhanden, was ausformuliert werden kann, wird hingesetzt. Das Sentenzenhafte, Aphoristische bleibt noch ganz zurückgedrängt. Die Art der Pointierung hingegen ist schon typisch Frisch: »Sie sah ihn ... als eine Summe von Worten. Und man heiratet keine Worte.«
So zeigt sich Max Frisch mit seinem dritten Roman nach *Jürg Reinhart* und *Antwort aus der Stille* (1937) auf dem Weg zum *Stiller*, zu seiner Identität als Schriftsteller. Im *Tagebuch 1946–1949* wird er sein Ideenmagazin entfächern, sozusagen das Programm seines Lebenswerks vorle-

gen. In *J'adore ce qui me brûle ...* zieht der frischgebackene Architekt nach seinem frühen Autodafé Bilanz. Er entwirft einen Helden, dem es »im letzten Grund nicht reicht«. Er konfrontiert ihn mit den großen Mächten Liebe und Tod und läßt ihn elendiglich scheitern. Frisch ist mit zweiunddreißig Jahren ein Autor, der aufs Ganze geht, aber wie Picasso Angst hat vor dem Fertigen.

Zauberpferd am Rande des Abgrunds

Renate Schostack über Hermann Hesse:
Das Glasperlenspiel (1943)

Als Hermann Hesses Roman *Das Glasperlenspiel* 1943 in einem obskuren Schweizer Verlag erschien, da der Autor in Deutschland als unerwünscht galt, lernte die Verfasserin gerade das Abc. Sie verbrachte die Nächte im Luftschutzkeller und beobachtete – ohne zu verstehen –, wie der Großvater in den leise murmelnden Volksempfänger fast hineinkroch, um der Stimme von Radio Beromünster zu lauschen.

Ob der Schweizerische Rundfunk damals Hesses Buch rezensierte, weiß ich nicht. Die eigentliche Auseinandersetzung damit begann 1946, als es auf den deutschen Markt kam und sein Autor den Nobelpreis erhalten hatte. Seither wurde es in sämtliche europäische Kultursprachen sowie ins Japanische und Koreanische übersetzt. Die deutsche Auflage beträgt heute knapp 600 000 Exemplare.

1955, als ich den Roman zum erstenmal las, war Hesse – wiewohl noch nicht der Klassiker der amerikanischen Underground-Kultur – ein Dichter von unangefochtenem Weltruhm und nebenbei auch das, was er immer gewesen war: ein Stern der Jugend. Ich weiß nicht mehr, ob unsere Lehrer, die zu Thomas Mann, Benn und Brecht ein kühles Verhältnis unterhielten, uns Hesse zur Lektüre empfahlen. Wir lasen ihn ohnehin, *Klingsors letzter Sommer*, *Gertrud*, *Roßhalde*, *Narziß und Goldmund*, wir lasen begeistert, und wenn uns jemand Gottfried Benns Wort zitiert hätte, dieser Autor sei »eine typisch deutsche Sache«, dann hätten wir daran nichts auszusetzen gehabt.

Hesse war der erste Schriftsteller, dem die Verfasserin einen

Huldigungsbrief sandte. Zurück kam eine schön gedruckte Faltkarte, »Dank und Gruß« stand in Hesses zierlicher Handschrift unter einem Gedicht, das eine Autofahrt über den Julierpaß beschwor. Daß der Dichter einen so profanen Vorgang als Thema eines Poems benutzte, verwunderte mich.
Nun also, mit siebzehn, *Das Glasperlenspiel*, ein Buch, das in der Klasse als »hochgeistiger« Geheimtip galt. Ich lag in den Wäldern oberhalb von Calw, wo die Familie die Sommerferien verbrachte, und las. Sehr bald wurde klar, daß mir das »Hochgeistige« nicht lag. Ich mochte den Roman nicht. Dabei gefiel mir manche Einzelheit: das lateinische Motto, das wie ein Schlagbaum vor dem Buch lag; der Gedanke des elitären Geheimbunds, der in der Widmung anklang; die mysteriösen Anspielungen auf östliche Geistespraktiken; die magistrale Herausgeberhaltung, die schon im Untertitel *Versuch einer Lebensbeschreibung des Magister Ludi Josef Knecht samt Knechts hinterlassenen Schriften* zum Vorschein kam.
Doch daß der Roman ausgerechnet die Kunst und Wissenschaft feierte, mit denen ich auf Kriegsfuß stand (und in denen mein Klassenrivale exzellierte), Musik und Mathematik, daß er einen Männerbund verherrlichte und Frauen vom Leben des Geistes ausschloß, daß er den Beruf des Journalisten, den zu ergreifen ich schon entschlossen war, ebenso herabsetzte wie alles praktische Tun, ärgerte mich.
Vor allem aber betrachtete ich die Hauptfigur des Buches mit großer Aversion. Nicht der Rigorismus Josef Knechts stieß mich ab, nicht sein Streben nach geistiger Vervollkommnung, nicht seine Neigung für das Elitewesen – solches empfand man in den fünfziger Jahren nicht als Manko –, sondern daß es im Leben des jungen Mannes keine Spannung und keine Rebellion gab, keine Freiheit und keine Liebe, und daß er sich auch als erwachsener Mensch wie ein Kind verhielt.

Mit einem knapp fünfzigjährigen Mann, der auf dem Weg aus einer stagnierenden geistigen Welt in die Wirklichkeit des Lebens fröhlich die Blockflöte bläst, konnte ich nichts anfangen.

Das war naiv gelesen und wäre nicht weiter berichtenswert, wenn die Verfasserin nicht heute die jugendlichen Eindrücke weithin bestätigt fände. Beginnen wir mit meinem damaligen Hauptärgernis, Josef Knecht.

Hesse sagt an keiner Stelle, wie der Mann mit dem symbolischen Namen aussieht, nur seine Hand, seinen Schritt beschreibt er, sein Lachen, seine Stimme und selbstverständlich – dies unentwegt – sein »Wesen«. Knecht ist still, heiter, anmutig, vornehm und »durch und durch ein Herr«. Daß er einmal ein »Charmeur« und gar »ein großer Schelm« genannt wird, kommt einigermaßen überraschend.

Das Buch handelt primär von Kultur, vom Leben des Geistes, nicht von Psychologie. Es macht die Problematik des Buches mit aus, daß Hesse für seine Demonstrationszwecke demnach das Schema des Entwicklungsromans benutzt. Der Leser begleitet Knechts geistige Entwicklungsstufen vom Schulalter bis zum Tod im fünften Dezennium, er verfolgt, wie der Protagonist sich mit Musik und Geschichte auseinandersetzt und am Ende verschämt von der »Autorschaft«, vom »Büchleinschreiben« träumt. Denn die alte philologische, ja, theologische Tradition – »Ehrfurcht vor der Wahrheit, Gehorsam gegen den Geist, Dienst am Wort« – ist tief in diesem Vertreter einer angeblich neuen Geistigkeit verankert. Doch als Figur ist er nicht mehr als ein Umriß, eine »weiß und golden gekleidete Leitfigur auf dem feierlichen Schachbrett der Symbole«, die nie zum Leben erwacht. Seine Herkunft ist ebenso wegretuschiert wie seine Triebwelt. Zwar heißt es einmal, dieser Mann habe Phantasien und Gelüste, deren Zähmung ihn Mühe koste. Doch sichtbar wird davon nichts, Hesse stellt sie nicht dar. Knechts Aufbruch am Ende, sein Verlangen nach Wirklichkeit und naivem Leben, ja nach Entbehrungen und Leiden überrascht nicht, aber es überzeugt nicht mehr.

Gewiß: Hesse entwarf *seinen* Josef K. als einen Anti-Faust. Im Tagebuch von 1933, als der Roman im Entstehen war, befaßt er sich mit dem Problem des Faustischen. Er spricht von der »Selbstanbetung des heutigen Deutschen, der tiefe Ehrfurcht vor seiner ›tragischen‹ und ›faustischen‹ Natur hat und darunter versteht, daß er ... dazu bestimmt sei, über die kleinlichen Schranken der bloßen Vernunft und bloßen Moral hinweg das Große und Ungeheure zu tun, nämlich seine Triebe auszuleben und seine Gelüste zu befriedigen.« Von dieser, als »Gesinnung des Dritten Reiches« apostrophierten Haltung soll Knecht sich unterscheiden.

Überhaupt muß man das Buch vor dem Hintergrund seiner Entstehung lesen. Hesse arbeitete daran über ein Jahrzehnt, von 1930 bis 1941. Daß es so langsam ging, lag an seinem labilen Gesundheitszustand, vor allem aber an den Zeitläuften. Man hat Hesses Verhalten während der Zeit des Nationalsozialismus oft als enttäuschend empfunden, weil er nicht öffentlich gegen die Nazis Stellung bezog. Es ist wahr: Hesse, der weder an den Sozialismus noch an den Kommunismus glaubte, der sich mit keinem Lager und keiner Partei zu identifizieren vermochte, sah zum aktiven Widerstand keinen Weg. Auch war er der Ansicht, im Ersten Weltkrieg genug öffentliche Kritik geübt zu haben. Er wünschte Deutschland und seinen Führern, über die er sich – ganz anders als etwa Benn – niemals Illusionen machte, einen frühen Bankrott und wollte im übrigen in Ruhe arbeiten.

Daß ihm dies nicht gelang, sollte man, wenn man seine wenig heroische Haltung tadelt, nicht übersehen. »Ich habe seit anderthalb Jahren an meiner eigenen Dichtung ... keinen Strich mehr tun können«, schreibt er im November 1935, »ich mußte Briefe schreiben, Bücher lesen und besprechen, hungernde Kollegen unterstützen, Besuche empfangen und lauter solche Dinge, und währenddessen sind meine Ersparnisse an Geld, ist mein Rest von Gesundheit und Lebenskraft weggeschmolzen.« Er war einer der wenigen, die noch 1934 und 1935 in der *Neuen Rundschau* Bücher jüdischer Autoren rezensierten, und er tat dies, weil er sich verpflichtet fühlte, »dieses versaute und brutalisierte Deutschland nicht zu verlassen, sondern in meiner Sphäre die Tradition der Anständigkeit und Gerechtigkeit zu wahren«.

Panzer gegen die Zeit und magische Zuflucht, sein »Zauberpferd ... am Rande des metaphysischen Abgrunds« (Alfred Kubin) wurde das Buch, das von der Rettung der Kultur in die Arche eines Ordens und ihre Weitergabe durch ein Spiel handelt. Kastalien und seine *Lingua sacra,* der Männerbund des Geistes und dessen Selbstdarstellung im Glasperlenspiel sind als Gegenwelt und Gegenbild zu verstehen. Die Geschichte spielt im 24. Jahrhundert, nachdem das Abendland aufgehört hat, »Brennpunkt der Weltgeschichte und Kampfplatz der Hegemonieansprüche zu sein«. Der Orden, der auf den Trümmern des »kriegerischen«, also des 20. Jahrhunderts und als Reaktion auf die »feuilletonistische Epoche« entstand, gleicht einer Arche, in die sich der bedrohte Geist gerettet hat. Seine Mitglieder empfinden sich als »Eichmeister der geistigen Maße und Gewichte«, sie pflegen die Kultur, indem sie die Künste und Wissenschaften tradieren und im Glasperlenspiel zur Darstellung bringen.

Das Spiel ist ein romantisch-utopischer Versöhnungsversuch von Kunst, Wissenschaft und Religion, eine Art Weltformel des Geistes. Hesse hütet sich sehr wohl, die Praxis des Spiels zu schildern. Es würde sich dann nämlich herausstellen, daß es nicht spielbar ist. Wie sollte man auch die exakten Resultate der Naturwissenschaften mit den Interpretationsergebnissen der Geisteswissenschaften formelhaft zueinander in Beziehung setzen können? So bleibt es bei Andeutungen und skurrilen Beispielen – etwa: dem »Vergleich« einer Planetenbahn mit den Vokalen eines Gedichts –, die Hesses Wissenschaftsfremdheit und das hohe Spiel als bloße Spielerei bloßstellen. In einem Brief gibt der Dichter es selbst zu: »Hätte ich beizeiten eines der Fächer gelernt, vor denen ich besonderen Respekt habe, Musik oder Sanskrit oder Chinesisch oder Astronomie, dann hätte ich es nicht nötig gehabt, ein Glasperlenspiel zu erfinden.«

Respekt hatte er, der pietistisch geprägte Sohn eines württembergischen Missionars, offenbar auch vor den Formen, dem Pomp und dem Wissen der Alten Kirche. Ein katholischer Historiker, der Pater Jakobus, lehrt Josef Knecht die Relativität aller Dinge. Kastalien wirkt mit seinen rigiden Regeln und Praktiken, seinen Riten und seiner Hierarchie, seiner Frugalität und Frauenlosigkeit wie das Abziehbild eines geistlichen Ordens, nur daß es einen solchen noch an Strenge übertrifft. Da gibt es weder Wein noch Fleisch; Mitglieder, die sich nicht bewähren, wie der unglückliche Magister Bertram, werden unbarmherzig in den Tod getrieben.

In erotischen Fragen ist man etwas nachsichtiger, doch, genau besehen, ebenso unmenschlich. Den jungen Ordensleuten sind flüchtige Liebesbeziehungen erlaubt, doch zu festen Bindungen dürfen sie nicht führen. Es paßt dazu, daß in dieser von Trieben und Emotionen gereinigten Welt kein Wagner, Brahms, Mahler gespielt wird, sondern Scarlatti, Corelli, Telemann, auch Bach, also die unpersönlich-abstrakte Musik der Epoche vor Beethoven.

Bedenklich ist nicht bloß die biologische und emotionale Sterilität des Ordens, sondern vor allem die geistige. Kastalien pflegt nur noch den kulturellen Bestand, es bringt nichts Neues mehr hervor, und zwar, wie sich im Verlauf der Erzählung herausstellt, weil die Wechselwirkungen mit der

Welt im Rückgang begriffen waren. Mit einem Mal wird die bisher arrogant und mitleidig betrachtete Welt außerhalb des Ordens aufgewertet, freilich ohne daß Hesse sich bemühte, die so plötzlich entdeckten positiven Seiten zu beschreiben oder auch nur zu nennen.

Das Wenige, das am Beispiel von Knechts Jugendfreund Designori von jener Welt gezeigt wird, trägt geradezu altväterliche Züge. Da ist man unversehens vom 20. ins 19. Jahrhundert zurückversetzt, in eine großbürgerliche Welt mit Dienerschaft, chauffierten Reisewagen und der Andeutung eines wunderlichen politischen Konflikts zwischen Junkertum und Neoliberalismus.

Der Versuch, die Utopie wieder in den Fluß der Zeit einzuordnen, Kastalien als relativ und vergänglich darzustellen – als Gedanke bestechend –, kommt im Roman ebenso spät und wenig überzeugend wie Josef Knechts Aufbruch. Daß der hochgeistige Mann, noch ehe er sein Erzieheramt in der Welt richtig aufgenommen hat, beim sportlichen Morgenbad in einem Bergsee vom Tod ereilt wird, taucht das ganze Buch in ein tief ironisches Licht. Hesse freilich wollte, wie so mancher Autor, der seine besten Einfälle verkennt, dies nicht wahrhaben. Er sprach von Opfertod und Vollendung, wo es sich um nichts anderes als die Rache des verdrängten Lebens handelt.

Der kraftvolle Schluß, der sich von dem sonst wie mit Pastellfarben gemalten Roman abhebt, hatte schon auf die siebzehnjährige Leserin Eindruck gemacht. Er tat es auch jetzt. Allerdings konnte die Verfasserin diesmal die stilistischen Fragwürdigkeiten nicht übersehen. Der Morgentanz des jungen Mannes, den Knecht unterrichten soll, im ersten Licht der Sonne, geriet Hesse zu einer Apotheose des Leibes, die peinlich an den Körperkult des Wandervogels, wenn nicht an Schlimmeres erinnert. Des Dichters Prosa lief immer Gefahr, sentimental und gelegentlich kitschig zu werden. Im *Glasperlenspiel* schlägt die gewollte Simplizität oft ins Kindlich-Treuherzige um. Die »Edelzopfigkeit der Sprache« ist eben nicht bloß »scheinphiliströs«, wie Joachim Maaß einst schrieb.

Das Hauptärgernis des Romans ist jedoch nicht der Stil und nicht die Hauptfigur, an der die junge Leserin einst solchen Anstoß nahm, sondern der antizivilisatorische Affekt, der wie ein Pferdefuß unter dem Deckmantel der Zeit- und Kulturkritik hervorschaut. Der Ungeist, gegen den sich Hesse wendet, ist nicht etwa der Ungeist des »Oberförsters« und seiner Kohorten in Jüngers Erzählung *Auf den Marmorklippen*, sondern das Leben und Treiben der zwanziger Jahre, die sich hinter dem Begriff des »feuilletonistischen Zeitalters« verbergen.

Es klingt geradezu grotesk, wenn ein Schriftsteller, der die Ideologisierung und Verflachung einer Zeit beschreiben möchte, vielleicht oberflächliche und überflüssige, gewiß aber harmlose Aufsätze nennt wie »Friedrich Nietzsche und die Frauenmorde« oder »Die Rolle des Schoßhundes im Leben großer Kurtisanen«. Da wird mit Kanonen auf Spatzen geschossen, und das alte Vorurteil, wer sich in Deutschland mit dem Geist befasse, könne das nur auf humorlose und hinterwäldlerische Weise tun, aufs Schönste bestätigt.

Noch fragwürdiger ist die Vorstellung, daß sich der geistige Mensch nicht mit etwas so Schmutzigem wie der Politik befassen dürfe. In Kastalien, so heißt es, hat man eine »Scheu vor dem Aktuellen, der Politik, der Zeitung«; auch mit Wirtschaft und Rechtspflege befaßt man sich nicht. Hesses Roman fügt sich da in eine höchst bedenkliche deutsche Tradition ein. Dabei ist an der ernsthaften Motivation seiner Kulturkritik nicht zu zweifeln.

Es wäre ungerecht zu unterschlagen, daß sich in diesem Buch Passagen finden, die von Hellsicht zeugen und auch heute noch als Reaktion auf eine oberflächliche Medienkultur und Diagnose der Zeit betroffen machen. Ein Beispiel: »Sie lernten mit Ausdauer das Lenken von Automobilen, das Spielen schwieriger Kartenspiele und widmeten sich träumerisch dem Auflösen von Kreuzworträtseln – denn sie standen dem Tode, der Angst, dem Schmerz, dem Hunger beinahe schutzlos gegenüber, von den Kirchen nicht mehr tröstbar, vom Geist unberaten. Sie, die so viele Aufsätze lasen und Vorträge hörten, sie gönnten sich die Zeit und Mühe nicht, sich gegen die Furcht stark zu machen, die Angst vor dem Tode in sich zu bekämpfen, sie lebten zukkend dahin, glaubten an kein Morgen.«

Solche Sätze kümmerten die jugendliche Hesse-Enthusiastin wenig. Sie begrub die Enttäuschung über *Das Glasperlenspiel* und wandte sich der Lyrik des Dichters zu. Im übrigen erfand sie ihr eigenes, bescheideneres Geistesspiel, das sie trieb, wenn sie vom Ferienort zum nächsten Bahnhof ins Tal hinunterging. Da zitierte sie die Figuren ihrer Lektüre herbei und unterhielt sich mit ihnen auf dem Weg durch die finsteren, kaum Ausblicke bietenden Wälder. Die unsichtbaren Begleiter trugen wechselnde Namen. Sie hießen bald Hans Castorp, bald Heinrich Lee und manchmal auch Scarlet O'Hara. Aber Josef Knecht war nie darunter.

Das lebenslängliche Schreibexperiment

Eckhard Heftrich über Robert Musil: *Der Mann ohne Eigenschaften* (1943)

Mit dem Blick auf die Neuausgabe von 1978 nannte Wolfgang Koeppen das Buch ein Gebirge, das erschrecke. 1952, zehn Jahre nach Musils Tod, hatte Adolf Frisé zum ersten Mal den Torso veröffentlicht, in dem die zu Lebzeiten gedruckten Teile (1930 und 1933) mit nachgelassenen Entwürfen vereinigt worden waren. Schon diese Leseausgabe von 1952 war ein Gebirge. Ich habe es damals durchwandert, zwar noch unbeschwert von den späteren Kontroversen über Frisés Auswahl und Anordnung des Nachlasses, aber belastet vom Gefühl der Verpflichtung, kein Seitental auslassen zu dürfen. Am Ende hielten sich Faszination und Überdruß die Waage, und vielleicht verdanke ich es diesem Gleichgewicht, daß ich nur ein Musil-Leser geblieben und kein Musil-Forscher geworden bin.

Jetzt verbindet sich der Respekt vor der Leistung der Kollegen, die sich der Musil-Philologie gewidmet haben, mit der Unbefangenheit, deren es bedarf, um die allmähliche Verwandlung eines Gerüchts in einen Mythos zu überprüfen: daß es sich um den bedeutendsten deutschsprachigen Roman des zwanzigsten Jahrhunderts handle; um das einzige Werk also, kraft dessen unsere Literatur in der durch Joyce und Proust realisierten Moderne vertreten sei.

Mit diesem Anspruch bleiben die Gläubigen sogar noch hinter dem Meister zurück, der schon 1931 behauptet hatte, der »Roman unserer Generation« (Th. Mann, Joyce, Proust usw.) habe sich allgemein vor der Schwierigkeit gefunden, »daß die alte Naivität des Erzählens der Entwicklung der Intelligenz gegenüber nicht mehr« ausreiche, der *Zauber-*

berg infolgedessen ein ganz mißglückter Versuch sei und Proust und Joyce einfach der Auflösung nachgäben, »durch einen assoziierenden Stil mit verschwimmenden Grenzen. Dagegen wäre mein Versuch eher konstruktiv und synthetisch zu nennen.« Proust und Joyce schilderten »etwas Aufgelöstes, aber sie schildern eigentlich gerade so wie früher, wo man an die festen Konturen der Dinge geglaubt hat«.
Es liegt tragische Ironie darin, daß dieser Mißdeutung der großen Zeitgenossen der Satz folgt: »Hier wären wir bei der Rolle der Form im geistigen und künstlerischen Ausdruck.« Denn gerade das mangelnde Formvermögen hat dazu geführt, daß Musil im Konstruktiven und Synthetischen gescheitert ist und nur dort eine überzeugende Lösung fand, wo er satirisch, also durchaus traditionell erzählend, die verwesende Leere einer scheinhaften Welt schildert.
Musils Kakanien ist in der jüngeren deutschen Literatur ohne Vergleich, und man braucht diese Erfindung nur mit dem *Untertan* zu vergleichen, um zu erkennen, was Satire von hohem Rang ist. Eben dieser Rang verbietet es auch, Kakanien mit dem zu verwechseln, was zu seiner Entstehung das konkrete Material, aber eben nur dieses, geliefert hat: das Österreich vor 1914. Die Leistung wird nicht dadurch gemindert, daß es sich auch um eine Art Prophezeiung handelt, der die Ereignisse, der Krieg und das Ende von Österreich-Ungarn, vorangingen. Schon 1926 hat Musil gesagt, die reale Erklärung des realen Geschehens interessiere ihn nicht, wohl aber das geistig Typische, »ich möchte geradezu sagen: das Gespenstische des Geschehens«.
Kakanien als gespenstisches Geschehen ist jene Parallelaktion, mit der Musil die Paradoxie gelingt, eine im Gerede sich manifestierende Scheintätigkeit als dichte Erzählung zu präsentieren. Die Projektion der Tat wird dabei nicht nur als phrasenhaft entlarvt, sondern als das katastrophenträchtige Vakuum spürbar gemacht, dessen mögliche Implosion

schließlich nur durch die Explosion von 1914 ersetzt wurde.

Zum Rang der Satire gehört auch, daß nie zur bloßen Karikatur wird, was in Diotimas Salon zusammentrifft, obwohl es sich um eine typische, weil symptomatische Personenauswahl handelt. (Mit Ausnahme der Rathenau-Parodie Arnheim, wo die Antipathie des Autors zu Verschärfungen führt, die durch die Funktion dieser Figur – als personifizierte Versammlung aller nur denkbaren Eigenschaften der Gegenspieler von Ulrich, dem Mann ohne Eigenschaften, zu sein – nicht immer gerechtfertigt sind.)

Einem Wunschbild zufolge handelt es sich um den Roman eines geistigen Abenteuers, in dessen Verlauf die »Sinnfragen der Existenz des modernen Menschen« aufgeworfen und in einer ganz neuartigen, »sowohl leicht-ironischen wie philosophisch tiefen Weise« beantwortet werden. Es klingt aber nach Beschwichtigung von Zweifeln, wenn dann gesagt wird, das Epische befinde sich »in vollendetem Gleichgewicht mit dem Gedanklichen und die Geschlossenheit des Riesenbaus mit der lebendigen Fülle des Details«.

Diese Worte Musils enthalten ein Versprechen, das nicht eingelöst werden konnte in Anbetracht der Voraussetzungen, unter denen das Wagnis unternommen wurde. Damit sind nicht die äußeren Bedingungen gemeint, die freilich verhängnisvoll genug waren; also nicht der zeitliche Zusammenfall des Erscheinens der ersten Bände mit der Heraufkunft des Hitlerreichs, und auch nicht die dadurch noch gesteigerten psychologischen Schreibschwierigkeiten Musils.

Er war sich theoretisch im klaren darüber, was alles zu bewältigen gewesen wäre, um das Unternehmen vor dem Scheitern zu bewahren. Zwar ist dem Scheitern im Rückblick die Größe nicht abzusprechen, aber man sollte auch die gleichsam vorprogrammierte und dann sich permanent

ereignende Katastrophe erkennen. Die Aufgabe, die Musil sich gestellt hatte, die er aber nie in einem deutlichen Kompositionsplan auch nur vorläufig zu fixieren vermochte, verlangte nicht nur die Verbindung des größten epischen mit einem den Erfordernissen der exakten Wissenschaften genügenden analytischen Vermögen.
Diese Aufgabe setzte auch die Fähigkeit voraus, der in der Satire geleisteten Aufdeckung der Uneigentlichkeit das Eigentliche entgegenzustellen. Und zwar nicht nur als utopische Kontur, sondern als poetische Realisation. (Es ist keine Anleihe bei Heidegger, wenn man vom Uneigentlichen spricht. Im Roman wird mit dem Begriff operiert, und auch das »In-der-Welt-Sein« taucht auf.) Damit hätte etwas geschaffen werden müssen, was die Religion schon lange nicht mehr, was aber auch die Wissenschaft und die Philosophie nicht zu geben vermögen; Musil hat seinem Roman den Anspruch aufgebürdet, den bereits die frühe Romantik als Postulat der Poesie aufgestellt hatte.
Dem durch die Parallelaktion satirisch sichtbar gemachten Zustand steht jener andere gegenüber, der als der ekstatische mit gleichnishaften, der Mystik entlehnten Namen benannt wird. Vorwegnehmendes und dann begleitendes Zerrbild des ekstatischen Zustandes ist die im Sexualmörder Moosbrugger und in der von Nietzsche trunkenen Clarisse personifizierte Welt des Wahnsinns.
Zugleich hat diese Sphäre die Funktion, die über Irrsinnstaten richtende Normalität im Vakuum ihres Unterbewußtseins abzutasten. Dadurch wird die Eigenlogik des Wahns zur indirekten Satire: womit zusammenhängen mag, daß Musil in der Gestaltung dieser Zwischensphäre weit eher überzeugt als bei den Umschreibungen des »anderen Zustandes« selbst.
Schon dessen Handlungsfundament, die Beziehung zwischen Ulrich und seiner Schwester Agathe, ist auch als

Durchgangsstufe prekär. Nicht aus moralischen Gründen: der Eifer, mit dem einst ein Forscherpaar gegen die erste Nachlaßauswahl unter anderem auch deshalb zu Felde zog, weil in Frisés Kapitelanordnung der Inzest nicht zum Verschwinden, sondern zur Erscheinung gebracht worden war, ist so lächerlich wie die Angst jenes populären Wagner-Kommentators, man könne aus dem zweiten Akt des *Tristan* anderes heraushören als platonische Liebe. Vielmehr ist die mit dem möglichen weiteren Verlauf des Romans verknüpfte Geschwisterliebe von Anfang an risikobeladen, weil alle schon mit der Figur Ulrich sich aufzwingenden poetologischen Probleme sich vervielfältigen.

Musil hat zwischen einem Bildungsroman der Person und einem solchen der Idee unterschieden und für heute nur den letzteren akzeptiert. Aber auch für diesen Über-Roman bedarf es einer tragenden Figur. Thomas Mann war klug genug, nur noch ein Wilhelm Meisterchen auf den Zauberberg zu schicken, Proust vermochte das fiktive Ich zum Medium mit rein funktionalem Charakter zu machen, ohne es in der Abstraktion zu töten.

Fatalerweise erhielt Ulrich weit mehr Eigenschaften – nicht zuletzt auch aus Wünschen projizierte – seines Erfinders, als dem Roman bekömmlich war. Diotima erhält ihren hehren Übernamen, weil Ulrich sie ironisch mit »jener berühmten Dozentin der Liebe« Platons vergleicht. In den heiligen Gesprächen, die Ulrich mit seiner Schwester führt, wird er zwar gelegentlich auch als Dozierender ironisiert. Doch wirkt diese Eingrenzung des über Mystik Räsonierenden wie eine Beschwörung, die vergeblich abzuwenden versucht, was doch bereits dauernd geschieht: daß Musil selbst durch den Mund seines Protagonisten so doziert, wie er beständig allzu direkt mit dessen Kopf reflektiert.

Der Mangel an poetischer Imagination ist nicht durch Zitate auszugleichen, und das spürt auch ein Leser, der nicht weiß, daß viele dieser Zitate einer Mystiker-Anthologie von Martin Buber entnommen sind. Zitate taugen zwar vorzüglich zum Montagematerial der Satire, kaum aber zur Annäherung, geschweige zur Realisierung des »anderen Zustandes«.

Die Forderung nach Genauigkeit soll zwar in den Reflexionen Ulrichs als Prozeß vorgeführt werden, aber diese geistigen Aktionen verselbständigen sich und werden nicht zu integralen Bestandteilen einer Komposition. Die Versuche, sie ins Ganze einzubinden, wirken oft künstlich. Das gilt auch von der Art, wie den nichtsatirischen, ungeschützt feierlichen Dialogen ins erzählerische Leben verholfen werden soll: »fiel Agathe ein«, »Nun übernahm wieder Agathe lebhaft die Beschreibung«, »rief sie aus«, »bestätigte Ulrich«, »stimmte Ulrich ein« (alle Beispiele auf einer Seite!).

Auch wirkt sich belastend aus, daß Musil mit dem Experiment des Romans dorthin gelangen wollte, wohin er selber zuvor weder durch die Philosophie noch durch die Wissenschaft noch durch die Psychologie gekommen war. Als er das Fürchten vor dem Unternehmen noch nicht so recht gelernt hatte, also am Anfang des Romans, beschrieb er in der lässigen Ironie, die dann immer mehr von der Last der hin- und hergeschobenen Probleme zerrieben wurde: warum offenbar das Denken eine solche Verlegenheit für die Schriftsteller sei, »daß sie es gerne vermeiden«. Kein Zweifel, daß er es nicht vermieden, sondern mit Hilfe einer denkenden Figur zum eigentlichen Thema seines Schreibens zu erheben gewagt hat.

Aber leider erweist sich die Kunst immer als sehr spröde, wenn man sie zur Magd machen will – gar noch zu einer, die dem Denkenden schließlich das Kind einer neuen Moral und einer Lehre vom rechten Leben gebären soll. Und auf nichts Geringeres zielte Musil. Ist es eine bewußte oder unfreiwil-

lige Parodie dieses Wollens, daß Clarisse mit Ulrich den Übermenschen zeugen möchte?
Als Triebkraft hat Musil die Leidenschaft nach Richtigkeit und Genauigkeit bezeichnet. Doch hat das zu einer Wucherung des Essayistischen geführt, die schließlich die Bildung einer eigenen Form verhindert und durch das Zellenwachstum den monströsen Nachlaß produziert hat, von dem auch die neue Ausgabe nur einen geringen Teil enthält. Daher dürfte sich auch im Ungedruckten schwerlich finden, was man im Gedruckten vergeblich sucht: jenen Stein der Weisen, auf dessen Suche sich Musil mit Ulrich selbst begibt.
Valéry hat sich beim Versuch, einen denkenden Menschen darzustellen, mit dem knappen Experiment des *Monsieur Teste* begnügt, in seinen Cahiers hingegen die riesige Dokumentation einer lebenslang geübten Bewußtseinsbeobachtung und Ideenanalyse hinterlassen; dazu mit seiner Lyrik bewiesen, daß der Zweifel zur Form führen kann. Bei Musil hat der Zweifel in Verbindung mit der Leidenschaft zur Genauigkeit zu einem Experiment geführt, dessen Unabgeschlossenheit man nur dann als höhere Unabschließbarkeit interpretieren kann, wenn man gewillt ist, auch noch aus der fundamentalsten Not Musils seine Kardinaltugend zu machen.
Es gibt, wie die Mystik zeigt, Erfahrungen, die nicht im Schreiben gemacht werden können; ihre literarische Manifestation ist gerade deshalb überzeugend, weil Sprache und Form sich nicht einem künstlerischen Ausdruckswillen verdanken. Und es gibt, wie von Lichtenberg bis Valéry zu beobachten, Bemühungen des Denkens, die zwar im Schreiben gemacht werden, aber einer romanartigen Kunst nicht bedürfen, weil dem Willen zur Exaktheit der Ausdruck entspricht und genügt. Und schließlich kann man, wie Proust bewiesen hat, den Schöpfungsakt der Kunst selbst zu dem in Analogien und Metaphern verborgenen Kern eines Werkes machen.

Musils Sehnsucht nach der im Schreiben zu gewinnenden Vereinigung von Ratio und Mystik erzeugte aber keinen solchen Kern; sie überforderte die Kunst und führte zu einem lebenslänglichen Schreibexperiment. Je mehr sich dieses Experiment aus dem traditionell gesicherten Erzählbereich entfernt und dem eigentlichen Ziel, einer neuen Moral, nähern will, desto mehr wird der Versuch zu einer Penelopearbeit.

Anstatt einer anderen, neuen Sprache begegnet einem ein immer breiterer Essayismus. Für dessen Formlosigkeit entschädigt die Genauigkeit nur selten. Zudem ist Musil der aller Essayistik innewohnenden Gefahr zur lamentierenden Kulturkritik – dem Widerpart der Kunst – sehr oft erlegen. Auch verrät sich eine gewisse künstlerische Schwäche nicht nur in den essayistischen Partien und in den nichtsatirischen Dialogen, sie ist bis zu den Metaphern nachweisbar.

Der Widerstreit von Bewunderung und Unbehagen ist beim Wiederlesen geblieben. Dennoch: auch wenn die Götter anderen Großen des Jahrhunderts günstiger gesonnen waren – als der Laokoon der Moderne bleibt Musil eine überragende Figur.

Faust mit Wünschelrute

Michael Schneider über Arnold Zweig:
Das Beil von Wandsbek (1943)

»Dem Wesen der Welt kommt man nur im Gefühlsüberschwang und in der Aktion nahe. Ich liebe Goethe nicht. Aber um des einen Wortes willen bin ich bereit, ihm vieles nachzusehen: ›Im Anfang war die Tat.‹« Hätte der deutsch-jüdische Romancier Arnold Zweig diesen blasphemischen Ausspruch des Tatmenschen Adolf Hitler (aus den Gesprächen mit Hermann Rauschning) gekannt, er wäre wohl frappiert gewesen, wie sich die Titelfigur des Dritten Reiches, vor der er 1933 ins palästinensische Exil flüchten mußte, diesen Kernsatz des *Faust* zu eigen gemacht hat. Mehr noch: Er wäre in seiner kritisch-blasphemischen Absicht, seinen (1939 in Haifa begonnenen und 1943 beendeten) Henkers-Roman *Das Beil von Wandsbek* mit Motiven der Faust-Figur auszustatten, auf eine fatale Weise bestätigt worden. Eine nationale Repräsentationsfigur wie den Faust in das faschistisch-kleinbürgerliche Milieu der späten dreißiger Jahre, gar in die Gestalt eines Hamburger Metzgermeisters und Ersatzhenkers zu transponieren, hätte den deutschen Bildungsbürgern, die mit Goethes *Faust* seit je ihren Kult getrieben haben, allerdings als Sakrileg ersten Ranges gegolten; weswegen diese (vom Autor freilich sehr geschickt kaschierte) Transposition von der Literaturkritik in Ost und West lange Zeit überhaupt nicht wahrgenommen wurde. Es ist das Verdienst des Exilforschers H. A. Walter, daß er in seinem brillanten und sehr kenntnisreichen Kommentar zur Neuausgabe des *Beils von Wandsbek* (in der Büchergilde Gutenberg) die faustische Dimension des Romans minutiös herausgearbeitet hat. Hierbei konnte er sich auf einen expliziten Kommentar des Romanciers (aus dem Jahre 1955) berufen, den erst der Nachlaß zu Tage förderte. Darin stellt Arnold Zweig selbst die Synopsis her zwischen seinem Henkerroman und dem *Doktor Faustus* von Thomas Mann.

Die Fabel, den novellistischen Kern seines Romans, hat Zweig einem Artikel entnommen, der im Jahre 1937 in der Prager Exilzeitschrift *Deutsche Volkszeitung* abgedruckt war. Diesem Artikel zufolge hatte ein Schlachtermeister aus Altona als Ersatzhenker vier Antifaschisten mit dem Handbeil hingerichtet. Er hatte gehofft, daß er mit den zweitausend Mark, die ihm die Hinrichtung eintrug, sein Geschäft wieder in Gang bringen könnte. Als jedoch ruchbar wurde, was er getan hatte, blieb die Kundschaft weg, der finanzielle Zusammenbruch war unvermeidlich. In seiner Verzweiflung erschoß der Schlachtermeister zunächst seine Frau und dann sich selbst. Ob diese Zeitungsmeldung eine »wahre Begebenheit« oder nur ein vom Wunschdenken der Exilpresse diktiertes Gerücht wiedergab, läßt sich heute nicht mehr ermitteln.

Der weltpolitische Hintergrund, vor allem die Expansionspolitik Hitlers, die den Krieg nur deshalb gerade noch vermied, weil die Entente-Mächte stets nachgaben und bei Beschwichtigung und Anpassung, d. h. bei »Appeasement« ihre Zuflucht suchten, ist im Roman stets präsent und wird vor allem von den Nazi-Gestalten triumphierend beschworen. Hitlers außenpolitische Erfolge – die Aufrüstung, mit der er zuerst geheim, dann ganz unverblümt das Diktat von Versailles brach, die Unterstützung Francos im Spanischen Bürgerkrieg, der »Anschluß Österreichs«, der erpresserische Druck gegen die kleinen Nachbarn, vor allem gegen die Tschechoslowakei – bilden die scheinbar glanzvolle Folie, vor der sich die Tragödie des kleinen Mannes, der Abstieg des Metzgermeisters Albert Teetjen und seiner Frau vollzieht. Ihr Untergang entlarvt – auf der Symbolebene des

Romans – die weltpolitischen Erfolge als bloßen Schein; die Katastrophe des einzelnen nimmt die des Ganzen voraus.

Was Zweigs Roman von den meisten Exilromanen dieser Zeit unterscheidet, ist nicht nur das persiflierende Spiel mit dem Faust-Motiv und die kunstvolle Verknüpfung der realistischen Handlungsstränge zu einer komplexen Symbolik; es ist vor allem der vorurteilslose Blick auf den Täter, der frei von jeder moralischen Verurteilung, frei auch von aller dämonisierenden Mystifikation ist. Der Autor sucht diesen Metzgermeister, den die Konkurrenz der großen Warenhäuser an den Rand des Ruins gedrängt hat, vielmehr als einen »durchschnittlichen Deutschen« zu begreifen, als einen »Kleinbürger der Kriegs- und Nachkriegsgeneration, nicht böser noch besser«, dem eine autoritäre Erziehung das Rückgrat gebrochen hat und der der scheinsozialistischen Rhetorik der NSDAP aufsitzt.

In den dumpfen Assoziationsketten und inneren Monologen der Haupfigur werden die psychischen Zwänge und Bewußtseinsparadoxien eines deutschen Kleinbürgers exemplarisch vorgeführt, der sich in immer neue Sackgassen verrennt und bei den von der NS-Propaganda angebotenen Feindbildern einen trügerischen Halt findet. Gleichwohl gelingt es Arnold Zweig, den Leser für diesen SS-Mann, der zum Henker an vier unschuldigen Opfern des Hakenkreuzes wird, einzunehmen. Was ihn beinahe sympathisch macht, ist seine durchgehende Naivität, sind – nicht zuletzt – seine hilflos-kindlichen Versuche, den bösen Bann zu brechen, der von dem Blutbeil auszugehen und ihm die Kundschaft zu verscheuchen scheint. In einer Nacht- und Nebelaktion schaffen Albert und Stine den Gottseibeiuns aus dem Haus. Albert will ihn in Großvaters Grabhügel unter den Efeu stecken, doch hinter dem eisernen Kreuz erscheint plötzlich der Alte, der das Blutbeil nicht haben will. Eine zweite Geistererscheinung sucht die Teetjens heim, als sie wenig später den Ohlsdorfer Friedhof betreten. Trotz aller politischen Rationalisierungen seiner Tat (daß er im Auftrag der Obrigkeit gehandelt habe usw.) setzt sich Alberts verdrängtes Schuldgefühl auf dem Wege einer alptraumhaften Halluzination durch: »Groß und schwarz standen da fünf geköpfte Männer, rund um das Beil, hielten ihre Köpfe bei den Ohren in der Höhe ihrer Lenden, und ihre grinsenden Gesichter schauten das Beil an ...« Diese Szenen, die aus einem Shakespeare-Drama stammen könnten, gehören zu den poetischen und psychologischen Glanzlichtern des Romans.

Zur Psychologie dieses naiven Täters gehören, analog zu Fausts Geisterbeschwörung, auch die magischen Praktiken, durch die er sein latentes Unrechtsbewußtsein zu kompensieren sucht. Hier ist es die Wünschelrute, mittels derer er mit dem Kern der Erde in Fühlung treten will; dabei muß er wiederum seinen eigenen Willen aufgeben, damit die unsichtbare Kraft, die auf seine Hände wirkt, tatsächlich wirksam werden kann. Seine neue Mission, nämlich sich zum ersten Rutengänger der Nation auszubilden, macht den Henker zum unfreiwilligen Clown, zum Hofnarren seiner selbst. Sehr zum Leidwesen Stines verschwindet der halbe Hausrat unter dem Teppich, um von Alberts magischem Spürsinn wieder gehoben zu werden.

Meisterlich ist der ironische Umgang Zweigs mit dem Wünschelrutenmotiv. Denn während Teetjen nach Phantomschätzen im Innern der Erde fahndet, bereichert sich sein einstiger Kriegskamerad, der Reeder Footh, der ihm den Henkersjob vermittelt hat, auf handfeste Weise, indem er, gleichsam als Provision, die jüdischen Thetis-Schiffe »arisiert«.

Im Unterschied zu den meisten deutschen Nachkriegsautoren, die (gerade heute wieder) NS-Täter so zu porträtieren pflegen, daß sich der Leser mühelos von ihnen distanzieren kann, erreicht es Zweig durch seinen einfühlend-sympathetischen Blick, daß man sich mit diesem Teetjen über weite Strecken identifiziert. Diese Wirkung ist nicht zuletzt jener Figur zuzuschreiben, die man als Seele des Romans bezeichnen kann: Teetjens Frau Stine, ein deutsches Gretchen im hanseatischen Kleinbürgermilieu. Sie kann sich, eben weil sie ihren Mann liebt, von seiner Untat nicht distanzieren; zumal ihr Denken und Fühlen, anders als das Teetjens, von christlichen Schuld- und Sühnevorstellungen geprägt ist.

Ihre Liebesreligion, daß »Mann und Frau unteilbar und eins sind, bei Tag und bei Nacht, im Leben wie im Tod«, gerät in einen unauflösbaren Konflikt mit dem Tötungstabu des christlichen Katechismus. Der Schrecken, einen Henker zum Mann zu haben, kann sich daher zunächst nur auf der somatischen Ebene äußern: Auf Alberts Geständnis reagiert Stine, die sich schon von ihm schwanger glaubte, mit jähen Blutungen und mit der chronischen Verweigerung ihrer Empfängnisbereitschaft. Der unaufhebbare Widerspruch, an ihrem Mann festhalten zu wollen und ihn doch als Henker nicht mehr lieben zu können, treibt sie – mehr als der finanzielle Ruin und die Verpfändung ihres Schlafzimmers an die raffgierigen Lehmkes – in den Selbstmord, durch den sie Alberts Schuld stellvertretend sühnt. Stine ist die ergreifendste Figur dieses Romans.

Um das Ehepaar Teetjen gruppiert Zweig ein reiches Figurenarsenal, das die Komplizenschaft zwischen Industrie, Reichswehr und NS-Staat deutlich hervortreten läßt: den Reeder und Wirtschaftsrat Footh, der der eigentliche Nutznießer der Henkersaktion ist und, nach dem kostenlosen Erwerb der Thetisschiffe, mit den Krupp-Werken fusioniert; den zynischen NS-Intellektuellen Vierkant, der der propagandistische Souffleur Alberts ist und schließlich, als Privatsekretär Fooths, zum Strategen der imperialen Eroberungspläne des deutschen Kapitals wird; den Reichswehroffizier Lintze, der, wie seine Waffenbrüder in Generalsuniform, die

verlorene Partie von 1917 noch einmal riskieren will; den Zuchthaus-Direktor Koldewey, ein Vertreter des gebildeten konservativen Bildungsbürgertums, der kein Nazi ist, die Schreie der Gefolterten im Zuchthaus Fuhlsbüttel jedoch geflissentlich überhört; die kluge, sympathische und gebildete Ärztin Käte Neumeier, die aus Enttäuschung an der SPD zur NSDAP überwechselte, nun aber – nach der Hinrichtung ihres kommunistischen Jugendfreundes Friedel Timme – den Boykott gegen den Henker organisiert.
Vor dem Hintergrund dieser bildungsbürgerlichen Schicht, die aufsässig nur in Gedanken ist und deren gesellschaftliche Stellung vom Dritten Reich nicht ernstlich angetastet wird, und jener aufsteigenden Kaste, die mit scheinbar sauberen Händen ihre Karrieren macht, erscheint das Ehepaar Teetjen, erscheint der Schlachtermeister und Henker zuletzt als Opfer; als Opfer nicht nur des Boykotts, sondern auch einer Politik, die das blutige Geschäft an »die da unten« delegiert, damit »die da oben« eine saubere Weste behalten.
Auf die eine oder andere Weise profitieren alle von der Bluttat, außer dem Täter, den auch der Judaslohn nicht vor dem Bankrott und vor dem Selbstmord bewahrt.
Nun ist von Literaturkritikern immer wieder der Einwand erhoben worden, Zweigs Fabel-Konstruktion sei mitnichten realistisch zu nennen, das Schicksal der Teetjens sei keineswegs repräsentativ für die kleinen Gewerbetreibenden des Dritten Reiches, diese hätten in der Aufstiegsphase des Regimes wahrlich keine Not zu leiden gehabt, schon gar nicht, wenn sie – wie Teetjen – Mitglied der SS gewesen sind. Indessen hat Hans A. Walter anhand von Statistiken nachgewiesen, daß die schleichende Proletarisierung des gewerblichen Mittelstandes infolge der anhaltenden Kapitalkonzentration auch in den späten dreißiger Jahren weiter fortschritt und Hunderttausende kleiner Händler und Handwerker zur Liquidation ihrer Einmann-Betriebe gezwungen waren.

Auch den anderen, immer wieder zu hörenden Einwand gegen den Kernpunkt der Zweigschen Fabel, es sei höchst unwahrscheinlich, daß ein NS-Henker durch den solidarischen Boykott eines ganzen Stadtviertels zu Fall gebracht werde, hält einer genaueren Nachprüfung nicht stand. Wie aus einer eingehenden Textanalyse erhellt, entspringt der Boykott nämlich gar nicht primär politischen, sondern hygienischen Motiven. Dazu heißt es u. a. im Roman: »Gesundheitspflege stand hoch in Ehren, hygienische Bedenken durfte jedermann, jede Frau geltend machen. Niemand brauchte einen Volksgenossen in Verruf zu bringen, einer lobenswerten Pflichterfüllung wegen. Aber Hygiene blieb Hygiene, und war das Beil desinfiziert worden, so schmeckte die Suppe womöglich nach Karbol.« Und an anderer Stelle: »Aber Beil ist Beil und Blut ist Blut, und die Hygiene fragt nicht nach Politik.«

Meine kritischen Einwände richten sich daher auch nicht gegen den angeblich mangelnden Realitätsgehalt der Fabel, sondern gegen ihre diskursive Überfrachtung und gegen das Abdriften der Romanhandlung auf allzu viele Nebenschauplätze. In der Absicht, ein möglichst breites und repräsentatives Spektrum des Mitläufertums des Dritten Reiches zu entfalten, hat Zweig seinen Roman mit zu vielen Episoden und Nebenfiguren angereichert, die das Interesse des Lesers eher zerstreuen denn bündeln. Vor allem im zweiten Teil verliert der Roman dadurch merklich an Dichte und Contenance. Hier gibt es viele Wiederholungen und Doubletten, die sich wohl auch dem Umstand verdanken, daß der stark sehbehinderte Autor die Endkorrektur seines Romanmanuskriptes Robert Neumann und Lion Feuchtwanger überlassen mußte. Der ästhetische Spannungsabfall tritt zumeist dort ein, wo Zweig die Haupthandlung und deren Träger, die Teetjens, verläßt, und sich dem bildungsbürgerlichen Milieu der Neumeier, Koldewey und Lintze zuwendet.

Schon Feuchtwanger, der sich um die sehr schwierige Edition dieses Romans sehr verdient gemacht hat, beklagte in dem (erst kürzlich erschienenen) Briefwechsel mit Zweig, seine Menschen seien so schrecklich gebildet, und sein Roman sei eigentlich ein Bildungsroman, häufig sogar ein Verbildungsroman. So erhellend auch Zweigs Abrechnung mit dem von den Nazis mißbrauchten Nietzsche, dem intellektuellen Abgott seiner eigenen Jugendjahre, ist und so wichtig der von Käte Neumeier angeregte Marx-Freud-Diskurs für ein differenziertes Verständnis des deutschen Faschismus auch sein mag, diese, vom Zwang zur Aufklärung in finsteren Zeiten diktierten Romankapitel nehmen einen viel zu breiten Raum ein und wirken sich auf den Erzählfluß retardierend aus. Die Bildungserlebnisse Käte Neumeiers und Koldeweys sowie die breit ausgemalte Geschichte ihrer allmählichen Annäherung, die schließlich in einer gut bürgerlichen Eheschließung gipfelt, wirken wie redselige Einlassungen aus einem gehobenen Konversationsroman in die dichte und poetische Szenerie einer kleinbürgerlichen Faustus-Tragödie. Zwar hält Zweig auch für diese ewig räsonnierenden Vertreter des gebildeten Bürgertums eine Handlungsanweisung bereit; nach dem sie einenden Erkenntnisschock, daß ein Psychopath an der Spitze des Reiches steht, entschließen sich Käte Neumeier, Koldewey und Lintze zum Widerstand. Doch gibt der Autor den Attentatsplan der bürgerlichen Mitläufer von vornherein der Lächerlichkeit preis, wodurch er sich erzählerisch der Möglichkeit begibt, die dramatische Haupthandlung durch eine spannungsreiche Nebenhandlung zu flankieren.
Trotz dieser Schwächen, die Ökonomie und ausufernde Komposition des Romans betreffend, der vor allem im zweiten Teil merklich ins Schlingern gerät, halte ich das *Beil von Wandsbek* für einen der großen Romane des deutschen Exils. Jedenfalls kenne ich keinen Roman, der eine solch

komplexe und avancierte Faschismus-Deutung bereithält wie der Faustus-Roman Arnold Zweigs, der als materialistisch gebildeter Freudianer gegen alle politischen Orthodoxien immun war.
Kaum ein literarischer Zeitgenosse Arnold Zweigs hatte einen so genauen Blick für die fatalen Wiederholungszwänge der deutschen Geschichte dieses Jahrhunderts: »Dem Mann Shakespeare muß der Boden unter den Füßen glasklar und durchsichtig gewesen sein, er sah die Leichenhaufen, auf denen jede Glanzepoche sich aufbaut. Wir in der Weimarer Republik neigten dazu, die unseren zu vergessen... Ich fürchte sehr, anno 33 kamen sie zurück. Gehen jetzt unter uns um, lenken unsere Bewegung, haben unser Schicksal längst besiegelt«, heißt es im *Beil von Wandsbek*. Hitler erscheint hier nicht nur als Exekutor eines revanchegeladenen Militarismus und der imperialen Großmachtträume bestimmter Kapitalfraktionen, sondern auch als eine Art Wiedergänger, der, die Millionen Toten des Ersten Weltkriegs im Nacken, die Überlebenden nun in den Zweiten hetzt, das Dritte Reich als ein Nacht- und Schattenreich, in dem die Lebenden zu Fackelträgern für die Toten werden. Als materialistisch geschulter Freudianer hatte Zweig die irrationale Eigendynamik, die paranoide Wahnlogik der nationalsozialistischen Politik ebenso im Blick wie die politökonomischen Zusammenhänge, die Kapital-Logik, innerhalb derer der Aufstieg Hitlers zur Macht gesehen werden muß. Im Unterschied zu den orthodoxen Linken der Weimarer Republik sah er die Titelfigur des Dritten Reiches aber nicht nur als Werkzeug, als Kapitalagent zur Zerschlagung der Arbeiterbewegung, sondern auch als einen neuen Fall *Denkwürdigkeiten eines Nervenkranken* (wie Sigmund Freuds berühmte Fallstudie über Dr. Daniel Paul Schreber, einen am Verfolgungs- und Erlösungswahn leidenden Dresdner Senatspräsidenten, betitelt war), als ein wahnbesessenes

politisches *Subjekt*, das die größte Staats- und Militärmaschine Europas in den Dienst seiner paranoiden (von ökonomischen Interessen längst losgelösten) Mission stellen konnte: nämlich der Welt den jüdischen Teufel auszutreiben. Nicht die ökonomistisch verkürzte Doktrin der Dritten Kommunistischen Internationale, sondern die Marxsche Bonapartismus-Analyse (von der auch der kommunistische Häretiker August Thalheimer einen sehr hellsichtigen Gebrauch machte) und die Freudsche Psychosentheorie lieferten Zweig die entscheidenden Anstöße zum tieferen Verständnis des deutschen Faschismus, den er zugleich als kollektive Regression, als Rückfall in atavistische, präzivilisatorische Stadien der Menschheitsentwicklung auffaßte.
Seine komplexe Deutung des Nationalsozialismus, die auch aus heutiger Sicht die denkbar avancierteste ist, hat er im *Beil von Wandsbek* (1943) in einer Weise literarisch materialisiert, daß man berechtigt ist, von einem antifaschistischen Schlüsselroman zu sprechen, der für das lesende Publikum im Westen erst noch (oder wieder) zu entdecken wäre. Gerade wir Nachgeborenen erfahren hier über den Alltag und die Soziologie des Dritten Reiches wie über die Faszination, die dessen Titelfigur auf Millionen Deutsche ausübte, mehr als aus den meisten wissenschaftlichen Publikationen zu diesem Thema. Würde sich der öffentliche Diskurs über die jüngste deutsche Vergangenheit auch nur annähernd auf dem intellektuellen und kognitiven Niveau dieses Romans bewegen, hätten wir eine »Historiker-Debatte« jedenfalls nicht nötig gehabt.

Ein Zeichen aus der Tiefe

Peter von Matt über Anna Seghers: *Transit* (1944)

Welche Männerbeschreiberin! Wie schlüpft sie in die maskulinen Naturen, in Leiber und Seelen, wie redet sie von ihnen und aus ihnen, als wäre solche Erkundung ein Lebensauftrag. Und wie sie dann wieder die Frauen aus dem Blick überraschter Männer beschreibt: »Sie erschien mir außerordentlich schön, wenn auch unwünschbar fremd. Der Kopf eines schwarzen, wilden Vogels, mit scharfer Nase und funkelnden Augen auf zartem Hals. Die langen Hüften, die langen, in den Gelenken lockeren Hände, die Zehen selbst auf den Espadrillen, das alles war immer ein wenig bewegt ...«

In dieser Lust und Fähigkeit zum imaginären Geschlechtertausch liegt eines der Geheimnisse, aus denen sich das mächtige Erfinden der Anna Seghers nährt, ein Geheimnis von mehreren, die alle zusammen auf einen dunklen, durchaus hermetischen Hintergrund ihrer Lebensarbeit weisen. Von Anfang an hat sie den Rollenzwang gesprengt, nach welchem Frauen von Frauen zu schreiben hätten, wissend und klagend immerzu vom Weiblichen, und hat ohne Umstände das alte Souveränitätsrecht der erzählenden Phantasie in Anspruch genommen, für das es keine Rollen- und Geschlechterskrupel gibt. Sie hat immer gewußt, daß die Geschlechter aneinander leiden und über dieses Leiden alles voneinander wissen; der Rest ist Ehrlichkeit und Schreibenkönnen. Literatur als große Konfession, das lag ihr nie. Rousseau fehlt in ihrer Ahnenschaft so sehr, wie er heute sonst allgegenwärtig scheint. Sie ist *poeta inventrix*, Erfinderin, entschieden und mit Passion. Über ihrem Werk steht: »Es war einmal ...« und nicht: »Seht her, so bin ich ...«.

Den Interpreten macht sie es damit nicht leichter. Das läßt sich an der Aufnahme des Romans *Transit*, der 1944 zunächst in Übersetzungen und 1948 erstmalig auf deutsch erschienen ist, studieren. Über den außerordentlichen Rang des Buches ist man sich noch einig; dann hört der Hausfriede sogleich auf. Und es ist tatsächlich so: wer gewohnt ist, aus einem Buch behutsam den Fluchtpunkt zu tüfteln, in dem alle Linien zusammenlaufen, wer darin Übung hat und seinen bescheidenen Stolz auf solche Geschicklichkeit, dem macht der Roman ein paar böse Tage. Das Buch fordert den Interpretationsentscheid, dringlicher als andere, und sabotiert doch jede Lösung, die sich an bewährte Muster hält.
Es ruft nach psychologischer Analyse: der namenlose Held ist bis zum Schluß in einer Verfassung, die ihn von allen anderen unterscheidet; er spricht immerzu davon und kann sich selbst doch nicht begreifen. Es ruft ferner nach historischer Analyse: die Szene ist das Marseille von 1940, nach dem Waffenstillstand Hitlers mit dem eroberten Frankreich (und mit Stalin paktiert man schon seit einem Jahr); die Hafenstadt ist von Flüchtlingen überfüllt, die auf andere Kontinente wollen, keine Papiere bekommen und sich tothetzen in einem bürokratischen Apparat unwahrscheinlichsten Zuschnitts. Aber dieses Dickicht der Ämter wird nie auf seine Ursachen hin analysiert; es ist da wie der Dschungel.
Das Buch ruft des weiteren nach philosophischer Analyse: es arbeitet immerzu mit der Verschiebung dokumentarischer Realität in metaphysisch getönte Chiffren, spielt mit religiösen Überblendungen, nähert sich den Grundhaltungen der Pariser Existentialisten und hat unverhofft naturmythische Momente; aber eine wohlgezimmerte, militante Ideologie, wie man sie von der bekennenden Kommunistin erwartet, ist nicht auszumachen. Man muß sie schon selbst nachliefern, hat es auch gelegentlich getan.
Schließlich ruft das Buch auch nach der literarhistorischen

Eingrenzung: in der Geschichte des deutschen Romanhelden nimmt sein Protagonist eine herausragende Stelle ein; es gibt Gründe, anzunehmen, er sei einzigartig. Der Vergleich mit Kafka ist unglücklicherweise zum Haupttopos aller Gespräche über *Transit* geworden. Er setzt das naive Kafka-Verständnis voraus, das im Begriff des »Kafkaesken« erstarrt ist, und versperrt seit Jahren den Weg zu einer ausbalancierten literarischen Bestimmung des Romans. Natürlich spielt auch das deutsch-deutsche Beziehungselend in alle diese Auseinandersetzungen hinein, aber die eigentlich stachelige Sache ist der Roman selbst. Dabei geht doch sonst bei orthodoxen Autoren alles so schön auf am Ende, und das *Fabula docet* springt fröhlich aus dem Schlußkapitel wie der Kuckuck aus der Wanduhr.

Ein Beispiel? – Das krasseste sind die Flüchtlingsbilder. Sie widersprechen allen literarischen Erwartungen. Nichts wird unterschlagen von der wilden Not dieser Menschen, und doch ist das Ganze komisch. Der das sieht und beschreibt, hat den Breughel-Blick; ein Breughel-Gemälde ist das Buch überhaupt, Titel: Die Flüchtlinge in Marseille. Das wimmelt und krabbelt und huscht und heult, eine Versammlung hysterischer Seelen, unablässig bewegt auf immer den gleichen Straßen und Plätzen, in Kaffeehäusern und Brasserien, und mehrmals täglich jammervoll gestaut vor den Schaltern, wo es die Papiere gibt. Der Blick auf sie ist unheimlich wissend. So darf nur schreiben, wer dazugehört. Es ist bezeichnend, daß diese Optik, die dem Roman wesentlich ist, in den Zusammenfassungen der Handbücher und Literaturgeschichten durchweg unterschlagen wird, zurückverfälscht in die Wolga-Schlepper-Atmosphäre, die der Leser beim Thema Flüchtlingsnot aus Konvention erwartet.

Die Unterschlagung ist verständlich. Wer auf die Tatsache weist, daß hier einer unbewegt und unbeteiligt in die Panik Tausender hineinschaut, mit einem Blick, der kühl ist bis zum Höhnischen – »Ich lebte ruhig und ziemlich allein in dieser Horde abfahrtssüchtiger Teufel« –, der muß das Verhalten auch erklären können. Damit aber geriete er in die Kernzone des Werks, und die ist verschlüsselt und versiegelt. Sie liegt versteckt hinter den vielen widersprüchlichen Interpretationsofferten, die der Roman von sich aus bietet, und ist schlechthin nicht auf den einfachen Begriff zu bringen wie die Handbücher ihn brauchen. So behilft man sich denn mit dem »Kafkaesken«.

Transit ist – um ein Wort zu wagen – ein Zeichen aus der Tiefe. Eine Erzählung, die sich in keinem unserer intellektuellen Systeme ganz auflöst. Sie fordert unser geschichts-, gesellschafts- und seelentheoretisches Wissen und läßt uns zuletzt damit stehen. Das muß mit der Entstehung des Buches zusammenhängen: Auf der gleichen Massenflucht, von der erzählt wird, in den gleichen Bistros und Winkelhotels, im gleichen Kampf um absurde Bescheinigungen, in ebendiesem Chaos der zu Konkurrenz und Solidarität in einem Zug Verdammten ist der Roman geschrieben worden. Selbst die Schwankungen der Gestaltungskraft sieht man ihm noch an, und so sehr man die gesteigerte Plastizität der letzten, schon in Mexiko geschriebenen Kapitel bewundert, die mittleren Teile sind anrührend noch in den Reflexen der Schwäche, der sie abgestritten wurden.

Hier wird nicht vom Überleben erzählt, hier wird erzählend überlebt. Die intellektuellen Systeme versagen; nur die poetische Arbeitskraft stellt sich zäh, animalisch immer wieder ein. Über sie versichert sich die Schreiberin ihrer selbst. Deshalb hält sie in dem Buch auch insgeheim Gericht über jene Systeme, verweigert die theoriekonforme Analyse der Gegenwart und gewinnt Berührung mit altertümlich-mysterienhaften Erfahrungen, Gesten, Zeichen. Die Liebesgeschichte zwischen dem Namenlosen, dem Toten und der Frau Marie, das einzige Handlungsgerüst des Romans, ist eine der fremdartigsten unserer Literatur. Sie hat eine durchaus okkulte Dimension. Man muß bis zu E. T. A. Hoffmann – zum wenig bekannten Hoffmann etwa des *Gelübdes* oder der *Räuber* – oder zum E. A. Poe der *Ligeia* zurück, um solche geisterhaften Vibrationen zwischen lebendigen und abgeschiedenen Existenzen zu finden. Zudem geschieht das hier alles fast lautlos, weitab vom klirrenden Aufwand der Romantiker, schamhaft sogar, verschwiegen, als werde gegen herrschende Gesetze erzählt.

Dies ist, was sich ereignet: Ein junger deutscher Monteur, unbelesen und unpolitisch, hat in plötzlicher Auflehnung einen SA-Mann ins Gesicht geschlagen, ist nach Frankreich geflohen, interniert worden, entkommen, treibt sich im besetzten Paris herum. Er soll einem Schriftsteller, Flüchtling wie er, einen Brief bringen; der Mann hat sich umgebracht; der Monteur nimmt dessen Köfferchen zu sich. Es ist ein Manuskript darin, unvollendet; er liest und wird zum erstenmal im Leben von Geschriebenem vital getroffen. Es beginnt, ohne daß er es merkt, eine Symbiose zwischen ihm und dem Toten, die sich schrittweise materialisiert, halb komödienhaft, halb kriminalistisch, zuletzt in einer großen Leidenschaft.

Er tritt aus Laune und Zufall in die Identität des anderen ein, übernimmt dessen Papiere, gelangt nach Marseille und stößt dort auf die Frau des Toten. Diese sucht ihren Mann rastlos in allen Cafés, Tag für Tag; die Ämter sagen, er sei hier; die Papiere tauchen ja eben wieder auf. Der Monteur liebt die Frau auf der Stelle und bedingungslos. Es wird eine Beziehung, die sich nur in Annäherungen beschreiben läßt. Marie erfährt nie, daß er unter der Identität ihres Mannes lebt, aber weil er das tut, hört sie ständig von dessen Anwesenheit in der Stadt. Sie sucht und sucht, und er hilft ihr dabei. Er möchte sie für sich, aber da müßte der andere tot sein, und der ist nicht mehr nur nach Paß und Stempel er selbst.

So im Umriß die Liebesgeschichte, die sich wie ein Myzel durch das verwucherte Buch zieht. Vieles bleibt mysteriös. Der Liebesschlag trifft ihn, bevor er weiß, wer Marie ist. Die Herzlichkeit zwischen beiden ist wie eine seit Jahrzehnten. Der Tote lebt darin, sie leben von ihm. Das Hermetische des Romans, jene Dunkelzone, hängt mit diesem Paradox ganz eng zusammen. Es bestimmt, in umgekehrter Form, auch die Flüchtlingsbeschreibungen. Wie der tote Dichter in starker Strahlung fortexistiert, sind die Flüchtlinge bei lebendigem Leibe Abgeschiedene, lauter Tote, die in irgendeiner Vorhölle, an irgendeinem Styx hin und her fluten und auf den mythischen Kahn warten.
Das ist nicht Auslegung, das steht so in dem Buch, mehrfach. Sie erscheinen in einem fahlen, bösen Licht, weil sie das falsche Leben retten wollen und um etwas kämpfen, worauf es nicht ankommt. Was zählt, ist immer schon unzerstörbar, lebt ohnehin weiter. Ihr Treiben ist leer, sinnlos; sie sind, wörtlich, ein »Durcheinander von Fratzen«. Nochmals: so darf nur jemand reden, der dazugehört.
Das Haupt-Wort lautet »Unversehrbarkeit«. Die beiden vielleicht wichtigsten Romane der Anna Seghers, *Das siebte Kreuz* und *Transit*, werfen dem Leser an den entscheidenden Stellen dieses Wort hin, »Unversehrbarkeit«, als verstünde sich damit alles Weitere von selbst. Obwohl immerzu von zerstörtem Leben die Rede ist, von zerschlagenen Leibern und vom Zugrundegehen vor der Zeit, hält die Erzählung an diesem Begriff fest, ohne Begründung und ohne Beweise. Die Erfahrung muß ursprünglicher sein als die Lehre, mit der sie sich von Fall zu Fall verbindet. Sie sucht sich ihren Überbau und kann ihn wieder lassen, so wie sie sich ganz unterschiedliche literarische Gehäuse schafft: den erprobten, geraden, intelligenten Realismus des *Siebten Kreuzes* oder die offenen, rücksichtslosen, an den Amerikanern geschulten Erzählverfahren von *Transit*.

Da ist ein Grundgefühl – man möchte es ahasverisch nennen. Es fügt sich zur Thematik von Flucht und Wanderung, Aufbruch und langer Fahrt, der augenfälligsten Konstante in den wechselvollen Erfindungen der Autorin. So liebt sie auch seit ihren ersten Anfängen die Figuren, von denen keiner weiß, wo sie herkommen.

Auf dieser Basis erst beginnt die psychologische Arbeit der Erzählerin. Sie ist scharfsinnig, präzis noch in den subtilsten Abstufungen des seelischen Verhaltens, von Anschauung und Empathie bestimmt wie bei allen großen Romanciers. Aber jene vorausliegenden Wahrheiten oder Wahrheitskerne, die um das Axiom der »Unversehrbarkeit« herum versammelt sind, schlagen immer wieder in die Seelenmalerei durch, verbinden sich mit deren Licht- und Schattenregie, durchaus zwingend und doch so, daß das Ganze zuletzt mit den landläufigen psychologischen Mitteln nicht mehr aufgetrennt werden kann.

Daraufhin die Hauptfigur von *Transit* zu betrachten, sie zu beobachten wie ein Freilebendes, ist ein spannendes Unternehmen. Die Interpreten haben hier nicht immer die erforderliche Geduld bewiesen, vor allem jene nicht, die ihr Ergebnis schon in der Tasche hatten. Sie halten sich gewöhnlich an den Schluß des Romans, einen etwas schief geratenen Salto ins einfache Leben, literarisch an der Grenze zur Trivialität, keinesfalls das Fazit des Ganzen. Daß bei den Büchern das Wesentliche auf den letzten Seiten stehe, ist ein altes Fehlurteil. Es geht auf die Bekehrungsliteratur zurück, die geistliche, die bürgerliche und die sozialistische.

Der Roman *Transit* opfert diesem Ideal zuletzt ein Weihrauchkorn, zögernd und wenig überzeugt. Aber vielleicht hat es diese Gebärde gebraucht, damit vorher das außerordentlichste Psychogramm des in die Niedertracht unserer Geschichte geworfenen und dennoch unverzagten Menschen überhaupt aufgebaut werden konnte.

Wie aus der Theaterloge

Günter Kunert über Theodor Plievier:
Stalingrad (1945)

»Das Sterben dauerte schon zweiundsechzig Tage lang. Es blieb noch ein Rest, der war nach dem Kalender nicht mehr zu berechnen, nur nach Waggons voll gefrorenen Menschenfleisches, nach Häuserruinen voll zurückgelassener Verwundeter, nach Bunkern voll Verhungernder, nach Kellerlöchern voll blutender Stümpfe; der noch bleibende Rest war Schneesturm, war Tagesdämmern hinter den blinden Scherben einer Fensterscheibe, war ein zitterndes Hindenburglicht in einer Versammlung Sterbender, war eine von Lichterbäumen der Salvengeschütze durchflackerte Nacht ...«
Apokalyptische Impressionen dieser und ähnlicher Art durchziehen Theodor Plieviers wohl berühmtesten, heute fast vergessenen Roman *Stalingrad*, der als eines der ersten Nachkriegsbücher im damals neu gegründeten »Aufbau-Verlag« in Berlin erschienen ist. Meine schon stark vergilbte Ausgabe von 1946 meldet im Impressum die 5. Auflage, das 101.–120. Tausend. Rowohlt veröffentlichte das Buch 1947 als Rotationsdruck mit einer Auflage von hunderttausend. Ein ungewöhnlicher Erfolg in jenen Tagen, da die Deutschen nichts mehr vom Krieg hören mochten, beschäftigt mit dem eigenen Überleben in der zertrümmerten Hauptstadt eines inexistent gewordenen Reiches.
Möglicherweise suchten sie nach Erklärungen für ihre Lage, für die Ursachen der Katastrophe, von der auch sie betroffen und geschlagen worden waren. Noch ein anderes Motiv für Plieviers Bucherfolg scheint mir heute denkbar: Daß die extrem gesteigerte Lebenslust der noch einmal Davongekommenen sie veranlaßte, sich durch diesen Roman ihres

Davongekommenseins zu versichern. Lesend den Schrecken noch einmal zu durchleben, dem man entronnen war, und damit das eigene Dasein genießend, während über dreihundertsiebzig Seiten hinweg elend gestorben wurde. Die ambivalente Wirkung der Literatur ist kaum erforscht.

Plieviers *Stalingrad* ist ja nicht nur ein Antikriegsbuch im klassischen Sinne, den militärischen Massenmord als solchen denunzierend und moralisch verurteilend und vor Wiederholungen warnend – es ist insgeheim, wie ich fürchte, ein durchaus kulinarisches Werk, indem es den Leser, der in die relative Sicherheit eines friedlichen Alltags entrückt ist, mit Horror und Grauen unterhält. Wir wollen uns da gar nichts vormachen: Auch die ehrbare Aufklärungsliteratur wird, sobald sie sich blutrünstigen Themen zuwendet, mit einem gewissen Kitzel gelesen, und nicht nur, weil man über die entsetzlichen Begleiterscheinungen von Kriegen aufgeklärt werden möchte: Die kennt man ja und kann sie sich vorstellen. Warum jedoch dieser zwielichtige Umstand gerade in einem Roman, der den Schrecken der totalen Vernichtung zu zeigen beabsichtigt, in ganz besonderem Maße wirksam ist, wurde mir erst jetzt klar, da ich den Text nach mehr als fünfundzwanzig Jahren wiederlas.

Der Impetus des Aufklärers, die Erzählweise eines bereits wracken Realismus gestatten dem Leser, bei der Lektüre sich als Betroffenen auszuklammern und selbst das schlimmste Geschehen wie aus einer bequemen Theaterloge wahrzunehmen: Alle Gestalten der »Schlachtbeschreibung«, handele es sich um einfache Soldaten, um Offiziere oder gar Generale, tragen wie Epauletten die Last einer Absicht, für die der Autor nur eingeschränkt verantwortlich zeichnet. Denn dieses Buch ist unter ganz besonderen Bedingungen entstanden, sozusagen im Einzugsgebiet des Handlungsortes.

Theodor Plievier, 1892 in Berlin geboren und 1955 in der

Schweiz gestorben, im Ersten Weltkrieg Marinesoldat und Teilnehmer am Matrosenaufstand, wurde in den zwanziger Jahren zu einem bekannten Schriftsteller: er gehörte zur alten Garde der proletarischen Autoren, von deren Werken heutzutage kaum noch etwas bekannt ist. Selbst im System des »Realen Sozialismus« sind die Namen seiner literarischen Protagonisten vom Mehltau des Vergessens befallen. Wie viele von ihnen emigrierte auch Plievier 1933 in die Sowjetunion und kehrte 1945 mit der Roten Armee nach Deutschland zurück, wo er sich in Weimar niederließ – freilich nur für einen Zwischenaufenthalt. Schon 1947 verließ er, enttäuscht und verbittert, die damalige sowjetische Besatzungszone: »Er schwenkte in das Lager des Antikommunismus ein«, wie ein Literaturlexikon der DDR meint, und veröffentlichte noch zwei romanhafte Erfahrungsberichte: *Moskau* und *Berlin*, aus deren Titeln etwas wie Lebensresümee klingt. Er war einer der ersten einer langen, offenkundig nicht enden wollenden Reihe von Schriftstellern, denen die als verwirklicht ausgegebene Utopie den Atem oder die Kraft zum Schreiben nahm, so daß sie sich aus deren Geltungsbereich in tolerantere Gefilde zurückzogen.

Die Absicht aber, von der oben die Rede gewesen, war eine ideologische und keineswegs erst in *Stalingrad* wirksame, sondern vordem schon in früheren Romanen Plieviers deutlich. Die proletarisch-revolutionäre Literatur der Weimarer Republik war, wie man nicht ohne Rührung erkennt, mit einer psychologischen Blindheit geschlagen, von der ich nicht ahne, ob sie aus Talentmangel, aus Unfähigkeit zu subtileren Darstellungsweisen resultiert oder aus der kurzsichtigen Überzeugung, für die »Massen« simpler schreiben zu sollen.

Das Ergebnis nämlich bestand darin, daß an die Leerstelle – weil das Gesetz der Literatur automatisch Mängel kompensiert – wie selbstverständlich etwas anderes trat: das sogenannte Bewußtsein. Indem jede widersprüchliche und daher schwer in einen politischen Funktionszusammenhang einzupassende Seelenregung ausgeklammert wurde, mußte zwangsläufig das Agens der Figuren in ihrem Bewußtsein bestehen. Solcherart entstand eine Beschreibung von »Kopffüßlern«, die man heute nur noch als Symptome interessant findet – weniger als Symptome einer versunkenen Epoche denn als Symptome einer in Literaturform auftretenden späten, dem Sozialen verpflichteten Aufklärung.

Zugleich verstärkte sich in einer solchen Bewußtseinsliteratur die Neigung, den Psychologiemangel durch ein weiteres, längst verbrauchtes Kunstmittel auszugleichen: durch die Typisierung. Liest man einmal quer durch die deutsche Literatur der Vor-Hitler-Ära, zeigt sich innerhalb der »progressiven«, worüber die »bürgerliche« hinaus war: die Charakterisierung von Menschen durch überlieferte Stereotypien. Unter dieser Vorgabe, verschärft durch den 1934 in Moskau deklarierten »sozialistischen Realismus«, leiden auch Plieviers Personen. Eine Passage sei pars pro toto zitiert; ein Gespräch zwischen dem einsichtig gewordenen Oberst Vilshofen und dem Soldaten Gnotke, die, während die Reste der 6. Armee in Gefangenschaft gehen, in einer schneeverwehten Schlucht am Rande des Trümmerfeldes einander begegnen, respektive: zur Begegnung durch den Autor gezwungen werden, um die Bilanz des Unterganges zu ziehen.

»... zerbrochene Hoftüren, verrostete Türangeln, ganz Deutschland ein zerbrochener Topf, da ist mehr als einmal das Muttergut untergegangen, da ist soviel verwaistes Volk, auch soviel richtungsloses, auch soviel verwahrlostes Volk, und so viel ist wiedergutzumachen, glauben Sie denn nicht, Gnotke, daß jede Hand gebraucht wird und ebenso jeder Kopf!« »Das glaube ich schon. Aber nun, ich muß es doch einmal aussprechen, ich komme aus dem Strafbataillon, also von unten das

Unterste, und Herr Oberst...« »Nicht gerade von oben das Oberste, aber doch aus dem Führungsstab, und da ist die Schuldbelastung natürlich viel größer als die eines Soldaten aus dem Strafbataillon!« »An der verlorenen Schlacht, meint Herr Oberst?« »Ich habe hier in den Stalingrader Nächten noch über anderes als nur über die Katastrophe auf dem Schlachtfeld nachgedacht; und wenn ich jetzt von Schuld spreche, so meine ich die gegenüber unserm, wenn auch nicht verlorenen, so doch in die Irre geführten und in seiner physischen Existenz bedrohten Volk!«

So unterhalten sich Schemen in Situationen, die einem Menschen die Sprache verschlagen. Man räsoniert, zumindest unter Offizieren, über Gefolgschaftstreue, über den Ehrenkodex, über die Moralität von Gehorsam und Befehlsverweigerung, ohne daß je ganz einsichtig würde, was diese Leute widerstandslos in den Abgrund marschieren läßt. Ebenso die Mannschaften: Halbverhungert, krank, sterbensmatt, ohne ausreichende Bewaffnung und Munition kämpfen sie bis zu ihrem unrühmlichen Krepieren, bilden immer aufs neue Frontlinien, schlagen Einbrüche zurück und sind sich doch klar darüber, daß sie damit nur ihr eigenes Ende beschleunigen.

Durch den Ausfall psychologischer Erhellung bekommt die Reaktion der Truppe etwas Rätselhaftes. Wahr ist wohl, daß die Schreibweise, die von Autoren wie Plievier in den zwanziger Jahren zur unmittelbaren politischen Einflußnahme gedacht und erdacht worden war, zur Analyse massenhaften und individuellen Verhaltens nicht taugte. Schon der psychologische Triumph Hitlers nach der Machtergreifung desavouierte diese Methode der Welt- und Menschendarstellung. Die Gestalten der »linken« Literatur, jene Kämpfer für eine bessere Welt, erwiesen sich unversehens als »Pappgenossen«; ihr Nachleben findet in Plieviers *Stalingrad* statt.

Einmal grundsätzlich aufzudecken, woraus sich »Heldentum« speist, wie es hervorgerufen wird, wodurch und wozu, vermochte dieser Roman nicht; die Schreibweise selber stand der Erkenntnis im Weg. Die Sinnlosigkeit des hunderttausendfachen Leidens wird zwar beim Namen genannt, erreicht aber nur selten die notwendige Eindringlichkeit, von der der Leser überwältigt und schockiert werden könnte: Die Multiplikation von Hekatomben wirkt blaß. Der quantifizierte Tod schafft nicht Entsetzen, sondern rückt das gewaltsame Hingemachtwerden in die Anonymität von Menge und Zahl. Ich weiß schon, daß die technische Auslöschung von Leben keinen Platz für ein individuelles Zugrundegehen bietet – jedenfalls nicht in der Wirklichkeit. In der Literatur jedoch herrschen andere Regeln.

Und dennoch. Trotz aller kritischen Einwände gegen viele formale Schwächen: Der Roman »fesselt« ganz gewiß den Leser auf unterschiedliche und, wie schon anfangs angedeutet, nicht ganz saubere Weise. Man wird in den Ablauf des Geschehens schmerz- und leidlos, vermutlich sogar mitleidslos, einbezogen, als wisse man nicht genau, wie die Schlacht ausgeht; als gäbe es noch eine Überraschung, eine Peripetie kurz vor dem trostlosen Finale. Wie solche Wirkung zustande kommt, läßt sich nicht genau sagen. Vielleicht durch die Vermischung von Fiktion und Fakten, von exakten, überprüfbaren Angaben der Gefechtspunkte, Ortsnamen, Regimentsnummern, Bataillonskennungen mit der fast fotografischen Beschreibung der Kampfverläufe, der Stabsunterkünfte, der Bunker, Unterstände, Werkstätten-, der Stalingrader Bauwerke und ihrer folgenden Vernichtung – das Filmartige frappiert. Und die Figuren, obschon farblos, markieren zeichenhaft den Untergang. Vielleicht ist das als einziges gelungen: den Abstieg in ein Inferno als Spielmaterial dem Vorstellungsvermögen des Lesers so zu übereignen, daß er sich mittels dieser umfangreichen Skizze vom Sterben einer ganzen Armee selber ein Bild zu machen vermag.

Die mythische Erbschaft der Dichtung

Walter Hinderer über Hermann Broch: *Der Tod des Vergil* (1945)

Ausgerechnet mit seinem schwierigsten Roman, dem *Tod des Vergil*, der 1945 bei Pantheon in New York gleichzeitig in deutscher und englischer Sprache veröffentlicht wurde, schien Hermann Broch schlagartig der Aufstieg in den literarischen Olymp geglückt zu sein. Man nannte seinen Namen in einem Atemzug mit dem von Marcel Proust, James Joyce, Virginia Woolf, Franz Kafka und Thomas Mann und munkelte gar schon vom Nobelpreis. Hannah Arendt bezeichnete den Roman als »eine der großen Dichtungen deutscher Sprache«, Albert Einstein zeigte sich von ihm ebenso fasziniert wie Thomas Mann und Elisabeth Langgässer. Von der *New York Times* bis zur *Neuen Zürcher Zeitung* feierten die Rezensenten das Werk als bedeutendes literarisches Ereignis.

Nichtsdestoweniger hörte man um diese Zeit auch einige kritische Stimmen, die vor allem dem letzten Kapitel galten. »Das Gedicht wird plötzlich«, so faßt etwa Wolfgang Paulsen 1947 seine Leseeindrücke zusammen, »redselig und schal, ein wenig hollywoodisch geradezu, und man fühlt sich unangenehm an Walt Disneys ›Fantasia‹ erinnert.« Selbst der ansonsten so zustimmende Aldous Huxley glaubte den Autor im Hinblick auf das im Roman ausgebreitete lyrisch-philosophische Material warnen zu müssen, daß Quantität eben oft Qualität zerstöre.

Trotz aller Selbstreklame, die Broch in seinen verschiedenen essayistischen und brieflichen Kommentaren ebenso geschickt wie wirksam für seinen *Tod des Vergil* verbreitete, tauchen auch bei ihm Zweifel auf. »Ich komme immer mehr darauf«, schreibt er nicht ohne heitere Gelassenheit im März 1940 an Emmy Ferand, »daß das Buch ein Dreck ist«, und gegenüber seiner amerikanischen Übersetzerin Jean Starr Untermeyer äußerte er die Vermutung, daß »dieser ganze ›Vergil‹ nichts als ein großer Wortsalat« sei.

Obwohl der Arbeitsprozeß von 1936 bis 1945 über verschiedene Fassungen und Korrekturen führte, hielt Broch bis zum Schluß den Roman, wie Vergil seine *Äneis,* für verbesserungsbedürftig. »Ich weiß«, teilte er dem Bewunderer Egon Vietta am 14. September 1947 mit, »daß es ein unfertiges Buch ist, daß ich noch drei Jahre Arbeit hätte daran setzen müssen, daß ich es vielleicht überhaupt nicht hätte veröffentlichen dürfen.«

Noch im Jahre 1950 hielt er in einem Brief an den Germanisten Ebel seine Bedenken fest, »ob dieses Buch imstande« sei, »den jungen Menschen dieser Zeit wirklich Substantielles zu geben, d. h. etwas, das mehr ist als ein metaphysisches Narkotikum«. Auf der anderen Seite betonte Hermann Broch immer wieder die autobiographische Notwendigkeit gerade dieses Buches, in dem er die »private Auseinandersetzung mit dem Tod«, die eigene Todesbedrohung durch die Nationalsozialisten in die ferne Vergangenheit zurückprojizierte, und zwar in das vorgestellte Bewußtsein des sterbenden römischen Dichters Publius Mario Vergil.

Als ich 1957 den *Tod des Vergil* in der schön gedruckten Ausgabe des Rhein-Verlags las, wurde gerade in Zeitschriften und Seminaren die Krise des modernen Romans, der Zusammenhang von Naturwissenschaft, Philosophie und Literatur und die Notwendigkeit eines neuen Weltbildes diskutiert. Die Spielarten des deutschen und französischen Existentialismus samt ihrer idealistischen Grundlagen wurden ebenso erörtert wie Gedankengänge der Phänomenologen Edmund Husserl und Max Scheler, dessen Philosophie der 1886 in Wien geborene Textilingenieur, Industriemana-

ger, Mathematiker, Romancier und Kultursoziologe Hermann Broch verpflichtet ist. Im *Tod des Vergil* fand ich als Student viele der Hauptprobleme, die uns in den fünfziger Jahren beschäftigten, wie in einer Nußschale versammelt, so daß ich mich zum Entsetzen meiner germanistischen Lehrer entschloß, über diesen ihnen so gut wie unbekannten, außerdem erst 1951 in New Haven verstorbenen Dichterphilosophen und *poeta doctus* eine Dissertation zu verfassen.
Gegen den Positivismus seiner Zeit wies Hermann Broch einen Weg ins Mythische, Mystische und Metaphysische. Er sprach von der »mythischen Erbschaft der Dichtung«, die für ihn vor allem Franz Kafka mustergültig erfüllte, und der »religiösen Pflicht« der Kunst, »in jeder Erkenntnis die Einheit des Ganzen zu sehen«. In dem Essay »James Joyce und die Gegenwart« (1939) definierte er die Aufgabe des Dichterischen als »Mission einer totalitätserfassenden Erkenntnis, die über jeder empirischen oder sozialen Bedingtheit steht«, kurzum: als idealistisch-platonische Erinnerung des Menschen. Aus diesem Programm leitete er, in einem Brief an Friedrich Torberg, vier Forderungen ab: erstens »die völlige Radikalität« der dichterischen Mittel, zweitens »die radikale Annäherung an die Todeserkenntnis«, drittens »die Radikalität des Mythos«, und viertens die Produktion von »Welttotalität«.
Im *Tod des Vergil* führt dieser übersteigerte Anspruch nicht nur zum Zweifel an der Dichtung schlechthin, sondern auch zum Wunsch nach Vernichtung der *Äneis*. Im Laufe der vier Kapitel des Romans, die nach den vier Grundelementen Wasser, Feuer, Erde und Äther und den symbolischen Stadien Ankunft, Abstieg, Erwartung und Heimkehr gegliedert sind, wird aber die für die Übergangs- und Katastrophenzeit bezeichnende Problematik immer mehr zu einer persönlichen Besessenheit von Todeserkenntnis und Totalitätserfahrung. Die »traumhaften Trancezustände« des ersten, zwei-

ten und vierten Kapitels gehen, wie Broch selbst mitteilt, auf die Verhaftung in Alt-Aussee durch die Nazis im Jahre 1938 zurück.

Trotz aller persönlichen Erfahrungen, die in die Darstellung des Romans eingeflossen sind, galt die Hauptgestalt des Romans, der römische Dichter Publius Vergilius Maro, im Deutschland der dreißiger Jahre als »Vater des Abendlands«. Und so wie Goethe einst am Modell Tasso den modernen Dichter und seine Konflikte porträtiert hatte, stellte Broch am Beispiel Vergils Leistungen und Defizite der ästhetischen Kultur dar. Der römische Dichter der *Bucolica,* der *Eclogen* und der *Äneis* wurde im *Tod des Vergil* zum Paradigma des Künstlers an der »Wende der Zeiten«, des »›Nicht-Mehr‹ der Vergangenheit, des ›Noch-nicht‹ der Zukunft und ›Doch-schon‹ der Gegenwart«.

Zwischen Antike und christlicher Moderne galt Vergil außerdem nach der populären Meinung des Mittelalters als ein Vorläufer und Verkünder einer neuen Ordnung, was Broch im Roman mit dem Motiv des Heilbringers zum Ausdruck bringt. »Einstens wird er kommen«, so läßt er seinen Vergil prophezeien, »der wieder in der Erkenntnis sein wird; in seinem Sein wird die Welt zur Erkenntnis erlöst werden.«

Der römische Dichter, vom Erlebnis des nahenden Todes zur panischen Angst getrieben, muß im Roman sein bisheriges Leben als verantwortungslos und sinnlos verwerfen. Identifikationsunfähig, liebesunfähig, sieht er sich zur Erkenntnislosigkeit verdammt. Stück um Stück seiner Eigenliebe fällt während des Abstiegs in die Elendsgasse ab, in die ihn ein fackelschwingender Knabe namens Lysanias, die Verkörperung seiner eigenen Jugend, führt. Das Erlebnis »metaphysisch verstoßenen Menschentums«, das wie der Großstadtpöbel die höhere Idee des Menschen negiert, verschärft sich noch in der Szene mit den drei Abgesandten der Hölle, in der Broch das »untermenschlich Primitive« beschreibt, wie er es

in seiner »Massenwahntheorie« definiert. Gleich Orpheus will Vergil in den Hades eindringen, um seine frühere Geliebte, Plotia, dem Vergessen zu entreißen.
Aber der Versuch scheitert und er erlebt eine »Zerknirschung seines Selbst«, die schließlich zu einer mystischen Reduktion seiner Person und seines Ichs auf die essentiellen Bestandteile führt. Über die Ichverkleinerung und »Ichauslöschung«, den Absturz ins Nichts, erfährt er die Ich-Erweiterung, den Aufstieg zu Liebe und Erkenntnis und schließlich die Todesüberwindung, »Öffne die Augen zur Liebe« auf ähnliche Weise zum herrschenden Motto wie das des historischen Vergil.
Während Broch in den ersten beiden Kapiteln die ganze Erkenntnissuche Vergils überwiegend in abstrakten Satzreihen präsentiert, in denen weniger erzählt als vor allem reflektiert, philosophisch und weltanschaulich spekuliert wird, belohnt er den ermüdeten Leser im dritten, dem umfangreichsten Kapitel mit facettenreichen, realistischen Details und ebenso pointierten wie differenzierten Dialogen. Vergil, der nicht auf der Stufe seiner »Scheinmenschlichkeit« und »Scheinkunst« stehenbleiben, sondern seinem Leben und Tod noch einen Sinn geben will, erklärt zuerst seinen alten Freunden, dem Landedelmann Plotius und dem Literaten Lucius, dann auch dem Cäsar selbst die Gründe, warum er seine *Äneis* opfern will.
Im Dialog zwischen Vergil und Augustus lebt nicht nur das alte Streitgespräch zwischen Tasso und Antonio, zwischen Dichter und Staatsmann, zwischen ästhetischer Autonomie und politischer Verpflichtung, zwischen Idealismus und Realismus auf, sondern auch die Auseinandersetzung zwischen Dogmatismus und Skeptizismus, politischem Glauben und religiöser Überzeugung, wie sie etwa in Büchners *Dantons Tod* in der Gegenüberstellung von Robespierre und Danton zum Ausdruck kommt.

Auf dem Höhepunkt des Streitgesprächs wirft der römische Kaiser im Zorn dem Dichter Neid und Haß vor, weil Vergil selbst »voller Königsgedanken« stecke. Er unterstellt diesem, daß er die *Äneis* nur opfern wolle, um seine, Augustus' politische Leistung abzuwerten, der Vergil schließlich das Werk verdanke. Die beiden Kontrahenten beharren zwar auf ihren ideologischen Positionen, aber sie treffen sich plötzlich auf dem Boden des schlicht Menschlichen, im freundschaftlichen Streit über die Details eines zurückliegenden gemeinsamen Erlebnisses. Vergil verzichtet spontan auf die Vernichtung der *Äneis,* und Augustus läßt ihm einen Lorbeerzweig, das Emblem seiner Herrschaft, zurück, der sich dann in der Imagination Vergils zum goldenen Zweig der Erkenntnis verwandeln wird.

Auf den symbolischen Austausch von bestimmten persönlichen Eigenschaften Vergils und Augustus' folgt in einer saturnalischen Szene die Verkehrung von oben und unten. Während der Cäsar zum Sklaven herabsinkt und eine baumelnde Sklavenkette nachschleift, wird der Sklave, der im Roman eine reale und eine imaginäre Seite hat, zum eigentlichen Initiator und Regisseur von Vergils Erkenntnisweg, dabei den Knaben Lysanias und die Geliebte Plotia ablösend. Im letzten Kapitel durchläuft Vergil die Genesis nach rückwärts, erfährt den umgekehrten Schöpfungsprozeß als stufenweises Ent-Werden vom Menschlichen zu den tierischen, pflanzlichen, kreatürlichen Seinsformen bis hin zur anorganischen Materie.

Als ich jetzt, nach 27 Jahren, in Princeton, unweit des Hauses von Erich von Kahler, in dem Hermann Broch von 1942 bis 1949 lebte und in einem kleinen Dachzimmer die letzte Fassung des *Todes des Vergil* herstellte, den Roman wieder las, bereitete mir die Lektüre doch einige Schwierigkeiten. Das, was Hermann Broch und Hannah Arendt einst als notwendigen »lyrischen Selbstkommentar« positiv interpretiert hatten, der die Simultaneität und »Einheit der antinomischen Gegensätze« leistete, scheint mir an vielen Stellen ein bloß forcierter Versuch zu sein, idealistische Denkprotokolle und mystische Spekulationen vorzuführen. Nach einem glänzenden Anfang, der in mustergültiger Prosa mit kunstvollen, rhythmisierten Sätzen das in den Hafen Brundisium einlaufende kaiserliche Geschwader ebenso wie die Bewegung der Wellen des adriatischen Meeres und die Befindlichkeit des kranken Dichters Vergil anschaulich beschreibt, vermehren sich im inneren Monolog Vergils die extremen, abstrakten Wortketten, die nicht immer leicht zu enträtseln sind. Sie verschlingen sich in den einzelnen Kapiteln zuweilen zu übersteigerten lyrisch-mystischen Reflexionen, die einerseits von einem recht unbekümmerten Sprachvertrauen ihres Verfassers zeugen, andererseits dem heutigen Leser ein gerüttelt Maß an Geduld abverlangen. Da ist beispielsweise von einem »einzigen Lebensaugenblick« die Rede, »geweiht zur Ganzheit zum Kreise des Ganzheitserkennens, unendlichkeitsgeöffnet« oder unter anderem von »Nirgendwo des Gelächters«, von der »lachend« aufgebrochenen »Weltumstülpung schlechthin«, von der Verpflichtung zur »Erkenntnis des Verrats«, dem »Lachen der unbeschwert mühelosen Treulosigkeit«, das aus nicht gerade auf der Hand liegenden Gründen als »ungutes Erbe« apostrophiert wird, als der »gelächter-verhaltene Zersprengungskeim«.

Und trotzdem enthält der Roman immer wieder großartige Passagen. Broch versteht es, Vergils vom Fieber beeinflußte Gedanken in entsprechende Bilder und Traumlandschaften umzusetzen, aus seiner Körperbefindlichkeit erotische oder spirituelle Szenen zu entwickeln, die ständig wechselnden Bewußtseinszustände in spezifische Realitäts- und Traumperspektiven zu transformieren, den veränderten Pulsschlag Vergils noch in seinen Selbsterfahrungen nachzuzeichnen.

So viele Einzelheiten sich auch aus dem Roman herausheben ließen, für mich liegt heute der Höhepunkt des *Todes des Vergil* nicht mehr im vierten, sondern im dritten Kapitel, das beide Ebenen des Romans, die reale und die transreale, auf ebenso sprachlich wie psychologisch überzeugende Weise verbindet. Hier wird Vergil endlich gezwungen, seine schwer verständlichen religiösen Halbgedanken und Ahnungen im Klartext vorzustellen. Er erhält außerdem Gelegenheit, Dichtung und Kunst im Zusammenhang seiner Zeit zu analysieren. Der Maßstab, der hier angelegt wird, überschätzt freilich die Möglichkeiten der ästhetischen Produktion, was wohl Hermann Broch, aber nicht sein Vergil einzusehen scheint, obwohl der Knabe Lysanias schon im ersten Kapitel doppeldeutig feststellt: »Dein Weg ist Dichtung, dein Ziel ist jenseits der Dichtung.«

Die Gegenüberstellung von Augustus und Vergil ermöglicht es Broch jedoch, Kritik an beiden Positionen zu üben, sowohl an der des Politikers, der den Staat und die politische Tat als obersten Wert dogmatisiert, als auch an der des Dichterpriesters, der nicht selten recht global und vage vom »Reiche der Erkenntnis«, vom »Reich der Freiheit«, vom »Reich der Menschen und der Menschlichkeit«, kurzum vom »Reich der Ideen« spricht und offensichtlich die natürlichen Bedingungen und Begrenzungen der Realität falsch einschätzt.

In diesen auf beiden Seiten monologisierenden Erörterungen entfaltet Broch ein Spektrum an Möglichkeiten und Aufgaben von Kunst, Politik und Wissenschaft im zwanzigsten Jahrhundert. Denn obgleich er immer wieder auf die historische Situation des Römers Vergil anspielt, der außer Dichter auch Arzt, Mathematiker und Philosoph gewesen war, ein *uomo universale* wie sein österreichischer Autor, unzufrieden mit seiner *Äneis* wie dieser mit seinem *Tod des Vergil*, ein Moralist und Perfektionist wie der ehemalige

Industriemanager und Essayist aus Teesdorf, kann es keine Frage sein, daß er am Modell der Antike vornehmlich das eigene moderne Problembewußtsein von 1937 bis 1945 darstellt. Im *Tod des Vergil* wird schließlich die *Äneis* fast nebensächlich; es geht mehr und mehr um die Aufgabe und den Sinn der menschlichen Existenz und des Daseins angesichts der Todesbedrohung und der verrinnenden Zeit.
Dichtung scheint hier so wenig ein Weg zum ersehnten *novus ordo saeclorum* zu sein wie Philosophie oder Politik. »Je erkenntnisbewußter eine Kunst, vor allem also die Dichtung ist, desto genauer weiß sie, daß sie mit ihrer Gleichniskraft nicht an die neue Erkenntnis heranlangt.« In dieser Schlußfolgerung seines Vergils steckt ein Kerngedanke Hermann Brochs, der nicht nur 1947 in einem Brief an Egon Vietta erklärte, »das Spielerische des Kunstwerkes ist in einer Zeit der Gaskammern unstatthaft«, sondern noch im gleichen Monat Hermann J. Weigand mit Entschlossenheit mitteilte: »Aber einmal muß man mit der Prävalenz des Ethischen gegenüber dem Ästhetischen Ernst machen und Schweigen lernen. Hätte Rilke den Ausweg ins Wissenschaftliche gehabt, er hätte ihn wahrscheinlich gewählt.« Hermann Broch zumindest stand dieser Ausweg offen, und als Leser können wir froh und dankbar sein, daß er ihn nicht mit der hier behaupteten Ausschließlichkeit verfolgt hat und immer wieder zu dem verschmähten »Geschichtel-Erzählen« zurückgekehrt ist.

Alphabetisches Verzeichnis der Romanautoren mit Lebensdaten

Bergengruen, Werner (1892–1964)
Der Großtyrann und das Gericht
Am Himmel wie auf Erden
Brecht, Bertolt (1898–1956)
Dreigroschenroman
Broch, Hermann (1886–1951)
Der Tod des Vergil
Canetti, Elias (geb. 1905)
Die Blendung
Carossa, Hans (1878–1956)
Geheimnisse des reifen Lebens
Doderer, Heimito von (1896–1966)
Ein Mord den jeder begeht
Fallada, Hans (i. e. Rudolf Ditzen, 1893–1947)
Wolf unter Wölfen
Feuchtwanger, Lion (1884–1958)
Exil
Flake, Otto (1880–1963)
Hortense oder Die Rückkehr nach Baden-Baden
Frisch, Max (geb. 1911)
J'adore ce qui me brûle oder Die Schwierigen
Glauser, Friedrich (1896–1938)
Wachtmeister Studer
Hesse, Hermann (1877–1962)
Das Glasperlenspiel
Inglin, Meinrad (1893–1971)
Schweizerspiegel
Jünger, Ernst (geb. 1895)
Auf den Marmorklippen
Klepper, Jochen (1903–1942)
Der Vater
Kluge, Kurt (1886–1940)
Der Herr Kortüm

Koeppen, Wolfgang (geb. 1906)
Unglückliche Liebe
Kornfeld, Paul (1889–1942)
Blanche oder Das Atelier im Garten
Lange, Horst (1904–1971)
Schwarze Weide
Lernet-Holenia, Alexander (1897–1976)
Die Standarte
Mann, Heinrich (1871–1950)
Die Jugend des Königs Henri Quatre
Die Vollendung des Königs Henri Quatre
Mann, Klaus (1906–1949)
Der Vulkan
Mann, Thomas (1875–1955)
Die Geschichten Jaakobs
Joseph in Ägypten
Lotte in Weimar
Musil, Robert (1880–1942)
Der Mann ohne Eigenschaften
Plievier, Theodor (1892–1955)
Stalingrad
Roth, Joseph (1894–1939)
Die Kapuzinergruft
Die Geschichte von der 1002. Nacht
Schneider, Reinhold (1903–1958)
Las Casas vor Karl V.
Seghers, Anna (i. e. Netty Radvanyi, 1900–1983)
Das siebte Kreuz
Transit
Spoerl, Heinrich (1887–1955)
Der Maulkorb
Weiß, Ernst (1882–1940)
Der Augenzeuge
Werfel, Franz (1890–1945)
Die vierzig Tage des Musa Dagh
Der veruntreute Himmel
Wiechert, Ernst (i. e. Ernst Barany Bjell, 1887–1950)
Die Majorin
Das einfache Leben
Winder, Ludwig (1889–1946)
Der Thronfolger

Zweig, Arnold (1887–1968)
Erziehung vor Verdun
Das Beil von Wandsbek
Zweig, Stefan (1881–1942)
Triumph und Tragik des Erasmus von Rotterdam

Bibliographie

Genannt werden die Erstausgabe und die zur Zeit lieferbare Ausgabe.

Bergengruen, Werner: *Der Großtyrann und das Gericht.* Hamburg (Hanseatische Verlagsanstalt) 1935. Zürich (Die Arche) 1971. *Am Himmel wie auf Erden.* Hamburg (Hanseatische Verlagsanstalt) 1940.

Brecht, Bertolt: *Dreigroschenroman.* Amsterdam (de Lange) 1934. *Drei Groschen Roman.* Hamburg (Rowohlt Taschenbuch Verlag) 1958.

Broch, Hermann: *Der Tod des Vergil.* New York (Pantheon) 1945. Frankfurt/Main (Suhrkamp) 1970.

Canetti, Elias: *Die Blendung.* Wien (Reichner) 1936. München (Hanser) 1988.

Carossa, Hans: *Geheimnisse des reifen Lebens. Aus den Aufzeichnungen Angermanns.* Leipzig (Insel) 1936. Frankfurt (Insel) 1978.

Doderer, Heimito von: *Ein Mord den jeder begeht.* München (Beck) 1938. München (Biederstein) 1977.

Fallada, Hans: *Wolf unter Wölfen.* Berlin (Rowohlt) 1937. Hamburg (Rowohlt Taschenbuch Verlag) 1952.

Feuchtwanger, Lion: *Exil.* Amsterdam (Querido) 1940. München (Langen-Müller) 1981.

Flake, Otto: *Hortense oder Die Rückkehr nach Baden-Baden.* Berlin (S. Fischer) 1933. Frankfurt/Main (Fischer Taschenbuch Verlag) 1987.

Frisch, Max: *J'adore ce qui me brûle oder Die Schwierigen.* Zürich (Atlantis) 1943. *Die Schwierigen oder J'adore ce qui me brûle.* Zürich (Atlantis) 1984.

Glauser, Friedrich: *Wachtmeister Studer. Kriminalroman.* Zürich (Morgarten) 1936. Zürich (Die Arche) 1984.

Hesse, Hermann: *Das Glasperlenspiel. Versuch einer Lebensbeschreibung des Magister Ludi Josef Knecht, samt Knechts hinterlassenen Schriften.* 2 Bde., Zürich (Fretz & Wasmuth) 1943. *Das Glasperlenspiel.* Hollfeld (C. Bange) 1983.

Inglin, Meinrad: *Schweizerspiegel*. Leipzig (Staackmann) 1938. Herrsching (Atlantis) 1979.

Jünger, Ernst: *Auf den Marmorklippen*. Hamburg (Hanseatische Verlagsanstalt) 1939. Stuttgart (Klett-Cotta) 1983.

Klepper, Jochen: *Der Vater. Der Roman des Soldatenkönigs*. Stuttgart (Deutsche Verlagsanstalt) 1937. Stuttgart (Deutsche Verlagsanstalt) 1986.

Kluge, Kurt: *Der Herr Kortüm*. Stuttgart (Engelhorn) 1938. Stuttgart (Deutsche Verlagsanstalt) 1986.

Koeppen, Wolfgang: *Eine unglückliche Liebe*. Berlin (Cassirer) 1934. Frankfurt/Main (Suhrkamp) 1977 und in: *Gesammelte Werke*, Bd. 1, hg. v. Marcel Reich-Ranicki, Frankfurt/Main (Suhrkamp) 1977.

Kornfeld, Paul: *Blanche oder Das Atelier im Garten*. Hamburg (Rowohlt) 1957.

Lange, Horst: *Schwarze Weide*. Hamburg (Goverts) 1937. Düsseldorf (Claassen) 1979.

Lernet-Holenia, Alexander: *Die Standarte*. Berlin (S. Fischer) 1934. Wien (P. Zsolnay) 1977.

Mann, Heinrich: *Die Jugend des Königs Henri Quatre*. Amsterdam (Querido) 1935. Düsseldorf (Claassen) 1985.

Die Vollendung des Königs Henri Quatre. Kiew (Staatsverlag der nationalen Minderheiten der UdSSR) 1938. Düsseldorf (Claassen) 1985 und in: *Gesammelte Werke in Einzelausgaben*, Bd. 3, Düsseldorf (Claassen) 1962.

Mann, Klaus: *Der Vulkan. Roman unter Emigranten*. Amsterdam (Querido) 1939. München (H. Ellermann) 1977.

Mann, Thomas: *Die Geschichten Jaakobs*. Wien/Amsterdam (Bermann-Fischer) 1933. Frankfurt/Main (S. Fischer) 1983 und in: *Gesammelte Werke in Einzelbänden. Frankfurter Ausgabe*, hg. v. Peter de Mendelssohn, Frankfurt/Main (S. Fischer) 1983.

Joseph in Ägypten. Wien/Amsterdam (Bermann-Fischer) 1936. Frankfurt/Main (S. Fischer) 1983 und in: *Gesammelte Werke in Einzelbänden. Frankfurter Ausgabe*, hg. v. Peter de Mendelssohn, Frankfurt/Main (S. Fischer) 1983.

Lotte in Weimar. Stockholm (Bermann-Fischer) 1939. Frankfurt/Main (S. Fischer) 1982 und in: *Gesammelte Werke in Einzelbänden. Frankfurter Ausgabe*, hg. v. Peter de Mendelssohn, Frankfurt/Main (S. Fischer) 1982.

Musil, Robert: *Der Mann ohne Eigenschaften*. 3 Bde., Bd. 1 u. 2:

Berlin (Rowohlt) Bd. 3: Lausanne (Imprimerie Centrale) 1930–1943. Hamburg (Rowohlt Taschenbuch Verlag) 1987 und in: *Gesammelte Werke*, Bd. 1–5, hg. v. Adolf Frisé, Hamburg (Rowohlt) 1978.

Plievier, Theodor: *Stalingrad*. Berlin (Aufbau) 1945. Köln (Kiepenheuer & Witsch) 1983.

Roth, Joseph: *Die Kapuzinergruft*. Bilthoven (De Gemeenschap) 1938. Köln (Kiepenheuer & Witsch) 1972 und in: *Werke*, Bd. 2, hg. v. Hermann Kesten, Köln (Kiepenheuer & Witsch) 1975.

Die Geschichte von der tausendundzweiten Nacht. Bilthoven (De Gemeenschap) 1939. *Die Geschichte von der 1002. Nacht*. Köln (Kiepenheuer & Witsch) 1981 und in: *Werke*, Bd. 2, hg. v. Hermann Kesten, Köln (Kiepenheuer & Witsch) 1975.

Schneider, Reinhold: *Las Casas vor Karl V. Szenen aus der Konquistadorenzeit*. Leipzig (Insel) 1938. Frankfurt/Main (Luchterhand) 1988.

Seghers, Anna: *Das siebte Kreuz. Roman aus Hitlerdeutschland*. Mexico (El libro libre) 1942. Frankfurt/Main (Luchterhand) 1988.

Visado de trànsito. Mexico (Nuovo mundo) 1944, *Transit*. Konstanz (Weller) 1948. Frankfurt/Main (Luchterhand) 1988.

Spoerl, Heinrich: *Der Maulkorb*. Berlin/Wien (Neff) 1936. München (Piper) 1980.

Weiß, Ernst: *Ich – Der Augenzeuge*. Icking/München (Kreisselmeier) 1963. *Der Augenzeuge*. In: *Gesammelte Werke*, Bd. 14, hg. v. Peter Engel u. Volker Michels, Frankfurt/Main (Suhrkamp) 1982.

Werfel, Franz: *Die vierzig Tage des Musa Dagh*. Berlin/Wien/Leipzig (P. Zsolnay) 1933. Frankfurt/Main (S. Fischer) 1990.

Der veruntreute Himmel. Die Geschichte einer Magd. Stockholm (Bermann-Fischer) 1939. Frankfurt/Main (Fischer Taschenbuch Verlag) 1952.

Wiechert, Ernst: *Die Majorin*. München (Langen-Müller) 1934. München (Langen-Müller) 1988.

Das einfache Leben. München (Langen-Müller) 1939. München (Langen-Müller) 1985.

Winder, Ludwig: *Der Thronfolger. Ein Franz Ferdinand Roman*. Zürich (Humanitas) 1938.

Zweig, Arnold: *Erziehung vor Verdun*. Amsterdam (Querido) 1935. Frankfurt (Fischer Taschenbuch Verlag) 1987 und in:

Ausgewählte Werke in Einzelausgaben, Bd. III, Berlin/DDR (Aufbau).
Das Beil von Wandsbek. Stockholm (Neuer Verlag) 1947. Frankfurt/Main (Fischer Taschenbuch Verlag) 1983 und in: *Ausgewählte Werke in Einzelausgaben*, Bd. IX, Berlin/DDR (Aufbau).
Zweig, Stefan: *Triumph und Tragik des Erasmus von Rotterdam*. Leipzig (Insel) 1935. Frankfurt/Main (Fischer Taschenbuch Verlag) 1988 und in: *Gesammelte Werke in Einzelbänden*, hg. v. Knut Beck, Frankfurt/Main (S. Fischer) 1981.

Biographische Notizen zu den Interpreten

Baumgart, Reinhard: Jahrgang 1929, Romancier und Essayist, lebt in Grünwald bei München.

Bieler, Manfred: Jahrgang 1934, Romancier und Novellist, lebt in München.

Blöcker, Günter: Jahrgang 1913, Essayist und Kritiker, lebt in Berlin.

Buch, Hans Christoph: Jahrgang 1944, Erzähler und Essayist, lebt in Berlin.

Burger, Hermann: (1942–1989) Schweizer Romancier, Lyriker, Essayist und Literaturwissenschaftler.

Fuld, Werner: Jahrgang 1947, Literaturwissenschaftler und Kritiker, lebt in Wörthsee/Steinbach.

Gruenter, Rainer: Jahrgang 1918, Literarhistoriker, lebt in Kapellen/Erft.

Heftrich, Eckard: Jahrgang 1928, Professor für Neuere Deutsche Literatur und vergleichende Literaturwissenschaft an der Universität Münster, lebt in Horstmar bei Münster.

Hinck, Walter: Jahrgang 1922, Literaturhistoriker und Kritiker, Professor an der Universität Köln, lebt in Rösrath-Hoffnungsthal.

Hinderer, Walter: Jahrgang 1934, Professor für Neuere Deutsche Literaturwissenschaft an der Princeton University/USA, lebt in Princeton.

Kleßmann, Eckart: Jahrgang 1933, Essayist, Biograph und Lyriker, lebt in Hamburg.

Koopmann, Helmut: Jahrgang 1933, Professor für Neuere Deutsche Literaturwissenschaft an der Universität Augsburg, lebt dort.

Krüger, Horst: Jahrgang 1919, Essayist und Publizist, lebt in Frankfurt.

Kunert, Günter: Jahrgang 1929, Lyriker und Essayist, lebt in Kaisborstel/Schleswig-Holstein.

Kurzke, Hermann: Jahrgang 1943, Professor für Neuere Deutsche Literaturgeschichte an der Universität Mainz, lebt dort.

Lenz, Siegfried: Jahrgang 1926, Romancier, Novellist und Essayist, lebt in Hamburg.

Leppmann, Wolfgang: Jahrgang 1922, Professor für Deutsche Literatur an der University of Oregon, lebt in Eugene/Oregon.

Matt, Peter von: Jahrgang 1937, Professor für Neuere Deutsche Literatur an der Universität Zürich, lebt in Dübendorf bei Zürich.

Muschg, Adolf: Jahrgang 1934, Professor für Deutsche Sprache und Literatur an der Eidgenössischen Hochschule in Zürich, lebt in Kilchberg/Schweiz.

Nürnberger, Helmuth: Jahrgang 1930, Professor für Neuere Deutsche Literaturwissenschaft an der Pädagogischen Hochschule Flensburg, lebt in Hamburg.

Reich-Ranicki, Marcel: Jahrgang 1920, Literaturkritiker, Honorarprofessor an der Universität Tübingen, lebt in Frankfurt.

Ross, Werner: Jahrgang 1912, Publizist und Kritiker, Honorarprofessor für Vergleichende Literaturwissenschaft und Literaturkritik an der Universität München, lebt dort.

Schneider, Michael: Jahrgang 1943, Romancier, Essayist und Dramatiker, lebt in Wiesbaden.

Schneider, Rolf: Jahrgang 1932, Erzähler, Dramatiker und Publizist, lebt in Berlin (DDR).

Schostack, Renate: Jahrgang 1938, Kulturkorrespondentin der *Frankfurter Allgemeinen Zeitung*, lebt in München.

Sternberger, Dolf: (1907–1989) Professor der Politischen Wissenschaften an der Universität Heidelberg.

Ueding, Gert: Jahrgang 1942, Direktor des Seminars für Allgemeine Rhetorik an der Universität Tübingen, lebt dort.

Wiese, Benno von: (1903–1987) Professor für Deutsche Literatur an der Universität Bonn.